Die

Kunst des Gesanges,

theoretisch = praktisch

von

Adolph Bernhard Marx.

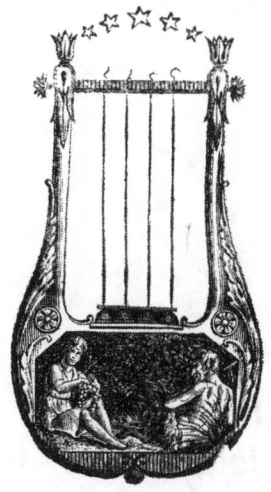

Berlin, 1826.
In Adolph Martin Schlesingers Buch= und Musik=Handlung,
unter den Linden Nr. 34.

Die Kunst des Gesanges,
Theoretisch-Practisch

Adolph Bernhard Marx.

First published Berlin, 1826.
Republished Travis & Emery Music Bookshop 2009.

Published by
Travis & Emery Music Bookshop
17 Cecil Court, London, WC2N 4EZ, United Kingdom.
UK Tel. 020 7240 2129
From outside UK: (+44) 20 7240 2129
neworders@travis-and-emery.com

ISBN: Hardback: 978-1-906857-65-3 Paperback: 978-1-906857-66-0

Die Kunst des Gesanges,

theoretisch = praktisch

von

Adolph Bernhard Marx.

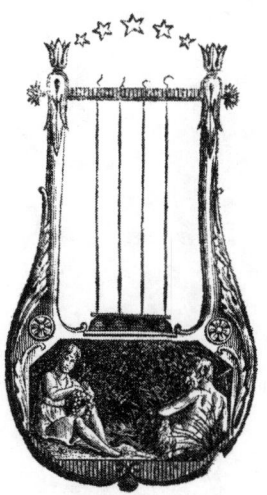

Berlin, 1826.

In Adolph Martin Schlesingers Buch= und Musik=Handlung,

unter den Linden Nr. 34.

Felix Mendelssohn Bartholdy

dem Tonkünstler.

Vorrede.

Wir befinden uns jetzt am Ausgang einer Periode der Tonkunst, in der italische Musik alle Länder, und auch Deutschland, erfüllt und fast vergessen gemacht hat, was deutsche Kunst und was dem Deutschen Musik sei.

Eine gleiche Periode ging der mit Haidn und Mozart begonnenen Reform deutscher Musik voran. Die große Welt, besonders die Höfe, wollten nichts, als italische Musik; Oper und Konzerte waren ihr fast ausschließlich eingeräumt; der katholische Kultus suchte sich vornehmlich mit ihr zu zieren; das Talent deutscher Komponisten schmiegte sich, um nur Zugang zu erhalten, unter die Foderungen und Formen, die dem Italiener natürlich waren; Gesang besonders glaubte man nur aus italischer Kehle hören und von italischen Meistern lernen zu können und der reine deutsche Sinn gewöhnte sich sogar, die Ausgeburt und den höchsten Excess italischen Musikwesens, in den Kastraten, zu ertragen. — So störend und zerstörend dieses Eindringen fremdartigen Wesens damals Anhängern der deutschen Kunst erschienen sein kann, so mögen doch wir, in vorgerückter Zeit, die Nothwendigkeit jener Erscheinung nicht verkennen. Die Heiligung und Glaubensbegeisterung, die das Evangelium in Johann Sebastian Bach und Händel entzündet hatte, begann von ihren Nachfolgern immer mehr zu weichen und das geistige Leben zu einem Verstandesstreben verkühlen zu lassen. Die vom Geiste verlassene Form wäre ganz zu einem Spielwerke des Witzes und mühseliger Grübelei geworden, wo nicht die Kunstneigung, ihrem natürlichen Bedürfnisse zufolge, im fremden

[*]

Gebiete sich neue sinnliche Nahrung gewonnen hätte. Darum wurde denn der Deutsche in die Schule der Italiener gesendet, bis es sich vornehmlich an Mozart auswies, daß das Italische, von deutscher Tüchtigkeit und Innigkeit gehegt, ein Höheres geworden sei, als es in der Hand der Italiener gekonnt. Und dies eben war die Frucht jenes Untertauchens der deutschen Musik in die ausländische: daß Mozart, ohne das italische Gebiet entscheidend zu verlassen, sich mit deutscher Kraft über die Sphäre der Italiener erhob. Eine Folge dieser Verschmelzung beider Nationalitäten in einem Geiste, der alle übrigen durchdrang und nach sich zog, war: daß das Bewußtsein und die Erkenntniß der Nothwendigkeit entschiedener und fest bestimmter Nationaleigenthümlichkeit entschwand, um so mehr, je mehr man unter dem Einfluß einer bequemen, obenhin fahrenden Zeit die Erinnerung an die vorausgegangenen großen deutschen Künstler verlöschen ließ. — Eines der Resultate jenes Entsagens aller Eigenthümlichkeit und jenes Aufgehens in ein Allgemeines, das auch die politische Selbständigkeit Deutschlands gefährdet hat.

Damit nun aus dieser Vermischung zweier so heterogener Nationalitäten das eigenthümlich Deutsche rein hervorgehe, mußte das Fremde und dessen Erkenntniß in uns zur Vollendung kommen; die italische Musik mußte in Rossini allem Geistigen abfallen und sich zu ihrem Prinzip, der sinnlichen Ergötzung, unverholen bekennen, sie mußte in dieser ihrer Vollendung in allen Landen den verdienten Triumph feiern, sie mußte alle, wenn auch edler begründete, doch unvollendete Unternehmungen besiegen, damit wir mit gänzlicher Ueberzeugung anerkennten: daß unser'm Geiste Höheres Bedürfniß und nur dieses Höhere wahre Befriedigung sei.

Wie auch diese Ueberzeugung in Deutschland und besonders im rüstig vorwärts strebenden Norddeutschland sich immermehr ausbreitet, wie sie sich in der Vorliebe für Weber vor allen Fremden, ja sogar in der Verkennung fremden Verdienstes, in der Verschmähung unser's rossinirenden Landsmannes Meierbeer in seiner eignen Vaterstadt, und in hundert andern Umständen offenbart, soll hier nicht weiter ausgeführt werden. Auch enthalten wir uns jedes Beweises, den wir aus dem Karakter und Zustande des deutschen Volkes und deutscher Literatur, aus dem Wesen und der bisherigen Entwickelungsweise der Musik, für unsere Erwartung eines höhern und eigenthümlich deutschen Zustandes der Tonkunst führen könnten. Wem die Vorstellung eines höhern Flors der

Tonkunst (im Allgemeinen und in seiner Person) und das lebendige Verlangen darnach fremd bleibt, für den möchten wir ohnehin nicht geschrieben haben.

Im Fortschreiten zu einer neuen und höhern Periode der Tonkunst sehen wir uns aber durch eine Fessel gehemmt, die aus jener Zeit der italischen Schule geblieben ist. Unsre Theorie der Tonkunst ruht im Wesentlichen durchaus auf italischen Prinzipen und ist darum dem höhern Wesen deutscher Kunst nicht entsprechend. Die Konstruktion unseres Tonsystems (z. B. die noch so verbreitete Ausgleichung der übermäßigen Sekunde in der Molltonleiter, das gleichgültige Ueberhinsehen über die enharmonischen Töne) die wenigen Gesetze über Melodie (z. B. die Warnung vor den sogenannten unsangbaren Intervallen) die Regeln der Harmonie z. B. über Vorbereitung und Auflösung der sogenannten Dissonanzen, über Stimm-Fortschreitung und Führung — die Anweisungen zur Eurythmie — alles dies dient keiner andern Absicht, als, den möglichsten Wohllaut, die angenehmste Faßlichkeit u. s. w. zu Wege zu bringen. Ueberall wird also von der Theorie die Musik mehr, als eine blos dem sinnlichen Wohlgefallen gewidmete Kunst behandelt; ein Verfahren das allen Werken der größten deutschen Tonsetzer aller Zeiten eben so zuwiderläuft, als der Idee und dem Wunsche unsers Volkes von den Künsten überhaupt und der Musik insbesondre. Jene durchaus undeutsche und eigentlich italische*) Ansichtsweise erstreckt sich vom Kleinsten in das Größte. Die Untersuchungen, ob eine Musik melodisch (nämlich angenehm melodisch) ob die Harmonie wohlklingend, die Instrumentation anziehend sei, gehören ihr eben so gut zu, als die Bestrebungen der meisten Komponisten, nur ja stets wohlgefällig (was sie im obigen Sinne so nennen) zu schreiben; dem Italiener steht das wohl an — der Deutsche geräth damit neben seinem natürlichen Streben nach Idee und Wahrheit gewöhnlich in Zwiespalt; und daher zum Theil das häufige Verunglücken, namentlich deutscher Opern.

Diese gewiß wichtige Angelegenheit ausführlich zu besprechen, müssen wir einem besondern Werke vorbehalten, dem nur in einem Punkte mit der gegenwärtigen Schrift vorgegriffen worden ist, zu Gunsten des zunächst wichtigsten Zweiges jener Angelegenheit.

---

*) M. s. Gesanglehre §. 722. u. f.

Wir erblicken nämlich auch die Theorie und Ausübung der Gesangkunst größtentheils noch auf der oben bezeichneten Bahn und unter der Herrschaft derselben fremdländischen Ansichtsweise. Hier aber haben sich die Italiener durch den häufigen Vorzug ihrer Stimmen und durch eine traditionale Geschicklichkeit in der Stimmbildung eine wahre, und gewiß eben so schädliche als unverdiente, Alleinherrschaft erworben, so daß man im Allgemeinen wohl aussprechen darf, niemand sei deutscher Musik entfremdeter, als die Sänger aus italischer Schule — wie sich denn auch viel mehr unter ihnen finden, die rossinische Scenen, als die ein deutsches Lied singen können, und die unbedenklich miserable französische Chansons, oder farinellische Kastratenarien den besten deutschen Werken vorziehen.

Es liegt aber wirklich im Wesen der italischen Gesanglehre, recht gründlich von deutscher Gesangbildung abzuziehen. Dabei gilt es vor allem unserer Sprache. Ihrer Tiefe, Ausdrucksfähigkeit, Innigkeit und Zartheit unkundig und meist zu träge, sich in einer viel reichern Sprache, als die ihrige, einheimisch zu machen, haben Italiener und Franzosen sich hinter dem Vorwande verschanzt, das Deutsche sei hart, für den Gesang unpassend, ja wohl gar für Sprach= und Stimmorgane schädlich; der meist formelle und oftmals nur eingebildete Wohllaut der italischen Sprache scheint sich ihnen mehr oder weniger allein für Gesang und Gesangstudien zu eignen. — Daher auf unsern Bühnen und bei kunstrecht gebildeten Sängern so häufig diese Undeutlichkeit, Unrichtigkeit, Verkehrtheit*) Ausdruckslosigkeit der Sprache.

Die Gesangbildung dieser Schule beschränkt sich hiernächst fast ganz auf Stimmbildung, geringe theoretische Kenntniß, und eine einförmige Vortrags= und Verzierungsmanier. Dies genügt auch für italischen Gesang; wie will man aber damit fähig sein, die Tiefe deutscher Musik zu durchdringen und zu erschöpfen? Aeußerliche Annehmlichkeit für Geist, Sinnenreiz und Koketterie für Seelenempfindung und Wahrheit — das kann nimmermehr genug thun. Dies fühlen Lehrer und Lernende; und darum wenden sie sich

---

*) Z. B. das undeutsche Betonen der letzten Silben: sehenn, schlagenn, oder das Anhängen von Vokalen: sehene, schlagene; die Verwandlung der Vokale: sahan u. s. w. selbst bei vorzüglichen Sängern — alles nach dem übel angewendeten Vorbilde der italischen Sprache.

nothgedrungen zu der italischen Musik. In dieser Sphäre gelingt es ihnen denn auch, während deutscher Gesang selten befriedigende Ausführung gewinnt. So ist es größentheils eine Folge unsers italisirenden Gesangwesens, daß so viele Ausübende sich deutscher Musik ab- und italischer zuwenden, daß Komponisten und Direktoren hart und oft vergeblich kämpfen, um gerade die deutschen Werke in ihrem Geist aufführen zu lassen, daß endlich das Publikum seltner ein deutsches Werk vollkommen ausgeführt hört (und wie will es ohnedem auffassen?) als jene ausländischen.

Allein was noch mehr: von hieraus schreibt sich jenes lustlose und todte Musiktreiben, das sich immer deutlicher fühlbar macht*). Zu jenen fremden Sachen zieht uns die Entscheidung und Manier des Lehrers, der Nachahmungstrieb, die Eitelkeit, das sinnliche Wohlgefallen. Wie bald sind diese Antriebe erschöpft! Unser ganzes Herz und unsern Geist wird nur deutsche Sprache und deutsche Musik befriedigen — so lange wir deutsch denken, so lange wir Liebende, Zürnende, Dichtende in der Muttersprache unsere Empfindungen ausströmen.

Indem wir aber so entschieden von der fremden zur deutschen Musik hinweisen, wird man nicht glauben dürfen, daß wir eine Einseitigkeit für eine andre aufdringen wollen. Der Deutsche hat vermocht, was keiner seiner Nachbarn. Er hat sich in ihre Eigenthümlichkeit versenkt, sich an ihr bereichert und sie als Objekt seinem Geiste unterworfen. Der Deutsche versteht und besitzt italische und französische Musik, die seinige besitzen Italiener und Franzosen nicht. Und so ist in der deutschen Musik die fremde enthalten, ja nur erst hier, erst auf deutschem Grund und Boden zum Bewußtsein gekommen. Der Deutsche, ohne die ihm eigenthümliche Bildung, tastet am fremden Werke äußerlich herum; in sich eigenthümlich vollendet ist er erst befähigt, auch an jenem Fremden sich wahrhaft zu bereichern; es wird ihm zur lebendigen Idee, was dort in seiner Heimath selbst nur bewußtlos lebte.

Diese Vorstellungen sind es, die dem Verfasser Muth und Kraft zu dem vorliegenden Werke und Lust an dessen Vollendung gegeben haben. Es galt, eine deutsche

---

*) Gesanglehrmethode Seite 389.

Gesanglehre aufzustellen, mit deren Hülfe der deutsche Studirende seiner vaterländischen und zugleich der ausländischen Gesangmusik mächtig würde, die den deutschen Komponisten und Direktoren vorarbeitete und die Musik dem Deutschen theurer und heimischer machen könnte. Wenn dieser Vorsatz schon an sich ernst und wichtig genug ist, um von Flüchtigkeit, Oberflächlichkeit und Lückenhaftigkeit abzumahnen, so schien dem Verfasser eine ernste und nicht leichte Behandlung um so angemessener, je häufiger man gerade im Fache der Musik und Gesanglehre jenes willkührliche Ueberhinfahren sich gestattet hat und je häufiger wir neuere Musikunterrichtsweise dahin zielen sehen, die Tonkunst den Schülern zu einem leichten Spiele des Gedächtnisses und technischer Fertigkeit zu machen. Wer mit der Kunst spielt, dem verliert sie ihre hohe Bedeutung und den belebenden Hauch und wird sie zum kindischen Spielzeuge; es erschließt sich ihr Heiligthum nur dem treu und ganz ernstlich Strebenden und nur ihm wird ihr Licht und ihre beseligende Freude. Wem es nicht voller Ernst ist, wer die Mühe des Denkens und Arbeitens scheut, und sich lieber begnügt, obenhin den Schaum abzukosten; der möchte an diesem Buche schwerlich seine Rechnung finden; es ist nicht für oberflächliche Lektüre bestimmt. Und kann es ja einem Andern vielleicht einigen Stoff zur Conversation und Tändelei mit Kunstmeinungen geben, so wird und soll es doch nur dem wahrhaft nützen, der sich daran zu eignem Forschen und Arbeiten erweckt. Namentlich würde es zum Denken und Selbstforschen unbereiten Lehrern, so wie bei einem nicht ganz ernstlichen und gut vorbereiteten*) Selbstunterrichte eher störend als förderlich sein. Es liegt aber auch der Welt nichts an denen, die blos mit der Kunst tändeln.

---

*) Kein Selbstunterricht hat wol größere Schwierigkeit, als Gesangstudium, besonders hinsichts der Nothwendigkeit, seine Stimme, bis man sie lange Zeit geübt hat, selbst zu beobachten und bildend, nicht verbildend zu beschäftigen. Ohne männliche Beharrlichkeit, erhebliche Anlage und Bildung für Musik, halten wir Selbstunterricht für unausführbar, und sicher darf er keine Früchte davon hoffen, dem es an Eifer oder Kraft fehlte, mit uns ernstlich zu arbeiten. Wer aber unter Leitung dieses Buches Selbstunterricht, oder Unterweisung Anderer beginnen will, dem rathen wir, vor dem eigentlichen Studium und der Anwendung das Buch durchzulesen und sich einen Ueberblick seines gesammten Inhalts zu verschaffen. Unerläßlich jedem, der sich selbst ausbilden will, und jedem Andern höchst nützlich, ist ein wenigstens mäßiger Grad von Geschicklichkeit im Klavierspiel.

Daß zu solchem Zwecke der Verfasser die Arbeit nicht verringert, sondern seine Foderungen erhöht und die Aufgaben vermehrt und gesteigert hat, wird nach dem Obigen weniger einer Erläuterung bedürfen, als, warum er nicht in dem und jenem Punkte noch weiter gegangen ist. Allein indem er an den Gesangstudirenden Ansprüche machen mußte, die die sonst gewöhnlichen wol weit überbieten, wurde es ihm um so mehr zur Pflicht, alles zu vermeiden, was dem Sänger, als solchem, entbehrlich ist und so stellte sich die Aufgabe seines Werkes dahin: alles darin zu vereinigen, was zur vollkommnen Ausübung der Gesangkunst zu lehren sei, und alles Uebrige auszuschließen.

Man wird daher im ersten Buche keine Harmonielehre zu suchen haben, sondern nur eine Unterweisung, die Tonart jedes Satzes, jeden Akkord und sonstige Kombination darin zu erkennen und hierauf eine durchdringende Auffassung der Melodie und ihre angemessene Abänderung (wo es ihrer zu bedürfen scheint) zu gründen. Daß selbst von Vorbereitung und Auflösung der Akkorde, von den sogenannten unstatthaften Stimmfortschreitungen, z. B. in Quinten, u. s. w. nichts erwähnt ist, hat darin seinen Grund, daß sich von alle diesen Geboten und Verboten keine Nothwendigkeit einsehen läßt und der Sänger in diesem Werke zu Höherm gewiesen werden soll, als zu äußerlichem Wohlklang, dem Ziel und Ursprung aller jener Gesetze. Sinn, Urtheil und Empfindung werden jeden schon zu dem, was ihm recht ist, weisen. Noch weniger konnten Untersuchungen über Konsonanz und Dissonanz, über Mehrdeutigkeit der Akkorde, über die Zahl der Grundakkorde u. s. w. dem Sänger nothwendig befunden werden. — Aus gleichem Standpunkte sind die übrigen im ersten Buch enthaltenen Lehren zu betrachten.

Wenn des Verfassers Sorge bei dem ersten Buch auf Zurückweisung des bisher bearbeiteten, ihm zu seinem Zweck entbehrlichen Materials gerichtet war: so hat er bei dem zweiten, der Stimmbildung gewidmeten Buche, mit dem Mangel an Vorarbeiten zu kämpfen gehabt. Es ist zu beklagen, daß alterfahrne Gesanglehrer ihre Beobachtungen, Erfahrungen und Entdeckungen so selten dem Publikum mitgetheilt, und, wo es geschehen ist, sich so im Allgemeinsten aufgehalten haben, in einer Sache, bei der eben das Detail so wichtig und schwierig ist. Unter diesen Umständen hat sich jeder Gesangstudirende auf seinen Lehrer beschränkt gesehen und nicht selten hat man aus dem mündlich Ueberlieferten und unbewußt Angeeigneten noch ein Geheimniß zu machen gesucht.

Indem aber durch die hier versuchte vollständigere und systematische Behandlung diese Geheimnißkrämerei und das gegenseitige Abschließen gebrochen wird; indem dafür gesorgt worden, daß Physiologen und Aerzte sich daraus unterrichtet finden können, worauf es dem Sänger ankomme — und in den Stand gesetzt, dieses Fach mehr nach dem Bedürfnisse der Musiker zu bearbeiten; indem eine Lehre, die allen Gesangübenden und Lehrenden unentbehrlich ist, durch öffentliche und vollständige Darlegung allen, zu ihrer Unterweisung, oder zur Vervollständigung und Verbesserung, dargeboten wird: hofft der Verfasser, einer höhern, ausgebreitetern und fruchtbarern Kultur des Gesangfaches in Deutschland den Weg gebahnt, oder wenigstens bezeichnet zu haben. Er spricht dies aus, um alle an diesem Theil der Musiklehre Interesse Nehmenden einzuladen, das hier Niedergelegte aus ihrer Erfahrung und Kenntniß zu bereichern und zu berichtigen. Als Organ der öffentlichen Mittheilung wird die Berliner allgemeine musikalische Zeitung angeboten und jeder zu erwartende Dank der Redaktion und der Verlagshandlung im Voraus zugesichert.

      Welche Lücken in der höhern Elementarlehre (im dritten Buche) gelassen sind, fällt in die Augen. Auch hier hat sich der Verfasser in den, dem Sänger eigenthümlichen Kreis einschließen müssen und es wird daran nur fühlbar, daß in Angelegenheiten des Geistes keine Scheidung und Abgränzung ohne wesentliche Einbuße vorzunehmen ist. Das Mitgetheilte mag einer vollständigen Abhandlung in dem oben angekündigten künftigen Werke zur Vorbereitung, und das Studium darüber zur Vorarbeit dienen. Auch die Ideen über Gesangunterricht erwarten in einem größern Werke ihre Ausführung.

A. B. Marx.

Gesang-Lehre.

Einleitung.

Vorbegriffe.

§. 1.

Was unser Gehörsinn wahrnimmt, was wir hören, wird mit der allgemeinen Benennung Schall bezeichnet.

§. 2.

Unser Gehör wird eine Verschiedenheit und zwar eine mehrfache Verschiedenheit unter den Schallen gewahr. Um jene zu bestimmen, messen wir den Schallen verschiedene Eigenschaften bei und richten unsre Aufmerksamkeit vor allem auf zwei derselben. Die Erscheinung der einen nennen wir Ton, die der andern Klang.

§. 3.

Es ist gelungen, den Grund der erstern Eigenschaft genau zu erkennen und sie dadurch zu verdeutlichen. Wir bemerken nämlich an denjenigen, einen Schall hervorbringenden Körpern, die eine genauere Beobachtung zulassen, wenn sie schallen, eine elastische Bewegung, ein Erzittern, und sehen dies als die Ursach des Schalles an; sind auch berechtigt, von der Bewegung in den Körpern, die wir genau beobachten können, auf eine gleiche Bewegung in den schallenden Körpern, an denen wir jene Bewegung nicht wahrnehmen können, zu schließen.

§. 4.

Erfolgen diese Bewegungen des schallenden Körpers in Hinsicht auf Zeit unter sich gleichmäßig, so wird der aus ihnen vernehmbare Schall fähig, von andern Schallen durch unser Gehör auf besondere Weise und bestimmt unterschieden aufgefaßt zu werden.

§. 5.

Den Eindruck, den ein, im Verhältniß zu einem andern, aus schnellerer Erzitterung hervorgehender Schall auf unser Gehör macht, nennen wir Höhe; den Eindruck, den ein im Verhältniß zu einem andern, aus langsamerer Erzitterung hervorgehender Schall auf uns macht, nennen wir Tiefe. Je schneller die Erzitterungen eines tönenden Körpers einander folgen, desto höher, je langsamer sie erfolgen, desto tiefer ist sein Schall. Auf dem Klaviere ist der Schall der letzten Taste zur Linken des davor Sitzenden der tiefste des Instruments. Jede rechts liegende Taste giebt einen höhern Schall, als die ihr zur linken liegende; der Schall der letzten Taste zur Rechten des davor Sitzenden ist der höchste des Klaviers.

§. 6.

Die Eigenschaft der Höhe und Tiefe an einem Schalle nennen wir Ton. Ton messen wir also einem Schalle bei, an dem wir ein bestimmtes Verhältniß der Höhe und Tiefe wahrnehmen. Da es sehr oft darauf ankommt, einen Schall nach seiner Eigenschaft des Tons zu betrachten, so nennt man einen solchen der Kürze wegen „Ton." Ton ist also ein Schall, in seiner Eigenschaft bestimmter Höhe und Tiefe betrachtet*) Im Gegensatze hierzu werden alle Schalle, die nicht die Eigenschaft des Tons haben, vorzugsweise Schall genannt.

§. 7.

Außer der Verschiedenheit der Höhe und Tiefe ist am Schalle (selbst an gleichen — nicht durch verschiedenen Ton von einander abweichenden Schallen) noch eine besondere Eigenschaft bemerkbar, deren Wesen bis jetzt nicht genugsam erkannt ist, um vollkommen erläutert zu werden.

Wir werden durch unser Gehör inne, daß derselbe Ton, z. B. von einer Flöte oder einer Trompete, von einer Violine, einem Klaviere, oder einer menschlichen Stimme hervorgebracht, einen verschiedenen Eindruck macht, daß also der Schall z. B. einer Flöte und der einer Trompete, abgesehen von der Höhe und Tiefe des Tons, noch eine bei beiden verschiedene Eigenschaft haben muß. Diese Eigenschaft des Schalles nennen wir Klang**).

§. 8.

Wenn wir mehre nach einander angegebene und vernommene Schalle oder Töne uns im Zusammenhang denken, so heißt die Art und Weise, wie sie, gleichmäßig oder ungleichmäßig, schneller oder langsamer auf einander folgen, Bewegung.

§. 9.

Die nach irgend einer bestimmten Ordnung geregelte Bewegung (Folge von Schallen oder Tönen) heißt Rythmus.

---

*) Die sonst wol verbreitete Definition: Ton ist ein Schall von bestimmter Höhe und Tiefe, scheint oft zu dem Mißverständnisse verleitet zu haben, als gäbe es zwei Arten des Schalles: den Ton und den Klang (§. 7.) da doch beide nur als Eigenschaften desselben Gegenstandes gedacht werden müssen, wie z. B. Gestalt und Färbung nicht besondre Körper, sondern verschiedene Eigenschaften eines und desselben Körpers sind.

**) Es ist daher ein unrichtiger Ausdruck, wenn man von einer Stimme oder einem Instrumente sagt, sie hätten einen guten oder schlechten Ton, statt einen guten oder schlechten Klang.

§. 10.

Töne (auch blos Schalle) Klänge und Rythmus zu Kunstzwecken angewendet, heißen Musik oder Tonkunst.

§. 11.

Der Inbegriff der Regeln, nach denen Schalle, Töne, Klänge und Rythmus zu künstlerischen Zwecken verwendet werden, heißt **Musiklehre**.

§. 12.

Die Musiklehre umfaßt sonach die Lehre vom Ton, **Tonlehre**, die Lehre vom Klange, **Klanglehre**, und die Lehre vom Rythmus, **Rythmik**.

§. 13.

Die Gestaltungen des Schalles menschlicher Stimme durch verschiedene Stellung oder Bewegung der Sprechorgane nennen wir **Laute***), das Geschäft ihrer Hervorbringung **Artikulation**.

§. 14.

Die Zusammenfügung der Laute zu willkührlichen, aber bestimmte Bedeutung habenden hörbaren Zeichen, ist **Sprache**.

---

*) Die Worte Schall, Laut, Klang und Ton sind öfters in anderm Sinne gebraucht worden, als in den Paragraphen 1. 6. 7. und 13. angegeben. Schall und Laut wurde (z. B. neuerdings von Gottfried Weber in seinem eben so inhaltreichen und verdienstvollen, als bescheiden genannten Versuch einer geordneten Theorie der Tonsetzkunst zum Selbstunterrichte; zweite Auflage bei B. Schott's Söhnen in Mainz) als gleichbedeutend zur Bezeichnung alles Hörbaren angewendet. Der Ausdruck Klang sollte einen Schall von bestimmbarer, und Ton einen Schall von bestimmter Höhe und Tiefe bezeichnen. Für die Eigenschaft der tönenden Körper, die wir §. 7. als Klang bezeichnet haben, blieb kein feststehender Ausdruck. Der genannte, hochverehrte Verfasser stellt, um jene anzudeuten, die Ausdrücke: des Tones eigenthümliches Gepräge — timbre — Tonfarbe — Klangfarbe — Qualität des Klanges — nebeneinander (Anmerkung S. 4.) und beweiset schon dadurch, daß ihm keiner dieser Ausdrücke vollkommen genügend gewesen; in der That hätten auch Gepräge, Tonfarbe, Klangfarbe, die Natur des Gleichnisses statt unmittelbarer Bestimmung, timbre ist kein deutsches Wort, Qualität des Klanges ist keine Benennung, sondern eine (nicht einmal unbestreitbar richtige) Eigenschafts=Bestimmung.

Der Mangel eines Namens für das, was wir Klang nennen, ist daraus entstanden, daß man die Benennungen Ton und Klang aufwendete, um den Unterschied eines Schalles von bestimmbarer und bestimmter Höhe anzuzeigen. Uns scheint dieser Unterschied — zwar gedenkbar, aber in der Theorie der Tonkunst vollkommen unwirksam, also entbehrlich, denn die Tonlehre hat es nur mit Schallen von bestimmter Höhe zu thun. Auch die Tonwissenschaft wird einer besondern Bezeichnung des Unterschiedes so wenig bedürfen, als z. B. die Mathematik besonderer Namen für gefundene und unbekannte — noch zu suchende — Größen.

Demungeachtet würden wir uns nicht erlaubt haben, von der allgemeinern Benennung abzugehen, wenn in der Behandlung unseres Gegenstandes die Klanglehre und die Lehre von der Artikulation (und ihren Produkten, den Lauten) nicht von größerer Wichtigkeit gewesen und bestimmte Nomenklatur erfodert hätten.

§. 15.

Die Vereinigung der Musik und Sprache in der menschlichen Stimme zu künstlerischem Zwecke heißt Gesang.

§. 16.

Der Inbegriff der Regeln, nach welchen Musik und Sprache als Gesang zu künstlerischen Zwecken verwendet wird, heißt Gesanglehre.

§. 17.

Sie umfaßt außer allen obigen Kenntnissen (§. 12.) die Lehre von der menschlichen Stimme und von deren Ausbildung zum Werkzeuge des Gesanges, und die Lehre von der Anwendung jener Kenntnisse, der ausgebildeten Stimme und der Sprache für tonkünstlerische Zwecke.

———

Erstes Buch.
Vorkenntnisse aus der Musiklehre.

Erste Abtheilung.
Tonlehre.

Erster Abschnitt.
Vom Ton- und Notensystem.

§. 18.

Alle Schalle von bestimmter, unserm Gehör deutlich faßlicher Höhe und Tiefe können als Töne zu musikalischen Zwecken verwendet werden.

§. 19.

Der Inbegriff der für musikalische Zwecke gewonnenen Töne heißt Tonsystem.

§. 20.

Die Anzahl der darunter begriffenen Töne ist, wie man schon an der Tastatur des Klaviers wahrnehmen kann, sehr bedeutend und hat eine geordnete Benennungsweise nöthig gemacht.

§. 21.

Alle Töne werden unter sieben Grundnamen,

c. d. e. f. g. a. h. *)

zusammengefaßt und führen entweder diese Grundnamen oder aus ihnen gebildete Benennungen.

§. 22.

Auf dem Klaviere bemerkt man, daß von den obern (höhern, kürzern) Tasten abwechselnd zwei und drei einander näher liegen. Die untere Taste, welche unmittelbar vor zwei Obertasten

---

*) Für diese Benennungen gebrauchen die Franzosen und andere Nationen die Namen do oder ut, re, mi, fa, sol, la, si.

(links von der links gelegenen) sich findet, giebt den Ton c. Die nächste Untertaste rechts giebt d., und so fort, also:

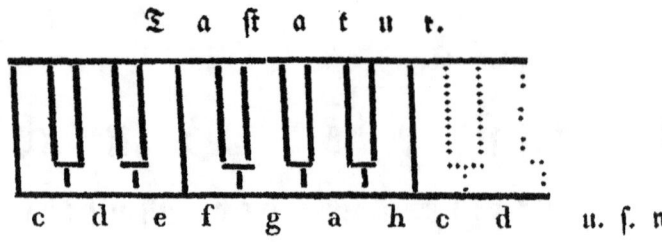

Wie sich nun auf dem Klavier dieselbe Folge und Ordnung der Tasten wiederholt, so wiederholen sich auch in gleicher Ordnung und Folge die Grundnamen.

§. 23.

Der Inbegriff aller Töne von einem c bis zum nächstfolgenden heißt Oktave. Nach Anleitung des §. 22. sind alle Oktaven auf dem Klavier leicht aufzusuchen.

§. 24.

Diese Oktaven haben verschiedne Namen, durch deren Anwendung die verschiedenen, denselben Grund- oder abgeleiteten Namen führenden Töne von einander unterschieden werden.

Die tiefsten Töne bis zum nächsten höhern c heißen die Kontratöne*) und werden einzeln, Kontra-C, Kontra-F, Kontra-G u. s. f. benannt. Die nächste Oktave heißt die große Oktave. Die in ihr enthaltenen Töne werden: das große C, das große D. u. s. w. benannt, und in der Schrift mit großen lateinischen Buchstaben — C, D, E u. s. w. — angezeichnet.

Die nächst folgende Oktave heißt die kleine Oktave, die darin enthaltenen Töne heißen das kleine c, d. (geschrieben c, d.) u. s. f.

Dann folgen die eingestrichene (geschrieben: c̄, d̄.) die zweigestrichene (geschrieben: c̿, d̿,) dreigestrichene (geschrieben: c̿̄, d̿̄,) viergestrichene (geschrieben: c̿̿, d̿̿, u. s. f.) Oktave.

§. 25.

Alle diese, in Oktaven geordneten Töne werden noch einmal in zwei große Abtheilungen, den Baß und den Diskant, zusammengefaßt. Die Kontratöne, die große und kleine Oktave bilden

---

*) Nur in der neuesten Zeit hat man angefangen, die Tiefe der Forte-Piano's bis zum Kontra-C zu erstrecken und nur ganz alte Klaviere und Orgeln beginnen erst bei'm großen C — ohne Kontratöne. Im Uebrigen reicht die obige Bezeichnung — in jedem Falle wohl die faßlichste — aus.

den zusammengenommen den Baß, die übrigen Oktaven den Diskant. Doch wird die Gränze dieser Abtheilungen nicht so genau gehalten, daß nicht zuweilen der bequemern Benennung und Bezeichnung zu Gunsten die tiefsten Töne der eingestrichnen Oktave zum Baß und die höchsten Töne der kleinen Oktave zum Diskant gerechnet würden.

§. 26.

Zur Aufzeichnung aller Töne sind besondere Schriftzeichen erfunden. Sie heißen Noten und ihr Inbegriff ist Notensystem genannt, entsprechend dem Tonsystem, als dem Inbegriff aller in der Musik angewendeten Töne.

§. 27.

Man hat das Notensystem dem Tonsystem möglichst entsprechend nachzubilden gesucht. Wie die Töne (und auf dem Klavier die Tasten) einander vom tiefsten immer fort steigend bis zum höchsten folgen, gleich den Stufen einer Leiter: so hat man auch der Notenschrift die Gestalt einer Leiter von 5 Sprossen (damit zu große Zahl derselben nicht das Auge verwirre) zum Grunde gelegt und zählt die Zwischenräume mit, um durch ihre Benutzung eine größere Anzahl von Sprossen zu ersparen.

§. 28.

Der Notenleiter unterste Sprosse (Linie) wird als erste gezählt u. s. f.

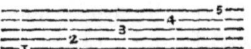

Mit Benutzung der vier Zwischenräume zwischen diesen Linien, des Raumes unter der ersten und über der fünften Linie sind aber erst zu 11 Noten Stellen gefunden.

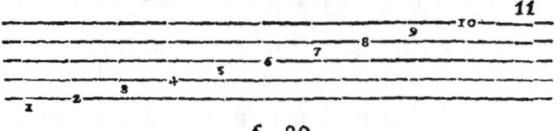

§. 29.

Sollen höhere oder tiefere Töne aufgezeichnet werden, so setzt man die Notenleiter durch Neben- (kleinere) Linien,

so weit es nöthig ist, fort.

Wenn also nach §. 28 nur eilf Stellen bereitet waren, so giebt eine Nebenlinie oben schon zwei Stellen mehr, nämlich 12 und 13 zwei oder drei Nebenlinien geben wiederum 2 oder 4 Stellen mehr; nämlich

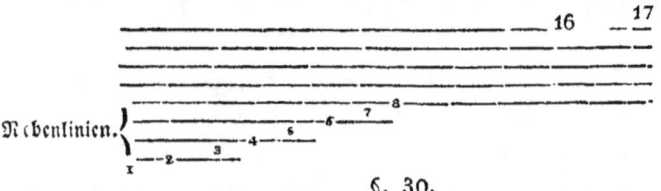

Auf gleiche Weise kann auch durch unten zugefügte Nebenlinien der erste Ton tiefer gesetzt und dadurch die Anzahl der Stellen auch nach dieser Richtung vermehrt werden. Z. B.

§. 30.

Auf dieser Notenleiter finden alle diejenigen Töne, welche die Grundnamen selbst (vergl. §. 21.) führen: c, d, e, f, g, a, h — ihren eigenthümlichen Platz.

§. 31.

Es bedarf hiernach nur einer Bestimmung, welche Stelle einer dieser Töne ein für allemal einnehmen soll, um allen übrigen mit Grund-Namen benannten (indem man abzählt, um wie viel Stellen sie im Tonsystem höher, oder tiefer sind) ihre Stellen im Notensystem auf der Notenleiter anzuweisen. Steht z. B. c auf der ersten Linie, so muß d als nächste höhere Stufe auch die nächste Stelle im Notensystem über der ersten Linie, also den Zwischenraum zwischen der ersten und zweiten, e die nächstfolgende Stelle, also die zweite Linie, einnehmen u. s. f.

§. 32.

Eine solche Bestimmung hat aber nicht übereinstimmend getroffen werden können; denn bei der Eingeschränktheit des Noten= und dem großen Umfange des Tonsystems würde es, wenn man die tiefsten und höchsten Töne nach derselben Bestimmung hätte schreiben wollen, zu vieler Nebenlinien bedurft haben und es wäre so die Uebersichtlichkeit verloren gegangen. *)

---

*) So würde z. B. schon der Umfang vom großen C bis zum dreigestrichenen c eine Anzahl von 10 Nebenlinien, also eine Notenleiter von 29 Stellen, in dieser gewiß nicht übersichtlichen Form

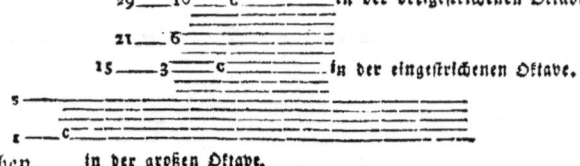

nöthig gemacht haben.

§. 33.

Bisweilen ist daher das eingestrichene c als der Ton angenommen worden, von dessen Stelle die Stellen der übrigen Töne abgezählt werden müssen.

Man hat ihm seine Stelle bald auf der ersten:

bald auf der dritten:

bald auf der vierten Linie,

angewiesen.

§. 34.

Bisweilen bedient man sich statt seiner des eingestrichenen g, als des Tones, von dem die Notenstellen der übrigen abgezählt werden sollen und weiset ihm die zweite Linie

auf der Notenleiter an.

§. 35.

Bisweilen zählt man die Notenstellen von der des kleinen f ab und weiset diesem Tone die vierte Linie

auf der Notenleiter als seine Stelle an.

§. 36.

Um nun zu wissen, von welchem Ton aus die Notenstellen aller übrigen bestimmt sind, bedient man sich besonderer Zeichen. Das Zeichen, daß von dem Tone c̄ aus die Stellen der übrigen bestimmt werden sollen, ist:

welches auf die Linie gesetzt wird, auf der c̄ stehen soll. Also:

Das Zeichen, daß die Notenstellen von g̅ aus bestimmt werden sollen, ist also

Als Zeichen, daß die Notenstellen von F aus bestimmt sind, dient also

§. 37.

Diese Zeichen heißen, weil sie zur Bestimmung der Noten erfoderlich sind und ihre, ohne sie nicht zu enträthselnde Bedeutung offenbaren — gleichsam das Räthsel lösen — Schlüssel und so giebt es denn einen C-Schlüssel, einen G-Schlüssel (auch Violinschlüssel) und einen F- (auch Baß-) Schlüssel.

Der C-Schlüssel auf der ersten Linie heißt Diskant- auf der dritten Alt- auf der vierten Tenor-Schlüssel; der Grund der vielfachen Anwendung des C-Schlüssels und der vorstehenden Benennungen wird im zweiten Buch (§. 459 u. f.) angegeben werden. Für jetzt ist nur zu bemerken, daß der F-Schlüssel für die tiefsten, der Tenorschlüssel für höhere, der Altschlüssel für noch höhere, der Diskant- und endlich der G-Schlüssel für die hohen und höchsten Töne angewendet zu werden pflegt.

§. 38.

Die Töne werden auf der im Liniensystem ihnen gebührenden Stelle, unter Vorzeichnung des gewählten Schlüssels durch leere oder gefüllte Köpfe

bezeichnet. Für die Bezeichnung des Tones ist die Gestalt des Notenkopfs gleichgültig. Ueber die Bedeutung der verschiedenen Gestalten des Notenkopfs weiter unten (§. 240 u. f.)

§. 39.

Dies ist das Verzeichniß der Noten unter den verschiedenen Schlüsseln:

1) im F- (oder Baß-)Schlüssel:

2) im Tenor-Schlüssel:

3) im Alt-Schlüssel:

4) im Diskantschlüssel:

Kleine Oktave.   Eingestrichene Oktave.   Zweigestrichene Oktave.   Dreigestrichene Oktave.

und

5) Im G- (oder Violin-)Schlüssel:

Kleine Oktave.   Eingestrichene Oktave.   Zweigestrichene Oktave.   Dreigestrichene Oktave.

Daß nach Anleitung des §. 29. unter jedem Schlüssel durch Zufügung von noch mehr Nebenlinien noch mehr Töne aufgezeichnet werden können, versteht sich. Zugleich giebt aber die vorliegende Uebersicht den vollen Beweis zu der Bemerkung im §. 32., daß keiner der verschiedenen Schlüssel für sich allein hinreichend ist, alle Töne ohne große Unbequemlichkeit nach ihm aufzuzeichnen, daß z. B. nur für die tiefsten, nicht für die höchsten Töne der F-Schlüssel, dagegen nicht für die tiefsten, wohl aber für die höchsten Töne der G-Schlüssel am geeignetsten ist.

§. 40.

Wenn statt einer nach Obigem bezeichneten Taste die nächste höhere (ohne Unterschied, ob sie eine Ober- oder Untertaste ist) angeschlagen, die Stufe des ersten Tones aber (für die Benennung) beibehalten werden soll, so heißt der Ton **erhöhet**.

§. 41.

Dem Grundnamen der Stufe wird dann die Silbe

is

angehängt, so daß aus

c-cis, d-dis, e-eïs, f-fis, g-gis, a-aïs, h-his,

wird.

Das Zeichen der Erhöhung ist ein Kreuz von dieser

♯

Gestalt, das der Note des zu erhöhenden Tones in dieser Weise

vorgesetzt wird.

§. 43

Auf gleiche Weise kann ein Ton doppelt erhöht werden, mithin statt seiner die zweite höhere Taste anzuschlagen sein.

§. 44.

Dem Grundnamen wird dann die Silbe is zweimal angehängt, so daß die Reihe der doppelt erhöhten Töne;

heißt.   cicis, disis, eisis, fisis, gisis, aisis, hisis.

Oefters werden statt dessen die Namen des erhöhten Tones verdoppelt und die obigen Benennungen in:

cis-cis, dis-dis, eis-eis, fis-fis, gis-gis, ais-ais, his-his

verwandelt, eine Benennungsweise, die, wegen ihrer Doppelsinnigkeit nicht zu empfehlen ist; denn sie läßt, besonders bei mündlichem Ausdrucke, stets ungewiß, ob ein doppelt erhöhter Ton (z. B. cicis) oder ein zu wiederholender einfach erhöhter Ton (zwei cis z. B.) gemeint ist.

§. 45.

Das Zeichen einer doppelten Erhöhung ist ein vor die Note gestelltes einfaches Kreuz von dieser Gestalt:

auch bisweilen so

※

mit Punkten ausgefüllt.

§. 46.

Wenn statt einer in der Notenleiter vorgeschriebenen Taste die nächste tiefere (ohne Unterschied, ob sie eine Ober- oder Untertaste ist) angeschlagen, die Stufe des ersten Tones aber nicht verändert wird, so heißt der Ton erniedrigt.

§. 47.

Dem Namen der Stufen wird dann die Silbe

es

angehängt, so daß aus

c-ces, d-des, e-es, f-fes, g-ges, a-es, h-hes

wird. Des Wohllautes wegen hat man statt der Benennungen e-es und a-es, es und as gewählt. Statt hes aber wird nach einer, wenn auch nicht löblichen, doch in Deutschland allgemein angenommenen Gewohnheit die Benennung b angewendet.

§. 48.

Das Zeichen der Erniedrigung ist ein

♭

welches der zu erniedrigenden Note vorgesetzt wird.

§. 49.

Nach Art der doppelten Erhöhungen können auch doppelte Erniedrigungen Statt finden. Wenn ein Ton doppelt erniedrigt sein soll, so wird die zweite tiefere Taste angeschlagen.

§. 50.

Die doppelt erniedrigten Töne erhalten ihre Namen durch doppelte Zufügung der Silbe es, also:

ceses, deses, eses, feses, geses, ases, heses (bes);

oder durch Verdoppelung des Erniedrigungsnamens; also:

ces-ces, des-des, es-es, fes-fes, ges-ges, as-as, bb.

Daß die letztere Benennungsweise demselben Urtheil unterliegt, wie die der Doppelerhöhungen (§. 47.) versteht sich von selbst. Besonders sind die Benennungen heses oder bes und ases ganz ungebräuchlich und dafür bb und as-as allgemein angenommen.

§. 51.

Das Zeichen einer doppelten Erniedrigung ist ein größer geschriebenes

♭

oder auch — und dies ist das Gewöhnliche — ein Doppel-b nämlich ein wiederholtes —

♭♭

welches der doppelt zu erniedrigenden Note

vorgesetzt wird.

§. 52.

Alle Töne, die in einer Oktave nach einem Grundnamen benannt sind (z. B. c, cis, cisis, ces ceses nach dem Grundnamen c) werden als zusammengehörig betrachtet und heißen zusammen eine Stufe. Solcher Stufen giebt es demnach im Raume der Oktave sieben; sie werden mit den Grundnamen der Töne:

C-Stufe, D-Stufe, E-Stufe, F-Stufe, G-Stufe, A-Stufe, H-Stufe

bezeichnet.

§. 53.

Zu der C-Stufe gehören demnach die Töne:
c, cis, cisis, ces, ceses.

Zu der D-Stufe die Töne:
d, dis, disis, des, deses.

Zu der E-Stufe die Töne:
e, eïs, eïsis, es, eses.

Zu der F-Stufe die Töne:
f, fis, fisis, fes, feses.

Zu der G-Stufe die Töne:
g, gis, gisis, ges, geses.

Zu der A-Stufe die Töne:
a, aïs, aïsis, as, asas.

Zu der H-Stufe die Töne:
h, his, hisis, b, bb.

und diese Vertheilung der Töne auf die verschiedenen Stufen geschieht ohne alle Rücksicht auf die Taste, auf welcher ein Ton anzugeben ist. Kein Ton darf mithin mit einem andern (von einer andern Stufe benannten) Tone, der etwa auf derselben Taste anzugeben ist, gleichbedeutend gehalten werden.

Zum Beispiel cis und des, eis und f, h und ces, werden zwar auf denselben Tasten angegeben, sind aber dennoch nicht als dieselben Töne anzusehen.

Eben so wenig dürfen dis—is und e, f und ges-es, es und fes-es u. a. dergl. für dieselben Töne angesehen werden.

§. 54.

Dergleichen Töne, die, obwohl unter verschiedenem Stufen-Namen, doch auf derselben Taste angegeben werden, heißen **enharmonisch**.

§. 55.

Soll ein erhöhter oder erniedrigter Ton wieder in seine ursprüngliche Stelle zurücktreten, so wird die Erhöhung oder Erniedrigung durch dieses, vor die Note gesetzte, Zeichen:

♮

Widerrufungszeichen genannt, aufgehoben.

Hatte z. B. die Note c im Zusammenhange eines Tonstückes den erhöhten Ton cis bedeutet, so gilt sie mit vorgesetztem Widerrufungszeichen

wieder für c; b dagegen wird durch ein Widerrufungszeichen wieder zu h.

§. 56.

§. 56.

Soll eine doppelte Erhöhung oder Erniedrigung in eine einfache zurücktreten, so verbindet man das Widerrufungszeichen mit dem Zeichen der einfachen Erhöhung oder Erniedrigung, die fortbestehen soll:

♮♯ und ♮♭

Auf diese Weise wird z. B. aus cisis und eses durch die eben angeführten Zeichen

wiederum cis und es.

§. 57.

Soll eine doppelte Erhöhung oder Erniedrigung ganz aufgehoben werden, so bedient man sich des doppelten Widerrufungszeichens:

♮♮

Hierdurch wird z. B. aus:

cisis wiederum c, aus bb wiederum h.

§. 58.

Ein Widerrufungszeichen, das eine Erhöhung aufhebt, hat sonach die Wirkung eines Erniedrigungszeichens; dagegen wenn es eine Erniedrigung aufhebt, die eines Erhöhungszeichens; denn durch jenes verliert ein erhöhter Ton die erhaltene höhere Stelle und durch dieses wird ein erniedrigter Ton zu der verlornen höhern Stelle wieder erhoben. Dies ist leicht und vollkommen anschaulich zu machen, wenn man die Veränderungen einer Note durch Versetzungszeichen am Klavier ausübt. Wenn h durch ein Erhöhungszeichen zu his wird, so zeigt sich das letztere auf einer höhern (der gewöhnlich c genannten) Taste. Dieses his aber tritt wieder auf die tiefere Taste zurück, wenn die Erhöhung widerrufen wird. So zeigt sich fes auf einer tiefern (sonst e genannten) Taste; wird aber die Erniedrigung wieder aufgehoben: so kehrt auch die höhere Taste, f, zurück.

Zweiter Abschnitt.
Von den Tonverhältnissen.

§. 59.

Da der Begriff Ton nur die Eigenschaft bestimmter Höhe und Tiefe eines Schalles enthält, so ist ein Tonverhältniß nur in Bezug auf Höhe und Tiefe zweier (oder mehrer) Töne denklich.

Wenn also (abgesehen von den Eigenschaften des Klanges und Rythmus) zwei Töne in der Beziehung betrachtet werden, ob sie gleiche, oder ob sie verschiedene Höhe und Tiefe haben, so ist das Ziel dieser Betrachtung das Tonverhältniß, mit ausländischem Namen Intervall*) genannt.

§. 60.

Das Tonverhältniß zweier Schalle von gleicher Höhe (gleichem Tone) z. B. c zu c̄ heißt Einklang**).

§. 61.

Wenn es darauf ankommt, das Verhältniß zweier Töne oberflächlich zu bestimmen, so genügt es, die Stufen, welche sie umfassen, zu zählen.

Man beginnt die Zählung von dem tiefern Tone, dessen Stufe man als erste annimmt. Wäre z. B. c der tiefste Ton, so würde er auf der ersten, d auf der zweiten, e auf der dritten Stufe stehn. Würde d als tiefster Ton, mithin als erste Stufe angenommen, so wäre e die zweite, f die dritte, g die vierte Stufe und so fort.

§. 62.

Die Tonverhältnisse erhalten ihre besondern Namen von den aus dem Italienischen genommenen Namen der Stufenzahl.

Der erste (tiefste) Ton, welcher er auch sei, heißt Prime. Das Tonverhältniß des ersten zum zweiten Tone, Sekunde; zum dritten, Terz; zum vierten, Quarte; zum fünften, Quinte; zum sechsten, Sexte; zum siebenten, Septime.

Jetzt kehrt die erste Stufe wieder. Der Bequemlichkeit des Ausdrucks wegen zählen wir sie als achte und nennen das Verhältniß, welches sie zur Prime bildet Oktave. Wir zählen ferner

---

*) Der Name Intervall (Zwischenraum) erscheint allerdings in einer uneigentlichen, ja in einer dem gewöhnlichen Wortsinne gerade entgegengesetzten Bedeutung, wenn man mit ihm auch das Verhältniß zweier Schalle, die sich unserm Gehör in gleicher Höhe, als derselbe Ton darstellen, bezeichnet; daher haben andre, z. B. Gottfried Weber in seinem angeführten Werke §. XXXII. das Verhältniß zweier Töne von gleicher Höhe Einklang und nur das Verhältniß zweier nicht gleich hohen Töne Intervall genannt. Allein ein von der ursprünglichen Bedeutung eines Wortes abweichender Sprachgebrauch ist ja bei dem Fortschreiten einer Wissenschaft so oft nöthig, daß er auch hier erhalten werden dürfe, um einen, die ganze Klasse von Verhältnissen umfassend bezeichnenden Namen nicht zu entbehren. Daß aber zwei Töne von gleicher Höhe ebenfalls mit einander verglichen werden können — in einem Verhältnisse zu einander stehen, bedarf keines Beweises.

**) Aus dem unbestimmten Gebrauche des Wortes Klang (bisweilen für Ton) sind zusammengesetzte Kunstworte, als Einklang und Dreiklang hervorgegangen, die zwar unpassend, dennoch aber durch den Sprachgebrauch festgehalten sind.

die wiederkehrende zweite Stufe als **neunte** und nennen das Verhältniß, welches sie zur Prime bildet, **None.** *)

§. 63.

Statt dieser Namen oder der Noten können die Tonverhältnisse der Bequemlichkeit wegen mit Ziffern angezeichnet werden, 1 bedeutet Prime, 2 Sekunde, 3 Terz u. s. f.

Steht eine solche Ziffer über einer Note, so bedeutet dies, daß das durch jene ausgesprochene Intervall dieser zugefügt werden soll. **)

Die Noten und Ziffern

haben demnach gleiche Bedeutung mit den Noten:

---

*) Nur diese Namen sind für die nachfolgende Theorie nothwendig; doch setzt man bisweilen die Zahlbenennung der Intervalle noch in das Unbestimmte fort und nennt z. B. das Verhältniß der ersten zur zehnten Stufe **Decime,** zur elften **Undecime** u. s. w.

) In der gewöhnlichen Schreibart bedeutet die Ziffer 8 (auch 8va geschrieben) besonders, wenn sie über der Note steht, nicht immer, daß die Oktave zu der geschriebenen Note, sondern daß sie **statt derselben genommen werden soll. z. B.

bedeutet so viel als:

Man kann durch diese Bezeichnung, wie man sieht, zahlreiche und dadurch schwer zu übersehende Nebenlinien sparen. Durch das Zeichen ⁓⁓⁓⁓ wird diese Bezeichnung auf eine beliebige Reihe von Noten ausgedehnt, z. B. die Noten

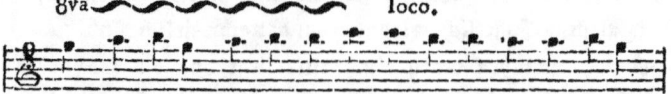

werden bis zu dem zweiten c, über dem „loco" steht, eine Oktave höher gespielt. Durch das Wort loco aber wird eine Erhöhung wieder aufgehoben. Daß die vorgeschriebene Note zugleich mit ihrer Oktave gespielt werden soll, wird gewöhnlich durch „all' 8va" bezeichnet.

[3*]

§. 64.

Die Kreuze, Doppelkreuze, Been, Doppelbeen und Widerrufungszeichen haben vor Ziffern dieselbe Bedeutung, wie vor Noten. — Statt der Kreuze durchstreicht man auch die Ziffern:

3 3 4 5 6 7

Es würden also die bezifferten Noten

so

zu verstehen sein.

§. 65.

Da sich jedoch auf jeder Stufe mehre Töne finden, so ist durch die bloße Benennung nach der Stufenzahl noch nicht bestimmt, welcher von jenen gemeint sei; mithin ist auch die Entfernung der beiden Töne noch keinesweges genau angegeben. Der Augenschein lehrt, daß z. B. dis oder disis weiter von c entfernt ist als d oder des oder gar deses. Gleichwohl liegen deses, des, d, dis und disis auf derselben Stufe, würden also insgesammt mit dem Intervallnamen Sekunde von c benannt werden müssen.

§. 66.

Man hat daher ein genaueres Tonmaß aufgesucht und als solches die geringste, dem gewöhnlichen Gehör bemerkbare Tonabstufung angenommen. Sie heißt Komma.

§. 67.

Ein Tonverhältniß, das neun Kommata enthält (zwei Töne, die 9 Kommata weit von einander entfernt sind) heißt ein ganzer Ton; ein fünf Kommata enthaltendes Tonverhältniß bildet einen großen halben Ton, ein, vier Kommata enthaltendes Tonverhältniß bildet einen kleinen halben Ton.

§. 68.

Am leichtesten macht man sich mit den ganzen und halben Tönen auf Tasten-Instrumenten bekannt, auf denen sie wenigstens äußerlich erkennbar und nachweislich sind.

Zwei Tasten nämlich, zwischen denen eine dritte liegt und die von neben einander liegenden Stufen ihren Namen haben, geben einen ganzen Ton; z. B. c–d, cis–dis, h–cis, es–f, ges–as.

Zwei durch keine zwischenliegende Taste getrennte, von benachbarten Stufen benannte Tasten geben einen großen halben Ton; z. B. h–c, c–des, eis–fis, b–ces, cis–d.

Zwei durch keine zwischenliegende Taste getrennte, von derselben Stufe benannte Tasten geben einen kleinen halben Ton; z. B. ces–c, des–d, f–fis, b–h. *)

Die Entfernung zweier Töne von einander wird nach der Anzahl der ganzen, der großen und kleinen halben Töne bestimmt, die sie enthält.

§. 69.

Z. B. c–e enthält 2 ganze Töne, einen von c zu d und den zweiten von d zu e. F–cis enthält 4 ganze Töne; den ersten von f zu g, den zweiten von g zu a, den dritten von a zu h, den vierten endlich von h zu cis. F zu d enthält 4 ganze Töne; (den ersten von f zu g, den zweiten von g zu a, den dritten von a zu h, den vierten von h zu cis) und einen großen halben Ton, von cis zu d**)

§. 70.

Dieses genauen Maaßes bedient man sich, um die Größe der Intervalle vollkommen zu bestimmen. Wenn z. B. nach der oben gelehrten oberflächlichern Bestimmung des sowohl als dis nur als Sekunden von c bezeichnet werden konnten, so verschieden offenbar die Entfernungen c–des und c–dis sind: so finden wir nun, daß die erstere einen großen halben, die letztere aber einen ganzen und einen kleinen halben Ton (von c bis d einen ganzen, von d bis dis einen kleinen halben) enthält, daß und wie mithin beide der Größe nach verschieden sind.

§. 71.

Um diese Verschiedenheit zugleich neben dem Namen des Intervalls auszudrücken, fügt man den Hauptnamen der Intervalle die Beinamen große, übermäßige, kleine und verminderte zu.

Die ersten dienen als Grundmaaß und sind daher der Größe nach (ihrem Inhalt an ganzen und halben Tönen nach) zu merken.

---

*) Große und kleine halbe Töne, z. B. c–cis und c–des können zwar auf dem Klaviere nur durch dieselbe Taste angegeben werden. Dennoch besteht zwischen ihnen ein Unterschied von einem Komma, der auch auf mehren Instrumenten (z. B. der Violine) und mit der menschlichen Stimme ausgedrückt werden kann. Auch aus andern hier nicht hergehörigen Gründen dürfen Tonverhältnisse von verschiedner Abkunft und Benennung, z. B. c zu cis und c zu des, nicht als gleich mit einander verwechselt werden, obwohl sie auf dem Klaviere nicht gesondert darzustellen sind.

**) Wie man dieses Abzählen vornimmt (denn bei größerer Entfernung der Töne kann es auf mehr als eine Art geschehen) ist ganz gleichgültig. Z. B. die Entfernung von h nach fis kann auf diese drei Arten:

1. von h nach c; nach d; nach e; nach fis (ein großer halber, drei ganze Töne)
2. — h — cis; — dis; — e; — fis (zwei ganze Töne, ein großer halber und noch ein ganzer Ton)
3. — h — cis; — dis; — eis; — fis (drei ganze Töne, und ein großer halber)

und noch manche andre ausgemessen werden. Jede aber muß — ihre richtige Anwendung vorausgesetzt — dasselbe Resultat geben.

22

§. 72.

Die große Prime (Z. B. c zu c) läßt kein Maaß zu, da derselbe Ton mit sich selbst verglichen wird.

Die große Sekunde (c zu d) enthält 1 ganzen Ton,
— — Terz (c zu e) enthält 2 ganze Töne.
— — Quarte (c zu f) enthält 2 ganze Töne und 1 großen halben Ton.
— — Quinte (c zu g) enthält 3 ganze Töne und 1 großen halben Ton.
— — Sexte (c zu a) enthält 4 ganze Töne und 1 großen halben Ton
— — Septime (c zu h) enthält 5 ganze Töne und 1 großen halben Ton.

Die Maaßbestimmung der übrigen Intervalle (Oktave u. s. w.) ist unnöthig.

Die große Terz wird auch harte (Dur-) Terz; die große Quinte auch die reine Quinte genannt.

Die Reihenfolge der Stufen ohne Erhöhung und Erniedrigung von c aus (c, d, e, f, g, a, h) giebt zugleich eine vollständige Reihe der großen Intervalle, deren jedes c zum tiefsten Tone hat. Es ist also

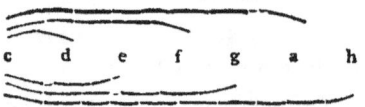

c–d eine große Sekunde,
c–e eine große Terz,
c–f eine große Quarte,
c–g eine große Quinte,
c–a eine große Sexte,
c–h eine große Septime. *)

Diese nach den Stufennamen leicht zu merkende Folge großer Intervalle kann dazu dienen, das etwa vergessene Maas eines Intervalls leicht wieder aufzufinden.

§. 73.

Die übermäßigen Intervalle enthalten einen kleinen halben Ton mehr, als die großen.

Es enthält also:

---

*) Es muß hier noch einem, bei Anfängern leicht einschleichenden Mißverständnisse, als bildeten die Töne c, d, e, f, g, a, h. unter einander lauter große Intervalle, begegnet werden, da doch nur die Intervalle, die sie, jeder zum c, bilden, insgesamt groß genannt werden können. Man vergleiche die Terzen c–e, f–a, g–h, mit denen d–f, e–g, indem man ihren Inhalt an ganzen und halben Tönen mißt, so wird sich das Mißverständniß sogleich erweisen.

die übermäßige Sekunde (c–dis) einen ganzen und einen kleinen halben Ton,
— — Terz (c–eïs) zwei ganze und einen kleinen halben Ton,
— — Quarte (c–fis) drei ganze Töne,
— — Quinte (c–gis) vier ganze Töne,
— — Sexte (c–aïs) fünf ganze Töne,
— — Septime (c–his) sechs ganze Töne.

§. 74.

Die kleinen Intervalle sind einen kleinen halben Ton kleiner als die großen.

Es enthält also:
die kleine Sekunde (c–des) einen großen halben Ton,
— — Terz (c–es) einen ganzen und einen großen halben Ton,
— — Quarte (c–fes) einen ganzen Ton (c–d) und zwei große halbe Töne (d–es, es–fes),
— — Quinte (c–ges) zwei ganze und zwei große halbe Töne,
— — Sexte (c–as) drei ganze und zwei große halbe Töne,
— — Septime (c–b) vier ganze und zwei große halbe Töne.

Die kleine Terz heißt auch die weiche (Moll-) Terz.

§. 75.

Die verminderten Intervalle sind zwei kleine halbe Töne kleiner als die großen (oder einen kleinen halben Ton kleiner, als die kleinen).

Es enthält demnach:
die verminderte Terz (c–eses) zwei große halbe Töne (c–des und des–eses)
— — Quarte (c–feses) drei große halbe Töne (c–des, des–eses, eses–feses)
— — Quinte (c–geses) einen ganzen und drei große halbe Töne,
— — Sexte (c–asas) zwei ganze und drei große halbe Töne,
— — Septime (c–bb) drei ganze und drei große halbe Töne.

§. 76.

Die übermäßigen Intervalle werden dadurch gebildet, daß man den großen Intervallen durch Erhöhung des höhern Tones einen kleinen halben Ton zusetzt; z. B. c–g ist eine große Quinte; wenn man ihr einen kleinen halben Ton zufügt — g, gis — so erhält man eine übermäßige Quinte, c–gis.

§. 77.

Die kleinen Intervalle werden dadurch gebildet, daß man von den großen Intervallen durch Erniedrigung des höchsten Tones einen kleinen halben Ton wegnimmt. Wenn z. B. in der großen Quinte c–g der obere Ton um einen kleinen halben Ton erniedrigt, das heißt in ges verwandelt und c näher gebracht, hierdurch aber die Entfernung von c vermindert wird, so erhält man die kleine Quinte c–ges.

Die kleine Quinte wird auch bisweilen falsche Quinte genannt.

§. 78.

Die verminderten Intervalle werden dadurch gebildet, daß man von den kleinen Intervallen durch Erniedrigung des höchsten Tones einen kleinen halben Ton wegnimmt. So wird z. B. aus der kleinen Septime cis–h durch Erniedrigung des höchsten Tones die verminderte Septime cis–b.

§. 79.

Hier ist die Uebersicht der bemerkenswerthern*) Intervalle, von c aus berechnet.

Die übrigen Intervalle, die sich noch nach den vorangegangenen Paragraphen bilden lassen, dürfen übergangen werden.

§. 80.

Auch bei der Benennung der Intervalle ist der Sprachgebrauch besonders bei den ältern Theoretikern schwankend gewesen. Außer den noch jetzt ziemlich verbreiteten Namen für die große und kleine Terz, große und kleine Quinte, hat man besonders die Benennungen groß und übermäßig abweichend angewendet. Gottfried Weber ist auch hier dem Schlendrian entgegengetreten und hat ausgesprochen, daß man jene Bezeichnungen nicht bei einem Intervall so, bei einem andern anders, sondern bei allen nach Einem feststehenden Prinzipe anwenden müsse. Um hierzu zu gelangen, sucht er alle Intervalle auf, die sich in der Folge der unveränderten Stufentöne (von ihm natürliche genannt) ergeben, aber nicht durch Vergleichung eines jeden zum ersten, wie von uns oben geschehen, sondern durch Vergleichung aller unter einander.

So

---

*) Denn nicht alle, die man bilden kann und die in den vorstehenden Paragraphen gebildet sind, möchten sich in Kompositionen angewendet finden.

So findet er also folgende Sekunden

folgende Terzen

folgende Quarten

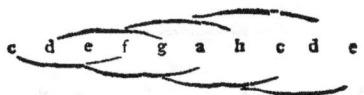

u. s. f. und nennt die größern große, die andern kleine Intervalle. Daher ist ihm f–h eine große Quarte, enthaltend drei ganze Töne, c–f aber nur eine kleine. Dies ist die einzige Abweichung zwischen seiner und der hier gewählten Benennungsweise.

Letztere ist übrigens nicht blos deßwegen gewählt, weil sie auf einem einfachern Prinzipe beruht, sondern auch, um den Schüler von Anfang an zu gewöhnen, alle Tonverhältnisse in Bezug auf den Grundton der Tonleiter oder des Akkordes zu betrachten.

Dritter Abschnitt.
Von der Tonzusammensetzung.

§. 81.

Die Zusammensetzung von Tönen kann auf zweierlei Weise erfolgen:
1) so, daß ein Ton in der Zeitfolge nach dem andern erscheint,
2) so, daß zwei oder mehre Töne zugleich mit einander eintreten.

Die erste Art der Tonverbindung heißt die melodische (Melodie) die zweite die harmonische (Harmonie).

§. 82.

Im Notensystem erscheinen die Noten der Melodie hintereinander, die der Harmonie (der Regel nach) über einander geschrieben. Diese Notenreihe z. B.

stellt eine melodische, diese Zusammenfügung dagegen:

eine harmonische Tonverbindung dar.

§. 83.

Harmonie und Melodie sind wesentlich nicht von einander unterschieden, denn beide bedienen sich derselben (nämlich aller vom Komponisten anwendbar befundenen) Intervalle.

Nur giebt die Melodie eins dieser Intervalle nach dem andern; die Harmonie aber ist fähig, deren mehre zugleich zu geben.

Erste Unterabtheilung.
Von der melodischen Tonverbindung.
A. Hauptarten derselben.

§. 84.

Die melodische Folge von Tönen geschieht entweder schrittweis, von einer Stufe zur andern (a), oder sprungweis, durch Uebergehung einer oder mehrer Stufen (b).

§. 85.

Es giebt dreierlei Hauptarten schrittweiser melodischer Tonverbindung:
1) die diatonische,
2) die chromatische,
3) die enharmonische.

§. 86.

In der diatonischen Tonfolge kommt jede Stufe, aber jede nur einmal vor, gleichviel ob erhöht, erniedrigt, oder nicht. Z. B.

§. 87.

In der chromatischen kommt jede Tonstufe und außerdem dieselbe erhöht oder erniedrigt vor. Chromatische Tonleiter mit Erhöhungen:

Chromatische Tonleiter mit Erniedrigungen:

Sie geht durch halbe Töne, durch alle Tasten, benutzt aber jede nur einmal; weshalb oben h und e nicht erhöht, c und e nicht erniedrigt worden sind.

§. 88.

In der enharmonischen *) Tonleiter erscheint jede Stufe und außerdem ihre Erhöhung und Erniedrigung:

Es ist zu bemerken, daß diese Tonleiter, in ihrem vollständigen Zusammenhange nirgends Anwendung finden wird. Oft aber läßt man einzelne Töne, welche nur um ein Komma (nicht um einen halben Ton) von einander verschieden sind und deßhalb allenfalls für einen und denselben Ton angesehen werden können (z. B. cis und des, eis und f, h und ces) einander folgen oder verwechselt zwei solche Töne miteinander, indem man z. B. cis: des, eis: f, und h: ces nennt. Dies heißt enharmonische Tonwechselung.

B. Von den Tongeschlechten und Tonarten.

§. 89.

Da auf jeder Stufe mehre Töne stehen, mithin die Folge der Töne auf den verschiedenen Stufen auf verschiedene Weise bestimmt werden kann, so sind mehre Gestaltungen der diatonischen Tonleiter möglich; zwei aber sind die wichtigsten.

§. 90.

Sie führen den Namen Tongeschlechte, des harten nämlich (Dur- — männlichen) und des weichen (Moll- — weiblichen) Geschlechts.

§. 91.

Das harte Tongeschlecht enthält lauter große Intervalle (ein jedes nämlich von der ersten

---

*) Weil auf Klavierinstrumenten die nur um ein Komma verschiedenen Tonabstufungen (z. B. cis und des, e und fes) nur auf denselben Tasten angegeben werden können und die Verschiedenheit solcher Töne überhaupt nur minder bemerkbar ist, nannte man sie (nicht ganz passend) enharmonisch, als wären sie gar nicht verschieden.

Stufe an bestimmt) also eine große Sekunde, Terz, Quarte u. s. w., wie dieses Schema mittels der Bogen darlegt.

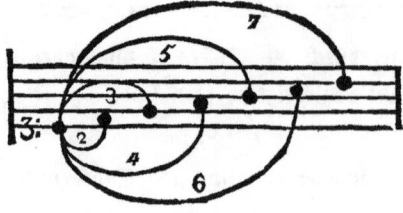

§. 92.

Das weiche Tongeschlecht enthält eine kleine Terz und kleine Sexte, übrigens lauter goße Intervalle.

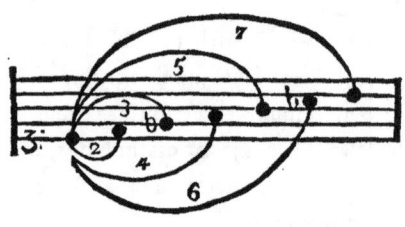

§. 93.

Betrachtet man die Tonverhältniße der unmittelbar nach einander folgenden Stufen, mittels welcher sich ein Tongeschlecht darstellt, gegen einander: so bildet die Stufenfolge des harten Tongeschlechts zwei ganze, einen großen halben und drei ganze Töne, worauf die Oktave mit einem großen halben Tone eintritt.

In dem weichen Tongeschlechte finden wir dagegen einen ganzen, einen großen halben, zwei ganze, einen großen halben Ton und eine übermäßige Sekunde, worauf die Oktave mit einem großen halben Tone eintritt:

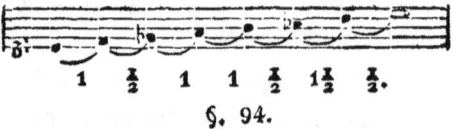

§. 94.

So wie die verschiedenen Intervalle von jeder Stufe aus gebildet werden können, so kann auch jede Stufe und jeder Ton auf derselben als erste Stufe einer diatonischen Tonleiter erwählt, und von dieser aus vollständig jedes Tongeschlecht dargestellt werden.

§. 95.

Die diatonische Tonleiter in den beiden Geschlechten kann also von jedem Tone aus einmal dargestellt werden. Jede dieser Darstellungen heißt Tonart,*) und wird nach dem Tone, von wo aus sie erbaut ist, benannt. **)

Es giebt also eine Dur- und eine Moll-Tonart (harte und weiche) von c, cis, des, d, dis, es und so fort (genannt C-Dur oder Moll Cis-Dur oder Moll u. s. f.

§. 96.

Um jede beliebige Tonart zu bilden, müssen erstens zur Darstellung der diatonischen Tonleiter die sieben Stufen von dem bestimmten ersten Tone aus notirt und dann muß entweder die Entfernung jeder von der vorhergehenden nach §. 93, oder die Größe jedes Intervalls nach §. 91. 92. bestimmt werden.

Sollte man z. B. E-Dur bilden, so werden zuvörderst die 7 Stufen von e an notirt:

dann werden (um der eben zuerst erwähnten Weise zu folgen) die Entfernungen jedes nächsten Tones berichtigt.

Der erste Schritt soll ein ganzer Ton sein, e-f ist aber nur ein großer halber. Durch Erhöhung des f zu fis wird der erste ganze Ton gewonnen. Dies ist die erste Veränderung.

Zu dem nun bestehenden fis bildet g nur einen halben Ton. Man erhöhe es zu gis, um den zweiten ganzen Ton zu erhalten. Dies ist die zweite Veränderung.

Gis zu a ist ein großer halber, a zu h ein ganzer Ton. Beide bedürfen keiner Berichtigung.

H zu c aber bildet nur einen großen halben; c muß daher zu cis — und aus demselben Grunde d zu dis erhöhet werden. Dies ist die dritte und vierte Veränderung; die Tonart enthält also:

1ste, 2te,   3te, 4te Veränderung.

---

*) Dur und Moll, wie bisher, Tonarten und ihre einzelnen Darstellungen auf verschiedenen Tönen, z. B. C-Dur, C-Moll, D-Dur u. s. w. Töne zu nennen, führt wegen des anderweiten Gebrauchs des letztern Wortes zu Unbequemlichkeiten im Ausdrucke und Undeutlichkeit. Die Worte Tongeschlecht und Tonart (im obigen Sinne) entsprechen zudem dem Wesen dieser Tongestaltungen.

**) Dieser Ton heißt in Bezug auf seine Tonart Tonika, so wie die große Quinte in Bezug auf ihre Tonika, Dominante. Sie wird auch wol Oberdominante und die unterwärts gezählte Quinte, (oberwärts gezählt ist es die Quarte) Unterdominante gezählt. Z. B. von der Tonika C ist G die Ober-, F aber die Unterdominante.

§. 97.

Oder wollte man dieselbe Tonart nach der zweiten der eben erwähnten Verfahrungsarten bilden, so hätte man zu untersuchen, ob alle oben angeschriebenen Intervalle große wären. Da würde sich denn finden, daß

1. e–f nur eine kleine Sekunde (enthaltend einen großen halben Ton)
2. e–g eine kleine Terz enthaltend einen ganzen und einen großen halben Ton)
3. e–c eine kleine Sexte (enthaltend drei ganze und zwei große halbe Töne),
4. e–d endlich eine kleine Septime (enthaltend vier ganze Töne und zwei große halbe)

wären. Setzte man durch Erhöhung des obern Tones jedem dieser Intervalle einen kleinen halben Ton zu — also der Sekunde f–fis, der Terz g–gis, der Sexte c–cis, der Septime d–dis so würden sie zu großen erhoben und die Dur-Tonart von E vollendet.

§. 98.

Jede Molltonart wird entweder durch Ausmessung der einzelnen Intervalle, oder kürzer, sobald man die auf dieselbe Tonika gegründete Dur-Tonart kennt, durch Veränderung der großen Terz und Sexte in eine kleine gebildet, ohne daß es einer Untersuchung der andern Intervalle, die in Dur und Moll gleich sind, noch bedürfen könnte. Sollte z. B. aus dem zuvor konstruirten E-dur E-moll gebildet werden, so ist nur statt der Terz und Sexte gis und cis (großen Intervallen von e) g und c (die kleine Terz und Sexte) zu setzen, um die E-Moll-Tonleiter: e, fis, g, a, h, c, dis zu erhalten.

§. 99.

Zu einer Darstellung und Uebersicht aller Durtonarten gelangt man am leichtesten, wenn man sie alle mittels des Quintenzirkels von C-dur aus aufsucht.

§. 100.

Da nämlich die Reihenfolge der weder erhöhten, noch erniedrigten Stufen von c aus eine Folge von lauter großen Intervallen (jedes höhern Tones zu c) giebt, so stellt diese Folge auch zugleich die erste Durtonart C-dur, — c, d, e, f, g, a, h — dar.

Sie kann demnach als das leicht zu merkende Vorbild für alle Durtonarten gelten.

§. 101.

Wenn man nun von der Tonart C-dur aus in großen Quinten aufwärts schreitet, so findet man zuerst die Dur-Tonart, in der ein, dann die, in welcher zwei, die in welcher drei, vier erhöhte Töne und so fort vorkommen. Dieses Verfahren führt durch alle Töne bis zu his-dur, welches mit c-dur enharmonisch und gleichbedeutend angenommen wird. Es stellt sich am füglichsten als Kreis dar:

```
                    12
                    his
         11 — eïs  c  g — 1   erhöhter Ton
         10 — dis     d — 2
          9 — ais     a — 3
          8 — gis     e — 4
          7 — cis     h — 5
                    fis
                     6
```

daher der oben gebrauchte Name.

§. 102.

Schreitet man auf gleiche Weise von C-dur aus in großen Quinten abwärts, so gelangt man zu der Tonart, in der ein, dann nach der Reihe zu denen, in welchen zwei, drei erniedrigte Töne u. s. w. eintreten, bis man nach deses gelangt, welches (wie his) in enharmonischem Verhältniße zu c steht und deßhalb mit ihm gleichbedeutend angenommen wird. Dies versinnlicht der zweite Quintenzirkel.

```
                           6
                          ges
                  5 — des    ces — 7
                  4 — as     fes — 8
                  3 — es     bb  — 9
                  2 — b      eses — 10
  ein erniedrigter 1 — f     asas — 11
      Ton                c
                        deses
                          12
```

§. 103.

Man bemerkt, daß nach dem siebenten Schritte in jedem Quintenzirkel die vorigen Stufen, nur erhöht in dem Quintenzirkel durch Erhöhungen, oder erniedrigt in dem Quintenzirkel durch Erniedrigungen wiederkehren. Dies erleichtert die Konstruktion derselben.

Z. B. im ersten Quintenzirkel kehrte nach

c, g, d, a, e, h, fis

c als cis, g als gis, d als dis, a als ais, e als eïs, h als his wieder; ja, wäre es nöthig, noch erhöhtere Tonarten zu konstruiren, so hätte man nichts zu thun, als den Kreislauf unter beständigen Erhöhungen fortzusetzen und erhielte nach his

fisis, cisis, gisis, disis u. s. f.

Im zweiten Quintenzirkel wird dieselbe Erscheinung wahrgenommen. Nach

c, f, b, es, as, des, ges,

kehren dieselben Stufen, stets erniedrigt, als:

ces, fes, bb, eses, asas, deses, geses, u. s. f.

wieder.

§. 104.

Es bleibt noch übrig zu bestimmen, auf welcher Stufe bei dieser Konstruktion der Tonarten die Erhöhungen und Erniedrigungen eintreten: jederzeit auf der Quarte des tiefern Tones, von dem oder nach dem man im Quintenzirkel fortschreitet.

In dem Quintenzirkel durch die Erhöhungen tritt demnach die erste in der Quarte des Tones ein, von dem man ausgeht — auf der F-Stufe, der Quarte von c u. s. f. Demnach stellt sich der Quintenzirkel mit den ihn begleitenden Erhöhungen so dar:

aïsis
|
his
disis — cis   c   g — fis
gisis — aïs   d — cis
cisis — dis   a — gis
fisis — gis   e — dis
his — cis   h — aïs
fis
|
eïs

In dem Quintenzirkel durch Erniedrigungen treten diese in der Quarte des Tones ein, nach dem man hinschreitet. Dies stellt sich so dar:

geses
|
deses
b — f   c   asas — deses
es — b   eses — asas
des — es   bb — eses
des — as   fes — bb
ges — des   ces — fes
ges
|
ces

§. 105.

§. 105.

Man bemerkt, daß diese Folge der Erhöhungen und Erniedrigungen nach demselben einfachen Gesetze ihren Kreislauf durch die Stufen hält, als der Quintenzirkel selbst.

Die Erhöhungen beginnen bei der Quarte von c, fis (dem sechsten Schritte des Quintenzirkels) und halten durch die folgenden Stufen regelmäßigen Lauf. Die Erniedrigungen beginnen bei der Quarte des Tones, nach dem man hingeht (b) und schreiten dem Quintenzirkel um einen Schritt vor.

§. 106.

Zu Anfange jedes Tonstückes, das unausgesetzt oder doch vorzugsweise in einer Tonart mit erhöhten oder erniedrigten Tönen verweilt, pflegen die Erhöhungen oder Erniedrigungen in der Folge, in welcher sie nach dem Quintenzirkel eintreten, angezeichnet zu werden. Dies heißt die Vorzeichnung *). D-dur z. B. erhält diese Vorzeichnung:

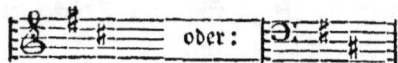

Es-dur diese:

§. 107.

Alle Dur-Tonarten werden in dieser Weise mit sämmtlichen Erhöhungen oder Erniedrigungen angezeichnet, die in ihnen eintreten.

§. 108.

Die Moll-Tonarten werden nicht genau so, wie sie müßten, vorgezeichnet; jede erhält vielmehr die Vorzeichnung derjenigen Dur-Tonart, deren Tonika eine kleine Terz höher liegt, als die ihrige, z. B. D-moll wird vorgezeichnet, wie F-dur, E-moll wie G-dur; umgekehrt ist die obige Vorzeichnung von D-dur auch die von H-moll und die von Es-dur von C-moll.

§. 109.

Zwei Tonarten (eine Dur- und eine Moll-Tonart) die gleiche Vorzeichnung haben, heißen Parallel-Tonarten. Die gewöhnlichsten (§. 118.) sind:

---

*) Wogegen die Vorzeichnung des Taktes (von der später §. 275 die Rede ist) zum Unterschiede von der der Erhöhungen oder Erniedrigungen zweckmäßig Taktvorzeichnung zu nennen wäre.

Dur: c, g, d, a, e,   h,   fis oder ges, des, as, es, b, f.
Moll: a, e, h, fis, cis, gis, dis oder es,   b,   f,   c,   g,   d.
Vorzeichnung: 0, 1♯, 2♯, 3♯, 4♯, 5♯, 6♯, oder 6♭, 5♭, 4♭, 3♭, 2♭, 1♭.

§. 110.

Eine Folge dieser Ungenauigkeit in der Vorzeichnung ist, daß die Vorzeichnung eines Tonsatzes nicht bestimmt die Tonart desselben angiebt, sondern zweifelhaft läßt, aus welcher von zwei Parallel-Tonarten ein Tonsatz geht.

§. 111.

Der Sicherheit wegen pflegt die Vorzeichnung zu Anfange jeder Zeile, oder doch zu Anfange jeder Seite wiederholt zu werden; doch ist dies nicht nothwendig.

§. 112.

Vielmehr gilt jede Vorzeichnung bis zu Ende des Stückes oder bis sie ganz, oder zum Theil widerrufen wird, oder eine andere statt ihrer eintritt.

§. 113.

Soll eine Vorzeichnung ganz widerrufen werden, so wird jedes Erhöhungs- oder Erniedrigungszeichen durch sein besondres Widerrufungszeichen aufgehoben, A-dur also mit drei an die Stelle der Kreuze

As-dur mit vier an die Stelle der Been

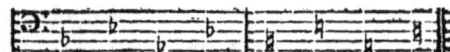

tretenden Wiederrufungszeichen.

§. 114.

Soll eine Vorzeichnung nur theilweise widerrufen werden, so werden die beizubehaltenden Versetzungszeichen der Deutlichkeit wegen mit hingesetzt, z. B. wenn aus Es-dur F-dur, oder aus H-dur D-dur werden soll, behält man bei jenem ein B, bei diesem zwei Kreuze

nach den Bedürfnissen von F- und D-dur bei.

§. 115.

Sollen nur einzelne oder wenige Töne erhöhet oder erniedrigt werden, so setzt man die dazu erfoderlichen Zeichen (♯, ♭, ♮ u. s. w.) vor die Note, bei der sie nöthig sind.

§. 116.

Ein solches Versetzungszeichen gilt den ganzen Takt (dies erläutert sich weiter unten §. 270.) durch und den folgenden Takt mit, wenn in diesem dieselbe Notenreihe oder Stimme (§. 120.) mit dem Tone anfängt, der versetzt worden ist. Z. B. das h im zweiten Takte

wird als erniedrigt (als b) angenommen, weil im ersten Takte h zu b erniedrigt worden ist und der zweite Takt mit derselben Note anfängt.

§. 117.

Wenn man nun die solchergestalt konstruirten Tonarten mit Erhöhungen und die mit Erniedrigungen zusammen stellt,

Dur		mit 1	2	3	4	5	6	7	8	9	10	11	12 Erhöhungen.
	c.	g	d	a	e	h	fis	cis	gis	dis	ais	eis	his
	deses	asas	eses	bb	fes	ces	ges	des	as	es	b	f	c
mit 12		11	10	9	8	7	6	5	4	3	2	1	Erniedrigungen

so findet man je zwei einander enharmonisch gleich (§. 88.) Die Summe der Versetzungszeichen, die in jedem solchen Paare statt haben, ist 12, steigt und fällt aber in den Tonarten mit Erhöhungen und denen mit Erniedrigungen in umgekehrtem Verhältnisse. C-dur beginnt ohne Versetzungszeichen; ihm entspricht die letzte Tonart mit Erniedrigungen, deses mit 12 Been. Auf C-dur folgt G-dur mit einem Erhöhungszeichen, dem asas mit 11 Erniedrigungszeichen entspricht, bis die eine Reihe mit His-dur und 12 Kreuzen endigt und die andere nach C-dur ohne Versetzungszeichen zurückgelangt ist.

§. 118.

In der Regel bedient man sich möglichst weniger Versetzungszeichen und schreibt daher lieber G-dur mit einem, D-dur mit 2 Kreuzen, als Asas-dur mit 11, oder Eses-dur mit 10 Been, lieber Es-dur mit 3 und B-dur mit 2 Been, als Dis-dur mit 9 und Ais-dur mit 10 Kreuzen. In der Regel schreibt man daher nur bis Fis-dur mit Kreuzen und bis Ges-dur mit Been. Besondere Gründe lassen jedoch hiervon abweichen. Bequemer ist es, wenn bereits viele Erhöhungszeichen angewendet sind, lieber deren noch mehr zuzusetzen, als die bisherigen zu widerrufen und Erniedrigungszeichen einzuführen. Wäre z. B. H-dur mit 5 Kreuzen vorgezeichnet und entstände das Bedürfniß, die Vorzeichnung von Cis-dur einzuführen, so ist es bequemer den vorhandenen 5 Kreuzen noch 2 zuzufügen, als jene mit 5 Widerrufungszeichen aufzuheben und dann 5 Bee neu vorzuzeichnen, obwol an und für sich leichter Des-dur mit 5 Been, als Cis-dur mit 7 Kreuzen dargestellt wird.

Zweite Unterabtheilung.
Von der harmonischen Tonverbindung.
A. Grundgestaltungen.

§. 119.

In der Tonkunst können zwei und mehr melodische Tonfolgen dergestalt verbunden werden, daß alle Bestandtheile (alle Töne) oder einige Bestandtheile (Töne) der einen in gleicher Zeit mit allen oder einigen Bestandtheilen der andern zum Vorschein kommen.

§. 120.

Jede solcher Tonreihen heißt eine Stimme.

§. 121.

Eine Komposition, in der zwei, drei, vier oder mehr Stimmen auf diese Weise mit einander verbunden sind, heißt zwei-, drei-, vier-, mehrstimmig.

§. 122.

Das Zusammentreffen oder die Zusammenfügung der gleichzeitigen Töne verschiedener Stimmen bildet eine harmonische Tonverbindung.

§. 123.

Die Zusammenfügung von Tönen zu Harmonie geschieht der Regel nach terzenweise, das heißt dergestalt, das jeder höhere Ton von dem nächsten tiefern eine Terz entfernt ist.

§. 124.

Der tiefste Ton in jeder harmonischen Zusammenstellung ist also der vorzüglichste, indem von ihm die übrigen, einer nach dem andern, abgemessen, gleichsam auf ihm das harmonische Gebäude errichtet wird.

Er heißt daher der Grundton.

Terzenweis auf einander gebaute Töne.

e der Grundton.

§. 125.

Die terzenweise Zusammenstellung von drei oder mehren Tönen heißt Akkord.

§. 126.

Ein Akkord von drei Tönen heißt Dreiklang.

§. 127.

Ein Akkord von vier Tönen heißt Septimen-Akkord. Man hat ihm diesen Namen gegeben, weil der vierte Ton (durch den er sich vom Dreiklange unterscheidet) eine Septime ist.

§. 128.

Ein Akkord von fünf Tönen heißt Nonen-Akkord, so genannt, weil der fünfte Ton (durch den er sich vom Septimen-Akkorde und Dreiklange unterscheidet) eine None ist.

§. 129.

Da die Terzen, aus denen man Akkorde baut, verschiedene Größe haben können, so muß es auch Akkorde von verschiedenem Verhältnisse ihrer Töne unter sich geben.

§. 130.

Wenn diese Verhältnisse beachtet und daran die Verschiedenheiten der Akkorde festgestellt werden sollen, so wird jeder Ton zu dem Grundtone verglichen.

§. 131.

Vor allem besteht daher:
1) der Dreiklang, aus Grundton, dessen Terz und dessen Quinte,
2) der Septimen-Akkord aus Grundton, dessen Terz, Quinte und Septime
3) der Nonen-Akkord aus Grundton, dessen Terz, Quinte, Septime und None.

§. 132.

Jede Stufe in der Tonleiter von Dur und Moll muß ihre Terz, Quinte, Septime und None haben. Auf jeder Stufe kann daher ein Dreiklang, ein Septimen-Akkord, ein Nonen-Akkord gebauet werden.

§. 133.

Da aber in jedem Tongeschlechte jede Stufe nur einmal vorkommt, so kann auch zu jeder nur eine Terz, Quinte, Septime und None, mithin nur ein Dreiklang, Septimen- und Nonen-Akkord gefunden werden, so lange man nicht das Tongeschlecht oder die Tonart verläßt.

§. 134.

Auf diesem Wege finden sich, indem jede Stufe in beiden Geschlechtern mit den auf ihr möglichen Akkorden besetzt wird, folgende

Dreiklänge
in Dur:

in Moll:

Septimen = Akkorde
in Dur:

in Moll:

Nonen = Akkorde
in Dur:

in Moll:

§. 135.

Wenn man die Größe der einzelnen Tonverhältnisse (Terzen, Quinten) mißt, so finden sich unter den Dreiklängen folgende verschiedene Arten.

1) Dreiklänge mit großer Terz und Quinte — auf der ersten, vierten und fünften Stufe in Dur, auf der fünften und sechsten Stufe in Moll; sie heißen große Dreiklänge.

2) Dreiklänge mit kleiner Terz und großer Quinte — auf der zweiten, dritten und sechsten Stufe in Dur, auf der ersten und vierten Stufe in Moll; sie heißen kleine Dreiklänge.

3) Dreiklänge mit kleiner Terz und kleiner Quinte — auf der siebenten Stufe in Dur auf der zweiten und siebenten Stufe in Moll, sie heißen verminderte Dreiklänge;

4) ein Dreiklang mit großer Terz und übermäßiger Quinte auf der dritten Stufe in Moll; er heißt der übermäßige Dreiklang.

§. 136.

Von den zahlreichern Septimen-Akkorden merken wir nur:

1) den auf der fünften Stufe (der Dominante) in Dur und Moll mit großer Terz und Quinte und kleiner Septime; er heißt nach seiner Stufe Dominanten-Akkord.

2) den auf der siebenten Stufe in Moll, mit kleiner Terz und Quinte und verminderter Septime, der von ihr verminderter Septimen-Akkord heißt.

§. 137.

Von den Nonen-Akkorden ist keiner besonders benannt und zu merken.

§. 138.

Weil die Akkorde durch Uebereinander-Setzung von Terzen gebildet sind, nennt man diese (die bisher allein bemerkte) Lage der Akkord-Töne die natürliche Lage des Akkordes.

B. Umgestaltungen der Akkorde.
a) Verlegung der Töne des Akkordes.

§. 139.

Die natürliche Lage der Töne kann jedoch aufgehoben und die Töne eines Akkordes können verlegt werden; und zwar auf zwiefache Weise.

§. 140.

Erstens kann die Verlegung der Akkord-Töne dergestalt erfolgen, daß der Grundton der tiefste Ton bleibt; z. B.

§. 141.

Oder zweitens die Verlegung erfolgt dergestalt, daß der Grundton aufhört tiefster Ton zu sein und ein anderer Ton an seiner Stelle der tiefste wird. Z. B.

Dann kann man die Verlegung Versetzung nennen und dann bekommen die Akkorde andere Namen.

§. 142.

Endlich können auch beide Versetzungs=Arten mit einander verbunden werden, wie z. B. in diesen Akkorden.

(Grundton c, g - g)

§. 143.

Wenn ein Dreiklang dergestalt versetzt wird, daß der Grundton aufhört, tiefster Ton zu sein, und der nächste (die bisherige Terz) zu tiefst zu liegen kommt, z. B.

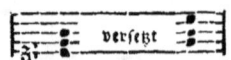

so heißt er Serten=Akkord.

§. 144.

Wird bei gleicher Versetzung der dritte Ton (die bisherige Quinte) tiefster Ton, z. B.

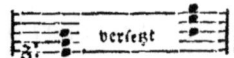

so heißt er Quartserten=Akkord.

§. 145.

Wird bei gleicher Versetzung eines Septimen=Akkordes die bisherige Terz tiefster Ton, z. B.

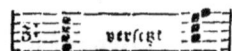

so heißt der Akkord Quintserten=Akkord.

§. 146.

Wird bei gleicher Versetzung die bisherige Quinte tiefster Ton, z. B.

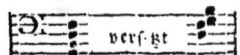

so heißt er Terzquarten=Akkord.

§. 147.

Wird endlich durch eine kleine Versetzung die bisherige Septime tiefster Ton, z. B.

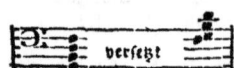

so heißt er Sekunden=Akkord.

§. 148.

41

§. 148.

Gleiche Versetzungen finden nicht nur bei allen Arten von Dreiklängen und Septimen-Akkorden, z. B. den sämmtlichen oben benannten,

§. 149.

sondern auch bei allen Nonen-Akkorden statt; nur daß sie da noch nicht besondere Namen erhalten haben.

§. 150.

So wie die Ziffern als eine oft bequemere Bezeichnung der Intervalle gebraucht werden, so bezeichnen sie auch, über oder unter eine Grundstimme gesetzt, ganze Akkorde.

§. 151.

Wo diese Bezeichnungsart gewählt ist, wird angenommen, daß jeder harmonieeigne Baßton (dieser Ausdruck wird später §. 172. erklärt) mit einem Akkorde begleitet werden soll, dessen Töne, wenn nichts anderes ausdrücklich bestimmt ist, aus der herrschenden Tonleiter genommen sind.

§. 152.

Soll diese Begleitung wegfallen, so wird die Note mit

o

eine ganze solche Stelle aber mit

t. s., tasto solo (die Taste, der Ton allein)

bezeichnet. Z. B. in diesen Stellen

werden alle Töne, mit Ausnahme der mit o oder tasto solo bezeichneten, mit Akkorden begleitet — etwa in dieser Art.

§ 153.

Eine all' 8va (all' ottava) bisweilen unrichtiger auch all' unisono (im Einklange) überschriebene Stelle wird mit Oktaven begleitet.

§. 154.

Außer diesen Fällen wird jeder unbezifferte Ton mit dem Dreiklange, dessen Grundton er ist, begleitet. Man nimmt nämlich an, daß da, wo keine besondere Bezifferung angewendet ist, nur die einfachsten und nächst liegenden Akkorde, und das sind die Dreiklänge, gemeint sind. Aus dieser Regel erklärt sich die im §. 152 gewählte Begleitung mit lauter Dreiklängen.

§. 155.

Auch die Ziffern

3, oder 5, oder $\frac{5}{3}$, oder $\frac{8}{5}$

bezeichnen den Dreiklang. Z. B. die Bezifferungen bei A, werden, wie B zeigt, gespielt.

§. 156.

Tritt eine nicht in der Tonart vorfindliche Terz ein, so wird dem Grundtone statt der im §. 64 angegebenen Bezeichnungen

♭3, ♯3, ♮3

auch blos das Versetzungszeichen

♭, ♯ oder ♮

übergeschrieben. Die Bezifferungen, z. B.

bedeuten daher

§. 157.

Die Ziffer 6 bedeutet den Sextenakkord, $\frac{6}{4}$ den Quartsexten-, 7 den Septimen-, $\frac{6}{5}$ den Quintsexten-, $\frac{4}{3}$ den Terzquarten-, 2 den Sekunden-, 9 den Nonen-Akkord; diese Bezifferungen

sind also auf diese Weise zu lesen

§. 158.

Sollen auf demselben Tone nach einander mehre Akkorde eintreten, so werden deren Ziffern hintereinander gesetzt. Z. B.

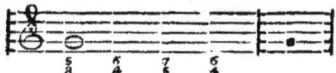

bedeutet

Der Regel nach werden dann die Akkorde nur auf Takttheile, oder, wenn weniger Akkorde vorgezeichnet, als Takttheile vorhanden sind, auf schwere Takttheile gespielt. Sind aber mehr Akkorde, als Takttheile, vorgeschrieben, so vertheilt man sie auf Taktglieder. Sind für einen Abschnitt dreitheiliger Taktordnung nur zwei Akkorde vorgeschrieben, so wird der zweite zum dritten Takttheile gespielt. Die hier gebrauchten noch unerklärten Ausdrücke werden weiterhin erläutert.

§. 159.

Sollen dieselben Töne, welche einen vorangegangenen Grundton als Akkord begleiteten, bei den folgenden Tönen der Grundstimme beibehalten werden, so fügt man den Ziffern horizontale Linien ——— ——— über den nachfolgenden Noten bei. Die Bezeichnung z. B.

wird so gespielt

§. 160.

Ein schräger Strich hinter einer Ziffer deutet an, daß dasselbe Intervall auch zu den folgenden Tönen (von diesen aus zu berechnen) gespielt werden soll.

Z. B. die Bezeichnung

deutet an, daß jeder Baßton mit seiner Terz:

zu begleiten ist. Gleichergestalt ist diese Stelle

so zu verstehen:

b) Akkord-Gestaltungen anderer Art.

§. 161.

Mit jedem Akkorde können, außer den oben erwähnten, noch dreierley Veränderungen vorgenommen werden.

§. 162.

Erstens kann ein und das andere Intervall ausgelassen werden, in der Voraussetzung, daß unsere Einbildungskraft es ergänzen könne, sobald es nöthig ist, uns aus solcher Tonzusammenfügung einen vollkommnen Akkord herzustellen. Bei den Tonverbindungen

stellt sich unsere Einbildungskraft zu Ergänzung der Akkorde folgende

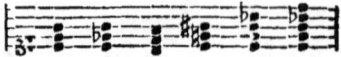

vor.

§. 163.

Die Ergänzung wird nicht mit beliebigen, sondern nur mit den Tönen der herrschenden Tonart unternommen. Z. B. in C-dur könnte

der erste der vorstehenden Akkorde nicht mit gis oder ges, sondern nur mit g, der zweite nicht mit b, sondern nur mit h ergänzt werden, da nur g und h, nicht gis, ges und b in C-dur einheimisch sind.

§. 164.

Eben so wenig wird die Ergänzung willkürlich fortgesetzt; sie beschränkt sich vielmehr auf die Töne, welche unentbehrlich sind, um überhaupt einen Akkord zu erhalten.

Z. B. bei der ersten dieser Tonverbindungen

muß a, bei der zweiten d ergänzt werden, wenn nur überhaupt ein Akkord entstehen soll. Dagegen wäre es unnöthig und unveranlaßt, bei dem ersten noch eine Septime, bei dem zweiten eine None zuzufügen.

§. 165.

Zweitens können Intervalle verdoppelt und vervielfacht werden; z. B. in dem ersten

der hier stehenden Akkorde ist der Grundton durch seine Oktave, im zweiten der Grundton durch seine Oktave und die Oktave dieser Oktave, so wie die Quinte durch ihre Oktave verdoppelt.

§. 166.

Drittens endlich können die Akkorde in die melodische Form aufgelöst und daraus melodische Figuren gebildet werden, die man sich als die zerstreuten, aber zusammengehörigen Theile eines Akkordes vorstellt. Diese Auflösung geschieht auf die mannigfaltigste Weise; es genügt hier an folgenden Beispielen.

Das Weitere darüber später.

Dritte Unterabtheilung.
II. Von der außerordentlichen Tonverbindung.

§. 167.

Mit der Benennung „außerordentliche Tonverbindung" wollen wir hiermit alle, nicht nach den bisherigen Angaben gestalteten Tonzusammensetzungen bezeichnen.

A. Von melodischen außerordentlichen Tonverbindungen.

§. 168.

Jeder Tonsatz, mag er nun ein Ganzes für sich ausmachen, oder nur ein Theil eines größern Ganzen sein, beruht in einer bestimmten Tonart.

§. 169.

Die Töne derselben heißen für den hierin verweilenden Tonsatz eigenthümliche oder leitereigne Töne. Z. B. In C-dur sind c, d, e, f, g, a, h, eigenthümliche Töne.

§. 170.

Außer den Tönen, welche in der Tonart eines musikalischen Satzes liegen, können noch alle übrigen als fremde, die nur in Beziehung auf einen eigenthümlichen, leitereignen stehen, vorkommen. Beispiele fremder Töne in einem C-dur-Satze sind die mit * bezeichneten.

§. 171.

In Bezug auf die Harmonie heißen übrigens alle nicht zu ihr gehörigen Töne durchgehende und Wechsel-Töne (Wechselnoten) je nachdem sie auf einen leichten oder schweren Takttheil (von denen später §. 274.) fallen. Die drei ersten bezeichneten Noten, h im ersten und f im zweiten Takte in dem Beispiele zu §. 170 sind daher durchgehende, die beiden letzten sind Wechselnoten.

B. Von harmonischen außerordentlichen Tonverbindungen.

§. 172.

Gleichergestalt sind nun alle Töne, die sich auf terzenweisen Akkord-Bau zurückführen lassen (Akkorde) als eigenthümliche Bestandtheile der Harmonie anzusehen und heißen harmonieeigne Töne.

§. 173.

Alle übrigen Töne gelten uns in harmonischer Zusammenstellung als fremde Bestandtheile der Harmonie (z. B. die im §. 171 nachgewiesenen durchgehenden und Wechseltöne) und heißen harmoniefremde Töne.

§. 174.

Bisweilen erscheinen in Harmoniefolgen Töne als Ueberbleibsel aus dem vorangegangenen Akkorde, um diesen mit dem folgenden enger zu verbinden. Z. B.

dann heißen sie Vorhalte.

§. 175.

Bisweilen wird ein Ton aus einem Akkorde während mehrer folgenden Akkorde beibehalten, ohne in diesen berücksichtigt zu werden. Z. B.

Ein solcher Satz heißt **Orgelpunkt**.

§. 176.

Bisweilen treten Töne nachfolgender Akkorde früher, als diese selbst ein. Z. B.

Dies nennt man **Vorausnahme** — Anticipation.

§. 177.

Der Zweck dieses ganzen Abschnittes ist: in den Stand zu setzen, in einem Tonsatze, dessen Tonart bekannt ist, alle melodischen und harmonischen Verhältnisse, die darin vorkommen, zu erkennen. Ein solcher Blick in den melodischen und harmonischen Bau eines Tonsatzes gewährt nicht nur den Vortheil, daß man leichter dazu gelangt, ihn aus der Notenschrift zu lesen, sondern ist auch unentbehrlich, wenn man sich vergewissern will, den Sinn des Tonsatzes richtig aufgefaßt zu haben (also zu einem vollendeten Vortrage) so wie besonders dann, wenn Veränderungen oder Zusätze zu dem, was der Komponist niedergeschrieben, von Seiten des Sängers nothwendig werden. Zu diesen Zwecken ist aber die bloße Verständniß obiger Lehrsätze nicht genügend, sondern eine hinlängliche, nur durch Uebung erreichbare Gewandheit in ihrer Anwendung erfoderlich.

Vierter Abschnitt.
Von der Modulation.

§. 178.

Unter Modulation wird einmal die Folge von Akkorden überhaupt, dann aber die Folge von Tonarten, die Bewegung eines Tonsatzes aus einer in andere Tonarten verstanden. Im letztern Sinne wird der Ausdruck hier angewendet.

A. Von der Ausweichung.

§. 179.

Ein Tonsatz geht aus einer gewissen Tonart, so lange nicht ordentlich gebildete Harmonien mit fremden Tönen eintreten.

Also fremde, nicht in der Harmonie bestehende Töne (man sehe die Beispiele zu §. 170) sind hier eben so wenig von Einfluß, als außerordentliche Harmonien (Beispiel §. 173 und 175.)

§. 180.

Er geht in eine andere über, wenn er statt der Töne der ersten die der andern Tonart als wesentlich annimmt. Würden z. B. statt

c d e f g a h,

die Töne

cis d e fis g a h

als wesentliche Töne gebraucht, so wäre man aus C-dur nach einem Tone übergangen, in dem fis und cis vorkommen.

Dieses Uebergehen nennt man Ausweichung oder Uebergang *)

§. 181.

Der Uebergang kann auch in den Fällen, wo die zu verwechselnden Tonarten in mehren Tönen verschieden sind, mittels eines einzigen Tones geschehen, wenn dieser geeignet ist, das Vorhandensein der übrigen bestimmt voraussetzen zu lassen.

§. 182.

Derjenige Ton, welcher den Uebergang nach einer Tonart anzeigt, heißt der Leitton nach dieser Tonart.

§. 183.

Der Leitton des Durgeschlechts nach dem Mollgeschlecht auf derselben Tonika ist die kleine, der Leitton des Mollgeschlechts nach dem Durgeschlecht auf derselben Tonika ist die große Terz der Tonika. Denn die Terz ist das erste und vorzüglichste Intervall) weil es nämlich zur Bildung des ersten Dreiklanges erfoderlich ist) worin sich beide Geschlechte unterscheiden. Z. B. der Leitton von C-dur nach C-moll ist es, der von C-moll nach C-dur ist e.

---

*) Ausweichung und Uebergang von einander zu unterscheiden und unter diesem ein vollkommnes Vertauschen der erstern Tonart mit der zweiten, und jenem ein einstweiliges kurzes Verlassen, und bald darauf erfolgte Rückkehr zu verstehen, ist wenigstens für die hier zu verfolgenden Zwecke (§. 177) unnöthig.

§. 184.

§. 184.

Der Leitton aus einer Paralleltonart in die andere ist derjenige Ton, in dem beide von einander abweichen.

Z. B. der Leitton von C-dur nach A-moll ist gis, von A-moll nach C-dur, g.

§. 185.

Aus einer Durtonart in eine andre leitet überhaupt jeder leiterfremde harmonieeigne Ton und zwar leitet er zu der Tonart, in der er zuerst als leitereigen vorkommt, wenn man von der vorigen Tonart durch den Quintenzirkel (aufwärts oder abwärts) nach ihr hingeht.

Träte z. B. nach der Tonart C-dur ein gis wesentlich (in ordentlicher Harmonie) ein, so würde es der Leitton nach A (dur und moll) sein; denn wenn man von C aus (durch G- und D-dur) den Quintenzirkel verfolgt, so trifft man erst in A-dur gis an. Träte in A-dur ein f wesentlich ein, so würde es der Leitton nach C-dur*) sein. Denn wenn man von A (rückwärts durch D und G) nach C geht, findet sich f zuerst in letzterm.

§. 186.

Da der Widerruf einer Erniedrigung als Erhöhung anzusehen ist (§. 58.): so erscheint jede Tonart, die weniger erniedrigte Töne hat, als höhere von der, die deren mehr hat.

So ist z. B. Es-dur höher als as, B-dur höher als es und man kann sich die gebräuchlichsten Durtonarten in dieser Folge von der tiefsten zur höchsten vorstellen.

ges, des, as, es, b, f, c, g, d, a, e, h, fis.

§. 187.

Wenn hiermit die Anwendung der obigen Regel verbunden wird, so ist z. B. e in Es-dur der Leitton nach F-dur. Denn wenn man von Es durch B nach F geht, tritt die Erhöhung des es zu e erst im letzten ein.

---

*) Es könnte allerdings auch der Leitton nach A-moll, der Paralleltonart von C-dur, sein und es zeigt sich hier einer der Fälle, in denen entschieden ausgewichen wird, aber noch nicht bestimmt werden kann, wohin die Ausweichung bringt. Die Untersuchung, wohin sie muthmaßlich führen werde, kann jedoch erspart und die nächste Harmonie abgewartet werden, welche die Ausweichung vollendet und entscheidet. In diesen beiden Fällen z. B.

die wir uns in einem Satze in A-dur denken, beginnt die Ausweichung mit dem zweiten Akkorde, ohne daß derselbe zu erkennen gäbe, ob die Modulation nach C-dur oder A-moll führe. Erst der dritte Akkord entscheidet im ersten Beispiele für C-dur, im zweiten für A-moll.

§. 188.

Wenn mehre fremde Töne zugleich harmonieeigen eintreten, so ist derjenige als Leitton anzusehen, der in der Folge des Quintenzirkels zuletzt erschienen ist.

Kämen z. B. in C-dur die fremden Töne cis, fis und aïs in ordentlicher Harmonie vor, so würde Letzteres der Leitton sein. Denn fis ist schon in G, cis schon in D vorgekommen; beide können aber nicht Leittöne sein, da sie nur nach G und D führen, in diesen Tonarten aber aïs nicht einheimisch ist. Folglich ist das letztere Leitton.

Erschiene in einem Tonsatze, der bisher aus F-dur gegangen, ein Akford es g b des, so würde von den beiden fremden Tönen es und des der letztere als Leitton anzusehen sein; denn von F ausgehend nach den Tonarten mit mehr erniedrigten Tönen finden wir schon in B-dur es, nicht aber des, welches erst bei As-dur erscheint.

§. 189.

Wenn fremde, erhöhte und erniedrigte Töne zugleich wesentlich vorkommen, so ist der erhöhte Ton als Leitton anzusehen, z. B. das fis in diesem Akforde,

wenn er etwa in C- oder F-dur einträte. Dieser Grundsatz rechtfertigt sich aus §. 186.

B. Von der Einrichtung der Modulation ganzer Tonstücke.

§. 190.

In der Regel bewegt sich jedes Tonstück vorzugweise, das heißt in den meisten und wichtigsten Sätzen in einer bestimmten Tonart, verläßt diese zwar bisweilen, um in eine andere Tonart auszuweichen, kehrt aber gewöhnlich, wenigstens am Ende, wieder zu jener zurück. Diese erscheint daher mit Recht als Haupt-Tonart und bei der Frage: aus welchem Tone ein Stück gehe, ist sie allein — keine von den Tonarten, nach welchen vielleicht ausgewichen wird — gemeint.

§. 191.

Da alle bisherigen Lehrsätze, um die melodische und harmonische Einrichtung eines Tonsatzes, ja sogar, um die etwa darin vorkommenden Ausweichungen kenntlich und durchschaulich zu machen, erfodern, daß die Tonart, in welcher der Satz begonnen, bekannt sei: so ist es wünschenswerth, dieselbe so schnell wie möglich bei jedem Tonsatze zu erkennen.

§. 192.

Die Vorzeichnung (oder deren Nichtvorhandensein in C-dur und A-moll) genügt hierzu nicht vollkommen. Denn da jede Vorzeichnung stets einer Dur- und einer Moll-Tonart (Parallel-Tonleitern) gemeinschaftlich ist: so bleibt man bei ihrer alleinigen Beachtung zweifelhaft, welche von den Parallel-Tonarten gemeint sei.

So kann z. B. ein Tonstück, dem zwei Kreuze (fis und cis) vorgezeichnet sind, eben so wohl aus D-dur, als aus H-moll gehen, ein Tonstück ohne Vorzeichnung sowohl C-dur, als A-moll sein u. s. w.

§. 193.

Oft, aber keineswegs immer, wird der erste große oder kleine Dreiklang, der in einer Komposition vorkommt, die Tonart näher bestimmen. Gewöhnlich ist sie die harte oder weiche Tonart, (je nachdem der Dreiklang groß oder klein war) der Tonika, welche zu dem Dreiklange der Grundton war.

§. 194.

Ferner ist ein Zeichen für die Tonart, abgesehen vom Tongeschlechte, in der eine Komposition eben steht, der Dominantenakkord, welcher sich, sowol im Dur- als Mollgeschlechte auf der fünften Stufe über der Tonika und sonst nirgends findet. Er bestimmt also den Ton, auf welchem, als einer Tonika, die Tonart des Stückes gebaut ist. Z. B. die Dominanten-Akkorde

bestimmen, der erste: daß der Tonsatz aus C, der zweite: daß er aus A, der dritte: daß er aus B gehe.

§. 195.

Da aber der Dominanten-Akkord in Dur und Moll gleich ist, z. B. auf der fünften Stufe in C-dur sowol, als in C-moll kein anderer Septimen-Akkord möglich ist, als g, h, d, f: so ist durch den Dominanten-Akkord nicht das Tongeschlecht ausser Zweifel gesetzt.

§. 196.

Größere Bestimmtheit giebt er in Verbindung mit dem nächsten nachfolgenden großen oder kleinen Dreiklang (§. 193.) Doch ist auch aus dieser Verbindung nicht mit voller Gewißheit auf die Haupttonart zu schließen. Die erste Symphonie von Beethoven z. B. beginnt mit dem Dominanten-Akkorde von F, läßt sogar demselben unmittelbar den großen Dreiklang auf f folgen, verläßt aber das solchergestalt fest ergriffene F-dur wieder, um sich in C-dur, als der Haupttonart, niederzulassen.

§. 197.

Ein vielleicht allgemeiner zutreffendes Zeichen ist der letzte Akkord eines Stückes — vorausgesetzt, daß dieses nicht aus irgend einer Absicht des Komponisten als unterbrochen, unvollendet schließt. Der letzte Akkord zeigt bei den meisten Tonstücken die Haupttonart und die gewöhnlichste Ausnahme ist nur, daß bisweilen (besonders ältere) Kompositionen mit einem großen Dreiklange schließen, wenn gleich sie sich im Mollgeschlechte bewegt hatten, mithin ein Schluß auf dem kleinen Dreiklange zu erwarten gewesen wäre.

§. 198.

Das sicherste Verfahren ist: zwar alle bisher (§. 192 bis 197) eingeführten Anzeichen als Vermuthungsgründe einstweilen gelten zu lassen, am sorgfältigsten aber den oben (§. 179 u. f.) aufgestellten Sätzen durch jeden Theil des Tonsatzes zu folgen.

Anhang.

§. 199.

Alle bisher vorgetragenen Sätze nochmals an Beispielen zu erläutern, sollen einige später zu anderm Zwecke angeführte Tonstücke nach ihnen zergliedert werden.

§. 200.

Das Fragment aus dem Recitative aus Don Juan von Mozart.
(Im dritten Buche.)

(Es wird dabei der mozartschen Singstimme, der zur zweit gedruckten, gefolgt.)

Der erste Akkord dieses Recitativs*) ist der kleine Dreiklang auf Es — mit einer Verlegung der Terz, die in der natürlichen Lage der Töne zunächst dem Grundtone hätte stehen müssen. Dieser Akkord, der bis zum vierten Takte**) beibehalten wird, zeigt, daß in den drei ersten Takten des Recitativs Es-moll vorherrschende Tonart ist. Die zweite und letzte Note im zweiten, so wie die fünfte und letzte Note im dritten Takte der Singstimme sind durchgehende Noten.

Die Töne ges und b werden bei dem Eintritte des vierten Taktes in der Begleitung enharmonisch in fis und aïs verwandelt, während die Singstimme, um nicht durch den seltsam scheinenden Schritt von as zu aïs den Sänger zu befremden und irre zu leiten, noch b beibehält, gleich darauf aber ebenfalls in aïs umsetzt.

---

*) Was Recitativ sei, davon im dritten Buche. Hier ist keine nähere Erklärung nothwendig.
**) Einstweilen denke man sich unter Takt hier den Inbegriff der Noten, die zwischen zwei senkrechten Strichen — Taktstrichen —

enthalten sind. Eine genauere Erklärung weiterhin.

Die Töne cis, ais, e, fis, — auf terzenweise Ordnung zurückgeführt, geben den Septimen-Akkord fis, ais, cis, e und zwar in einer Versetzung, in der die bisherige Quinte tiefster Ton geworden — mithin als Terz-Quarten-Akkord. Der Grund-Akkord mit großer Terz und Quinte und kleiner Septime stellt sich als Dominanten-Akkord dar.

Alle seine Töne sind in dem vorherigen Es-moll fremd gewesen. Schreitet man von dieser Tonart durch den Quintenzirkel nach den Tonarten mit Erhöhungszeichen, so findet sich schon in F-dur e, in G-dur fis, in D-dur cis — aber erst in H-dur ais. Dieser Ton ist also unter allen der Leitton und zwar nach H.

Da aber der Dominanten-Akkord dem Dur- und Mollgeschlechte auf derselben Tonika gemeinschaftlich ist, so entscheidet der vorliegende noch nicht, ob die Ausweichung aus Es-moll nach H-dur oder nach H-moll führen wird. Erst im siebenten Takte folgt der kleine Dreiklang auf H, mithin der entscheidende Eintritt von H-moll.

Der fünfte und letzte Ton im vierten, so wie der vierte und letzte Ton im sechsten Takte der Singstimme, sind durchgehende, der vorletzte Ton aber im fünften Takte ist eine Wechselnote.

Im siebenten Takte findet sich ein unvollständiger Akkord h d, dem die Quinte fehlt. Da die vorhergegangene Tonart H gewesen, so liegt es am nächsten, die Quinte für den neuen Akkord aus dieser mit fis zu ergänzen. Hiernach durfte oben mit Recht gesagt werden, daß der kleine Dreiklang auf H folge (und nicht etwa der verminderte h d f). Diese Ergänzung rechtfertigt sich auch in demselben Takte durch das von der Singstimme angegebene fis und durch den im achten Takte eintretenden vollständigen kleinen Dreiklang auf h.

Im neunten Takte erscheint ein Akkord a, d, fis, c, oder auf terzenweisen Bau zurückgeführt, d, fis, a, c. Dieser Akkord erscheint nicht bloß versetzt, indem der Grundton aufgehört hat, tiefster Ton zu sein und die Quinte es geworden ist (mithin Terz-Quarten-Akkord) sondern auch verlegt — nämlich das c, welches zunächst dem tiefsten Tone, a, stehen sollte, zu oberst. Im zehnten Takte erscheint dieser Akkord in ursprünglicher Lage des Grundtons, mithin als Septimen-Akkord.

In dem vorher herrschend gewesenen H-moll trat c als fremder und zwar erniedrigter Ton (von cis) ein. Wenn man im Quintenzirkel von H-dur nach den niedrigern Tonarten herabsteigt, findet sich c zuerst in G-dur. Es ist also hier der Leitton nach G und in der That ist der Akkord — mit großer Terz und Quinte und kleiner Septime — der Dominanten-Akkord von G-dur oder Moll. Welches von beiden Tongeschlechtern hier gemeint sei, entscheidet der elfte Takt, von dem bis zu Ende des Fragments der große Dreiklang auf G, mithin G-dur herrscht. Uebrigens sind der zweite Ton der Singstimme im achten, und die letzten Töne im zehnten, elften und zwölften Takte durchgehende Noten, der vorletzte im neunten eine Wechselnote.

§. 203.
(Das erste Fragment aus Reichardts Fuge.)
(Im dritten Buche.)

Die Vorzeichnung deutet auf D-dur oder H-moll, die ersten Töne des Basses, D, lassen auf den großen Dreiklang auf d, und dieser als Anfangs-Akkord läßt wiederum, in Verbindung mit der Vorzeichnung auf D-dur als Haupt-Tonart schließen und diese ist es denn auch. Zu Ende des fünften Taktes tritt der Tenor mit a zu dem vom Basse angegebenen g. Versetzt man beide Töne, so stellen sie eine Septime dar, die sich nur zu einem Septimen-Akkorde und zwar aus der vorgezeichneten Tonleiter zu dem Dominanten-Akkorde a, cis, e, g von D-dur ergänzen läßt.

Man könnte versucht sein, in den ersten Tönen des sechsten Taktes den kleinen Dreiklang auf fis zu erkennen, da dieser Ton in der tiefsten Stimme als Grundton erscheint. Aber der zweite Ton der Baßstimme, d, giebt den wahren Grundton und damit den großen Dreiklang auf d zu erkennen.

Der dritte Baßton ist ein durchgehender.

Die letzten Töne beider Stimmen gis, h, werden durch die hinzuzufügende Quinte d zu einem verminderten Dreiklange. Gis ist in der bisher herrschend gewesenen Tonart D-dur fremd und leitet nach A-dur oder Moll.

Schon der folgende Akkord a, cis, (mit e zu ergänzen) hebt diese Ungewißheit und vollendet die Ausweichung nach A-dur. Allein der zweite Ton der Baßstimme, g, bildet aus diesem Dreiklange einen Sekunden-Akkord des Dominanten-Akkordes von D und führt in diese Tonart zurück. Daß aber die Modulation nicht nach D-moll, sondern nach D-dur gehe, zeigen die ersten Töne beider Stimmen im achten Takte, fis, d, die durch a zu dem Sexten-Akkorde des großen Dreiklanges auf d: d, fis, a zu ergänzen sind.

Der Verfolg dieser Zergliederung kann erspart werden. Zu Anfange des elften Taktes zeigt sich der erste Vorhalt. Von dem letzten Akkorde des vorigen Dreiklangs bleibt zu dem a, d der obern Stimmen g liegen und tritt erst in der bestimmten vierten Note nach fis, um den Sexten-Akkord fis, a, d zu vollenden.

§. 204.

In dergleichen Zergliederungen muß der Sänger sich so lange üben, bis er die melodische, harmonische und modulatorische Einrichtung eines jeden Tonsatzes geläufig und sicher erkennen mag.

Die obige Erklärungsweise ist übrigens keineswegs die einzig mögliche — vielleicht aber die einzige, welche nicht mehr Vorkenntnisse nöthig macht, als hier nach dem Bedürfnisse des Sängers ermessen worden sind. Sollten sich daher bei den Versuchen in der Zergliederung von Tonsätzen bisweilen mehre Arten der Erklärung darbieten, so darf dies den Anfänger nicht irren.

Zweite Abtheilung.
Klanglehre.

Erster Abschnitt.
Sätze aus der allgemeinen Klanglehre.

§. 205.

Eine vollständige Klanglehre kann noch nicht gegeben werden, da das Wesen des Klanges noch zu wenig erkannt ist. Auch genügen hier folgende Wahrnehmungen.

§. 206.

Zuvörderst ist an jedem Schalle Stärke und Schwäche in ihren verschiedenen Abstufungen bemerkbar, abhängig von dem Grade mechanischer Gewalt, die den Schall veranlaßt und dem Grade des Widerstandes, den der tönende Gegenstand jener zu leisten vermag.

§. 207.

Als Bezeichnungen der verschiedenen Grade der Stärke dienen;

pp. (auch wohl ppp.) pianissimo, sehr leise,

s. v. sotto voce, mit leiser Stimme,

p. piano, leise,

m. v. mezza voce, mit halber (halblauter) Stimme,

po. poco — und

pf. poco forte, etwas stark, auch

mf. mezzo forte, halb stark,

f. forte, stark,

piu forte, stärker,

ff., auch fff., fortissimo, sehr stark.

cr. cres. crescendo — auch das Zeichen

            <

stärker werdend, in Stärke zunehmend,

poco à poco cr., nach und nach zunehmend,

decres. decrescendo, oder

dim., diminuendo, oder das Zeichen

            >

abnehmend, schwächer werdend.

sf. sforzato oder

rf. rfz. rinf. rinforzato auch das Zeichen

        > oder ∧ (über dem Notenkopfe.)

verstärkt; bezieht sich nur auf den einen Ton, bei dem es angezeichnet, die übrigen Bezeichnungen auf die ganze Stelle, bis zu einer andern Bezeichnung.

§. 208.

Nächst der Stärke und Schwäche, nehmen wir an dem Klange die (mit jenen nicht durchaus identischen) Eigenschaften der **Fülle** und **Schärfe** und die ihnen entgegengesetzten (den Mangel an Fülle und Schärfe) wahr. Ein voller Klang giebt das Gefühl, eines in einer gewissen Ausdehnung — mit Masse auf uns einwirkenden Gegenstandes. Ein scharfer (spitzer) Klang durchdringt uns mit dem Gefühl eines auf einen Punkt zusammengedrängt wirkenden Gegenstandes.

Vollen Klang messen wir z. B. der Klarinette und dem Horne, scharfen oder spitzen Klang der Trompete und der Oboe bei.

§. 209.

Unterschieden ist davon die **Klarheit** und **Bedecktheit** des Klanges, obwohl jene sich oft mit der Schärfe, diese mit der Fülle zu vergesellschaften pflegt.

Bedeckt nennen wir den Klang, bei dem wir empfinden, daß irgend etwas die freie Bewegung des klingenden Körpers hemmt und motivirt; klar oder hell heißen die Klänge, bei denen dies nicht der Fall ist.

Hellen Klang z. B. hat im Allgemeinen die Flöte (besonders in höhern Tönen) und Trompete, auch die gut organisirte Knabenstimme; bedeckt nenne ich dagegen die Töne der Klarinette*) Oboe, des Fagotts und Hornes, auch meist die Frauenstimme.

---

*) Außer in den hohen Tönen, die bei vorzüglichen Klarinettisten bisweilen den Flötentönen ähnlich werden.

§. 210.

§. 210.

Oft, aber nicht immer, sind die Eigenschaften der Schärfe und Helligkeit mit der Höhe der Töne, die der Fülle und Bedecktheit mit der Tiefe der Töne vergesellschaftet. Es giebt Glocken, die mit tiefem Tone einen hellen Klang verbinden; derselbe Ton wird auf der Klarinette als voll, auf der Oboe als scharf, auf der Flöte als hell empfunden werden.

§. 211.

Eine besondere Eigenschaft manches Klanges ist noch die des Wiederhalls, vermöge welcher das Enden desselben gleich wie ein Wiederhall (Echo) oder Nachhall, also wie ein zweiter aus dem ersten in der Luft erzeugter Klang empfunden wird. Glas- und Metall-Glocken zeigen diese Eigenschaft am stärksten, und daher nennt man die Klangeigenschaft Metall, die Klangart Metallklang; Töne, die mit dieser Eigenschaft, durch menschliche Stimme, auf einem Blas- oder Saiteninstrumente hervorgebracht werden, Glockentöne.

§. 212.

Wenn die Wirkungen zweier klingenden Körper zusammentreffen, und die des einen vorherrschend von uns bemerkt wird, so bezeichnen wir den Klang desselben als Hauptklang, den des andern als Beiklang. Ein Beispiel giebt die Sprache, in der sich der Laut als Beiklang zu dem Hauptklange der Stimme gesellt. Daß hier der Laut Beiklang und der Stimmklang Hauptklang genannt wird, rechtfertigt sich wenigstens aus musikalischem Gesichtspunkte.

Oefters, aber wol nicht immer, rührt die Bedecktheit des Klanges von der Zumischung von Beiklängen her; dies scheint bei der Oboe und dem Fagott der Fall zu sein, in deren Erklingen das Blättchen (im Mundstücke) einen Beiklang bewirken mag.

Zweiter Abschnitt.
Uebersicht der Klangwerkzeuge.

§. 213.

Die Klang- und Tonwerkzeuge, aus denen unser Orchester zusammengesetzt zu sein pflegt, sind:

I. Saiteninstrumente.

1) Die Violine, deren Noten unter dem G—Schlüssel geschrieben werden.
2) Die Viole (Bratsche) deren Noten unter dem Alt-Schlüssel geschrieben werden.
3) Das Violoncell, meist mit dem F, für höhere Stellen auch mit dem Tenor- und G-Schlüssel,

4) Der Baß, stets mit dem F-Schlüssel vorgezeichnet. Seine Töne erklingen um eine Oktave tiefer als sie geschrieben werden, also c wie C.

Baß und Violoncell, da sie meist mit einander verbunden bleiben, werden fast überall, besonders in den ältern Kompositionen, auf eine Zeile geschrieben. Soll bei dieser Schreibart dennoch eine Abweichung der Instrumente anzudeuten sein, so werden die Noten für das Violoncell auf , die für den Baß abwärts gestrichen; die eigentliche Bedeutung der hier den Notenköpfen zugefügten Striche wird weiterhin angegeben. Z. B.

oder es wird mit Worten angezeigt. Z. B.

Dies geschieht auch, wenn eins von beiden Instrumenten schweigen soll, z. B.

ohne daß dieses Schweigen durch Pausen (von denen weiterhin) noch besonders bemerkt werden müßte.

Erwähnung verdienen noch

5) Das Klavier und Fortepiano, welches, wie

6) Die Harfe, für die hohen Töne den G-, in ältern Kompositionen bisweilen den Diskant- und für die tiefen den F-Schlüssel zu erhalten pflegt.

7) Die Guitarre, deren Töne (nach dem G-Schlüssel aufgezeichnet) um eine Oktave tiefer erklingen, als sie geschrieben werden, also c̿ wie c̄.

II. Blasinstrumente.

A. Rohrinstrumente, solche Blasinstrumente nämlich, deren Rohr (Körper) von Holz verfertigt ist.

1) Die Flöte, deren Noten im G-Schlüssel geschrieben werden.

2) Die Pikkolflöte, eben so vorgezeichnet, allein eine Oktave höher erklingend, also $\bar{c}$ wie $\bar{\bar{c}}$

3) Die Oboe, mit dem G-Schlüssel vorgezeichnet.

4) Die Klarinette, eben so vorgezeichnet.

Es giebt mehre Arten Klarinetten:

    a) Die A-Klarinette, deren Töne eine kleine Terz tiefer, also $\bar{\bar{c}}$ wie $\bar{a}$,

    b) Die B-Klarinette, deren Töne einen ganzen Ton tiefer, also $\bar{\bar{c}}$ wie $\bar{b}$,

    c) Die C-Klarinette, deren Töne, wie sie geschrieben werden, erklingen.

    d) Die D-Klarinette, (selten) deren Töne einen ganzen Ton höher, also $\bar{c}$ wie $\bar{d}$,

    e) Die Es-Klarinette, (selten) deren Töne eine kleine Terz höher erklingen, also $\bar{c}$ wie $\bar{es}$,

    f) Die F-Klarinette, deren Töne eine große Quarte höher erklingen, also $\bar{c}$ wie $\bar{f}$.

5) Das Bassethorn, dessen Töne (fast immer unter der Vorzeichnung des G-Schlüssels geschrieben) um eine große Quinte tiefer erklingen, als sie geschrieben werden, also $\bar{\bar{c}}$ wie $\bar{f}$.

6) Das Fagott, mit dem F-, in höhern Stellen mit dem Tenor-Schlüssel vorgezeichnet.

7) Das Kontrafagott und

8) Das Baßhorn, so wie

9) Der Serpent, mit dem F-Schlüssel vorgezeichnet, letztere drei eine Oktave tiefer erklingend, als die Noten geschrieben sind, also c wie C.

B. **Blechinstrumente**, nämlich Blasinstrumente, deren Röhre (Körper) von Metall verfertigt sind.

1) Die Trompete (Clarino, Tromba) im G-Schlüssel geschrieben.

Es giebt mehre Arten.

    a) A-Trompeten, die um eine kleine Terz tiefer erklingen, also $\bar{\bar{c}}$ wie $\bar{a}$.

    b) B-Trompeten, die um einen ganzen Ton tiefer erklingen, also $\bar{\bar{c}}$ wie $\bar{b}$,

    c) C-Trompeten, bei denen der Ton erklingt, wie er geschrieben wird.

    d) D-Trompeten, die einen ganzen Ton höher erklingen, also $\bar{c}$ wie $\bar{d}$.

    e) Es-Trompeten, die eine kleine Terz höher erklingen, also $\bar{c}$ wie $\bar{es}$.

    f) E-Trompeten, die eine große Terz höher erklingen, also $\bar{c}$ wie $\bar{e}$

g) F-Trompeten, die eine große Quarte höher erklingen, als die Noten geschrieben werden, also c̄ wie f̄.

2) Das Horn (Corno) mit dem G-, für die tiefsten Töne mit dem F-Schlüssel vorgezeichnet. Die mit dem G-Schlüssel vorgeschriebenen Horn-Töne ertönen eine Oktave tiefer, als sie geschrieben werden.

Uebrigens giebt es mehre Arten.

a) Das tiefe B-Horn, dessen Töne noch um einen ganzen Ton tiefer erklingen. c̿ welches auf dem Horne schon ohnehin als c̄ erklingen würde, erscheint also als b.

b) Das C-Horn, welches c̿ als c̄ erklingen läßt.

c) Das D-Horn, bei dem zwar c̿ sich zu d̿ erhöht, dann aber um eine Oktave tiefer erklingt, also c̿ wie d̄.

d) Das Es-Horn, wo c als es gedacht wird, dann aber eine Oktave tiefer erklingt, also c̿ wie es.

e) Das E-Horn, wo c̿ für e̿ gilt, aber eine Oktave tiefer, als ē erklingt.

f) Das F-Horn, wo c̿ für f̿ gilt, aber eine Oktave tiefer, als f̄ erklingt.

g) Das G-Horn, wo c̿ für g̿ gilt, aber eine Oktave tiefer, als ḡ ertönt.

h) Das A-Horn, wo c̿ für ā gilt, aber eine Oktave tiefer, als ā ertönt.

i) Das hohe B-Horn, wo c̿ für b̿ gilt, aber eine Oktave tiefer, als b̄ ertönt.

Die unter dem F-Schlüssel geschriebenen Noten bezeichnen nicht eine Oktave tiefere Töne, sondern z. B. diese Note

auf dem C-Horne das große C, wie auf dem Pianoforte, auf dem D-Horne das große D

u. s. w.

3) Die Posaune (trombone), deren drei Arten:

a) die Alt-Posaune, im Alt-Schlüssel,

b) die Tenor-Posaune im Tenor-Schlüssel,

c) die Baß-Posaune im F-Schlüssel geschrieben wird.

III. Schlaginstrumente,

unter denen die Pauken (timpani) allein hier Erwähnung verdienen. Sie können in beliebige Töne (so weit ihr Umfang erlaubt) gestimmt werden. Ihre Stimme wird, wie die der Hörner und Trompeten, als Tonreihe von C-dur geschrieben und voran bemerkt, in welche Tonreihe sie zu übertragen sein soll. Z. B. in D-Pauken erklingt die Note c als d, g als a u. s. w.

Die übrigen Schlaginstrumente haben keinen bestimmten Ton.

§. 214.

Die Zusammenstellung aller Sing- und Instrumentstimmen auf Einem Blatte in besondern, aber zusammen zu lesenden Stimmen übereinander, heißt Partitur.

§. 215.

Es ist rathsam, daß auch der Sänger sich übe, eine Partitur schnell und sicher zu überblicken, nicht blos die etwa von ihm daraus zu singende Partie, sondern auch alle übrigen Gesang- und Instrumentalpartien, wenigstens im Allgemeinen ins Auge zu fassen.

§. 216.

Nothwendig ist es auch für den Sänger, der mit Begleitung des Orchesters singen will, sich mit dem Karakter, dem eigenthümlichen Klange und der Kraft der sämmtlichen Instrumente bekannt zu machen, auch die Wirkung möglichst genau kennen zu lernen, die durch die verschiedenen Zusammenstellungen der Instrumente erreicht wird, da alles dies bei dem Gesange mit Orchester erwogen werden muß.

Dritte Abtheilung.
Rythmik.

Vorbegriffe.

§. 217.
Was Rythmus sei, ist §. 9 gesagt.

§. 218.
Die Lehre vom Rythmus heißt Rythmik.

§. 219.
Die Rythmik hat zwei Ordnungen der Tonfolge zu beobachten.

§. 220.
Die erste ist die der gleichgeltenden Töne, in welcher ein Ton so lange Zeit, als der andere angehalten, auf ihm verweilt wird.

§. 221.
Die zweite ist die der nicht gleichgeltenden Töne, derer nämlich, die nicht gleich lange Zeit gehalten werden,

Erster Abschnitt.

Rythmik der gleichgeltenden Töne.

A. Einfache Ordnungen.

§. 222.

Um eine Tonreihe selbst bei größerer Ausdehnung möglichst übersichtlich und faßlich zu machen, zerlegt man sie in mehre gleiche Abschnitte

§. 223.

Die einfachste und ursprüngliche Theilung erfolgt in Abschnitte von zwei oder von drei Tönen, und heißt hiernach zwei- oder dreitheilige Takt-Ordnung.

§. 224.

In der zweitheiligen Ordnung wird die Tonreihe in je zwei und zwei Töne getheilt und die Eintheilung entweder bei dem ersten Tone, also mit einem vollständigen Abschnitte:

| 1. 2. | 1. 2. | 1. 2. | 1. 2. |

oder bei dem zweiten Tone eines Abschnittes

| 2. | 1. 2. | 1. 2. | 1. |

also mit einem nicht vollständigen Abschnitte begonnen. Im letztern Falle stellt sich der beginnende Ton als ein zweiter in einer unvollständigen Abtheilung dar, in einer Abtheilung, deren erstes Glied der letzte Ton im Satze sein wird.

§. 225.

In der dreitheiligen Ordnung zerfällt die Tonreihe in Abtheilungen von je drei Tönen. Diese Eintheilung kann entweder bei dem ersten,

| 1. 2. 3. | 1. 2. 3. | 1. 2. 3. |

oder bei dem zweiten,

| 2. 3. | 1. 2. 3. | 1. 2. 3. | 1. |

oder bei dem dritten Tone

| 3. | I. 2. 3. | I. 2. |

begonnen werden.

§. 226.

Diese beiden Ordnungen heißen **einfache**.

B. Zusammengesetzte Ordnungen.

§. 227.

Durch Zusammenziehung zweier oder mehrer Abtheilungen aus einfachen Ordnungen entstehen größere Ordnungen, die **zusammengesetzte** heißen.

§. 228.

Durch Zusammenziehung zweier zweitheiliger entsteht eine viertheilige Ordnung

| I. 2. 3. 4. | I. 2. 3. 4. |
1. 2. 1. 2. 1. 2. 1. 2.

§. 229.

Durch Zusammenziehung vier zweitheiliger Abtheilungen entsteht eine achttheilige Ordnung.

| I. 2. | 3. 4. | 5. 6. | 7. 8. |
1. 2. 1. 2. 1. 2. 1. 2.

§. 230.

Durch Zusammenziehung zwei dreitheiliger Abtheilungen entsteht eine sechstheilige Ordnung.

| I. 2. 3. 4. 5. 6. | I. 2. 3. 4. 5. 6. |
1. 2. 3. 1. 2. 3. 1. 2. 3. 1. 2. 3.

§. 231.

Durch Zusammenziehung drei dreitheiliger Abtheilungen entsteht eine neuntheilige Ordnung.

| I. 2. 3. | 4. 5. 6. | 7. 8. 9. |
1. 2. 3. 1. 2. 3. 1. 2. 3.

§. 232.

§. 232.

Durch Zusammenziehung vier dreitheiliger Abtheilungen entsteht eine zwölftheilige Ordnung

| 1. 2. 3. | 4. 5. 6. | 7. 8. 9. | 10. 11. 12. |
1. 2. 3.   1. 2. 3.   1. 2. 3.   1. 2. 3.

§. 233.

Auch die zusammengesetzten Ordnungen können bei dem zweiten, dritten, vierten Tone u. s. f. begonnen werden. (§. 224. 225.)

§. 234.

Jeder erste Ton einer Abtheilung ist der Regel nach als der hauptsächlichste in derselben anzusehen.

§. 235.

Bei zusammengesetzten Ordnungen theilen sich die Töne nach dreifachem Range.

Die erste kommt den ersten Tönen in jeder Abtheilung zu. Den zweiten nehmen diejenigen ein, welche nach der einfachen Ordnung, aus denen die zusammengesetzte gebildet worden, die ersten in den Abtheilungen waren.

In der neuntheiligen Ordnung z. B.,

| 1. 2. 3. 4. 5. 6. 7. 8. 9. |
1. 2. 3. 1. 2. 3. 1. 2. 3.

die aus drei dreitheiligen Abtheilungen zusammen gesetzt ist, nimmt der erste Ton den ersten, der vierte und siebente Ton aber, welche bei der dreitheiligen Ordnung erste Töne waren, den zweiten Rang ein.

Alle übrigen Töne stehen im letzten Range.

§. 236.

Abgesehen von der Wichtigkeit, die dem oder jenem Tone im Zusammenhange eines Tonsatzes aus andern Gründen beigelegt werden kann, zeichnet unsre Empfindung aus dem, wenn auch nicht jederzeit zu klarem Bewußtsein gelangten, im §. 222 angeführten Grunde sich jeden wichtigern (§. 235) und wichtigsten Ton, entweder durch verhältnißmäßige größere Stärke, oder durch ein kaum merkliches längeres Verweilen, oder wenigstens durch das Bewußtsein seiner Wichtigkeit — aus. Diese, bei einem stärkere, bei dem andern schwächere, bei jedem vernünftigen Menschen aber voraussetzlich vorhandene*) Empfindung heißt **Taktgefühl**.

---

*) Es wird selbst in den Subjekten (wenn gleich vielleicht in geringerm Grade) vorhanden sein, denen alle übrigen Anlagen zur Musik fehlen. Die Klage der Musiklehrer, daß dem oder jenem

Zweiter Abschnitt.
Rythmik der nicht gleichgeltenden Töne.

§. 237.

Nicht jederzeit folgen die Töne einander in gleicher Zeitdauer, sondern sie werden bald länger bald kürzer gehalten, bald schneller bald langsamer nach einander angegeben.

Ein Grundmaaß für die Haltung der Töne giebt es nicht; es bleibt unbestimmt, wieviel Sekunden der und jener gehalten werden muß und es wird nur bestimmt, um wieviel länger oder kürzer ein Ton als der andere zu halten ist.

§. 238.

Die Töne theilen sich aus diesem Grunde nach bestimmten Verhältnissen in längere und kürzere, das heißt in länger oder kürzer gehaltene. Die Zeitlänge, welche ein Ton in Vergleich zu andern gehalten werden muß, heißt sein Werth, oder seine Geltung.

§. 239.

Die Eintheilung der Töne in längere und kürzere erfolgt ordentlicher Weise nach zweitheiliger und dreitheiliger Zerlegung.

A. Zweitheilige Zerlegung.

§. 240.

Nach zweitheiliger Zerlegung wird jeder Ton der Dauer nach in zwei getheilt, die zusammengenommen so lange, als er allein, jeder also halb so lange gehalten werden.

§. 241.

Bei dieser Eintheilung der Töne wird von einem, den man als ganzen annimmt, ausgegangen.

Die Note eines ganzen Tones hat einen hohlen Kopf.

Kinde das Taktgefühl ganz fehle, beweiset nur ihre Unlust, es durch jedes Mittel zu stärken, oder die Unfähigkeit, zweckliche Mittel zu ergreifen. Das Vorzählen des Taktes von Seiten des Lehrers und das Lautzählen lassen — thut es nicht immer allein. Besonders bei Schülern in vorgerückterm Alter wird mangelndes, das heißt, unausgebildetes Taktgefühl gestärkt, wenn man ihnen die Taktordnung und die Gründe ihrer Einführung vollkommen begreiflich darstellt und jene selbst konstruiren läßt.

67

§. 242.

Ein ganzer Ton hat zwei halbe.

Die Note eines halben Tones hat einen hohlen Kopf und einen Hals (Strich) daran.

§. 243.

Ein halber Ton hat zwei Viertel.

Die Note eines Viertels hat einen vollen Kopf mit einem Halse.

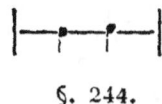

§. 244.

Ein Viertel hat zwei Achtel.

Die Note eines Achtels hat einen vollen Kopf mit einem Halse und an diesem eine Fahne (Querstrich)

die bei mehren einander folgenden Achtel=Noten zusammengezogen wird.

§. 245.

Ein Achtel hat zwei Sechszehntheile, die mit zwei Fahnen,

§. 246.

Ein Sechszehntheil hat zwei Zweiunddreißigtheile, die mit drei Fahnen,

§. 247.

Ein Zweiunddreißigtheil hat zwei Vierundsechzigtheile, die mit vier Fahnen,

§. 248.

Ein Vierundsechszigtheil hat zwei Einhundertachtundzwanzigtheile, die mit fünf Fahnen,

[9*]

68

bezeichnet werden.

§. 249.

Das Bedürfniß, noch längere Töne zu haben, als ganze, hat Noten von dieser Gestalt

eingeführt, deren jede so viel, wie zwei ganze gilt *)

B. Dreitheilige Zerlegung.

§. 250.

Nach dreitheiliger Zerlegung hat eine ganze Note drei halbe, eine halbe drei Viertel u. s. f.

§. 251.

Wie hier die Namen halbe (statt Drittel) Viertel (statt Sechstel) u. s. f. uneigentlich beibehalten sind, so hat man auch zur Bezeichnung der dreitheilig zerlegten Noten die bei der zweitheiligen Zerlegung gültigen Zeichen beibehalten und setzt nur über je drei Noten die Ziffer 3 (bisweilen auch diesnicht.) Eine Gruppe von drei nach dieser Theilung zusammengehörigen Noten heißt Triole.

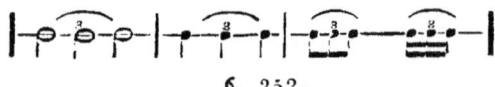

§. 252.

Die Geltung jeder Note wird um die Hälfte vermehrt, wenn man einen Punkt hinter sie setzt. Z. B. ein Viertel mit einem Punkte

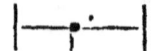

gilt drei Achtel. Dies ist also ein zweites Mittel, dreitheilige Noten zu ersetzen.

C. Aussserordentliche Eintheilungs- und Zerlegungsarten.

§. 253.

Durch Verdoppelung oder Vermischung dieser Grundeintheilungsarten entstehen Gruppen von 5 Tönen statt 4, Quintolen

---

*) In älterer Musik haben diese Noten oft nur unbestimmte, allenfalls durch ihre Länge angezeigte Geltung. Ursprünglich galt eine sehr lange Note dieser Gestalt ▭▭▭▭ (maxima) 32 Viertel, eine kleinere mit einem Halse ▭▭ (longa) halb so viel, die oben angeführte ▭ (brevis) die Hälfte der longa.

von 6 Tönen statt vier — Sextolen*) —

von 7, 9, 10, 11, 13 Tönen statt 4 oder 8 und so fort, die alle eben so, mit den Ziffern 7, 9, 10 u. s. w. bezeichnet werden.

§. 254.

Ein zweiter Punkt hinter dem ersten gilt wiederum dessen Hälfte. Ein Viertel also mit 2 Punkten

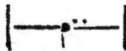

gilt drei Achtel und ein Sechszehntheil, nämlich,

$\frac{1}{4}$ $\frac{1}{8}$ $\frac{1}{16}$

§. 255.

Zwei oder mehre Töne aus einer dieser Eintheilungen können zusammengezogen werden und z. B. eine Achteltriole

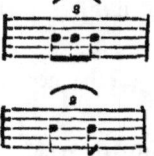

sich in dieser Weise

darstellen.

---

*) Die Sextole wird von den meisten Theoretikern als eine zergliederte Triole, nämlich

angesehen. Hiernach müßte ihr erster und nächst diesem ihr dritter und fünfter Ton Nachdruck erhalten. In den meisten neuern Kompositionen wird sie jedoch gleich einer Zusammensetzung zweier Triolen, nämlich so

behandelt und vorzugsweise ihr erster, dann aber der vierte Ton accentuirt. Hieraus rechtfertigt sich obige Erklärung.

§. 256.

Um einem Tone beliebig lange Geltung zu geben, schreibt man seine Note, so oft es nöthig, hintereinander und verbindet sie mit dem **Bindezeichen**,

§. 257.

Noten desselben Tones auf diese Weise verbunden, gelten für eine einzige, welche die Geltung aller hätte.

Z. B. die Noten

gelten eine ganze Note; die Noten

gelten einen, drei halbe Noten langen Ton; die Noten

einen Ton, welcher zwei ganze, eine halbe, eine Viertel-, eine Achtel- und eine Sechszehntheil-Note lang ist.

§. 258.

Um Noten eine unbestimmt, etwas weniges verlängerte Geltung zu geben, bedient man sich bei einzelnen des Wortes

tenuto (ten.) gehalten

oder auch

ben tenuto, wohl gehalten.

Bei mehren von verschiedener Höhe des §. 256. schon angewendeten Bindezeichens oder der Bezeichnung mit

legato, gebunden

oder

legatissimo, sehr gebunden

Bei dieser Bezeichnung wird die Geltung jeder Note genau bis zum Eintritt der folgenden fortgesetzt, da man sich ausserdem wol gestattet, zwischen einer und der andern einen geringen Absatz zu machen, eine kleine Lücke zu lassen.

§. 259.

Um die Geltung unbestimmt um ein wenig zu verkürzen, bezeichnet man die Noten mit

staccato, gestoßen

oder setzt Punkte und, zu noch größerer Verkürzung, Striche über sie, wie z. B.

Diese Verkürzung der Geltung erfolgt nicht dadurch, daß man die Noten schneller einander folgen läßt, sondern daß man jede um ein weniges früher abbricht, als die folgende eintritt.

Dritter Abschnitt.
Von den Unterbrechungen der Tonfolge.

§. 260.

Soll die Tonreihe auf eine bestimmte Zeit unterbrochen werden, so bedient man sich der Pausen, als Unterbrechungszeichen.

§. 261.

Für jede in Noten auszudrückende Geltung hat man auch Pausen. Sie haben folgende Gestalt:

ganze, halbe, Viertel, Achtel, Sechzehntheil, Zwei und Dreißig, Vier und Sechzig, Einhundert und Acht und Zwanzigtheil-Pause.

Für jede Pause wird so lange Zeit inne gehalten, als man einen Ton von gleicher Geltung halten würde.

§. 262.

Eine Pause von dieser Gestalt

gilt zwei; wenn sie durch eine Linie zur dritten geht,

oder

vier; wenn sie durch zwei Linien geht,

oder

sechs; wenn sie durch alle Linien geht,

acht ganze Noten.

§. 263.

Der im vorigen Paragraph gedachten Pausen und der ganzen Pause () bedient man sich auch, um eine Anzahl Takte (§. 270.) die pausirt werden sollen, zu bezeichnen. Daher heißen auch diese Pausen ganze Takt=, Zweitakt=Pausen u. s. w.

Bei dieser Bezeichnung wird übrigens keine Rücksicht auf die Größe der Takte genommen und eine ganze Taktpause gilt eben sowol als Pause eines $\frac{3}{4}$, als $\frac{4}{4}$ Taktes. Nur bei Taktarten, die letztern übersteigen, z. B. $\frac{6}{4}$, $\frac{3}{2}$, $\frac{4}{2}$ pflegt man genauer zu schreiben.

§. 264.

Eine größere Anzahl zu pausirender Takte pflegt durch Querstriche und darüber gesetzte Ziffern, z. B. zwanzig Takte so

angezeichnet zu werden.

Vierter Abschnitt.
Unterbrechung der rythmischen Folge.

§. 265.

Um endlich jeder Note oder Pause eine unbestimmt und bedeutend (§. 258.) verlängerte Geltung zu geben, setzt man das Zeichen

über sie

wodurch die rythmische Folge eine Zeitlang aufgehalten wird.

§. 266.

Soll der bestimmte Rythmus in einem ganzen Satze aufgehoben sein, so bezeichnet man dies mit

senza tempo.

Das Recitativ ist, ohne daß es dieser Bezeichnung bedarf, in der Regel frei von bestimmtem Rythmus.

§. 267.

§. 267.

Die Wiederherstellung der rythmischen Ordnung wird mit

à tempo*)

bezeichnet.

Fünfter Abschnitt.

Von der rythmischen Eintheilung ganzer Tonsätze.

A. Vom Takte und den Taktarten.

§. 268.

In jedem Tonstück ist eine von den rythmischen Ordnungen vorherrschend, die wir oben in dieser Beziehung Taktordnung benannt haben.

§. 269.

Bei der Errichtung der Taktordnungen hatten wir alle Noten unter einander von gleicher aber unbestimmter Geltung angenommen.

Wenn eine Taktordnung in Noten von gleicher und bestimmter Geltung dargestellt ist, so heißt sie Taktart.

§. 270.

Jede Abtheilung in einer Taktart heißt Takt. In der zweitheiligen Taktart z. B. macht jede Abtheilung von zwei Tönen einen Takt aus.

§. 271.

Jeder Takt wird durch Querstriche von dem vorangegangenen und nachfolgenden geschieden.

| Takt | Takt |

Diese Querstriche heißen Taktstriche.

§. 272.

Die Theile in einem Takte können in Noten von jeder beliebigen Geltung bestehen. Z. B. bei der zweitheiligen Taktordnung können als einzelne Theile Viertel angenommen werden. Dann enthält jeder Takt zwei Viertel. In der dreitheiligen Taktordnung können halbe

---

*) Daß diese Benennung hier uneigentlich angewendet wird, zeigt sich weiterhin.

Noten, Viertel und Achtel als Theile des Taktes angenommen werden. Jeder Takt enthält alsdann drei halbe, drei Viertel — drei Achtel.

§. 273.

Die als Theile des Taktes angenommenen Noten heißen **Takttheile**.

Z. B. in einer Takt-Eintheilung von je zwei oder vier Vierteln sind Viertel, in einer Takt-Eintheilung von je drei oder sechs Achteln sind Achtel die Takttheile.

§. 274.

Jeder Takttheil, der eine Abtheilung, z. B. einen Takt, oder (bei zusammengesetzter Ordnung) die Hälfte seines Taktes beginnt, heißt, als bemerkenswerther, durch Nachdruck auszuzeichnender, **schwer**, die übrigen **leicht**. *)

Ein leichter Takttheil zu Anfang eines Tonstückes heißt **Auftakt**.

§. 275.

Zu Anfang eines Tonsatzes wird die Taktart und die Geltung der Takttheile angezeichnet, beide durch Ziffern in Gestalt eines Bruches, so daß die Taktart oben (als Zähler) der Takttheil unten (als Nenner) angesetzt wird. Hiernach wird z. B. der Zweivierteltakt so:

$$\frac{2}{4}$$

der Dreivierteltakt und Sechsachteltakt so

$$\frac{3}{4} \qquad \frac{6}{8}$$

angezeichnet.

§. 276.

Statt $\frac{4}{4}$, um den Viervierteltakt zu bezeichnen, schreibt man ein

C

vor.

Den $\frac{2}{2}$ Takt, der selten, und den $\frac{4}{2}$ Takt, der jetzt fast gar nicht mehr angewendet wird, zeichnete man, erstere mit

₵ (einem halb abgeschnittenen Kreise)

und letztern mit

◯ auch wohl: ⊡

vor.

§. 277.

Theilt man die Takttheile in Noten kleinerer Geltung (nach welcher Ordnung es sei) so heißen diese in Bezug auf die Takttheile **Taktglieder**.

---

*) Die in frühern Lehrbüchern oft angewendeten Ausdrücke **gut** und **schlecht** sind für die Bedeutung der verschiedenen Takttheile nicht so bezeichnend, als die hier angewendeten.

§. 278.

Jedes erste Taktglied heißt schwer, die andern leicht. (§. 274.)

§. 279.

Es ist nicht nothwendig, daß die Ordnung der Takttheile mit der der Taktglieder übereinstimme. Im 6/8 oder 3/4 Takte z. B., in dem dreitheilige Ordnung herrscht, können die Viertel in Achtel, oder die Achtel in Sechszehntheile (als Taktglieder) mithin nach der zweitheiligen Ordnung getheilt werden.

(Takttheile nach dreitheiliger Ordnung,

Taktglieder nach zweitheiliger Ordnung.)

Im C-Takt, einer zweitheiligen Ordnung, können die Takttheile in Triolen oder Sextolen, mithin nach dreitheiliger und sechstheiliger Ordnung zerlegt werden.

(Takttheile nach zweitheiliger Ordnung

Takttheile nach dreitheiliger Ordnung.)

§. 280.

Dergleichen Eintheilungen nennen wir gemischte. Die Beispiele zum folgenden Paragraphen enthalten deren.

B. Von größern rythmischen Abschnitten.

§. 281.

Zwei, drei oder mehre Takte bilden in einem Tonstücke einen größern Abschnitt, zwei drei, oder mehre solcher Abschnitte einen Perioden.

Hier folgen Beispiele von Abschnitten zu zwei Takten:

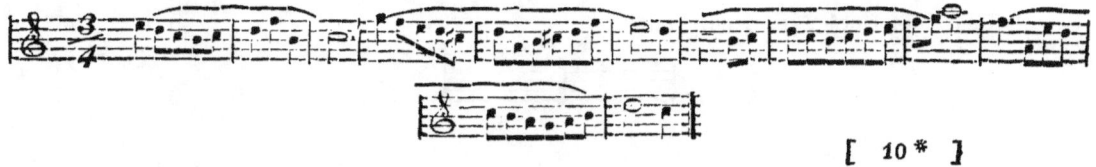

Zu drei Takten:

Zu vier Takten. (Aus dem Gedächtnisse nach Spontini's: Alcidor.)

 u. s. w.

Zu fünf Takten. (Was seltener vorkommt.)

 u. s. w.

§. 282.

Bisweilen stellen sich zwei oder mehre Perioden zu größern Abtheilungen und zwei oder mehre von diesen zu Theilen zusammen.

§. 283.

Bei allen diesen Eintheilungen wird nicht nothwendig eine Ordnung (z. B. die zweitheilige von zwei und zwei Takten, Abschnitten, Perioden u. s. w.) streng durchgeführt; vielmehr kann bald zwei-, bald dreitheilige Ordnung in beliebiger Abwechselung angewendet werden.

§. 284.

Doch wird in der Regel eine gewisse Symmetrie beobachtet und es werden deshalb z. B. je 2 oder 3 zweitheilige, dreitheilige Taktabschnitte u. s. w. zu einander gestellt.

§. 285.

Eben so wenig wird bei der Abtheilung auf einzelne Noten, Takttheile mehr oder weniger gesehen. So beginnt z. B. im ersten Notenbeispiele §. 181 der erste Abschnitt mit einem Viertel, der zweite mit einem, der vierte mit drei Achteln Auftakt, dem dritten dagegen mangelt der Auftakt ganz.

§. 286.

Jede solcher Abtheilungen wird vom Gehör als ein Zusammenhängendes, in sich mehr oder weniger Abgeschlossenes erkannt. Am bestimmtesten erfolgt dies bei denjenigen, welche mit einem Dominanten-Akkorde und darauf folgendem großem oder kleinem Dreiklange schließen. Denn die Befriedigung, welche aus dieser Festsetzung der Tonart gewonnen wird, läßt einen Satz in der Regel als geschlossen erkennen. Minder ist dies schon bei Versetzungen jener Akkorde der Fall. Doch kann auch ohne diese Harmoniefolge eine Abtheilung als geschlossen empfunden werden.

§. 287.

Das Ende eines Theiles wird mit

angedeutet.

Soll ein Theil wiederholt werden, so fügt man zwischen den Linien vier Punkte zu:

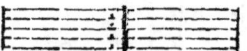

soll auch der folgende wiederholt werden, so vertheilt man die Punkte auf beide Seiten

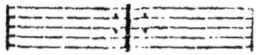

§. 288.

Soll ein Satz nicht ganz von Anfang, oder von einem vorher angezeichneten Theilabschnitt an wiederholt werden, so bezeichnet man die Stelle, von der ab die Wiederholung beginnen soll, beliebig, z. B.

und verweiset bei dem Wiederholungszeichen mit

D. s.

Dal segno, (vom Zeichen)

auf jenes vorangegangene Zeichen.

So ist z. B. bei der, im dritten Buche mitgetheilten Arie aus Alceste geschehen.

§. 289.

Für die Abscheidung der übrigen Eintheilungen sind keine Bezeichnungen nöthig gefunden worden.

Sechster Abschnitt.

Von der Schnelligkeit der Bewegung (dem Tempo).

§. 290.

Es giebt kein Zeitmaaß, nach welchem die Dauer der Viertel= halben Noten u. s. w. für alle Musikstücke, wo sie vorkommen, ein für allemal bestimmt ist. Vielmehr werden Noten derselben Geltung in verschiedenen Kompositionen verschieden lang gehalten.

§. 291.

Ein sehr unbestimmtes Grundmaaß für die Geltung aller Noten in den einzelnen Ton= stücken geben die denselben gewöhnlich übergesetzten Ueberschriften an.

§. 292.

Die langsamste Bewegung wird mit

Largo, Adagio, Lento, oder Grave

angezeichnet — Wörter, welche fast gleiches Zeitmaaß (largo, gewöhnlich das langsamste) andeuten.

§. 293.

Die mäßig langsame Bewegung bezeichnen

Andante, Andantino

(eigentlich gehend und etwas gehend) und Larghetto, weniger breit, als largo.

§. 294.

Die mäßig geschwinde

Allegretto (etwas geschwind)

moderato (gemäßigt, nämlich in der Bewegung).

§. 295.

Die geschwinde

Allegro (geschwind).

§. 296.

Die geschwindere

Presto (schnell).

§. 297.

Die geschwindeste

Prestissimo.

§. 298.

Alle diese Bezeichnungen werden durch

sostenuto, gehalten, zurückgehalten,
un poco, ein wenig,
meno, weniger,
non tanto, nicht so sehr,
non troppo, nicht zu sehr,
piu, mehr
molto, assai, sehr,

näher bestimmt. Dasselbe gilt auch durch Zusammensetzung mehrer. Z. B.

Andante quasi (gleichsam) Adagio

wäre ein Zeitmaaß, welches die Mitte zwischen Andante und Adagio hielte.

§. 299.

Das einmal ergriffene Zeitmaaß wird der Regel nach durch das ganze Stück gehalten. Soll es unterbrochen werden, so wird dies durch

à piacere, ad libitum, (nach Willkür),

in begleitenden Stimmen durch ein

colla parte (mit der Hauptstimme)

angezeigt und diese Unterbrechung durch

a tempo, tempo primo, (nach dem — ersten — Zeitmaaße)

wieder aufgehoben.

§. 300.

Die Bezeichnungen

rallentando, ritardando (verzögernd)

deuten an, daß das Zeitmaaß langsamer, die Wörter ;

accelerando

stringendo

più stretto (enger, gedrängter) daß es schneller werden soll.

§. 301.

Die Unbestimmtheit dieser Tempo-Bezeichnungen hat zu der Erfindung von Taktmessern Anregung gegeben, Maschinen, welche das Taktmaaß (die Geschwindigkeit der Bewegung) nach allgemeinem Zeitmaaße bestimmen. Die ausgebreitetste ist der Mälzelsche Metronom, welcher aus einem aufrechtstehenden, durch ein Uhrwerk in Bewegung gesetzten Pendel und einem, an diesem befindlichen bewegbaren Gewichte besteht. Je höher dieses an dem Pendel hinaufgeschoben wird, desto langsamer, je tiefer es hinabgeschoben wird, desto schneller schwingt der Pendel. Hinter dem Pendel ist eine Ziffertafel angebracht. Je nachdem nun das Gewicht über die tiefern oder höhern Nummern gestellt wird, schwingt der Pendel geschwinder oder langsamer, z. B. auf No. 60. sechzigmal in einer Minute, auf der höher stehenden No. 50. funfzigmal in derselben Zeit u. s. w. Diese Schläge geben nun das Taktmaaß, indem man die Geltung einer Notenart ihnen gleichsetzt und dies dem Stücke vorzeichnet. Z. B.

♩ 70

bedeutet, daß die Viertel so schnell genommen werden sollen, als die Schläge des Metronomen erfolgen, wenn er auf No. 70 gestellt ist.

§. 302.

Gründlich und erschöpfend hat unser hochverdienter Gottfried Weber in seiner Theorie u. s. w. auch diesen Gegenstand abgehandelt und seinerseits einen Taktmesser vorgeschlagen, dessen

Vorzüge über kurz oder lang ihm den Sieg über alle frühern Erfindungen der Art verschaffen müssen.

Die Anwendbarkeit des Mälzelschen Metronomen und jeder ähnlichen Maschine hängt natürlich davon ab, daß sie richtig angefertigt und in gutem Stande erhalten sei; und nur der kann von Tempobezeichnungen nach solchen Maschinen Gebrauch machen, der ein richtiges Exemplar derselben zur Hand hat. Es kam daher darauf an, eine überall leicht herzustellende und zuverläßige Vorkehrung zu ersinnen und dies ist Herrn Weber gelungen. Sein Vorschlag ist in seinem genannten Werke (Band 1. S. 85.) nachzulesen. Hier bedarf es keiner Auseinandersetzung desselben, da er, unsers Wissens, noch keine größere Verbreitung gefunden hat.

Vierte Abtheilung.
Von der Figurirung.

§. 303.

In jeder Tonfolge ist nach den bisher entwickelten Grundzügen
1) die rythmische,
2) die melodische
3) die harmonische Gestaltung

zu unterscheiden und zur Betrachtung zu ziehen.

§. 304.

Unter rythmischer Folge verstehen wir die rythmische Ordnung, in der ein Ton sich wiederholt, oder mehre (gleichviel welche) Töne einander folgen.

§. 305.

Mit dem Namen melodische Folge bezeichnen wir die Reihe einzelner Töne nach einander, so wie

§. 306.

mit dem Namen harmonische Folge die Reihenfolge einzelner Akkorde.

§. 307.

Die Weise jeder solchen, oder einer zugleich rythmisch-melodischen, oder endlich einer zugleich rythmisch-melodisch-harmonischen Tonfolge nennen wir Figur.

Z. B. diese Wiederholung eines Tones in rythmischer Ordnung

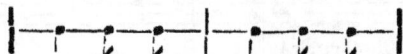

ist eine rythmische Figur und zwar von der Art, daß jederzeit einem langen, zwei nur halb so lange Töne (Schläge) folgen.

Diese Folge von Tönen

ist (abgesehen von der Geltung der Noten) eine melodische Figur und zwar von der Art, daß vier und vier Töne nach der Reihenfolge der Dur-Tonleiter stufenweise aufwärts steigen und der neue Absatz jedesmal wieder eine Stufe tiefer anhebt.

Dieselbe Tonfolge mit dieser rythmischen Form verbunden:

giebt das Beispiel einer rythmisch-melodischen Figur.

§. 308.

Die Anwendung der verschiedenen rythmischen und melodischen Formen bietet Anlaß zur Erfindung zahlreicher Melodien und gewährt eine Gewandheit, mit Tönen und Rythmen überhaupt — sowohl in dem Vortrage fremder Kompositionen, als in der Ausführung eigner Ideen, umzugehen.

A. Von der rythmischen Figurirung.

§. 309.

Durch die verschiedenen rythmischen Formen kann dieselbe Melodie schon bedeutend vermannigfacht werden. Z. B. die Folge der Töne in der Dur-Tonart nach zweitheiliger Ordnung

ist von derselben Tonfolge nach dreitheiliger Ordnung

von der Folge in Noten verschiedener Geltung, z. B.

oder

unter verschiedenem Taktanfange, z. B.

und andern mehr — verschiedenen Ausdruckes.

B. Von der melodischen Figurirung.

§. 310.

Die melodischen Figuren lassen sich entweder auf eine melodische Grundlage (die verschiedenen Tonleitern) oder auf eine harmonische Grundlage (einen Akkord, aus der sie entwickelt sind) zurückführen.

a) Mit melodischer Grundlage.

§. 311.

Die melodischen Figuren können

1) Durch Wiederholung von Tönen, z. B. (unter Grundlage der Dur-Tonleiter)

2) Durch Auslassung von Tönen, z. B.

3) Durch Vor- und Rückschritte an beliebig verschiedenen Stellen, z. B.

4) Durch Zumischung fremder Töne, z. B.

5) Durch Vermischung aller dieser Formen, oder einiger

gebildet werden.

b) Mit harmonischer Grundlage.

§. 312.

Die harmonischen Figuren (aus den Tönen eines aufgelösten Akkordes — §. 166.) bilden sich

1) schon durch die verschiedene Weise, wie die Töne des Akkordes einander folgen, z. B.

84

hiernächst aber auf dieselben Weisen, wie die melodischen Figuren

1) durch Wiederholung einzelner Noten:

2) durch Auslassung einzelner Töne:

3) durch Vor- und Rückschritte:

4) durch Einmischung fremder Töne:

5) durch Vermischung aller dieser Arten.

Bei der letzten Figurirung muß eine solche Art der Zumischung fremder Töne, welche das Gefühl des Akkordes verdunkeln, oder zu einer andern Harmonie führen würde, vermieden werden, wenn dadurch der harmonische Zusammenhang des Tonsatzes gestört würde.

Zu dem Ende muß man am Schlusse der Figur zu den wesentlichen Tönen des Akkordes zurückkehren, und sie überhaupt durch häufigere Anwendung und rythmischen Nachdruck auszeichnen.

§. 313.

Die vermischte rythmisch-melodische Figurirung erfodert nach dem bisher Angeführten keine besondern Regeln. Als Beispiele können die zu den §.§. 311 und 312 gelten.

Mit den obigen und allen sonst noch in dieser Gesanglehre mitgetheilten Figuren sind nun keinesweges alle möglichen, oder nur die gewöhnlichern, oder angenehmern, oder singbarern melodischen Gestaltungen erschöpft, sondern es ist nur ein Fingerzeig gegeben, auf welchem Wege der Sänger sich das Entstehen vorhandener Figuren erklären, ihre Fassung erleichtern und wie er deren neue erfinden kann. Besonders diese letzte Fähigkeit muß jeder Sänger ausbilden und in der Uebung derselben nicht eher nachlassen, bis er mit vollkommner Leichtigkeit und vollem Bewußtsein jede Melodie beliebig umgestalten kann; eine Fertigkeit, die zwar oft gemißbraucht wird (und zwar eben aus Mangel an Bewußtsein, was nöthig und gut ist) die aber nie entbehrt werden kann.

§. 314.

Eine tiefere Einführung in die Harmonik, als hier dem Sänger gewährt werden kann, würde ihn besonders in dieser Fertigkeit sehr fördern.

C. Anhang.

§. 315.

Als Figurirung eines einzelnen Tones kann angesehen werden:
1) dessen **Wiederholung**, in irgend einem Grade der Bewegung und einer rythmischen Form,
2) der **Vorschlag**,
3) der **Doppelschlag**,
4) der **Triller**

§. 316.

Die schnelle Wiederholung eines Tones ohne vollkommnen oder sehr merklichen Absatz heißt **Bebung** und wird so angezeichnet.

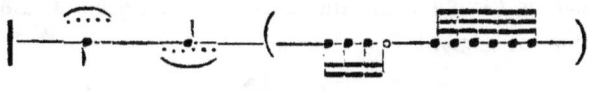

§. 317.

Vorschlag heißt ein willkürlich zugefügter Ton, welcher dazu dient, die Melodie fließender zu machen, oder einen wichtigen Ton durch Verzögerung seines Eintritts noch mehr zu heben.

§. 318.

Jeder beliebige Ton kann als Vorschlag benutzt werden.

§. 319.

Wenn Vorschläge geschrieben werden sollen, so bedient man sich dazu kleinerer Noten, um jene von den wesentlichen Tönen zu unterscheiden.

§. 320.

Es giebt zwei Arten Vorschläge, **lange** und **kurze**.

§. 321.

Der lange Vorschlag wird mit einer Note entweder von gleicher, oder halb so langer Geltung, als die Note vor der er steht, geschrieben.

§. 322.

Er erhält die Hälfte des Werthes der Note, vor der er steht. Ist diese also, wie in vorstehenden Beispielen, eine halbe, so gilt er ein Viertel, ist sie ein Viertel, so gilt der Vorschlag ein Achtel, ist sie ein Achtel, so gilt er ein Sechszehntheil u. s. w.

§. 323.

Findet sich hinter der Note ein Punkt, so erhält der Vorschlag den ganzen Werth der Note, diese aber behält den Werth des Punktes. Z. B. in diesen Beispielen.

gilt der erste Vorschlag zwei, die Note ein Viertel; der zweite zwei, die Note ein Achtel; der dritte zwei, die Note ein Sechszehntheil.

§. 324.

Der kurze Vorschlag hat keine bestimmte Geltung, wird bei der Takteintheilung nicht mit berechnet und nur kurz angegeben.

§. 325.

Er wird in geringerer Geltung, wie ein langer, z. B. bei einem Viertel als Sechszehntheil, bei einem Achtel als Zweiunddreißigtheil

oder — und dies ist das Gewöhnlichere — mit einem Querstriche durch seine Fahne

geschrieben *)

---

*) Auch andere willkürliche Zusätze, Verzierungen genannt, aus zwei, drei und mehr Tönen bestehend, pflegen mit kleinern Noten geschrieben und, wie die kurzen Vorschläge im Takte, nicht mit berechnet zu werden.

§. 326.

Der Doppelschlag wird gebildet, indem man vor dem Hauptone den nächsten Ton darüber, dann den Hauptton und dann den Ton der nächsten Stufe oder gerade umgekehrt in mäßiger Geschwindigkeit, jedoch ohne bestimmte Geltung angiebt, also

Hauptnote, Hauptnote.

§. 327.

Sein Zeichen ist, wenn er nicht mit Noten geschrieben wird

Steht dies nicht über, sondern hinter der Note, so wird erst diese und dann der vollständige Doppelschlag angegeben.

§. 328.

Die Töne des Doppelschlags werden aus der Leiter der vorgezeichneten Tonart genommen.

§. 329.

Soll davon abgewichen und der obere oder untere Ton des Doppelschlags erhöht oder erniedrigt werden, so wird das deshalb nöthige Versetzungszeichen (♯, ♭ oder ♮) über oder unter das Zeichen des Doppelschlags gesetzt.

Sollten z. B. in C-dur folgende Doppelschläge

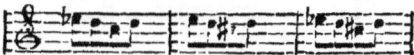

angezeichnet werden, so müßte dies auf folgende Art

geschehen.

§. 330.

Triller heißt die schnelle, gleichmäßige, obwohl dem Grade der Geltung nach unbestimmte, und öfters wiederholte Abwechslung eines Tones mit dem nächsten darüber, oder bisweilen auch darunter.

§. 331.

Es giebt lange und kurze, d. h. Triller von längerer oder kürzerer Dauer.

§. 332.

Das Zeichen des langen ist ——— oder ———

§. 333.

Das Zeichen des kurzen ist ———

§. 334.

Den langen Triller pflegt man mit einem Doppelschlage zu schließen,

der in dieser Verbindung Nachschlag heißt.

§. 335.

Es giebt ferner Triller auf halbem und Triller auf ganzem Tone — je nachdem die ihn bildenden Töne um einen halben oder ganzen Ton von einander abstehen. Ein Triller mit d e z. B. wäre einer auf ganzem Tone, mit e f einer auf halbem.

§. 336.

Eine ununterbrochene Folge mehrer Triller auf verschiedenen Tönen heißt Trillerkette. Das Trillerzeichen wird bei ihnen über alle Noten erstreckt.

Zweites

Zweites Buch.
Stimmbildung.

Vorbegriffe.

§. 337.

Die menschliche Stimme wird zu musikalischen Zwecken angewendet nach ihrem Klangvermögen, nach ihrer Fähigkeit, verschiedene Töne vernehmen, endlich nach der Fähigkeit, ihre Töne in rythmischer Ordnung einander folgen zu lassen.

§. 338.

Diese Anwendung der Stimme heißt Gesang.

§. 339.

Ueberdem ist sie zu musikalischen Zwecken fast *) in allen Fällen mit der Sprache verbunden und wegen der Seltenheit der Ausnahmen erlaubt man sich wohl, Gesang als die musikalisch vernehmbar gemachte Sprache, oder als die im Menschen vernehmbar gewordene Vereinigung von Sprache und Musik zu erklären.

---

*) Eine Ausnahme findet sich in Spontini's Nurmahal. In der Schlummerscene im zweiten Akte ist die Erscheinung des Genius mit einem Chor von Engelstimmen begleitet, die nicht Worte, sondern stets A singen.

§. 340.

Die Gesanglehre umfaßt also wesentlich:

1) Die Klanglehre,
2) Die Tonlehre,
3) Die Rythmik,

diese drei in ihrer Anwendung auf Gesang,

4) die Sprachlehre, diese jedoch

nur in ihrer Anwendung zu musikalischen Zwecken.

§. 341.

Nicht jede Klangweise, die der Mensch hervorbringen kann, ist Gesang, z. B. nicht das Pfeifen: die Bildung von Tönen mittels Hervorpressung des Hauches durch eine von den Lippen und bisweilen der Zungenspitze gebildete kleine Oeffnung — nicht die Töne, die durch Einathmen hervorgebracht werden.

§. 342.

Die menschliche Stimme (so weit sie für Gesang verwendet wird) wird durch das Ausströmen des Athems durch die Luftröhre, den Kehlkopf und die Hölung des Mundes hervorgebracht. Nur die solchergestalt hervorgebrachten Klänge werden ordentlicher Weise zum Gesange benutzt.

§. 343.

Bei der Anwendung, wie bei der Ausbildung der Stimme werden daher ihre Organe,:

1) Die Athemwerkzeuge,
2) Luftröhre und Kehlkopf — vorzugsweise (besonders der Letztere) Stimmorgane genannt —
3) der Mund mit den an und in ihm enthaltenen, oder mit ihm in Verbindung stehenden Theilen,

betrachtet werden müssen und erwogen:

a) nach ihrer Beschaffenheit,
b) nach ihrer Bestimmung,
c) nach ihrer Entwickelung und Erhaltung.

§. 344.

Die bei dem Gesange thätigen Organe sind größtentheils sehr zart und verletzbar und es ist schwer, wenn sie wesentlich verletzt sind, mit Heilmitteln auf sie zu wirken. Es muß daher als erste, allgemeinste und vornehmste Regel bei der Lehre von der Stimmbildung ausgesprochen werden:

nichts der Natur gewaltsam abzwingen, nirgends über das Maas der Kräfte bis zur Erschöpfung hinaus schreiten.

Jeder Zwang der Natur ist aber nicht nur schädlich, sondern auch für den Hörer von widrigem Eindrucke, indem er in ihm die Vorstellung von einem erzwungenen, gequälten, schadenvollen Zustande des Sängers erregt.

Erste Abtheilung.
Lehre vom Athem für Gesang.

Erster Abschnitt.
Aus der Organenlehre.

§. 345.

Thätiges Werkzeug bei'm Ein- und Ausathmen ist die Lunge mit den sie umgebenden und die Brust und den Unterleib regierenden Muskeln; wogegen Mund, Kehlkopf und Luftröhre für das Ein- und Ausathmen an sich nur Leiter, Wege für die Luft sind, ohne selbst eigene wesentliche Thätigkeit zu äußern.

§. 346.

Da die Stimme für den Gesangzweck nur durch das Ausströmen der eingeathmeten Luft hervorgebracht wird, so ist ihre Anwendung auch nur so lange möglich, als man mit Luft zum Ausathmen versehen ist und wird durch Athemlosigkeit und das dann nöthige Einathmen unterbrochen — gestört.

Es ist also wünschenswerth für den Sänger, möglichst lange und viel Athem vorräthig zu haben, um die Zahl der Störungen im Gesange möglichst zu mindern. *)

---

*) Engbrüstigkeit und krankhafte Kurzathmigkeit zu heben, muß dem Arzt überlassen bleiben. Im Allgemeinen wirken kalte Wasserbäder der Brust für sie stärkend und dadurch der Engbrüstigkeit entgegen.

§. 347.

Die Stärke des Klanges in der menschlichen Stimme hängt ebenfalls mit von der Fähigkeit der Athemwerkzeuge ab, eine möglichst, oder verhältnißmäßig große Masse von Athem zugleich auszustoßen. Je größer die Masse des ausgeströmten Athems, desto stärker ist der Klang der Stimme.

§. 348.

Die Gleichförmigkeit des Klanges hängt größtentheils von der Gleichförmigkeit des Ausathmens, die Verstärkung oder Verminderung des Klanges fast gänzlich von dem verstärkten oder verminderten Ausströmen des Athems ab.

§. 349.

Für den Zweck des Gesanges sind also Athemwerkzeuge nöthig, welche
1) hinlängliche Ausdehnung haben, um eine möglichst große Masse Luft aufzunehmen,
2) hinlängliche Kraft, um sie erfoderlichen Falls möglichst lange zu bewahren, oder möglichst rasch und energisch auszuströmen, auch dieses Ausströmen in gleicher, in verringerter oder zunehmender Masse gleichförmig zu bewirken.

§. 350.

Eine geräumig gebaute, besonders vom Halse ab hochgewölbte Brust und rundgewölbte Schultern lassen der in der Hölung zwischen der Schulter- und der Brustseite des Menschen ruhenden Lunge Raum, sich weit auszudehnen und viel Athem zu fassen.

§. 351.

Sie sind daher in den meisten Fällen eines der Zeichen für Anlage zu starker Stimme.

§. 352.

Eine im Allgemeinen kräftige Organisation der Muskeln dient dazu, die Ausdehnung der Brust rasch und im genügenden Maaße zu bewirken.

§. 353.

Jede Verengerung der Brust durch Kleidung, zu festes Schnüren u. dergl. hemmt nicht nur, so lange sie anhält, die Bewegung der Muskeln und Ausdehnung der Brust, sondern bringt auch, öfters wiederholt, Schwächung der Muskeln und Untüchtigkeit der Brust hervor, sich nach ihrer eigenthümlichen Fähigkeit auszudehnen.

§. 354.

Da die Muskeln der Brust und des Unterleibes bei dem Athmen vorzüglich wirksam sind, so müssen beide Theile vor übertriebener Einzwängung durch Kleidung, durch vorgebeugte, sie zusammendrückende Lage des ganzen Körpers oder auch nur der Arme, überhaupt vor jedem, ihre Freiheit und Kraft lähmenden Einflusse bewahrt werden.

Der Körper muß eine freie, aufrechte Haltung annehmen, weder vorn über, noch mit Zwang und Steifheit zurückgebeugt sein. Die Schultern müssen, jedoch ohne Zwang, soweit zurücktreten, daß sie die Brust ohne Spannung hervorheben. Die Arme müssen weder auf spannende Weise vom Körper abgehalten, noch beengend an ihn gedrückt werden, sondern sich frei und leicht bewegen können. Diese ganze Haltung muß durch eine Kleidung unterstützt werden, die frei und bequem genug ist, um jede Bewegung, namentlich das volle Athemholen ohne Hinderniß und Beschwerde zu gestatten.

§. 355.

Schon anhaltendes Sitzen wirkt nachtheilig und es ist deshalb das häufige Singen im Sitzen, besonders auch das häufigere Selbstbegleiten am Pianoforte, welches zu einem mehren oder mindern Vorrücken der Arme Anlaß giebt, möglichst zu vermeiden, oder wenigstens die Brust nachher durch freiere, kräftige Haltung und Ausdehnung in aufrechter Stellung wieder zu stärken. *)

§. 356.

Jede Ueberfüllung des Unterleibes, z. B. durch eine größere Mahlzeit, wirkt auf die beim Athmen thätigen Muskeln hemmend und macht während ihrer Dauer (wenigstens auf zwei Stunden) das Singen unrathsam.

§. 357.

Nachtheilig ist ferner das Singen, wenn die Athemwerkzeuge sich bereits in einem angegriffenen oder krankhaften Zustande befinden.

§. 358.

Dieser wird — außer den Fällen wirklicher Brustkrankheit, starken Katharrs u. s. w. — durch übermäßige Anstrengung im Singen, Sprechen, in äußerer Bewegung, auch durch heftig wirkende Affekte, z. B. Schreck, Zorn u. s. w., endlich durch eine Ueberhitzung und Verderbniß der Atmosphäre, z. B. in einem mit Menschen überfüllten, oder zu stark geheizten Raume hervorgebracht.

§. 359.

Besonders gefährlich für die Athemwerkzeuge, so wie für Stimme und Gesundheit im Allgemeinen ist Müttern das Singen in den nächsten Monaten vor und nach der Niederkunft — überhaupt wohl, so lange sie nähren, weil in dieser Zeit die Brust sich in einem nicht freien Zustande befindet und ihre Kräfte zu andern Zwecken verwendet werden.

---

*) Sänger, besonders aber Anfänger thun wohl, wenn sie in Ermangelung eines Begleiters wenigstens ihre Stimmübungen in lang gehaltenen Tönen sich stehend zu begleiten suchen. Bei Pianofortes, deren Pedal (Zug zum Aufheben der Dämpfer) mit der Fußspitze regiert werden kann, darf der begleitende Akkord nur angeschlagen und mittels des Pedals fortklingend erhalten werden. Uebrigens sind auch Pedale, die mit dem Knie regiert werden sollen, leicht und ohne erhebliche Kosten nach jener — wenigstens für den Sänger höchst wünschenswerthen Weise einzurichten.

§. 360.

Die ersten Zeichen, daß die Athemwerkzeuge angegriffen sind und größerer Ruhe oder einer verbesserten Atmosphäre bedürfen, sind: die Nothwendigkeit, öfter Athem zu schöpfen, Kurzathmigkeit, allgemein empfindbare Erhitzung, später Drücken und dann Stechen in der Brust selbst.

Je dringender diese Zeichen werden, desto nöthiger ist dem Sänger Ruhe, bis seine Kräfte sich vollkommen hergestellt und die vielleicht schon angegriffenen Organe sich vollkommen beruhigt haben.

§. 361.

Diese Herstellung ist nicht blos vom Ausruhen zu erwarten, sondern es muß alles benutzt werden, was der Brust Ausdehnung und Bewegung und den erhitzten Lungen Erfrischung gewähren kann: vorsichtiges Lüften der vielleicht pressenden Brust- und Halsbekleidung; Veränderung einer vielleicht zu lange beibehaltenen Lage des Körpers — nach anhaltendem Sitzen, Aufrechtstehen, am zweckmäßigsten nicht zu rasches Gehen mit aufrechter freier Haltung; Verbesserung der vielleicht dumpfigen Atmosphäre — jedoch nicht so plötzlich, daß (namentlich bei kälterer Temperatur) Erkältung eintreten könnte.

§. 362.

Nichts ist gefährlicher, als in dem §. 360 beschriebenen angegriffenen Zustande kalte Getränke, Eis und dergleichen zu nehmen. Wenn eine solche Unvorsichtigkeit auch öfters unschädlich hingegangen ist, so hat sie doch auch oft die traurigsten Folgen — augenblickliche Lungenkrankheiten, lebenslängliche Brustbeschwerden — ja frühen Tod — nach sich gezogen. Auch die Organe der Stimme, (im Kehlkopfe) von denen weiterhin näher geredet wird, können durch solche Unvorsichtigkeit bleibend beschädigt, ja für wohllautenden Gesang gänzlich verderbt werden.

Zweiter Abschnitt.

Organenausbildung.

§. 363.

Wie jeder Theil unsers Körpers, so werden auch die Athemwerkzeuge durch unausgesetzte Uebung gekräftigt. Diese besteht für sie darin, sich möglichst weit auszudehnen und eine möglichst große Menge Athem aufzunehmen.

§. 364.

Man gewöhne sich also, die Brust ganz voll Athem zu nehmen und dies möglichst leicht und schnell zu verrichten, da zu langsame Einathmung für die Lunge mehr anstrengend als befriedigend wird und ein heftiges Einathmen nicht bloß für die Organe anstrengend ist, sondern auch auf eine oft unangenehme Weise hörbar wird.

§. 265.

Daß die Brust mit Athem angefüllt sei, fühlt man nicht bloß, sondern sieht es auch an ihrer Erhebung.

§. 366.

Die Uebung*) in angemessener Einathmung und Ausathmung darf, wie jede andere Uebung, nicht bis zur Ermüdung (§. 344) weder zu heftig, noch zu anhaltend fortgesetzt werden, wenn sie nicht schädlich, statt heilsam (§. 358.) werden soll. Das erste Zeichen, daß die Athemwerkzeuge angegriffen sind, ist auch das Zeichen, ihnen die nöthige Erholung zu gestatten.

§. 367.

Die Art und Weise des Gesanges, der Grad von Ueberlegung des Sängers vor, und seine Besonnenheit bei der Ausführung sind für Schonung und Erhaltung der Athem-Werkzeuge von hoher Wichtigkeit. Je mehr er mit einem verhältnißmäßig geringern Aufwande von Athem zu leisten versteht, desto weniger wird er natürlich gezwungen sein, seine Brust durch zu heftiges oder zu häufiges Athemholen anzustrengen.**) Je mehr er sich selbst beobachten und seine Kräfte kennen gelernt — und

je gründ-

---

*) Selten wird es nöthig sein, diese Uebung in mehrem, als wiederholten Versuchen schneller, leichter und befriedigender (die ganze Lunge füllender) Einathmung und ruhiger, langsamer, gleichmäßiger Ausathmung bestehen zu lassen. Diese Versuche aber vor dem Beginnen wirklicher Tonübung so lange als wirkliche Uebung zu behandeln, bis der Schüler vollkommen gefaßt hat, wie er mit seinen Athem-Werkzeugen zu Werke gehen müsse und bis er vorläufig seine Fähigkeit hinlänglichen Athem zu schöpfen und hinreichend langsam auszuströmen, inne geworden, dies ist sehr rathsam, so selten auch Gesanglehrer sich damit befassen. Denn der Anfänger hat bei den ersten Tonübungen noch so vieles andre in Obacht zu nehmen, daß man seine ersten, so einflußreichen Uebungen gar nicht genug vertheilen und dadurch vereinfachen kann.

**) Höchst nachtheilig und verwerflich ist daher die Methode einiger Sänger, jeden oder die meisten Töne durch den Aufwand des gesammten Athems hervorzubringen. Abgesehen davon, daß dadurch die Mehrzahl der Töne einen Nachdruck, oft eine Härte erhält, die dem Sinne der Komposition unangemessen, ja dem Gehör schlechthin widrig sein muß, daß die Ueberzahl der Verstärkungen gegen die wirklich nothwendigen Accente (von welchen im dritten Buche) abstumpft und daß die dadurch herrschend gewordene Betonung durch Hervorstoßen einer größern Athemmasse keineswegs die einzige Art der Accentuation, also auch nicht die stets anwendbare (dies erläutert sich im dritten Buche) ist: so muß auch die Brust durch das stete gewaltsame Ausstoßen der Athemmasse und durch die vervielfachte Nothwendigkeit, frischen Athem zu schöpfen, ermüdet, kann sogar bei längerm Beharren in diesem Fehler in ihrer Gesundheit erschüttert werden.

je gründlicher er sich mit der vorzutragenden Komposition bekannt gemacht hat, desto bestimmter wird er wissen, wie oft, wo und in welchem Maaße er Athem zu holen hat, desto weniger wird er also in Gefahr kommen, seine Brust, wo Athem nöthig ist, ohne Athem zu lassen und durch Athemlosigkeit derselben zu schaden. Je mehr Besonnenheit endlich ein Sänger hat, desto sicherer und schneller wird er in jedem Augenblicke sein Bedürfniß zum Athem und die rechte Stelle, so wie das rechte Maaß, Athem zu schöpfen, erkennen. Diese Fähigkeit, sich augenblicklich und stets angemessen zu bestimmen, ist auch hier um so nützlicher, da die Brust auch in gesundem Zustande nicht jederzeit gleiche Energie im Athemschöpfen und Athembewahren zeigt und oft unvorhergesehene Umstände, z. B. in mehrstimmigen Gesangstücken das Absetzen zum Athemholen von Seiten der andern Sänger in Betracht kommen.

Zweite Abtheilung.
Klangfähigkeit der Stimme.

Erster Abschnitt.
Aus der Organenlehre.

§. 368.

Klang (und Ton) der menschlichen Stimme wird in dem Kehlkopfe unter Mitwirkung der Luftröhre und des Mundes gebildet.

§. 369.

Die Luftröhre wirkt wahrscheinlich nicht blos dadurch mit, daß sie den Athem in den Kehlkopf leitet, sondern scheint auf die Klangbildung von unmittelbarem thätigen Einflusse zu sein. Wahrscheinlich zum wenigsten wird ihre Mitthätigkeit schon dadurch, daß sie einer Verengerung fähig ist; denn die Knorpelringe, aus denen sie besteht, sind hinterwärts offen und können zusammengezogen werden.

§. 370.

Das wichtigste Werkzeug der Stimme ist der, mit dem obern Ende der Luftröhre verbundene Kehlkopf, ein von zwei größern Knorpeln gebildetes Gefäß, innerhalb welchem durch Sehnen und nervenreiche Häute eine der Erweiterung, Verengerung und Verschließung fähige längliche Oeffnung über der Luftröhre, die Stimmritze, gebildet wird.

§. 371.

Die Verengerung oder Erweiterung der Stimmritze geschieht nicht blos durch eigenthümliche Spannung und Nachlassung der sie bildenden Sehnen, sondern auch, jene durch ein Empor- und Nachhintenheben des ganzen Kehlkopfes, diese durch ein Hinabpressen desselben.

§. 372.

Die, die Stimmritze bildenden Sehnen und Häute und die dieselben regierenden kleinen Muskeln gehören zu den zartesten und verletzbarsten Theilen des menschlichen Körpers.

Sie sind mit einer Feuchtigkeit bedeckt und (die Häute wenigstens) angefüllt, welche den Klang der Stimme zu modificiren scheint.

§. 373.

Von aller dieser Theile Organisation und Erhaltung hängt die Beschaffenheit der Stimme wesentlich an. Ihre Zerstörung würde Stimmlosigkeit zur Folge haben; ihre Verletzung muß verhältnißmäßig Verderbung der Stimme nach sich ziehen.

§. 374.

Jede störende Einwirkung von aussen, z. B. durch zu festes Binden des Halses, durch Zurückpressen des Kopfes, wodurch Spannung der Kehle, oder durch Vorbeugen des Kopfes, wodurch Druck der Kehle hervorgebracht wird, wirkt nicht nur während ihrer Dauer, sondern bei öfterer Wiederkehr auch bleibend nachtheilig auf die Stimme.

§. 375.

Allgemeine Schwächung, oder theilweise des Halses hindert nicht nur den freien und anhaltenden Gebrauch der Stimme, sondern droht auch mit deren Verluste, wenn sie nicht beachtet und der Gesang während ihrer Dauer nicht ganz ausgesetzt, oder doch höchst vorsichtig geübt wird. Ersteres ist sehr rathsam, wenn man nicht einen zuverläßigen Beobachter um sich hat, denn nirgends ist Selbstvergessenheit gewöhnlicher, als im Zustande einer bisher nicht gewohnten Schwäche, zumal in der Aufregung, die der Gesang wohl in die Seele des Sängers bringt.

§. 376.

Daher ist auch bei einer nicht krankhaften Ermüdung, z. B. spät Abends oder nach einer größern Anstrengung, welcher Art sie auch gewesen sei, das Singen zu vermeiden.

§. 377.

Hemmenden, oder selbst nachtheiligen Einfluß haben auch alle niederschlagenden Gemüthsbewegungen, z. B. Traurigkeit, Furcht, zumal wenn sie anhaltend oder häufig wiederkehrend sind.

§. 378.

Verderbniß der Säfte im Allgemeinen oder durch vorübergehenden Krankheitzustand, wirkt unausbleiblich auf die Stimme, besonders wenn der Krankheitstoff sich zunächst auf ihre Organe erstreckt, z. B. bei der Auszehrung, auch bei heftigem Katharr.

§. 379.

Vermeiden muß man daher auch der Stimme wegen jede Unordnung in der Lebensart, jede übermäßige Anstrengung, besonders der Nerven.

[13 *]

§. 380.

Am nachtheiligsten wirkt die sinnliche Ausschweifung, welche vorzugsweise diesen Namen führt — nächst ihr übermäßige geistige Anstrengung.

§. 381.

Schädlich ist auch der Genuß verdorbener, zu fetter, öliger, harziger Speisen, hitziger und schwerer Getränke im Uebermaaße, so wie Uebernehmen auch in den an sich unschädlichsten Speisen.

§. 382.

Auch bei nicht übermäßigem Genusse ist das Singen während der Verdauungszeit, wenigstens eine Stunde nach einer kleinern, zwei bis drei nach einer größern Mahlzeit zu vermeiden.

§. 383.

Schädlich wirkt ferner auf die Organe des Kehlkopfs und der Luftröhre eine verderbte Atmosphäre; sei sie es durch zu große Erkältung, durch Ueberhitzung, oder durch besonders verbreitete Stoffe — Rauch, besonders von Kohlen, auch scharfwirkendes, besonders harziges Räucherwerk.

Am verderblichsten wirkt auf die Atmosphäre eine in verschlossenem, wohl gar erwärmten Raume versammelte übermäßige Menschenmenge.

§. 384.

Jeder Krankheitzustand droht mit Verschlimmerung, wenn man ihn einwurzeln läßt; besonders müssen junge Sänger gewarnt werden, Husten und Katharre nicht überhand nehmen oder einwurzeln zu lassen. In seinem Beginnen kann jedes Uebelbefinden unterdrückt, oder wenigstens sehr gemindert werden und der Sänger hat deshalb vorzugsweise die Pflicht, stets auf sich aufmerksam zu sein und jedem seine Stimme gefährdenden Uebel zeitig zu begegnen.

§. 385.

Selbst eine bedeutendere Erhitzung des Körpers oder der Stimme durch zu anhaltendes Reden, Singen, Lachen u. s. w., oder durch heftige Affecte, z. B. Zorn, Aerger — wenn sie auch an sich nicht krankhaft zu nennen ist, wirkt doch auf die Stimmwerkzeuge nachtheilig und droht ihnen bei öfterer Wiederkehr Verderbniß, indem sie diese zarten Theile in einen entzündbaren Zustand setzt und ihnen ihre Geschmeidigkeit, Frische und Kraft raubt.

§. 386.

Auch Wind, Zugluft und besonders Staub, der unmittelbar in die Kehle dringt, wirken nachtheilig und müssen möglichst vermieden, wo dies aber nicht angeht, muß das Singen, so lange die Kehle verunreinigt oder gereizt ist, ausgesetzt werden.

§. 387.

Noch schädlicher ist auch für die Stimmorgane der Genuß kalter Speisen und Getränke nach vorheriger Erhitzung derselben durch Singen, warme Temperatur u. dergl.; und es muß vorzüglich vor dem Genuß des Eises in warmer Jahreszeit, zumal nach, oder zwischen Gesang, auch der Stimmorgane wegen gewarnt werden.

§. 388.

Der nachtheilige Einfluß aller dieser Zustände und Einwirkungen wird in dem Grade vermehrt, als man ihrer ungeachtet die Stimme anstrengt.

§. 389.

Auch die Kleidung verdient für den, dem an Erhaltung seiner Stimme liegt, Aufmerksamkeit. Sie muß von der Art sein, den Körper, besonders aber Hals und Brust vor störendem Einflusse der Atmosphäre zu sichern, ihn besonders an diesen Theilen gleichmäßig warm zu bedecken, ohne ihn in der freien Bewegung zu hemmen.

§. 390.

Alle bisher ertheilten Vorsichtsmaaßregeln dürfen jedoch nicht bis zur Verzärtelung des Körpers oder einzelner Theile desselben getrieben werden. Denn jede Verweichlichung wirkt eben so nachtheilig auf den Körper, als übermäßige Anstrengung und wenn wir ohnehin nicht jeden nachtheiligen Einfluß z. B. der Atmosphäre, vermeiden können, so müssen wir um so mehr bedacht sein, unsere Konstitution kennen zu lernen und jedes Extrem — Ueberbietung der Kräfte und Schlaffheit oder Weichlichkeit zu vermeiden.

§. 391.

Die ersten Zeichen, daß die Stimme angegriffen, oder ihre Werkzeuge in einem krankhaften Zustande befindlich, sind Trockenheit oder Rauheit im Kehlkopfe und der Luftröhre, Kitzel, dann Drücken im erstern, gellender Klang der Stimme, Unfähigkeit sie wie gewöhnlich zu gebrauchen und zu beherrschen, die Töne richtig zu singen, besonders aber sie zart einzusetzen und gleichmäßig auszuhalten, oder anschwellen zu lassen.

§. 392.

Diese Zeichen sind ernstliche Winke, den Stimmorganen Schonung und Erholung zu gönnen, damit ihnen nicht bleibend geschadet werde. Abgesehen von der Wichtigkeit, die die Erhaltung einer schönen Stimme für den Sänger hat, muß auch beherzigt werden, daß erzwungene Stimmleistungen nur einen unangenehmen Eindruck auf die Hörer machen nnd man daher durch übermäßige, oder erzwungene Leistungen auch in dieser Beziehung nichts gewinnt, das der Gefahr und des Verlustes lohnet.

§. 393.

Jeder krankhafte oder nur überreizte Zustand der Stimmorgane macht ärztliche Behandlung räthlich, wenn er leichten, selbst erwählten Mitteln nicht baldigst weichen will; und es müssen besonders angehende, über ihre eigne Kräfte und Beschaffenheit noch nicht aufgeklärte Sänger erinnert werden, ja nicht ihrer guten Natur, oder den ihnen bekannten oder von Nicht=Aerzten empfohlnen Mitteln zu lange zu vertrauen und sich lieber zu früh, als zu spät ärztlicher Hülfe zu übergeben.

§. 394.

Gegen katharralische Verschleimung wirkt Genuß von Hering oder Sardellen, besonders Morgens nüchtern am kräftigsten.

§. 395.

Gegen Rauheit und Husten ist der Genuß weicher, lösender Substanzen, z. B. des Gersten=zuckers rathsam.

§. 396.

Lösend und zugleich stärkend wirken für kräftigere Naturen rohe Eidotter mit Kandiszucker und Rum vereinigt.

§. 397.

Erschlaffend wirken dagegen warme Getränke, namentlich häufig genossener Thee mit Milch; mäßig angewendet können sie bei Erhitzung der Stimmorgane aus Anstrengung lindernd und heilsam sein, wenn die Verhältnisse eine Unterbrechung des Gesanges verbieten.

Zweiter Abschnitt.

Organen=Ausbildung.

§. 398.

Die menschliche Stimme ist aller Arten des Klanges, deren im ersten Buche (§. 208 und folgende) Erwähnung geschehen, des vollen und dünnen, des klaren und bedeckten, auch des Metall=klanges fähig. Im Allgemeinen mißt man dem vollen, klaren, Metallklange, der die Frucht und darum das Zeichen einer gesunden, kräftigen Organisation ist, vor dem dünnen und bedeckten Stimm=klange den Vorzug bei.

§. 399.

Die Hauptursachen der Klangverschiedenheit mögen in der Organisation des Kehlkopfes und der Luftröhre liegen, obwol es bisher noch nicht gelungen ist, sie bestimmter nachzuweisen. Doch kann durch angemessene Uebung viel für den Klang der Stimme gewonnen, durch unzweckmäßige Lebens= und Gesangweise aber auch viel verdorben werden.

§. 400.

Der dünne Klang wird verbessert und möglichst in einen vollern verwandelt, wenn man jedes Hinaufziehen oder Pressen des Kehlkopfs, das sich besonders bei höhern Tönen einschleicht, vermeidet und stets mit vollerem Athem, jedoch nie mit dem höchsten Grade der Kraft singt.

Das Erzwingen-Wollen einer Stärke, die dem Sänger wenigstens zur Zeit noch nicht natürlich und leicht geworden, hat dagegen gewöhnlich zur Folge, daß die Stimme einen spitzern Klang annimmt.

§. 401.

Klarer wird der Klang der Stimme schon durch die allgemeinen, anhaltend fortzusetzenden Stimmübungen, von denen nachher näher geredet werden soll.

§. 402.

Erheblichen Einfluß hat das öftere aufmerksame Hören guter Stimmen, wodurch sich eine Vorstellung von gutem Klange befestigt und auf die Anwendung, auch wol Ausbildung der Organe einen zwar nicht unmittelbar, doch aber in seinen Folgen nachweislichen Einfluß gewinnt.

§. 403.

Daher hat auch oft wiederholtes Vor- oder gar Mitsingen, z. B. von Seiten des Lehrers, die Folge, daß des Schülers Stimme, so gut es gehen will, den Klang der Stimme des Lehrers anzunehmen strebt. *)

§. 404.

Gleichen Einfluß äußert das Vor- und Mitspielen auf einem scharftönenden Instrumente, z. B. der Violine. Ueberläßt man den Schüler diesem Einflusse, so wird seine Stimme zu einem scharfen und dünnen, nicht vollem Klange gewöhnt.

§. 405.

Jede Stimme hat die Fähigkeit, in verschiedenen Graden der Stärke und Schwäche zu erklingen und ihre Töne längere oder kürzere Zeit unverändert zu halten.

---

*) Die Zahl guter Gesanglehrer ist nicht so groß, daß man Gelegenheit hätte, stets einen Lehrer mit guter oder gar vorzüglicher Stimme zu wählen. Man kann natürlich sie besitzen und selbst ein vortrefflicher Sänger sein, ohne deßhalb die übrigen Fähigkeiten und Kenntnisse eines Lehrers sich angeeignet zu haben. Ueberhaupt wird auch Verschiedenheit des Stimmumfanges zwischen Lehrer und Schüler, z. B. wenn einer Baß, oder Alt, der andre Tenor oder Sopran singt, hindern, daß des Lehrers Stimme in jeder Region als Vorbild diene. Daher wird ein Lehrer, der Mängel in seiner Stimme kennt, sich bei dem Vor- und Mitsingen, so weit es möglich ist, auf den guten Bezirk seiner Stimme beschränken und das, was er selbst dem Schüler nicht zeigen kann, ihm lieber an andern Stimmen bemerklich machen. Häufiges, oder gar unaufhörliches Mitsingen ist ohnehin nicht rathsam, da es den Schüler leicht hindert, seine eigne Stimme zu beobachten und kennen zu lernen.

§. 406.

Je größere Athemmasse zu gleicher Zeit auf einen Ton verwendet wird, desto stärker erklingt er.

So lange die Ausathmung die Theile des Kehlkopfes in Schwingung setzt, so lange wird der Ton erklingen.

§. 407.

Augenblickliche oder dauernde Schwäche der Athemwerkzeuge kann an einer anhaltenden und gleichmäßigen Ausathmung hindern. Die Folge davon ist ein ungleichmäßiger, bald stärker, bald schwächer werdender, oder aussetzender (unterbrochener) Klang.

§. 408.

Mäßige aber anhaltende unausgesetzte Uebung in gleichmäßiger Hervorbringung der Töne hebt diesen Fehler, wogegen er verstärkt oder neu hervorgebracht wird, wenn man zu tiefe oder über das Maaß der Kräfte und des Athemvorraths lang gehaltene Töne zu erzwingen sucht.

Stimmen, die sich zu diesem Fehler neigen, müssen nicht bloß sehr tiefe und langgehaltene sondern auch, wenigstens eine Zeitlang, sehr leise, besonders anhaltende Töne, so wie schnelles Eintreten mit sehr starken Tönen vermeiden und ihren Gesang ungefähr in dem Grade der Stärke halten, in dem sie zu reden pflegen, bis sich die Stimme in dieser gewohnten Region befestigt hat.

§. 409.

Was außerdem noch für die Bildung und Verbesserung des Klanges geschehen kann, findet bei der Lehre von der Tonbildung Erwähnung.

§. 410.

Noch muß vor dem Fehler, Töne nicht frei in die Mundhöhle und durch sie frei heraustreten zu lassen, sondern vermittels einer Erhebung des Kehlkopfes (§. 371) an die obere Decke der Mundwölbung und zwar deren hintern, über dem Kehlkopfe befindlichen Theil zu pressen, gewarnt werden, da die Kraft, Dauer, Klarheit und Fülle der Stimme dadurch gestört werden und bei fortgesetztem Mißbrauche zu solchen Tönen verloren gehen*) Dieser Fehler hat seinen Ursprung meist darin, daß man die Stimme zu schnell zu hohen Tönen hinaufzwängen will. Er verräth sich dem Sänger durch ein innerliches Zwängen, als würde die Kehle zugedrückt; und dem aufmerksamen Zuhörer durch einen gepreßten, erstickten, quäkenden Ton.

Wo dieser Fehler schon Wurzel gefaßt hat, müssen alle höhere Töne eine Zeitlang ganz vermieden und alle Mittel angewendet werden, den Schüler zu eignem Gewahrwerden und Bewußtsein seines Fehlers zu bringen. Der Fehler ist vermieden, wenn der Sänger selbst fühlt, daß der

---

*) Solche Töne heißen **Kehltöne**.

daß der Ton sich vorn in der Kehle (in der Stimmritze) bildet, daß er frei und offen aus dem Halse (der Kehle) heraustritt — und aus der Kehle durch den Mund gerade aus, gleichsam fühlbar herausströmt. Daher hat der Verf. schon bei mehren, zu jenem Fehler geneigten Schülern mit Erfolg angewendet, sie auf einen äußerlichen, dem Munde gerade gegenüber bestimmten Punkt los=singen (ihn — natürlich nicht mit übermäßiger Heftigkeit — gleichsam ansingen) zu lassen und das mit einem schnellern und stärkern (nur nicht übertriebenen) Einsatz der Stimme, wodurch der Ton ge=wissermaßen herausgerissen und das Zurückdrücken vermieden wird. Alle diese Versuche und Uebungen müssen jedoch mit der größten Vorsicht bewerkstelligt werden, damit nicht durch sie andere Fehler her=vorgerufen werden.

§. 411.

Eine entgegengesetzte fehlerhafte Weise, die Stimme erschallen zu lassen, ist das gewaltsame Herunterpressen derselben (des Kehlkopfes) das besonders in tiefen, stark zu singenden Tönen*) eintritt und an einem Erdröhnen der Luftröhre, bisweilen sogar an einer äußerlich fühlbaren Erzitterung ihres untern Theils sichtbar wird. Rauheit der Stimme, Verlust des Metallklangs, zuletzt der Kraft und Festigkeit sind die Folgen dieses Fehlers. Man vermeidet ihn, wenn man keine tiefen Töne zu er=zwingen und die wirklich vorhandenen tiefen Töne nicht zu heftig einzusetzen und übermäßig zu ver=stärken sucht.

Dritter Abschnitt.
Modifikation des Klanges im Munde.

§. 412.

Die Mundhöle bildet für den im Kehlkopf und der Luftröhre gebildeten Schall der Stimme ein Schallgewölbe und dient zur Verstärkung desselben. Je kräftiger, gleichmäßiger und voller die Mundhöle gewölbt ist, desto bedeutender verstärkt sie den Klang.

§. 413.

Zu dieser Wölbung bilden die Zähne und Wangen die Seitenwände; Mund= und Nasen=öffnung sind als Schallöcher anzusehen, durch welche die Stimme ihren hauptsächlichen Ausgang nimmt.

---

*) Die man Gurgeltöne (bei Bassisten Bierbaß) zu nennen pflegt.

§. 414.

Verlust der Zähne und Schlaffheit der Wangen mindert daher die Stimm-Verstärkung im Munde und kräftige Beschaffenheit dieser Theile der Mundhöle ist dem Schall der Stimme beförderlich.

§. 415.

Zu kleine Oeffnung des Mundes und der Nase unterdrückt die Helligkeit des Klanges, indem sie seinen freien Ausgang mindert und ihn durch die Schallwände (Zähne, Wangen, Lippen u. s. w.) gedämpft erscheinen läßt.

§. 416.

Jede Verschließung der Schallöcher hindert die freie Entwickelung des Schalles, sein freies Hervortreten aus der Mundhöle, und wirkt als willkürliche, fehlerhafte Hemmung, wie nach dem vorigen Paragraphen eine gleiche natürliche Beschaffenheit.

§. 417.

Die willkürliche, oder durch äußern Einfluß, durch Katharr und dergl. hervorgebrachte Verschließung der Nasenlöcher mischt zu dem Hauptklange der Stimme noch einen erzitternden schnarrenden Beiklang. Man nennt ihn Nasenton und die ganze Art: durch die Nase singen, obwohl damit eigentlich das Gegentheil bezeichnet werden sollte. *)

§. 418.

Das Verschließen des Mundes dämpft die Stimme und giebt ihr bedeckten Klang; und zwar in weit höherm Grade, als das Verschließen der Nase, da der Mund den Hauptausgang der Stimme bildet.

§. 419.

Zu große Oeffnung vermindert die Resonanz des Mundes, die Verstärkung des Klanges in ihm, indem sie die Form der Wölbung stört und einen Theil der verschließenden Seiten — Zähne und Lippen — ihr entzieht.

§. 420.

Wie weit der Mund beim Singen geöffnet sein müsse, läßt sich nicht allgemein festsetzen, da die Beschaffenheit des Mundes und seiner Theile nicht bei allen Menschen gleich ist. Als allgemeine Regel kann es gelten, daß jeder den Mund so weit öffne, als ohne fühlbare Spannung der

---

*) Denn eben bei dieser fehlerhaften Herauslassung des Tones ist der Stimme der Ausgang durch die Nase verschlossen; man singt also nicht durch die Nase. — Der schnarrende Beiklang scheint durch die in Erzitterung gesetzte innere Nasenhaut verursacht und aus dem dunkeln Gefühl dieser Ursache jener Ausdruck hervorgegangen zu sein.

Unterlippe und Wangen geschehen kann. Die Zahnreihen seien so weit von einander gezogen, daß ungefähr der kleine Finger des Singenden zwischen ihnen Raum findet.*)

§. 421.

Die angemessenste und dem Stimmschalle günstigste Haltung nimmt der Mund und alle seine Theile bei der Aussprache des Buchstaben A an und es werden deswegen die Stimmübungen vorzugsweise mit dieser Aussprache unternommen. Hierzu müssen Zähne und Lippen von einem Mundwinkel zum andern fast gleichmäßig geöffnet werden — so weit, wie oben in §. 420 angegeben ist. Die Lippen müssen die Haltung beobachten, welche ein sanftes Lächeln dem Munde verleiht und die Zunge muß unten im Munde ausgestreckt und ruhig gehalten werden, so daß ihre Spitze und Oberfläche innerhalb der untern Zahnreihe liegt.

§. 422.

Der gewöhnlichste Fehler bei der Aussprache des A ist, daß man es fast wie O artikulirt. Um sich dieses Fehlers bewußt zu werden, versuche man das reine O auszusprechen und dann sich durch Abstufungen der Artikulation dem reinen, ganz vom O unterschiedenen A zu nähern. Bei dem O hat die Oeffnung des Mundes ungefähr die Gestalt eines lateinischen O angenommen; die Lippen haben sich in der Mitte etwas vorgestreckt und namentlich die Oberlippe sich etwas erhoben. Je mehr sich diese Erhebung mindert und der Mund sich von einem Mundwinkel zum andern gleichweit öffnet, desto reiner wird die Aussprache des A.

Um den Schüler zu der angemessenen Haltung der Zunge zu veranlassen, lasse man ihn die Silbe

La

aussprechen und singen. Die Artikulation des L bringt nothwendig und von selbst die Zunge in die angemessene Lage. Jedes mechanische Mittel dagegen, z. B. das Niederdrücken der Zunge mit einem Finger, Löffel, Stäbchen u. dergl., dessen sich Gesanglehrer sonst wohl bedienten, kann nur für den Augenblick dienlich sein, da es einen äußern Zwang statt einer freien Bewegung und Haltung verursacht.

Endlich vermeide man, in den Stimmübungen den Ton statt mit dem reinen sanft artikulirten A, mit geschärftem Hauche — Ha — einzusetzen.

---

*) Es ist hierbei vor einem bei Anfängern gewöhnlichen und leicht einwurzelnden Fehler zu warnen, dem, den Mund unschlüssig, unsicher zu öffnen, oder vielmehr die Lippen auseinander zu ziehen und die Zähne mehr oder weniger geschlossen zu lassen. Die Oeffnung des Mundes muß entschlossen und rasch mit einem Ruck der Unterkinnlade, der Lippen und Zahnreihen auseinander zieht, geschehen.

[14*]

Vierter Abschnitt.

Von den Stimmregistern.

A. Entstehung und Beschaffenheit.

§. 423.

Der Ton der Stimme wird mittels des heftigern Ausströmens des Athems durch die größere oder geringere Oeffnung der Stimmritze in dieser gebildet, wobei jedoch Stimmbänder und Häute mitwirkend scheinen.

§. 424.

Wenn der Athem nur leicht und allmählig ausgeströmt wird und die Stimmritze so weit offen ist, daß er durchzieht, ohne ihre Bänder und Häute in Erzitterung zu setzen, dann entsteht bei dem Ausathmen kein Ton.

§. 425.

Wie weit die Stimmritze für den tiefsten Ton offen sein und mit wieviel Gewalt der Athem durchströmen muß, um die Stimmorgane in Erzitterung zu setzen, läßt sich nicht genau bestimmen, auch bedürfen wir dieser Bestimmung nicht.

§. 426.

Je enger sich die Stimmritze zuschließt, desto höher wird der Ton der Stimme.

§. 427.

Würde sie ganz verschlossen, so könnte kein Ton der Stimme mehr erfolgen; der letzte Ton würde der höchste sein, den diese Stimme hervorbringen kann.

§. 428.

Es giebt zwei Arten, die Stimmritze zu verengern.

Bei der ersten Art bleibt die Stimmritze nach der ganzen Länge geöffnet und es nähern sich nur ihre beiden Wände einander in allen Punkten ungefähr gleichmäßig.

Bei der andern nähern sich die Wände in einem und zwar dem vordern Theile der Stimmritze einander vorzüglich, indem sie hier dieselbe ganz verschließen und nur den hintern Theil offen lassen, während sich auch bei diesem die Wände der Stimmritze einander nähern.

§. 429.

Es scheint nur bei kräftiger und glücklicher Organisation möglich, alle, auch die höchsten Töne blos mittels der gleichmäßigen Verengerung der Stimmritze in ihrer ganzen Länge hervorzubringen; die meisten, wo nicht alle Stimmen sind von einem gewissen Punkte an geneigt, die Hervorbringung der hohen Töne durch Verschließung des vordern Theiles der Stimmritze zu bewirken.

§. 430.

Die Reihe der mittels theilweiser Verschließung der Stimmritze hervorgebrachten Tönen heißt Kopfstimme, auch, besonders bei männlichen Stimmen, Falsett; (Fistel) ihre Töne Kopf- oder Falsetttöne.

Die Reihe der mittels gleichmäßiger Verengerung der Stimmritze hervorgebrachten Töne heißt Bruststimme, die zu ihr gehörigen Töne Brusttöne.

§. 431.

Beide Tonreihen, welche nach einem von den Orgelstimmen entlehnten Ausdrucke Stimmregister genannt werden, haben einen verschiedenen Klang.

§. 432.

Der Klang der Kopfstimme ist hell und pfeifen- oder flötenartig, nicht leicht der höchsten Stärke und Schwäche und der gleichmäßigen Darstellung aller Abstufungen zwischen beiden fähig — und stellt sich aus diesen und vielleicht andern noch nicht zu vollkommener Klarheit gebrachten Gründen unserm Gefühle mehr als ein Mittelding zwischen Menschen- und Instrumententon dar.

§. 433.

Ueberdem ist der Gebrauch der Kopfstimme für die Stimmwerkzeuge, besonders die Sehnen und Muskeln im Kehlkopfe, sehr angreifend und, lange fortgesetzt, zerstörend.

§. 434.

So, als eine gewaltsame und (in der Dauer mehr oder minder) schmerzhafte Anstrengung *) wird er auch durch ein Gefühl des Druckes oder der Quetschung im Kehlkopfe und zwar am obern Ende desselben (der Stimmritze) deutlich empfunden, wogegen bei den Brusttönen keine widrige Empfindung im Kehlkopfe eintritt und man nur das freie Einwirken der Brust (der Ausathmung) auf die Stimmorgane und den freien Austritt der Stimme aus der Kehle empfindet. **).

§. 435.

Die Bruststimme ist nicht nur von den Fehlern der Kopfstimme frei, sondern hat auch einen vollern, dem Karakter nach innigern und kräftigern Klang und ist der reichsten Abstufungen von Höhe und Tiefe fähig. Endlich ist ihr Gebrauch für die Stimmorgane bei weitem nicht so angreifend, als

---

*) Vergl. die Anmerkung zu §. 458.
**) Daher mag die gemeine Meinung entstanden sein, daß die Bruststimme sich in der Brust bilde, die Kopfstimme aber oben in der Kehle (im Kopfe); daß die Bruststimme einen innigern Karakter habe; daher auch die Ausdrücke: von Herzen, aus dem Herzen, aus freier Brust singen, die wol darin ihren Grund haben, daß hier der Organismus frei und leicht, also wohlthuend wirkt, statt daß wir bei dem Anhören der Kopfstimme den Zwang, die Gewaltsamkeit mit- empfinden.

der der Kopfstimme, verdient also vor dieser den Vorzug; so weit es daher möglich ist, muß man sich jener vor dieser bedienen.

§. 436.

Wo die Kopfstimme anfängt, das richtet sich bei jedem Individuum nach der, für hohe Töne mehr oder minder günstigen Organisation des Kehlkopfes.

§. 437.

Jeder bedient sich in der Regel von selbst so weit der Bruststimme, als diese fähig ist die hohen Töne leicht ansprechen zu lassen; jeder wendet die Kopfstimme in der Regel erst bei den höhern Tönen an, welche mittels der Bruststimme gar nicht, oder nur mit größerer Anstrengung und Heftigkeit hervorgebracht werden können.

§. 438.

Die Abscheidung beider Stimmregister ist jedoch ihrer Natur nach keine ganz fest bestimmte und stets bei einem und demselbem Ton eintretende. Vielmehr giebt es in jeder Stimme an der Grenze der Brust- und der Kopfstimme einige Töne, welche beiden Registern gemeinschaftlich sind, das heißt, welche sowol mit Brust- als mit Kopfstimme gleich leicht hervorgebracht werden können.

B. Ausbildung für den Gesang.

§. 439.

Bei der Stimmbildung kommt es demnach in Bezug auf die in jeder Stimme enthaltenen zwei Register darauf an:

1) den Umfang der Brusttöne möglichst zu erweitern,
2) die Kopfstimme, soweit sie nöthig ist, möglichst gut zu bilden.
3) Beide Register nach dem Karakter ihres Klanges möglichst in einander zu verschmelzen.

§. 440.

Für den ersten Zweck gewöhne man durch wiederholte Versuche und Uebungen die Stimme, diejenigen Töne, welche sowohl mit Brust- als mit Kopfstimme gesungen werden können, mit Bruststimme zu singen.

§. 441.

Diese, so wie jede andere Uebung, darf jedoch nicht bis zur Anstrengung getrieben werden, oder auf eine gewaltsame Weise erfolgen; der Gesang darf nicht in ein Herausschreien derjenigen Töne ausarten, die im Register der Bruststimme nicht leicht ansprechen wollen. Vielmehr ist gerade hier vorzügliche Aufmerksamkeit nöthig, daß die guten Eigenschaften des Klanges, welche die Stimme von Natur hat, nicht vernachläßigt werden, oder gar verlohren gehen.

§. 442.

Sorgfältig ist auch zu vermeiden, daß sich diese Uebung nicht über zu viele Töne auf einmal erstrecke. Das Nähere von der Stimmbildung folgt.

§. 443.

Bei der Ausbildung der Kopfstimme ist vor allem eine zu große Ausdehnung und übertriebene Kraftanstrengung zu vermeiden. Denn je höhere und stärkere Töne der Kopfstimme abgenöthigt werden, desto mehr weichen sie von dem ungezwungenen Klange der Stimme in den Brusttönen ab, desto unangenehmer wird ihr Klang, desto gewaltsamer und nachtheiliger ist ihr Einfluß auf die Stimmorgane und desto mehr wird durch ihre Ausbildung und häufige Benutzung der Bruststimme Abbruch gethan.

§. 444.

Um endlich beide Stimmregister dem Klange nach möglichst nahe zu bringen, muß man sie in den, beiden gemeinschaftlichen Tönen häufig mit einander abwechseln lassen — die gemeinschaftlichen Töne hintereinander abwechselnd bald mit Brust-, bald mit Kopfstimme singen.

Bei dieser Uebung muß man versuchen, den Klang der Kopftöne zu mildern, ihm das Gellende zu nehmen, was ihn besonders vom Klange der Brusttöne unterscheidet und deswegen besonders die Kopftöne sanft und ohne übereiltes Vorstoßen singen.

§. 445.

An diese Uebung schließt sich dann eine zweite: verschiedene Töne der Brust- und Kopfstimme und umgekehrt, unter einander zu verbinden, und dabei den Unterschied möglichst zu verbergen. Das Nähere folgt.

Dritte Abtheilung.
Tonfähigkeit der Stimme.

Erster Abschnitt.
Eintheilung der Stimmen.

§. 446.

Es ist schon §. 423 erwähnt worden, daß die Höhe und Tiefe der Töne in der Stimme allein oder zunächst von der größern oder geringern Oeffnung der Stimmritze, Spannung oder Erschlaffung der Stimmbänder abhängt.

§. 447.

Je mehr ein Stimmorgan (besonders, wie es scheint, der Kehlkopf) geeignet ist, die Stimmritze weit zu öffnen, desto tiefere — je mehr es geeignet ist, die Oeffnung der Stimmritze zu verkleinern, desto höhere Töne vermag es hervorzubringen.

§. 448.

Der Umfang der meisten Stimmen erstreckt sich über eine, anderthalb bis zwei Oktaven, kann aber durch Uebung bedeutend erweitert werden.

§. 449.

Doch sind einige Stimmen mehr geeignet hohe, andere mehr tiefe Töne hervorzubringen.

§. 450.

Die vorherrschende Fähigkeit zu tiefen Tönen, oder zu einer größern Stimmritze zeigt sich schon äußerlich am Halse bemerkbar, in einem größern Umfange, besonders größerer Breite des Kehlkopfes.

A. Stimm-

A. Stimm-Geschlechte.

§. 451.

Die Stimmorgane erwachsener Männer gewinnen größere Ausdehnung als sie im Knabenalter hatten und als die der Frauenzimmer jedes Alters haben.

Des Kehlkopfs vorderer Theil (unter dem Namen Adamsapfel bekannt) tritt daher bei Männern bedeutender hervor und zeigt sich breiter.

§. 452.

Wegen des größern Umfangs (vielleicht daneben wegen anderer noch nicht erkannter Ursachen) haben die männlichen Stimmen die tiefere Region der Töne:

die weibliche aber die höhere Region der Töne, etwa von

zu ihrem Gebiete, so daß im Ganzen die männlichen Stimmen eine Oktave tiefer ertönen, als die weiblichen.

§. 453.

Wenn daher männliche Stimmen Noten, die für die weibliche Stimme geschrieben sind, vorzutragen haben, so singen sie solche, um sie in ihrer Region wiederzugeben, von selbst eine Oktave tiefer, also statt

Darum ist es zulässig, aus Gründen, die nicht hierher gehören, bisweilen Sätze, besonders hohe, für männliche Stimmen so zu schreiben, als gehörten sie für die weibliche Stimme, nämlich unter Vorsetzung des G—Schlüssels eine Oktave höher, als sie ertönen sollen.

§. 454.

Aus gleichem Grunde tragen auch weibliche Stimmen Noten für die männliche in ihrer Region von selbst eine Oktave höher vor und singen also statt

§. 455.

Es giebt sonach zwei Stimmgeschlechte:
1) das männliche,
2) das weibliche, wohin auch die Knabenstimmen zu rechnen.

§. 456.

Eine künstliche und widernatürliche Weise, die Ausbildung des Stimmorgans bei Knaben zu dem, dem männlichen Geschlecht eigenthümlichen Umfange zu verhindern, ist die Kastration.

In Folge solchen Unternehmens behalten Kastraten hohe, zu dem weiblichen Stimmgeschlecht zu rechnende Stimmen.

§. 457.

Abgesehen davon, daß die Kastration in sittlicher Hinsicht verderblich und deshalb sogar gesetzlich unerlaubt ist, bringt sie auch für die Kunst keinen wahren Vortheil, da das Stimmorgan im unentwickelten Zustande des Knabenalters zurückgehalten, die Athemwerkzeuge aber zu der Kraft der Organe eines Erwachsenen ausgebildet werden, mithin die Verhältnißmäßigkeit in den, bei dem Gesange zusammenwirkenden Organen und hiermit die Gleichmäßigkeit der Stimme zerstört wird.*)

---

*) Hier mag, was ich auf Veranlassung eines vom Kastraten S.... am 17. März 1824 in Berlin gegebenen Konzerts in der Berliner allgemeinen musikalischen Zeitung ersten Jahrgange No. 12 schrieb, Anführung finden.

Durch die Kastration im Knabenalter wird das Stimmorgan in seinem dermaligen Zustande zurückgehalten; es erlangt nicht die Größe, gewiß auch nicht die Muskelkraft, die ihm im männlichen Alter zu Theil wird.

Allein die Brust mit den Athemwerkzeugen bildet sich zu ihrem gewöhnlichen Umfange und ungefähr zur gewöhnlichen Kraft aus.

Bei der Stimme des Kastraten wirkt also die Brust — die Athemkraft des Mannes auf das Stimmorgan eines Knaben. Dies muß nothwendig zu Mißständen führen. Sie haben sich auch bei Herrn S.... (dem ersten Kastraten, den ich gehört) selbst ununterrichteten, aber unbefangenen und achtsamen Zuhörern gezeigt. Ich habe in der Stimme des Herrn S.... drei von einander deutlich unterscheidbare Klangarten wahrgenommen. In ihnen und einer vierten, nachher zu erwähnenden Modifikation der Stimme glaube ich die Spuren des oben berührten Mißverhältnisses zu finden.

Erstens unterschied ich Töne, die nach der Helligkeit des Klanges reine Knabenstimme waren. In dieses Klangregister gehörten fast alle schnellern Figuren, besonders Volaten und andre leicht hingeworfene Verzierungen, die ohne bedeutenden Aufwand an Athem, mithin ohne heftigere Einwirkung der Brust blos durch die Bewegung des Stimmorgans hervorgebracht werden. Die Natur des Letztern schien hier ganz frei hervortreten zu können, da die Brust ihre überwiegende Kraft nicht anwendete.

Dieses Klangregister war das schönste, ja nach meinem Gefühle das einzige wohlthuende bei Herrn S.... Doch habe ich es bei Knaben schon weit schöner gefunden.

B. Stimm-Klassen.

§. 458.

Unter den Stimmen männlichen sowohl als weiblichen Geschlechts sind einige mehr für tiefe, andere mehr für hohe Töne geeignet. Jene heißen daher tiefe, diese hohe Stimmen.

Bei einzelnen kräftig gesungenen Tönen zeigte sich zweitens die ganze Eigenthümlichkeit einer in das Falsett übertretenden Männerstimme. Im gewöhnlichen Zustande des Menschen wird das Falsett dadurch hervorgebracht, daß sich der hintere Theil der Stimmritze ganz schließt und nur ein kleiner vorderer offen bleibt, durch den eine gleiche Masse Luft einen verengten Ausgang findet. (C. Fr. Liskovius Diss. syst. theoriam vocis, auch deutsch für Sänger und Gesanglehrer. Leipzig 1814. — Grundriß der Physiologie vom Professor K. A. Rudolphi. Berlin 1823. Band 2 Seite 378 Anmerkung 3.) Der Sänger fühlt nicht nur deutlich die gewaltsamere Zusammenziehung der Stimmritze im Kehlkopfe, sondern kann auch (besonders bei Tönen, die er sowohl mit Brust- als Falsettstimme anzugeben vermag) leicht wahrnehmen, daß eine verhältnißmäßig größere Menge und ein stärkerer Andrang der Luft bei den Falsetttönen angewendet wird; wie man sie denn auch, bei der heftigern Einwirkung des Athems, weniger in seiner Gewalt hat und nicht so leise hervorbringen kann, als Brusttöne.

Was bei der Falsettstimme willkührlich geschieht, scheint bei den stärkern Tönen des Kastraten durch die gestörte Verhältnißmäßigkeit der Stimm- und Athemwerkzeuge nothwendig bedingt zu sein. Wenden letztere nämlich ihre Kraft an, so findet die hervordringende Luftmasse eine verhältnißmäßig zu kleine Stimmritze. Daher dasselbe gewaltsame Durchpressen, daher der pfeifende, gellende Klang dieser Töne, ganz wie bei den Falsetttönen. — Doch muß man annehmen, daß das Mißverhältniß des Athems zu dem Stimmorgane bei diesen Tönen nicht so erheblich war, daß es die Funktionen des letztern hätte stören können.

Diesen Erfolg bemerkte ich aber drittens bei jeder übermäßigen Anstrengung der Stimme, bei jedem sehr lang und anschwellend gesungenen Tone. Hier war sehr genau ein Uebergang des falsettähnlichen Klanges in einen schwirrenden, oft fast schrillenden bemerklich, gleich dem Klange einer zu stark geriebenen Glasglocke. Aehnlichen Klang habe ich bei Sängerinnen, wenn sie in hohen, gehaltenen Tönen ihre Stimme bedeutend überboten, wahrgenommen, obwohl nie in demselben Grade. Analog sind vielleicht die überblasenen Töne auf Flöten und andern Blasinstrumenten; wie ich denn auch bei jenen Tönen stets ein, wiewohl geringes Heraufschwellen bemerkt zu haben glaube. Der Grund liegt wahrscheinlich in der übertriebenen und dadurch in ihrer Gleichmäßigkeit gestörten elastischen Bewegung der Klangwerkzeuge, die bei einem noch höheren Grade der Einwirkung Zerstörung des Werkzeuges bewirken kann — man denke an zerspielte Harmonikaglocken und zerschriene Gläser.

Selbst ein ähnlicher Erfolg fehlte nicht, sobald Herrn S.... Töne auch noch diesen Grad der Stärke und Anstrengung überschritten. Da uns gemeiniglich der Instinkt warnt, eine Anstrengung bis zur Zerstörung des Organismus zu treiben, auch wohl eine solche Anstrengung der so kleinen Muskeln im Kehlkopfe nicht möglich ist, so trat an die Stelle der Zerstörung eine sehr schnell zunehmende Erschlaffung. Augenscheinlich vermochte das Stimmorgan die dauernde und übermäßige Einwirkung des Athems nicht zu ertragen, vermochten die Muskeln besonders bei höhern Tönen nicht, die Stimmritze anhaltend und eng geschlossen zu halten. Daher das selbst Musikunkundigen so höchst auffallend gewordene Sinken der Stimme, so weit über die gewöhnliche Grenze dieses Fehlers, daß ich bei dem ersten Falle

§. 459.

Es giebt daher in jedem Stimmgeschlechte zwei, mithin im Ganzen vier Stimmklassen.

1) Die tiefe männliche, oder Baßstimme, deren Noten in der Regel unter dem F-Schlüssel geschrieben werden und die etwa diesen Umfang hat

(das zweigestrichene Fis sank fast bis zum zweigestrichenen E) einen Fehler in der Modulation zu hören, oder selbst in ihr zu irren glaubte. Später sank das zweigestrichene G fast unter das zweigestrichene F herab. Einen analogen Fall habe ich vor einiger Zeit an einer Schülerin beobachtet, die bei vollkommen richtigem Gehör und gut ausgebildeter Intonation in Folge einer Krankheit der inneren Halsdrüsen die Kraft und Fähigkeit verlor, einen Ton rein und fest zu halten, bis jenes Uebel und die Schwäche der erkrankt gewesenen Theile gehoben war.

Daß alle diese Wahrnehmungen sich blos bei Herrn S..... und blos in seinem jetzigen vorgerückten Alter gerechtfertigt finden sollten, bezweifle ich sehr. In dem ersten Klangregister (der Knabenstimme) habe ich nicht die geringste Spur der Trockenheit bemerkt, die die Stimme wohl in spätern Jahren bekommt. Das zweite Klangregister zeigte volle männliche Kraft der Brust. Die Eigenschaft des dritten endlich scheint mir aus dem Zustande des Stimmorgans bei vorgerücktem Alter nicht, sondern vollkommen nach Obigem erklärt, und wenn ich auch glauben will, daß in den kräftigen Jugendjahren das Stimmorgan mehr Widerstandskraft, größere Fähigkeit, den Ton festzuhalten, haben mag, so kann doch auch dies nicht von Erheblichkeit sein, da in jener Zeit auch die Athemwerkzeuge über eine größere Kraft gebieten und ein etwas mehr oder weniger in der Hauptsache nichts ändert.

Hiernach darf ich aber behaupten, daß die Kastration nicht einmal den Zweck erfüllt, eine nach gesundem Urtheile schön zu nennende Stimme hervorzubringen. Einzelne schöne Töne und Tonreihen müssen sich begreiflicher Weise in den meisten Kastratenstimmen finden, denn man wählt nur solche Knaben zu Opfern, bei denen sich eine gute Stimmanlage zeigt. Allein diese Töne würden den Knaben voraussetzlich auch ohne Kastration geblieben, obwohl natürlich in schöne Tenor= oder Baßstimme übergegangen sein. Zwar erhält sich nicht jede schöne Knabenstimme, namentlich über die Mutationszeit hinaus. Allein auch die Kastration sichert nicht vor Mißlingen der Stimmbildung und Verlust der Stimme; davon zeugen so viele verunglückte Kastraten.

Ungeachtet jener schönen Töne aber kann ich unmöglich eine Stimme schön nennen, der es an der Einheit des Klanges, mithin des Karakters ganz gebricht. Die geringste Knabenstimme, die unbedeutendste Frauenstimme legen wenigstens den Karakter ihres Alters und Geschlechts einheitsvoll dar. Wo dies nicht ist, z. B. in den Stimmen der Viragines (Mannweiber) da empfinden wir ein ähnliches Mißbehagen, wie bei dem Gemisch von Knaben, Mann und — Instrument in der Kehle des Kastraten. Hätte daher auch ein Kastrat Sinn und Begeisterung für karaktervolle Durchführung einer Rolle, so würde ihm doch das Mittel dazu, eine karaktereinige, sich selbst getreue Stimme fehlen.

Ja, wenn innere Einheit, Harmonie mit und in sich selbst die unerläßlichen Bedingungen sind, ohne welche wir uns keine würdige und schöne Existenz denken können, wenn wir unmöglich ein Uebermenschliches anders, als ein erhöhtes Menschliche uns vorzustellen ver=

2) Die hohe männliche, oder Tenorstimme, deren Noten gewöhnlich unter dem nach ihr benannten Tenor-Schlüssel, bisweilen auch unter dem G-Schlüssel (§. 453) geschrieben werden und die etwa diesen Umfang hat:

3) Die tiefe weibliche, oder Altstimme, deren Noten unter dem von ihr benannten Alt-Schlüssel, oft auch unter dem G-Schlüssel, oder dem Diskant-Schlüssel geschrieben werden, etwa von diesem Umfange:

4) Die hohe weibliche, genannt Sopran- oder Diskantstimme, deren Noten unter dem nach ihr benannten Diskant- oder auch unter dem G-Schlüssel geschrieben werden, etwa von diesem Umfange:

§. 460.

Eine Stimme, die dem Umfange nach ungefähr zwischen Sopran und Alt steht, nennt man mezzo sopran.

§. 461.

Eine Stimme, die dem Umfange nach zwischen Alt und Tenor steht, heißt Kontraalt.

---

mögen, da der Mensch in der ihm bekannten Wesenreihe den höchsten Platz einnimmt: so können Kastraten auch für den Vortrag der alten Kirchen-Kompositionen, auf die ich im Eingange hindeutete, und in denen ich hypothetisch ihre günstigste Sphäre gesucht hatte, nicht genügen. Denn durch die Kastration wird nicht ein höherer, sondern ein zerstörter, also erniedrigter menschlicher Zustand hervorgebracht; die meisten unbefangenen Leser werden gewiß nicht wenige Frauen- und Knabenstimmen gehört haben, denen sie den Vorzug vor der Kastratenstimme einräumen. Auch hier befestigt sich die Ueberzeugung, daß man nicht von der Natur abweichen, nicht sie unterdrücken darf, wenn man nicht zugleich auf Schönheit und alles Edlere verzichten will.

Herr Geheimerath K. A. Rudolphi hat (in No. 14. d. Zeitung) dagegen erinnert, daß das Verhältniß des Stimmorgans mehr das des weiblichen Geschlechtes, als des Knabenalters sein würde, — wie Hinterkopf, Rücken und Hüften bei kastrirten Thieren weiblicher seien. Weit entfernt, einem solchen Manne im Gebiete seiner, so tiefes Studium und so ausgedehnte Beobachtungen fodernden Wissenschaft entgegen treten zu wollen, muß ich doch bemerken, daß der Klang der Kastratenstimme, die ich beobachtet hatte, entschieden der Knaben-, nicht der weiblichen Stimme angehört.

§. 462.

Eine Stimme, die dem Umfange nach zwischen Tenor und Baß steht, heißt Bariton.

§. 463.

Alle diese (§. 460 bis 462 genannten) Stimmen sind jedoch nicht als eigentliche Stimmklassen anzusehen, sondern gehören, die erste zum Sopran, die zweite zum Alt, die dritte zum Basse.

§. 464.

Wenn in einer Komposition mehre Soprane, Alte u. s. w. vorkommen, so heißt jede höchste Stimme in ihrer Stimmklasse die erste. In dieser Beziehung hat man einen ersten, zweiten Sopran u. s. f.

Zweiter Abschnitt.

Stimmbildung für Darstellung der Tonverhältnisse.

§. 465.

Für musikalische Zwecke muß die Stimme möglichst geeignet sein, jedes angegebene Tonverhältniß, von einem gegebenen Tone aus jeden andern Ton zu finden, richtig, sicher, in jedem etwa beliebigen Zusammenhange und in jeder etwa beliebigen Schnelligkeit der Zeitfolge anzugeben.

§. 466.

Die Fähigkeit, jeden angegebenen Ton richtig zu singen, heißt Intonation.

§. 467.

Die Fähigkeit, von einem gegebenen Tone aus jeden andern ohne äußere Hülfe zu finden, heißt Treffen.

§. 468.

Die Fähigkeit, Töne richtig und gut zu verbinden, heißt Portament.

§. 469.

Die Fähigkeit, Tonfolgen in beliebiger Schnelligkeit vorzutragen, heißt Fertigkeit.

§. 470.

Alle diese Geschicklichkeiten setzen eine natürliche Anlage voraus, aber eine, die in den meisten (oder allen) richtig organisirten Menschen vorhanden ist. Es ist die Aufgabe des Gesangunterrichts, diese Anlage zu wecken und auszubilden.

Erste Unterabtheilung.
Von der Intonation.

§. 471.

Um angegebene Töne richtig nachsingen — intoniren zu können, ist erfoderlich, daß
1) der Singende den anzugebenden Ton bestimmt gefaßt und sich vorgestellt habe,
2) seine Stimmorgane in dem Zustande seien, den gedachten Ton bestimmt anzugeben.

Für das letztere Erforderniß müssen die Stimmorgane geübt und in Stand gesetzt, für das erstere muß das Gehör gebildet werden.

A. Gehörbildung.

§. 472.

Die meisten, wo nicht alle Menschen, denen überhaupt das Gehör nicht versagt ist, sind von Natur fähig, den Unterschied der Höhe und Tiefe aufzufassen. Diese Fähigkeit nennt man im Fache der Tonkunst vorzugsweise Gehör.

§. 473.

Dem Grade nach ist aber diese Geschicklichkeit des Gehörs bei den Einzelnen verschieden: einige können nur eine größere Verschiedenheit der Höhe und Tiefe, andere auch geringere Abstufungen auffassen; bei allen Menschen kann diese Auffassungsgabe durch Uebung verstärkt werden, indem man mit den Uebungs-Versuchen, Tonverhältnisse aufzufassen, von größern Abstufungen zu immer kleinern fortschreitet, bis das Gehör jedes angegebene Tonverhältniß richtig erfaßt.

§. 474.

Zweckmäßig ist es, die ersten Gehörübungen an einem und demselben Instrumente vorzunehmen, damit den Ungeübtern oder Unfähigern nicht durch eine Klangverschiedenheit die Auffassung gestört werde.

§. 475.

Für die feinere und genauere Gehörbildung leistet das Aufsuchen der Töne auf einem Monochorde*) mit beweglichem Steg große Dienste.

---

*) Monochord heißt ein zunächst für akustische Zwecke bestimmtes Instrument, welches — meist ohne Resonanzboden — aus einer oder zwei auf einer festen Holzplatte ausgespannten Saiten (gewöhnlich von Metall) besteht, die am bequemsten mittels eines Bogens in Schwingung gesetzt werden. Auf der Holzplatte sind die Längen angezeichnet, in welchen die Saite die verschiedenen Tonverhältnisse ertönen läßt. Ein beweglicher Steg, nach jenen Anzeichnungen unter die Saite gesetzt, stimmt diese daher zu dem angegebenen Tonverhältnisse.

§. 476.

Der Fehler, die Tonverhältnisse im Allgemeinen oder gewisse Tonverhältnisse zu hoch*) oder zu tief zu singen, beruht bisweilen auf einer eingewurzelten falschen Auffassung und Vorstellung von diesen Verhältnissen.

§. 477.

Es ist zweckmäßig, durch Ideenverbindung von jener unrichtigen Vorstellung abzuleiten.

Hierzu haben wir unter andern zwei Mittel vorzuschlagen.

§. 478.

Man lasse diejenigen, welche aus einer eingewurzelten falschen Vorstellung zu hoch intoniren, mehr Stimmübungen abwärts als aufwärts, diejenigen, welche aus falscher Vorstellung zu tief intoniren, mehr Stimmübungen aufwärts, als abwärts machen.**)

§. 479.

Da die Haltung der Stimmorgane für hohe Töne überhaupt anstrengender ist, als für tiefe und deswegen die meisten Stimmen geneigt sind, eher zu tief, als zu hoch zu intoniren, so ist die Maaßregel, mehr von der Tiefe in die Höhe üben zu lassen, überhaupt für alle Anfänger rathsam, gleichwohl dürfen entgegengesetzte Uebungen von höhern Tönen nach tiefern fortschreitend, nicht ganz versäumt werden.

§. 480.

Das zweite Mittel, einer Gehörsverbildung entgegenzuarbeiten, ist: diejenigen Stimmen, welche zu tief zu intoniren pflegen, mit höhern Tönen zu begleiten, z. B.

die

---

*) Dieser Fehler scheint selten zu sein; unter vielen Stimmen, die ich genau beobachtet, deren ich eine nicht unbedeutende Zahl selbst geübt habe, sind mir nur zwei Beispiele einer durchgängig zu hohen Intonation vorgekommen.

**) Ein ähnliches Mittel schlagen Gretry und Spazier (Gretry's Versuche über die Musik. Im Auszuge 2c. von D. K. Spazier. Leipzig bei Breitkopf und Härtel 1800. Seite 395) vor, das mir erst zu spät bekannt und deshalb noch nicht von mir angewendet worden ist: man soll zu tief intonirende Schüler häufig in Dur, zu hoch intonirende häufig in Moll singen lassen.

die zu hoch intonirenden aber mit tiefern Tönen, z. B.

§. 481.

Im Allgemeinen ist noch zu bemerken, daß man die Begleitung möglichst in der mittlern Region der Töne halten muß, weil tiefere Töne, besonders wenn sie nahe an einander gelegt sind, z. B.

undeutlich ertönen und, statt sich dem Gehör bestimmt einzuprägen, es übertäuben; zu hohe Töne aber, z. B.

nicht die Kraft haben, so lange fortzuklingen, bis das Gehör sie vollkommen gefaßt hat.

§. 482.

Es ist zweckmäßig, bei jedem Akkorde das Pedal zu heben, weil dadurch größere Klarheit und Dauer des Klanges gewonnen wird.

B. Stimmbildung.

§. 483.

Die Stimmwerkzeuge müssen für den Zweck der Intonation die Fähigkeit haben, innerhalb des Bereichs der Stimme

1) jedes Tonverhältniß durch Annahme der dazu erfoderlichen Lage (Oeffnung der Stimmritze u. s. w.) sofort ertönen zu lassen,

2) in dieser Lage unverändert zu verweilen, so lange es nöthig (und nach dem Athemvorrathe möglich) ist, den Ton zu halten.

§. 484.

Obwohl nicht erforscht ist, wie es zugeht, daß die Organe sich uns unbewußt so ordnen, daß der beabsichtigte, bestimmt gedachte Ton hervorgehen muß: so wissen wir doch aus Erfahrung, daß die Verrichtungen dieser Organe durch Uebung sicherer und geläufig werden.

§. 485.

Nicht jedes Alter ist für die Stimmbildung gleich günstig.

§. 486.

Bei fehlerloser und kräftiger Konstitution kann der Singunterricht schon vom zehnten Jahre beginnen.*) Doch muß in so zartem Alter jede Vorsicht verdoppelt werden.

§. 487.

In der Zeit der Geschlechtsentwickelung darf die Stimme nur mit der größten Schonung zu ganz leichten Uebungen angehalten und in diesen nicht leicht zu neuen Tönen fortgeschritten werden. Dagegen scheint es nicht rathsam, in dieser Periode das Singen ganz auszusetzen. Bei zu großer Anstrengung wird in dieser Zeit sehr leicht die Schönheit des Stimmklanges, besonders der Metallklang der Stimme, bei gänzlicher Unterlassung des Singens die Biegsamkeit und Weichheit der Stimme verloren.

§. 488.

Die eigentliche Entwickelung der Stimme, namentlich ihre Bildung für neue Anwendung zu Tönen, die noch nicht von ihr erreicht worden, oder zu besondern Fertigkeiten, währt in der Regel nur so lange, wie die allgemeine Entwickelung des Körpers überhaupt, also bei dem männlichen Geschlecht etwa bis zum 25sten bei dem weiblichen Geschlecht etwa bis zum 20sten Jahre.

§. 489.

Von da an nimmt die Fähigkeit, neue Kräfte und Fertigkeiten zu gewinnen, ab; ja die Versuche, dergleichen erzwingen zu wollen, z. B. eine bisher nicht dazu gewöhnte Stimme zur Bravour (zum Vortrage schneller und langer Figuren) zu bilden, können sie in den Eigenschaften der Festigkeit und Fülle gefährden.

§. 490.

Dagegen müssen die gewohnten Uebungen zur Erhaltung der Stimme nie aufhören.

§. 491.

Die erste umfassende Uebung der Stimme hat zum Zwecke, sie zur reinen, sichern und festen Intonation auf allen ihr zu Gebote stehenden Tönen zu gewöhnen.

Zugleich wird sie benutzt, alle wünschenswerthen Eigenschaften des Klanges in der Stimme zu entwickeln und ihr anzueignen.

---

*) Es ist hier nur vom eigentlichen Singunterricht und der wirklichen Stimmübung die Rede. Unbedenklich kann man in noch früherm, in jedem Alter die Kinder soviel singen lassen, als sie Lust haben. Eifer und Ausdauer sind in den Jahren nicht so groß, daß sie zu einer übermäßigen Anstrengung kommen ließen.

§. 492.

Es wird also bei ihr bezweckt: daß die Stimme jeden in ihrem Bereiche liegenden Ton

1) richtig, das heißt, nicht einen Ton für einen andern

2) rein, das heißt, nicht um ein Weniges (weniger als einen halben Ton, denn sonst würde ein anderer Ton, also eine falsche nicht eine unreine Intonation statt haben) höher oder tiefer,

3) bestimmt, das heißt, gleich von Anfang an richtig und rein und ohne Schwanken nach Höhe oder Tiefe — einsetzen, ihn

4) möglichst lange, soweit es nämlich ohne Anstrengung geschehen kann, und

5) in allen Graden der Stärke gleichmäßig, auch

6) mit zunehmender und abnehmender Stärke vom pianissimo bis zum fortissimo,

7) mit einem bei allen Tönen möglichst gleichen,

8) nach der Anlage der Stimme möglichst hellen und vollen Klange

treffen und halten lerne.

Ueberdem wird in dieser Uebung der Umfang der Stimme erweitert; denn durch ihre Ausbildung an den ihr bereits zugänglichen Tönen wird sie nach und nach zu solchen, die ihr bisher unerreichbar gewesen, fähig.

§. 493.

Sie heißt Scalaübung, auch bloß Scala und ist auf folgende Weise zu unternehmen

1) Bereich der Scalaübung.

§. 494.

Da die wichtigste Rücksicht bei der Stimmbildung die ist, jede zu heftige Anstrengung, jedes Erzwingen, jeden gewaltsamen Stimmgebrauch zu vermeiden, so beginnt die Scalaübung am füglichsten bei dem Tone, welcher der Stimme des Sängers ungefähr der leichteste ist.

§. 495.

Derjenige Ton, in welchem man bei ruhigem Gemüthszustande zu sprechen pflegt (der deshalb der Sprachton des Menschen heißt) ist der leichteste und für den Beginn der Scalaübung der bequemste.

§. 495.

Zu diesem Tone gesellt man fürs Erste nur wenige Tonstufen aufwärts und wenige abwärts. Es ist hinreichend, mit sechs oder acht Tönen die Uebungen zu beginnen.

§. 496.

Bei den ersten Uebungen ist es rathsam, nicht über den Bereich der Bruststimme hinauszugehen, damit Ohr und Stimme des Sängers sich an deren besserm Klang gewöhne und nicht ein Theil der Aufmerksamkeit von dem schon Anfangs Unerläßlichen auf die Klangverschiedenheit der Brust- und Kopfstimme abgeleitet werde.

§. 497.

Nicht eher, als bis die zuerst genommenen Töne in der Stimme nach den im §. 492 gemachten Ansprüchen schon ziemlich weit ausgebildet und befestigt sind, erweitere man die Uebung mit neuen Tönen.

§. 498.

Durch die Uebung der zuerst benutzten Töne sind die Stimmwerkzeuge schon vorbereitet, die nächsten zwei, höchstens drei höhern und tiefern ohne Anstrengung zu intoniren.

§. 499.

Für die nächste Uebung ist es angemessen, die Tonreihe soweit auszudehnen, daß nur zwei oder drei von den Kehltönen sich jener anschließen, an denen die Klangverschiedenheit zwischen Brust- und Kopfstimme bemerkbar zu machen ist.

§. 500.

Der tiefste Ton oder die beiden tiefsten Töne, mit denen die Kopfstimme einzutreten pflegt, sind wiederholt abwechselnd, bald mit Brust- bald mit Kopfstimme zu üben. Dadurch wird nicht nur mancher Ton, den man mit Kopfstimme zu intoniren gewohnt war, der Bruststimme gewonnen, sondern auch der Uebergang der Stimme von Kopf- zu Brusttönen und umgekehrt immer geläufiger gemacht und die Verschiedenheit des Stimmklangs dabei ausgeglichen.

§. 501.

Die Erweiterung der Scalaübung auf neue Töne darf schlechterdings nicht übereilt werden. Eine Bestimmung der Zeit, wann man zu neuen Tönen und zu wie vielen man fortschreiten könne, ist nicht allgemein zu geben; vielmehr hängt dies von der Stimmanlage, den Gesundheitsumständen, der mehr oder weniger günstigen Lebensweise, dem Fleiße, der Sorgfalt des Schülers bei den Uebungen ab.

§. 502.

Als Grundgesetz kann aber gelten: zu keinem Tone fortzuschreiten, den die Stimme nicht, durch die Uebung im bisherigen Umfange vorbereitet, ohne zwangvolle Anstrengung erreichen kann.

§. 503.

Hieraus folgt, daß es nur verderbliche Folgen für die Stimme haben kann, wenn man Stimmen, die der Anlage nach Baß oder Alt sind, durch Erzwingung höherer Töne zu dem Vortrage von Tenor- oder Sopranpartien anwendet, oder gar versucht, aus ihnen Tenor- und Sopranstimmen zu bilden.

§. 504.

Besonders muß man lieber zu spät, als zu früh, das Register der Kopftöne zu den Stimmübungen ziehen, nicht blos, damit Stimme und Gehör sich zu den Bruststönen gewöhnen, sondern auch, weil Uebung und Gebrauch der Kopfstimme jederzeit die Bruststimme beeinträchtigt, am meisten aber dann gefährdet, wenn sie noch nicht genugsam ausgebildet und befestigt ist.

§. 505.

Auch darf die Stimmübung nicht zu früh und zu weit auf die tiefern Töne ausgedehnt werden, weil dadurch sowol die höhern Töne der Stimme benachtheiligt werden, als auch für die Klarheit und Gleichmäßigkeit des Klanges Nachtheil zu befürchten ist.

2) Begleitung der Scalaübung.

§. 506.

Die Begleitung der Scalaübung hat keinen andern Zweck, als den zu singenden Ton dem Gehör des Schülers möglichst bestimmt einzuprägen.

§. 507.

Mitsingen oder Mitspielen ist weniger zu empfehlen, als Vorsingen und Vorspielen. Denn bei dem letztern Verfahren ist die Aufmerksamkeit des Schülers noch nicht durch eigene Thätigkeit von der Auffassung des Tones abgelenkt und er wird sich deutlicher und freier des zu treffenden Tones bewußt, so wie er dadurch auch angeleitet wird, seinen Ton mit dem Vorgespielten frei zu vergleichen.

Mitspielen und Mitsingen ist daher nur sparsam und nur als Nothhülfe zulässig.

§. 508.

Für die ersten Uebungen ist diejenige Begleitung die angemessenste, welche jeden Ton in dem faßlichsten harmonischen Verhältnisse darstellt.

§. 509.

Als dieses ist die Oktave im großen Dreiklange anzusehen. Sonach ist in der Regel für die ersten Uebungen diese Begleitung zu wählen. *)

---

*) Bei diesen Beispielen gelten Versetzungszeichen nur für die Noten, wo sie stehen. Daß dieselbe Begleitung sich auch gleichmäßig durch höhere Oktaven fortsetzen läßt, versteht sich.

126

Bei Stimmen, die zum zu tief Singen neigen, ist folgende Begleitung ersprießlich

jedoch nicht länger und öfter, als zur Vertilgung jenes Fehlers nöthig, anzuwenden, damit nicht durch die überhäufte Modulation das Ohr verwöhnt werde.

§. 510.

Für spätere Uebungen ist eine Begleitung vorzuziehen, welche die einzelnen Töne der Stimme in melodischem Zusammenhange zeigt. Die einfachste Begleitung ist zu diesem Zwecke diese:

§. 511.

Wenn hierdurch die Intonation hinlänglich geübt ist, muß sie durch mannigfaltige, fremdartigere und schwierigere Begleitung geprüft und für alle Verhältnisse, in denen die Stimme einen Ton im harmonischen Zusammenhange anzugeben hat, befestigt werden.

Es genügen hier folgende beispielsweise zugefügten Scalaübungen

Die Erfindung mehrer Begleitungsformen, so wie ihre Anordnung muß hier, wie bei allen nachfolgenden Uebungen, dem Lehrer überlassen bleiben, der mit steter Rücksicht auf das Bedürfniß jedes Schülers Leichteres oder Schwereres wählen und dieses jenem früher oder später folgen lassen muß.

§. 512.

Eine neue Reihe von Uebungen muß die Singstimme, welche bisher die zuhöchst liegenden, leichter zu treffenden Töne übernommen hat, gewöhnen, auch als zweite Stimme zu intoniren und die Oberstimme der Begleitung zu überlassen.

Für diese Begleitungsweise folgende Beispiele:

129

No. 5.

Diese Uebungen sind besonders für Alt=, Tenor= und Baßstimmen, welche häufiger Unter=
stimmen zu führen haben, nothwendig, doch auch den Sopranen sehr ersprießlich.

§. 513.

Wenn in den bisherigen Uebungen der Singstimme die melodische Fortschreitung des Dur=
Geschlechts zum Grunde gelegt war, so geschahe dies, weil sie die faßlichste ist. Sobald der Schüler
hierin genugsam befestigt ist, wird es rathsam, die Scala auch in den Fortschreitungen des Moll=
Geschlechtes und in der chromatischen Tonleiter zu üben. Hierzu genügen folgende Begleitungsarten:

Scala in Moll:

Chromatische Scala:

§. 514.

Diese und alle folgenden Uebungen müssen in der Tonregion unternommen werden, welche der Stimme des Schülers die günstigste ist. Sie dürfen daher nicht mit jedem Schüler und zu jeder Zeit in einer und derselben Tonart, z. B. C-dur oder A-moll angewendet, sondern müssen nach dem jedesmaligen Bedürfnisse auch in andere Tonarten versetzt werden. Soweit übrigens nicht der Stimmumfang und andere Umstände solche Versetzung nothwendig machen, dürfte C-dur nach seinem eigenthümlichen Karakter für alle Stimmübungen die geeignetste Tonart sein.

3) Scalagesang.

§. 515.

Kein Ton darf bei der Scalaübung eher eingesetzt werden, als bis er vorgespielt und vom Gehör sicher aufgefaßt ist. Wohl aber muß der Sänger mittlerweile schon die angemessene Haltung des Körpers überhaupt, des Kopfes und Mundes insbesondere, genommen haben.

§. 516.

Erst dann wird voller Athem geholt und der Ton sogleich pianissimo eingesetzt.

§. 517.

Ist der Einsatz falsch, unrein, unsicher, oder sonst irgend etwas versehen, so muß sogleich abgesetzt, von neuem vollständig geathmet und nochmals eingesetzt werden.

§. 518.

Vom Einsatze an muß der Ton anwachsen, nicht stoßweise, sondern vollkommen gleichmäßig in unmerklichen Graden, ohne übrigens von seiner Reinheit im mindesten zu verlieren, ohne bei der Verstärkung sich zu erhöhen, beim nachherigen Abnehmen (vergl. §. 522) zu sinken und was dergleichen Gewöhnungen mehr sind.

§. 519.

Dieses Anschwellen des Tons wird soweit fortgesetzt, als es ohne Anstrengung, ohne gewaltsames Herauspressen, besonders aber, ohne daß die Schönheit des Klanges verloren geht, geschehen kann.

§. 520.

Das Uebernehmen der Stimme thut der Klarheit und Fülle ihres Klanges Eintrag und giebt ihm statt dessen eine unangenehme Schärfe, oft einen schmetternden Beiklang.

§. 521.

Wird diesem Fehler nachgesehen, so verliert der Sänger nicht nur richtigen Sinn für angenehmen Klang der Stimme, sondern seine Stimmwerkzeuge und selbst die Brust werden ernstlich gefährdet. Unausbleibliche Folge aber ist ein frühzeitigerer Verlust der Stimme, als nach dem Laufe der Natur nach der individuellen Organisation des Sängers nöthig gewesen wäre.

131

§. 522.

Sobald der höchste nach §. 519 zulässige Grad der Stärke erreicht ist, muß der Ton gleich= mäßig, wie er zunahm, wieder bis zum pianissimo abnehmen.

§. 523.

Es versteht sich bei diesem Verfahren von selbst, daß kein Ton nach Takt gesungen und nach jedem, Behufs der Erholung, willkürlich lange abgesetzt wird; weshalb auch allen in den bisherigen Beispielen vorkommenden Noten, wie sie auch geschrieben sein mögen, keine bestimmte Geltung bei= zumessen ist.

§. 524.

Es ist besonders Anfangs zweckmäßig, jeden Ton mehrmals zu singen — nur diejenigen sehr hohen oder sehr tiefen Töne nicht, bei welchen Wiederholung anstrengen würde. Hierzu sind die ersten der zuvor mitgetheilten Scalabegleitungen, nicht aber die letztern wohlgeeignet. Anwendbarer würde folgende Begleitung sein.

§. 525.

Die Scalaübung muß auch benutzt werden, der Stimme in ihrem ganzen Umfange möglichst gleiche Kraft und gleichen Klang zu geben (§. 492.); ersteres nicht durch Erzwingen der Stärke in den schwächern Tönen, sondern durch Milderung der zu starken, bis auch jene gleiche Kraft gewonnen haben.

[17 *]

§. 526.

Die Weise, solchergestalt die Stimme auf einem Tone zu und wieder abnehmen zu lassen, nämlich:

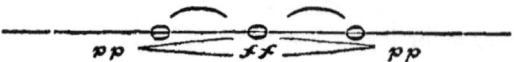

heißt Messa di voce.

§. 527.

Sie ist die geeignetste Uebung, der Stimme Haltung, Kraft und Dauer zu geben.

§. 528.

Nur durch stete aufmerksame Beobachtung seiner Athemkraft gelangt man dahin, den Athem so einzutheilen und den Ton in dem Maaße, in der Länge und bis zu der Stärke anschwellen zu lassen, daß man zwar das fortissimo erreicht, dann aber noch so viel Athem übrig hat, daß der Ton gleichmäßig und in gleich langer Zeit bis zum pianissimo abnehmen kann.

§. 529.

Eine vollkommen ausgebildete Stimme kann einen Ton auf diese Weise zwanzig Sekunden, auch wohl noch etwas länger halten. Doch giebt es kein allgemein gültiges Maaß, vielmehr hängt die Fähigkeit, einen Ton mit messa di voce zu halten, von der Organisation und dem Grade der Stimmausbildung eines jeden ab.

§. 530.

So wie übrigens niemand einen ihm versagten Grad der Stärke erzwingen darf, so muß auch ein gewaltsames, bis zur Erschöpfung führendes Aushalten des Tones vermieden werden.

§. 531.

Auch darf, nach vollendeter Anschwellung, am Ende des Tones nicht zu lange im pianissimo verweilt werden; denn die Nachwirkung der vorherigen Anstrengung und besonders der zunehmende Mangel an Athem veranlassen Schwanken, auch wohl Aussetzen des Tones, Fehler die nur zu leicht einwurzeln.

C. Außerordentliche Arten der Tongebung.

§. 532.

Erst wenn die Stimme durch Scalaübungen aller Art vollkommen befestigt ist, darf zu der Uebung in Hervorbringung der Töne auf andere Weise vorgeschritten werden.

§. 533.

An die Uebung in messa di voce schließt sich die in Tönen mit mehrmals wiederholtem Zu- und Abnehmen an; nämlich

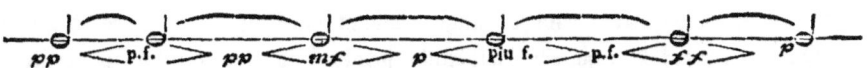

wobei stets schneller ab- und zugenommen wird und die Grade der Stärke stets zunehmen. Auf diese Weise kann der Ton länger gehalten werden, als in messa di voce, da er öfters zum piano (welches weniger Athem erfodert) zurückkehrt. Man könnte diese Töne wegen ihrer wiederholten Verstärkung und Minderung Glockentöne nennen.

§. 534.

Sodann muß die Stimme gewöhnt werden, ihre Töne in jedem Grade der Stärke ohne Zu- und Abnehmen sicher einzusetzen und fest zu halten, wogegen es keiner besondern Uebung mehr bedarf, einen Ton blos aus dem pianissimo bis zum fortissimo zu-, oder umgekehrt, abnehmen zu lassen. *)

§. 535.

Zuletzt, aber nicht eher, als bis die Stimme in der Intonation nach der bisher vorgeschriebenen Weise vollkommen ausgebildet und befestigt ist, kann (besonders mit den dazu am meisten geeigneten Stimmen) die Intonation mit halber Stimme (mezza voce) geübt werden.

§. 536.

Die Manier des mezza voce ist vom piano wohl zu unterscheiden. Es giebt nämlich zwei Arten, die Stimme leise ansprechen zu lassen. Die eine besteht darin, daß man eine geringere Athemmasse anwendet, mithin die Organe der Stimme von einer geringern mechanischen Kraft (dem Stoße der Luftmasse) in Erzitterung bringen läßt. Die Folge davon ist dieselbe, wie vom geringern Anblasen der Blasinstrumente, vom leisern Anstreichen oder Anschlagen der Saiten- und Membraneninstrumente (der Pauken oder der Glocken u. s. w.): nämlich eine geringere Erzitterung und leisere Ansprache. Diese Art zu singen ist das eigentliche piano.

§. 537.

Eine ganz andere Art leiser Intonation ist die mit halber Stimme. Sie erfolgt im Kehlkopfe selbst durch eine zwängende Zusammen- oder Anziehung der Stimmorgane (der Stimmbänder und vielleicht der knorpeligen Wände des Kehlkopfes) ähnlich der, die Falsetttöne hervorbringt — vielleicht dieselbe Verrichtung. Dieses Zwängen fühlt man im mezza voce Singen, sobald man sich

---

*) Schwächere Stimmen (besonders solche, deren Schwäche in Schwach- oder Engbrüstigkeit ihren Grund hat) würden einer strengen Uebung des messa di voce nicht gewachsen sein. Man lasse sie daher nach Erreichung der höchsten zulässigen Stärke nur wenig und schnell abnehmen und dann schließen. Erst wenn sie durch diese Uebung gestärkt und zu anhaltenden Tönen gewöhnt sind, leite man sie zur vollkommnen Uebung des messa di voce an.

zu genauer Beobachtung seiner selbst beim Gesange gewöhnt hat; und wenn es auch bei einer frischen und kräftigen Organisation der Stimmwerkzeuge nicht sobald und nur minder schmerzlich empfunden werden mag, so wird es sich doch bei anhaltendem mezza voce Singen bemerklich machen und man wird sich (wo nicht schon völlige Verwöhnung eingetreten ist) gewiß bald überzeugen, daß es weniger anstrengt, aus freier Kehle, als mezza voce zu singen. Aus freier Kehle nennen wir die ungezwungene Art der Tongebung, denn der Sänger hat in der That die Empfindung, daß die Kehle (Stimmritze) völlig offen ist, den Ton frei heraustreten zu lassen.

§. 538.

Der Karakter der halben Stimme ist ein süßer, flötenartiger (oder vogelartiger) Klang und eine wesentliche Eigenschaft die, daß der Gesang mit halber Stimme vernehmbarer und deutlicher bleiben und dabei eben so zart sein kann, als das pianissimo mit gewöhnlicher Intonation.

§. 539.

Aus dem Obigen (§. 537.) folgt aber schon, daß häufige Anwendung dieser zwangvollen Intonation, wie jeder Zwang, die Organe endlich ermüden und beschädigen muß. Und in der That geht durch zu frühzeitigen, oder zu anhaltenden und häufigen Gebrauch der halben Stimme die Kraft und Dauer der Organe verloren, der Klang verliert zuletzt seine Fülle und sein Metall und wird heiser und gedrückt und nicht selten haben in solchen Fällen Hals= (oder Kehlkopfübel) dem Gesange ein zu frühes Ende gemacht.

Zweite Unterabtheilung.
Treffen.

§. 540.

Für die Scalaübungen ist vorausgesetzt, daß jeder vom Sänger einzusetzende Ton zuvor von der Stimme des Lehrers oder auf dem Instrumente angegeben worden ist.

Indem hiermit die Stimmorgane zu jeder Haltung und das Gehör zur Auffassung eines Tones in den mannigfaltigsten Verhältnissen gewöhnt worden, ist auch zugleich die Grundlage zu einer zweiten für den Sänger nothwendigen Fertigkeit gewonnen, nämlich zum Treffen.

§. 541.

Treffen — die Fertigkeit eines Sängers, jeden, auch nicht zuvor angegebenen Ton, von einem andern gegebenen Tone aus, sicher zu finden — setzt die Fähigkeit voraus, das Verhältniß des gegebenen und des von ihm aus zufindenden Tones zu erfassen.

1) **Gegenstände der Treffübungen.**

A. Erste Klasse der Treffübungen auf melodischem Wege.

§. 542.

Da Stimme und Ohr bereits in den Scalaübungen zu den Fortschreitungen in den diatonischen Tonleitern gewöhnt sind, so werden diese Fortschreitungen der Reihe nach, wie sie bei der Scala geübt wurden, leicht getroffen werden, auch wenn der folgende Ton nicht zuvor vom Begleiter angegeben wird. Auch hier wird mit der Tonfolge des harten Geschlechtes begonnen und dann erst die des weichen geübt, bis sich dem Sänger die beiden Tonleitern auf- und absteigend vollkommen eingeprägt haben und geläufig worden sind. Zuerst ist hierbei Begleitung der Stimme im Einklange und Oktaven, dann sind die zu §. 510 und 513 mitgetheilten Begleitungen der harten und weichen Tonleiter anzuwenden. Nachdem der erste Ton gegeben, wird die Intonation des Sängers abgewartet und erst der richtige Ton mit Begleitung unterstützt.

§. 543.

Dann werden die großen Intervalle, Terzen, Quarten u. s. w. und endlich alle Intervalle ausser der Reihe auf- und abwärts aufgesucht, indem der Schüler von dem gegebenen Tone ab die Tonleiter in Gedanken, oder — wenn das Vorstellungsvermögen für Tonverhältnisse noch nicht hinlänglich entwickelt ist — laut singend durchgeht, wie diese Beispiele

zeigen. Die kleinen Noten deuten diejenigen Töne an, durch welche in Gedanken, oder laut singend, die zu treffenden Intervalle aufgesucht werden.

§. 544.

Nachdem das Treffen der Tonverhältnisse in den diatonischen Tonleitern vollkommen erlernt ist, muß unter Benutzung der zu §. 513 mitgetheilten chromatischen Scala das Treffen der halben Töne sicher und geläufig gemacht werden.

---

*) Der abweichende Gang der vermittelnden Töne zu den beiden letzten Intervallen der Moll-Tonleiter erleichtert das Auffinden durch Umgehung der schwierigern übermäßigen Sekunde.

Hiermit ist man nun in den Stand gesetzt, jedes Tonverhältniß zu treffen. Die bisher nicht besonders geübten (die kleinen, verminderten und übermäßigen) werden am leichtesten aufgefunden, wenn man sie zergliedert und dadurch auf große Intervalle zurückführt. Z. B. in c-gis ist eine große Quinte (c-g) und ein halber Ton (g-gis) enthalten. Man hat sich also zuerst das diatonische Verhältniß der großen Quinte zu vergegenwärtigen, dann aber von ihr (g) noch einen halben Ton hinaufzusteigen. — C-b, die kleine Septime, enthält eine große Sexte (c-a) und noch einen halben Ton (a-b). Man sucht also mit der Stimme erst die große Sexte und dann steigt man noch einen halben Ton höher. Wie im ersten Buche alle Intervalle aus den großen hergeleitet sind, so muß der Sänger sie nun auch mit seiner Stimme aus ihnen zu bilden suchen.

B. Zweite Klasse der Treffübungen auf melodischem Wege.

§. 545.

Durch Vertauschung schwieriger Tonverhältnisse mit den enharmonisch ihnen gleich gestellten kann oft ein großer Theil der Schwierigkeiten im Treffen beseitigt werden. Z. B. die übermäßigen Intervalle c-dis, c-gis, c-aïs, müssen Anfängern befremdlich und schwer zu treffen sein. Als c-es, c-as, c-b gedacht, sind sie in leicht zu treffende Intervalle verwandelt.

Sobald übrigens die im §. 544 angeordneten Uebungen fleißig genug getrieben worden sind, wird es dieses Verfahrens seltener bedürfen. Nothwendig ist es nur da, wo der Komponist sich einer enharmonischen Tonwechselung *) in der Modulation bedient und die Tonwechselung nicht selbst schon durch jenes Mittel erleichtert hat.

Z. B. Mozart im Requiem läßt den Baß in folgender Stelle also eintreten:

Dieses es der Bässe würde frei nicht leicht zu treffen sein, weil es außer dem harmonischen Zusammenhange mit dem vorigen Akkorde und der Tonart A—moll steht. Als dis gedacht

---

*) Indem einer oder mehr Töne eines Akkordes anders benannt werden, können sie als Leittöne in eine andre Tonart dienen. Wenn z. B. im Dominanten-Akkorde aus B-dur (f, a, c, es) die Septime in dis verwandelt wird, so leitet diese enharmonische Tonwechselung nach E-dur oder Moll.

dacht — in dieser Akkordfolge:

hat es keine Schwierigkeit *)

So findet sich im Tode Jesu von Graun folgende Stelle:

Hätte Graun sie so wie hier geschrieben, so würde des-e schwer zu treffen sein. Er hat aber die Schwierigkeit durch diese Schreibart vermieden, indem er

das letzte des in cis und dadurch des-e in das ganz leichte cis-e verwandelte. So hätte nun, wenn er es unterlassen, der Sänger selbst seinen Weg bahnen müssen. Die Nothwendigkeit enharmonischer Tonwechselung für den Komponisten darzuthun, gehört nicht hierher.

C. Dritte Klasse der Treffübungen auf harmonischem Wege.

§. 546.

Alle diese Uebungen können jedoch nur als Vorbereitung dienen. Sie führen dahin, jedes Tonverhältniß einzeln und bei gehöriger Muße (um es in der diatonischen Tonleiter und nöthigenfalls mittels halber Töne und enharmonischer Namenverwechselung aufzusuchen, zu treffen. Im Zusam-

---

*) Mozart schreitet so fort und gelangt durch enharmonische Tonwechselung des dis in es zum Dominanten-Akkorde von As und Uebergange in diese Tonart.

menhange aber, im raschern Fortgange des Gesanges und besonders dann, wenn eine Ausweichung an die Stelle der Tonart, nach deren Tonleiter man sich eben richtete, eine andre, vielleicht ganz fremde setzt, genügt jenes Verfahren nicht.

§. 547.

Nur eine vollkommne Einsicht in die harmonische und modulatorische Struktur eines Tonstückes setzt in den Stand, es vollkommen sicher zu treffen, obwohl diese Einsicht bei talentvollen Menschen oft durch einen gewissen innern Takt, durch einen Kunstinstinkt, welcher ihnen sagt: **so werde es nun kommen**, einigermaßen ersetzt, ja sogar (doch selten) ganz erübrigt werden kann.

§. 548.

Zu dieser Einsicht muß aber Gewandheit, Geläufigkeit kommen, wenn man auch dem schnellern Gange eines Tonstückes ohne Beschwerde folgen will.

§. 549.

Die erste hiezu führende Uebung ist, alle Akkorde aufgelöst von der Stimme vortragen lassen; erst vom Grundtone aus in terzenweiser Lage der Töne auf-, dann abwärts, also:

dann unter mannigfaltigen Versetzungen — wobei man, um Raum zu gewinnen, einige oder alle Intervalle verdoppelt; z. B.

die ganze Uebung übrigens von den leichtfaßlichsten Akkorden beginnend und zum **Schwerern** fortschreitend.

§. 550.

Hierauf ist die Stimme in allen Arten harmonisch ausserwesentlicher (harmoniefremder) Töne, z. B. der Vorhalte

über, zwischen und unter der forttönenden Begleitung zu üben.

§. 551.

Endlich muß der Schüler geübt werden, die modulatorische Konstruktion der Tonstücke, namentlich die Ausweichungen, rasch zu erkennen und sich stets in die neue Tonart, in die ausgewichen ist, zu versetzen — auch in mehrstimmigen Stücken selbst dann der Modulation aufmerksam zu folgen, wenn er eine Zeitlang nicht mitzusingen hat.

2) Verfahren bei den Treffübungen.

§. 552.

Alle Treffübungen müssen ohne Anstrengung unternommen werden. Es ist nicht nothwendig, ja nicht einmal ersprießlich, wenn man die einzelnen Töne, z. B. eines aufgelösten Akkords mit einander verbunden singt.

§. 553.

Kein Ton werde länger gehalten, als nöthig, um ihn sicher und deutlich zu vernehmen.

§. 554.

Es ist zweckmäßig, die Treffübungen nicht, wie die Stimmübungen auf Einem Vokale, z. B. A zu unternehmen, sondern jedem Tone seinen eigentlichen Namen zu geben, damit Ton, Name und Note sich zugleich einprägen.

§. 555.

Zum Schlusse ist noch vor der üblen Gewohnheit zu warnen, einen unsicher getroffenen Ton durch Verstärkung erzwingen und berichtigen zu wollen. Je heftiger der Athem auf die Stimmwerkzeuge einwirkt, desto schwieriger ist diesen eine gemessene und sichere Wirksamkeit, zu geschweigen, daß durch zu heftige Töne das eigene Gehör übertäubt wird. Es ist also rathsam, eben schwerere und und unsichere Töne leiser zu singen, um Stimmorgane und Ohr besser in seiner Gewalt zu behalten.

Dritte Unterabtheilung.
Portament.

§. 556.

Die Verbindung zweier Töne muß in der Art bewirkt werden, daß
1) beide deutlich vernommen und unterschieden werden können,
2) zwischen beiden keine den Fluß des Gesanges unterbrechende Lücke entsteht.

§. 557.

Sie kann mit Beobachtung dieser Regeln auf zwiefache Weise erfolgen, nämlich:
1) so daß unmittelbar nach dem ersten der zweite Ton folgt (daß die Stimmwerkzeuge aus der für den ersten Ton erfoderlichen Haltung unmittelbar in die für den zweiten Ton nöthige übertreten) oder

2) so, daß die zwischen beiden Tönen enthaltenen kleinern Abstufungen der Höhe und Tiefe, oder einige derselben leicht und oberflächlich mit berührt werden.

Jene Art der Verbindung heißt die Tonverbindung, diese die Zusammenziehung der Töne.

§. 558.

Die Uebung der Tonverbindung dient zugleich, die Reinheit der Intonation, die Festigkeit und Gleichheit der Stimme in ihrem ganzen Umfange zur Vollendung zu bringen.

A. Tonverbindung.

§. 559.

Die Verbindung mehrer Töne setzt vor allem voraus, daß die Athemkraft zu Allen ausreiche. Daher muß der Sänger gleich von den ersten Versuchen an gewöhnt werden, auf die zweckmäßige Vertheilung und Verwendung des Athems bedacht zu sein.

§. 560.

Von zwei zu verbindenden Tönen muß die Stimme im ersten, wie in der Scala bis zum fortissimo anschwellen, dann bis zu mittler Stärke abnehmen und darauf in gleichem Grade der Stärke, ohne Absatz, ohne Ineinanderziehen den zweiten Ton anschließen.

§. 561.

Bei den ersten Uebungen, so lange der Sänger noch nicht an eine gleichmäßige Vertheilung des Athems gewöhnt und seine Aufmerksamkeit ausschließlich bei der richtigen Verbindung erfoderlich ist, genügt es, daß der zweite Ton nur deutlich und fest angegeben werde, also ungefähr

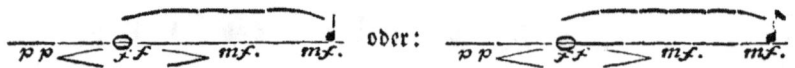

§. 562.

Hierauf muß die Verbindung zweier Töne dergestalt geübt werden, daß sie in jedem Grade der Stärke erfolge und daß

§. 563.

der zweite Ton in demselben Verhältnisse ab- oder zunehme, in dem der erste zu- oder abgenommen habe. Also:

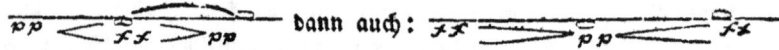

letztere Uebung jedoch ohne Härte im An- und Absetzen.

§. 564.

Uebrigens kann die Uebung, mehre gehaltene Töne miteinander zu verbinden, mit der einfachern, nur zwei Töne zu verbinden, sobald diese begriffen ist, verbunden und zur Unterstützung für diese angewendet werden.

§. 565.

Die Tonverbindung muß durch alle Intervalle rück- und vorwärts geübt und über den ganzen Umfang der Stimme erstreckt werden.

§. 566.

Soweit es dieser erlaubt, müssen die Tonverbindungen, welche harmonischem Zusammenhange nach am sichersten und reinsten aufzufassen sind, zuerst geübt werden.

§. 567.

Obgleich ein größeres (weiteres) Intervall eine größere Veränderung in der Haltung der Stimmorgane nothwendig macht und deßwegen der Regel nach schwieriger zu intoniren ist, kann doch mit der Uebung der Oktaven und zwar unter einfacher Begleitung

dann umgekehrt,

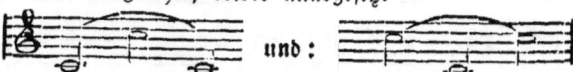

endlich auf- und abwärts und umgekehrt, beides unabgesetzt

nützlich begonnen werden, weil die Oktave das einfachste, am leichtesten rein aufzufassende Intervall ist und diese Uebung die folgende vorbereitet.

(Begleitungstafel hierzu:)

142

§. 568.

Diese besteht in der Verbindung aller, im faßlichsten Akkorde, dem harten Dreiklange, liegenden Töne mit der Oktave des Grundtones:

später noch um eine Terz ausgedehnt:

Begleitungstafel hierzu:

143

Alle diese Töne sind in gleicher (und zwar mittler) Stärke und gleicher Länge an einander zu schließen.

§. 569

Diese Uebung, verbunden mit der Oktavenübung, muß, soweit es der Stimmumfang erlaubt, auf allen Sprossen der chromatischen Tonleiter, c, cis, d, dis, u. s. w. unausgesetzt getrieben werden. Sie befestigt die Reinheit der Intonation, trägt vorzüglich dazu bei, der Stimme in ihrem ganzen Umfange gleiche Stärke und gleichen Klang zu geben und befördert die Ausdehnung der Stimme sehr, da es leichter ist, neue, besonders höhere Töne in leichtfaßlicher Verbindung mit andern sich anzueignen, als für sich frei zu intoniren.

Darum ist es auch erlaubt, diese Uebungen um einige Töne weiter zu erstrecken, als die Scala.

§. 570.

Die nächsten Uebungen betreffen die in der diatonischen Tonleiter im Durgeschlecht enthaltenen Intervalle

Hierzu gehören folgende Uebungen, in denen die vermittelnden Töne erst mitzusingen, dann wegzulassen sind. Bei jedem Taktstriche wird zur Erholung abgesetzt:

Sekunden - Uebung.

144

Terzen-Uebung.

Quarten-Uebung.

Quinten-Uebung.

145

Sexten-Uebung.

Septimen-Uebung.

Keine dieser Uebungen und kein einzelner Ton in ihnen darf übereilt und in der Achtsamkeit auf reine Intonation und Gleichheit des Klanges nie nachgelassen werden.

§. 571.

Wenn Intonation und Tonverbindung in allen bisher angewendeten Intervallen vollkommen befestigt sind, müssen sie an allen Akkorden nach Analogie des §. 568 und dann in chromatischen Gängen, wozu diese Uebungstafel zu benutzen ist —

ausgebildet werden.

147

§. 572.

Hieran schließt sich mit gutem Erfolge, besonders für die Intonation und Verbindung der übermäßigen Intervalle diese Uebung:

und für die Intonation und Verbindung der kleinen Intervalle die hier stehende Uebung:

Beide müssen jedoch wegen ihrer Schwierigkeit sehr vorsichtig unternommen, besonders im Anfange nicht übereilt und stets mit großer Aufmerksamkeit auf die Intonation jedes Tones gemacht werden.

§. 573.

Alle bisherigen Uebungen müssen dazu benutzt werden, die Verschiedenheit der Brust- und Kopfstimme nach Anleitung des §. 500 möglichst auszugleichen.

B. Zusammenziehung der Töne.

§. 574.

Nicht eher, als bis die einfache Tonverbindung vollkommen erlernt, die Intonation gesichert und die Stimme für die Haltung der Töne ganz befestigt ist, darf die Zusammenziehung der Töne gestattet und geübt werden.

§. 575.

Sie geschieht:
1) entweder in vollem Klange der Stimme, oder mit leichterm, leiserm Anklange;
2) entweder langsamer oder geschwinder,
3) mit leiser Andeutung dazwischen liegender, in harmonischem Zusammenhange denkbarer Töne, z. B.

oder nicht.

§. 576.

In allen diesen Weisen ist sie auf allen Intervallen zu üben, doch nicht so häufig, daß sie zur Gewohnheit und damit der Festigkeit der Stimme nachtheilig werden könnte.

Vierte Unterabtheilung.
Stimmfertigkeit.

§. 577.

Der letzte Theil der Stimmbildung hat zum Zwecke, der Stimme die Fertigkeit zu erwerben, alle Arten Figuren in jeder, auch der geschwindesten Bewegung, in jedem Grade der Stärke, in jeder Art der Verbindung auszuführen.

Die Summe aller dieser Fertigkeiten nennen wir Stimmfertigkeit.

§. 578.

Nicht alle Stimmen haben gleiche Anlage zur Stimmfertigkeit, oder zu ihren einzelnen Theilen.

§. 579.

Im Allgemeinen scheinen Kopfstimmen (das heißt solche, die sich vorzüglich der Kopftöne bedienen) mehr Anlage zu haben, schnelle, laufende Figuren leicht vorzutragen.

§. 580.

Dagegen haben Bruststimmen die überwiegende Fähigkeit zu einem kräftigen und starken Vortrage, besonders der in größern Intervallen sich bewegenden Figuren, z. B. der im §. 568 zu anderm Zweck aufgezeichneten.

§. 581.

Die Wirksamkeit der Bruststimme in schnellen Figuren ist selbst äußerlich an einer Bewegung des vordern Theiles des Kehlkopfes besonders bei dem Triller so deutlich sichtbar, daß man aus der Wahrnehmung dieser Bewegung die Anlage zu jenen Fertigkeiten muthmaßen kann.

§. 582.

Die Ausbildung zur Fertigkeit darf nicht übereilt und die gesammten dahin abzweckenden Uebungen dürfen (damit sich die Stimme eine nach der andern aneigne) weder auf einander gehäuft, noch je so schnell gemacht werden, daß die Deutlichkeit und Reinheit der Töne irgend vernachläßiget würde. Nur die sorgsamste, unausgesetzte lange Uebung führt zu einem bedeutenden Grade von Stimmfertigkeit. Eine Nichtbefolgung der obigen Regeln hat dagegen die nachtheiligsten Folgen für Festigkeit der Stimme und Reinheit der Intonation.

§. 583.

Die Uebungen dürfen sich nur auf die bequem erreichbaren, durch die Intonations- und Portament-Uebung vollkommen angeeigneten Töne erstrecken, damit sie nicht durch die Schwierigkeit, unbequeme Töne zu erreichen, gestört und die Stimme durch öftere Wiederholung der letztern nicht angestrengt werde.

Sie müssen zuerst mit mäßig starker Stimme unternommen werden, nicht so stark, daß der Sänger angestrengt und die Sicherheit der Intonation gefährdet werde, aber auch nicht so schwach, daß die Stimme dadurch geneigt werde, sich der Kopftöne zu bedienen. Namentlich der Triller muß vorzugsweise mit dem Grade der Stärke geübt werden, daß man auch äußerlich die Bewegungen des Kehlkopfes wahrnehmen kann.

§. 585.

Erst wenn eine Figur in mäßiger Stärke vollkommen gelingt, ist sie mit leiser Stimme (piano), mit halber Stimme (mezza voce), und zuletzt mit voller Kraft zu üben.

§. 586.

Wenn eine Figur nach allen bisherigen Regeln erlernt ist, muß sie in der Art geübt werden, daß die Töne nicht aneinander gebunden werden, sondern daß (eine Ausnahme von der allgemeinen Regel §. 556. 560.) nach jedem einzelnen Tone ein wenig abgesetzt werde; etwa so

oder:

Diese Art des Vortrags (stoßen, die Töne gestoßen — staccato singen) ist für hohe Stimmen und Töne geeigneter als für tiefe, auch ist sie nur bei schwächerer Stimme von angenehmen Eindrucke.

§. 587.

Als eine Abart des staccato sei noch die Vortragsweise erwähnt, jeden einzelnen Ton anwachsen und dann schnell wieder schwach werden zu lassen, ohne ganz abzusetzen; etwa so:

dies wird so

mit dem Zeichen des legato und staccato bezeichnet.

A. Lauferübungen.

§. 588.

Eine schnelle Figur, welche die Stufen in der Reihenfolge der Tonleiter insgesammt, oder nur unter geringen Ausnahmen durchläuft, heißt ein Laufer.

§. 589.

Die §. 570 für Tonverbindung vorgeschriebenen Uebungen bieten schon von selbst das erste Mittel, die Stimmfertigkeit zu entwickeln. Nach ihnen werde zuerst die Durtonleiter durch eine Oktave auf- und abwärts (Nr. 1.) dann dieselbe noch eine Terz weiter hinauf auf- und abwärts, (Nr. 2.) in dieser Weise —

auf allen Tönen, soweit der Stimmumfang es erlaubt, geübt. Hierbei ist es rathsam, den ersten und letzten Ton etwas anzuhalten und auf jenem die Intonation zu befestigen, an diesem aber die Stimme vor einem unsichern Ausgange zu bewahren.

§. 590.

Des Wohlklanges wegen pflegt man die Molltonleiter nicht so, wie ihre Intervalle eigentlich heißen — z. B. C-moll nicht c, d, es, f, g, as, h, c, sondern aufwärts mit großer Sexte

und abwärts mit kleiner Septime

zu singen, ein Umstand, der übrigens mit der harmonisch nothwendigen Konstruktion der Molltonleiter nicht zusammenhängt.

In dieser Tonfolge nun werde, wenn die Durtonleiter vollkommen richtig und fertig vorgetragen wird, die Molltonleiter zuerst zum Zwecke der Stimmfertigkeit geübt.

§. 591.

Eine zweite Art der Uebung in der Molltonleiter ist diese:

welche (wie schon §. 513 Behufs der Scala-Uebung geschehn) eine Stufe unter der Tonika beginnt, um die härtere Fortschreitung der übermäßigen Sekunde zu vermeiden, ohne ein Intervall zu verändern.

Die chromatische Tonleiter auf- und abwärts macht den Beschluß der einfachen Lauferübungen. Sie kann zuerst in der bei §. 571 angegebenen Weise, dann aber ohne Abbrechung also:

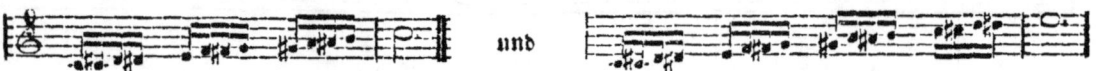

auf- und abwärts, auf jedem Tone beginnend und zu der §. 589 angewendeten Begleitung geübt werden. Da ihre Intonation sehr schwer gelingt und, ist sie fehlerhaft, die Stimme zur Unrichtigkeit und Unreinheit gewöhnt, so ist es rathsam, ihre Uebung nicht eher zu beginnen, als bis die Intonation durch vielfache andere Uebungen bereits vollkommen befestigt ist.

B. Zusammengesetzte Figuren.

§. 593.

Den einfachen Laufern folgen die nach §. 311 u. f. zu bildenden künstlichern. Nicht ihre Erfindung, (die jeder Schüler unternehmen muß) wohl aber und nothwendiger Weise die Beurtheilung ihrer Brauchbarkeit für Stimmbildung und ihre Reihenfolge nach dem Grade ihrer Schwierigkeit ist des Lehrers Sache.

§. 594.

An sie reihet sich die Uebung der aus Akkorden (§. 313) gebildeten Figuren, deren Erfindung ebenfalls dem Schüler unter Anleitung des Lehrers obliegt. Es genügt daher, in den nachfolgenden Beispielen soviel Gelegenheit zur Ausbildung zu geben, daß die Stimme einen mäßigen Grad von Fertigkeit erlangt und erkennen lernt, welche Figuren der Stimme am meisten zusagen. Diese wie alle frühern Uebungen werden in der bequemsten Stimmregion begonnen und soweit der Stimmumfang gestattet, ausgedehnt. Die Begleitung ist, so weit als nöthig, angedeutet.

153

154

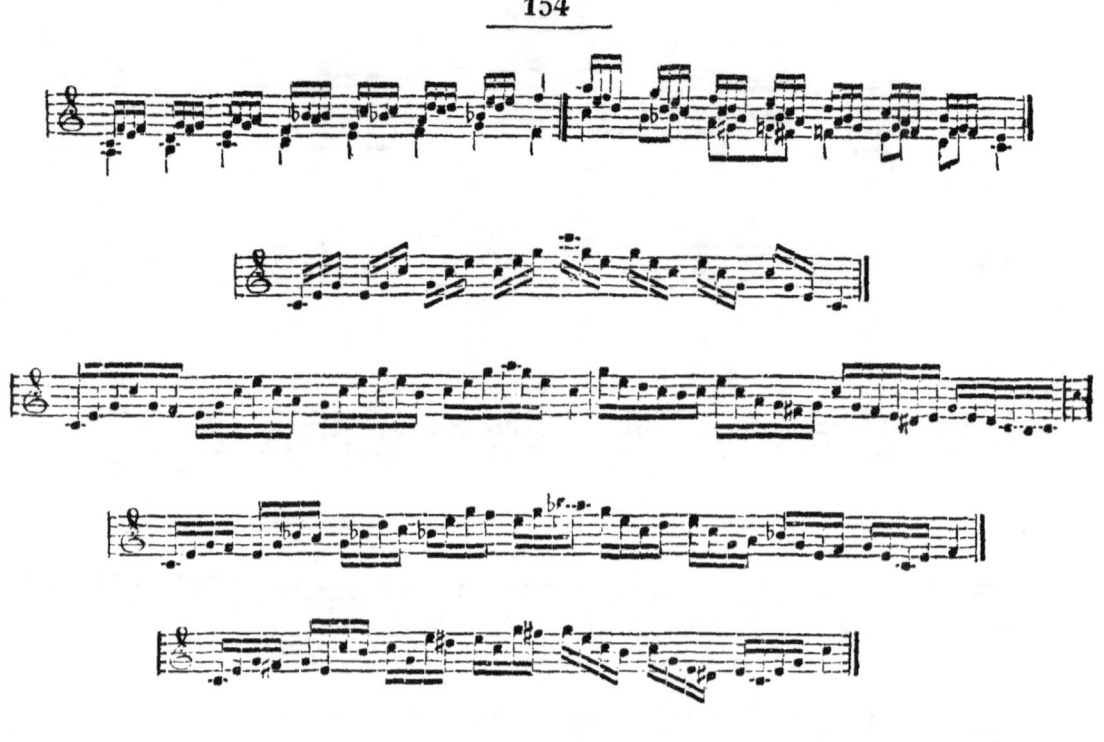

C. Vom Triller.

§. 595.

Der Triller kann nicht von allen Stimmen bis zur Vollkommenheit erlernt werden. Er setzt eine bedeutende Beweglichkeit und eine besondere Kraft, das Stimmorgan bei der schnellsten Bewegung in der engen Grenze zweier Töne festzuhalten, voraus.

Vollkommen und in jedem Grade der Stärke dürfte er nur mit der Bruststimme auszuführen sein, da die zur Kopfstimme gestellten Organe nicht hinlängliche Kraft behalten.

§. 596.

Wenn der Triller kräftig von der Bruststimme ausgeführt wird, pflegt schon äußerlich die Bewegung des vornanliegenden Kehlkopfknorpels (Schildknorpels) bemerkbar zu sein. (§. 581.)

§. 597.

Der Triller auf halben Tone artet leicht in eine bloße Wiederholung ein und desselben Tones — also statt

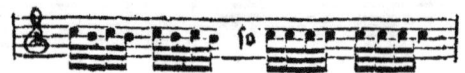

aus, ein Fehler, der von Gesanglehrern „Meckern," bei Männern, besonders Bassisten „Bockstriller" genannt wird.

§. 598.

Der Triller auf ganzem Tone artet leicht in eine Abwechselung der Töne einer übermäßigen Sekunde aus, also statt

§. 599.

Zu der vollkommnen Ausführung des Trillers fodert man außer vollkommen reiner und bestimmter Intonation auch möglichste Geschwindigkeit, lange Dauer, und dies alles in jeder Region der Stimme, in jedem beliebigen Grade der Stärke, so wie im Zu- und Abnehmen; Anforderungen, denen nur nach jahrelanger, höchst sorgfältiger Uebung und bei günstiger Organisation der Stimm-Organe genügt werden kann.

§. 600.

Die Uebung des Trillers muß daher beginnen, sobald die Stimme soweit ausgebildet ist, daß sie Töne fest und kräftig halten und daß diese Fähigkeit durch die Triller-Uebung nicht mehr gestört werden kann.

§. 601.

Die Uebungen müßen langsam und, da der höhere Ton schwerer zu intoniren zu sein pflegt, mit diesem und denselben hervorhebend, beginnen und erst im Fortgange des Trillers müssen die Töne desselben gleichmäßig genommen und die Bewegung beschleunigt werden.

§. 602.

Der Triller auf halbem Tone muß als der leichtere zuerst geübt werden, unter dieser Begleitung und etwa in dieser Art:

(gleiche Stärke und Bewegung.)

§. 603.

Der Triller auf ganzem Tone darf mit jenem nicht zugleich, sondern erst dann geübt werden, wenn die Intonation des Trillers auf halbem Tone hinlänglich befestigt ist, um nicht durch die Uebung des Trillers auf ganzem Tone gestört zu werden.

Die angemessenste Begleitung ist wohl die mit dem Dreiklange

§. 604.

Erst wenn der Triller auf diese Weise vollkommen erlernt ist, muß er mit halber Stimme, fortissimo und dann mit ab- und zunehmender Stärke (anschwellend und verhallend) geübt werden.

§. 605.

Nie darf er auf Tönen, die nicht vollkommen gut und leicht intonirt werden können, geübt werden.

D. Trillerkette.

§. 606.

Die Trillerkette setzt voraus, daß jeder in ihr vorhandene Triller schon einzeln vollkommen erlernt sei.

Es ist demnach nur die Verbindung der einzelnen Triller zu erlernen.

§. 607.

In dieser muß nirgend eine Lücke gelassen, sondern der Uebergang von einem Triller zum andern muß nöthigenfalls durch Zwischentöne ausgefüllt werden.

Bei einer, die diatonische Tonleiter aufwärts steigenden Trillerkette mag diese Verbindung

nämlich

 u. s. w.

die einfachste sein.

E. Tonbebung.

§. 608.

Nur nachdem ein erheblicher Grad von Festigkeit im Tonhalten und von reiner und sicherer Intonation im Triller auf halbem und ganzem Tone erlangt ist, darf die Tonbebung geübt werden.

§. 609.

Tonbebung, die schnelle Wiederholung desselben Tones ohne Absatz (§. 315.) z. B.

wird nur bei großer und leichter Beweglichkeit der Stimmorgane gut zu erlernen sein.

F. Läufer mit Tonbebung.

§. 610.

Auf gleiche Weise kann in Läufern jeder Ton zwei oder mehrmals wiederholt werden, z. B.

Dies darf nicht eher geübt werden, als bis der Läufer und die Bebung auf einzelnen Tönen vollkommen erlernt sind.

§. 611.

Beide Gesangfiguren machen nur in Sopranstimmen und auch bei diesen nur im Gesange mit halber Stimme einen angenehmen Eindruck.

Vierte Abtheilung.

Aus der Sprachlehre.

Vorbegriffe.

§. 612.

Nachdem die Stimme nach Ton und Klang in der Luftröhre und dem Kehlkopfe ausgebildet ist, erleidet sie bei ihrem Durchgange durch den Mund noch eine Modifikation des Klanges — abgesehen davon, daß die Mundhöle auf die Stärke und Schwäche desselben (§. 412) mit einwirkt.

Die verschiedenartige Stellung der Theile nämlich, welche die Mundhöle bilden, so wie die Mitthätigkeit eines oder mehrerer Theile des Mundes bei dem Ertönen der Stimme geben dem Klange derselben noch eine verschiedene deutlich erkennbare Eigenthümlichkeit, welche Laut genannt wird.

§. 613.

Die Weise, die Laute auszusprechen, heißt Artikulation.

Die Artikulation ist eigentlich ein Theil der Sprachlehre und ihre Ausbildung sollte bei der Gesanglehre vorausgesetzt werden dürfen. Die Erfahrung lehrt jedoch, daß sie oft, besonders in Deutschland, sehr vernachläßigt und verderbt ist und besonderer Nachhülfe beim Gesange bedarf. Sie kann also auch aus den Grenzen einer Gesanglehre nicht ausgeschlossen werden.

§. 614.

Die meisten Menschen haben die vollkommene Fähigkeit, von Andern gehörte Artikulation nachzuahmen und zwar aus einer Art von Stimm-Instinkt, ohne sich klar bewußt zu werden, auf welche Weise sie es thun.

§. 615.

Dieser Stimm-Instinkt darf und muß zwar benutzt und gestärkt werden, reicht aber zu vollendeten Ausbildung der Artikulation nicht immer aus; hierzu ist vielmehr eine Einsicht in die Art und Weise, wie die verschiedenen Laute artikulirt werden, nothwendig.

Erster Abschnitt.
Mechanismus der Artikulation.

§. 616.

Der Laut wird entweder durch die verschiedene Stellung der, die Mundhöle bildenden (und hier sich leidend verhaltenden) Theile hervorgebracht, oder durch eine selbstthätige Mitwirkung eines oder mehrer derselben gebildet.

§. 617.

Um zu einer deutlichen Darstellung der Artikulation zu gelangen, mag man sich die Mundhöle in folgende fünf Theile zerlegen:

1) Die obere Decke des Mundes — an sich unbeweglicher Theil des Kopfes.
2) Die untere Decke des Mundes, deren Grundlage die Unterkinnlade mit den Kehlhäuten und der sich darüber erstreckenden Zunge ist.

Sie ist vor dem Ohre befestigt und kann sich nur mit der entgegengesetzten Seite, dem Kinn, um jenen befestigten Punkt bewegen; und auch dies nur so weit, als die Sehnen und Wangen erlauben.

Die Bewegung der freien Seite (des Kinns) aufwärts ist ebenfalls in der Nähe beschränkt, wo die Zähne an- und auf einander zu liegen kommen.

3) Die Wangen — diejenigen Fleischbedeckungen, welche zwischen Ober- und Unterkinnlade die Verbindung und den Schluß der Mundhöle bilden.
4) Der Gaumen, der hintere, in den Kehlkopf führende Theil der Mundhöle, welcher durch Hinauftreten des Kehlkopfes von unten nach oben verengt werden kann.
5) Das vordere Ende des Mundes, gebildet durch Zähne und Lippen, auch wohl die Zungenspitze.

Die Beweglichkeit der Lippen und Zunge ist bekannt.

§. 618.

Mittels dieser Theile wird die Gestalt und Größe der Mundhöle und Mundöffnung verändert.

Dieselbe Gestaltung kann oft auf mehr als eine Weise hervorgebracht werden, z. B. die Verschließung der Mundhöle kann sowohl durch die Lippen allein, als durch die Zähne allein, als durch beide zugleich, als endlich (wenigstens in einem bedeutenden Grade) durch Erhebung der Zunge in ihrer ganzen Breite zur Oberdecke des Mundes bewirkt werden.

Diese Bemerkung zeigt, daß von verschiedenen Erklärungen der Artikulation, die man wohl hin und wieder findet, nicht nothwendig eine oder die andere falsch sein muß.

Daher sind auch die folgenden Erklärungen keineswegs als allein richtige, sondern nur als Andeutung der bequemsten und gewöhnlichsten Artikulationsweise anzusehen.

A. Bildung der Vokale.

§. 619.

Der Vokal A erfodert eine gleichlaufende Haltung der obern und untern Munddecke — oder das Beharren der Mundhöle in der gewöhnlichen Lage der Ruhe.

Die Zunge legt sich über die untere Munddecke, die Spitze von den Zähnen zurückgezogen, ganz im Zustande der Ruhe und in einer, die Mundhöle nirgends verengenden, den freien Ausgang der Stimme nirgends hemmenden Haltung.

Die Lippen und Zahnreihen öffnen sich von einem Mundwinkel zum andern, überall gleich weit, in dem Grade, daß etwa der kleine Finger des Artikulirenden zwischen den Zahnreihen Raum findet.

Da im Zustande der Mundruhe und Muskelabspannung die Mundwinkel sich zu senken und dadurch die gleichmäßige Oeffnung des Mundes zu stören pflegen, so müssen sie bei der Artikulation des A ein wenig, wie zu einem leisen Lächeln aufwärts gezogen werden.

§. 620.

Bei der Aussprache des E beharrt der Mund in der §. 619 beschriebenen Haltung, nur zieht er sich mehr in die Breite und verliert dadurch an der Höhe der Oeffnung, so daß sich die Lippen den Vorderzähnen, sie bedeckend, anschließen — und die bei der Artikulation des A von den Zähnen zurücktretende Zunge legt sich mit ihrer Spitze an die Unterzähne und hebt sich mit ihrer Mitte ein wenig, den Raum der Mundhöle in der Mitte verringernd.

§. 621.

Bei der Aussprache des J hebt sich auch die Spitze der Zunge bis zur Höhe der Oeffnung zwischen beiden Zahnreihen, oder auch bis an die Schärfe der Oberzähne und die Mitte der Zunge nähert sich der obern Munddecke fast bis zur Berührung.

§. 622.

Bei der Aussprache des O öffnet sich der Mund in der Mitte mehr als beim A, indem beide Lippen dazu vortreten und sich aufwerfen; die Mundwinkel werden dadurch einander näher

und

und gerade gezogen und die ganze Mundöffnung nimmt fast die Gestalt eines lateinischen O an; übrigens ist die Haltung dieselbe, wie beim A.

§. 623.

Bei dem U strecken sich beide Lippen, die Mundhöle verlängernd, vor, ohne sich aufzuwerfen, nähern sich vielmehr einander so weit, daß der größere Theil der Mundhöle sich schließt und die Mundwinkel um ein weniges einwärts und herab gezogen werden.

§. 624.

Je bestimmter und strenger die im Vorstehenden beschriebenen Lagen angenommen und beibehalten werden, desto eigenthümlicher und schärfer tritt der Laut hervor. Je mehr man dagegen von einer der vorgeschriebenen Haltungen sich einer andern nähert, desto mehr mischt sich der durch die letztere erreichbare Laut mit dem bei der ersten hervorgehenden.

So kann z. B. blos durch allmählige Veränderung der Mundöffnung das A durch geringe, kaum merkliche Abstufungen zum E oder O, das O zum U werden.

So giebt es ein A das sich mehr dem E, eines das sich mehr dem O nähert, ein O das sich mehr dem A und eines das sich mehr dem U nähert, ein E das sich mehr dem J, und eins das sich mehr dem A nähert.

§. 625.

Am einleuchtendsten erscheint der allmählige Uebergang eines Vokals in den andern, wenn man sie in dieser Ordnung

J. E. A. O. U.

betrachtet.

Bei J ist die Mundhöle durch Erhebung der Zunge und besonders der Zungenspitze am meisten verengt und gewissermaßen abgekürzt; ja es scheint, als ob der Laut eigentlich an derjenigen Stelle gebildet würde, wo die Zungenspitze sich der Oberdecke des Mundes anzuschließen strebt und der vordere Theil der Mundhöle (von jenem Punkte an) nur den Schall unterstützend wirkte.

Bei E wird die Mundhöle durch Senkung des vordern Theils, besonders der Spitze der Zunge, erweitert und bis zu den Zahnreihen ausgedehnt, zwischen deren Oeffnung der Laut durch die dieser gegenüber tretende und angenäherte Zungenspitze sich eigentlich zu bilden scheint, so daß die Lippen nur den Schall der Stimme heraustragen.

Bei A tritt die Mundhöle in ihrer ganzen Ausdehnung in den Zustand der Gleichmäßigkeit und Ruhe, die Wirkung der Zunge hört auf und der Laut scheint sich durch die ganz parallele Lage der obern und untern Munddecke bis zu den Lippenrändern, welche als deren Schluß anzusehen sind, zu bilden.

Bei O verlängert sich die Mundhöle durch Hülfe der Lippen und vergrößert ihre Oeffnung mittels dieser und des Herabsinkens der Unterkinnlade.

[21]

Bei U erreicht die Verlängerung der Mundhöle mittels der Lippen denjenigen Grad, welcher eine fast gänzliche Annäherung und Schließung der letztern und damit eine Annäherung des vordern Theils der obern und untern Munddecke bedingt.

§. 626.

Die Doppellaute (Diphtongen) stellen sich entweder nur als eine schnelle, fast ungetrennte Folge zweier Vokale, z. B.

ai als a — i
au ҂ a — u
ei ҂ e — i
eu ҂ e — u
oi ҂ o — i

oder als Mittellaute zwischen zwei Vokalen (§. 624.) z. B.

ä als Mittellaut zwischen a — e
ö als Mittellaut zwischen o — e
ü als Mittellaut zwischen u und i, mehr nach u —
ui, eben so mehr nach i hinneigend,

oder als ein Gemisch beider z. B. aeu für ä und u
dar.

B. Bildung der Konsonanten.

§. 627.

Die ansehnliche Zahl der Konsonanten läßt sich auf wenige Grundlaute zurückführen, von denen jene alle als Modifikationen angesehen werden können.

B und P; W, V und F; J (als Konsonant, z. B. in dem Worte jeder) G (nach der dem Konsonanten J ähnlichen Aussprache) und Ch; G (dem K ähnlich ausgesprochen) und K; das französische Ç, S, Z und Sch; D und T sind blos stärkere und schwächere Grade derselben Laute. Sie alle mögen daher hier familienweise dargestellt werden.

§. 628.

Der Laut B geht hervor, wenn die ganz verschlossen gehaltenen Lippen von dem herausdringenden Hauche geöffnet werden.

Je stärker der Hauch andringt und je heftiger er die Lippen öffnet, desto härter wird das B ausgesprochen, erst als bb, dann als P, pp, endlich fast zum Pf werdend.

§. 629.

Der Laut W entsteht, wenn die Lippen sich bis zu einer sehr großen Nähe einander genähert, nur eine sehr schmale Spalte gelassen haben und der Hauch sich durch diese drängt. Je näher die Lippen einander liegen und je heftiger der Hauch sich durchdrängt, desto härter wird der Laut — erst W, dann v, dann ph, darauf f, ff, dann endlich, wenn die Annäherung der Lippen bis zum Verschlusse geht, pf.

Pf erscheint sonach als Zusammensetzung und letzte Grenze der B- und W-Artikulation.

§. 630.

Der Laut J als Konsonant entsteht, wenn die Zungenspitze gehoben, wie zur Bildung des Vokals J, sich mit den Rändern an die obere Munddecke anlegt und so den geraden Ausgang des Hauches verhindert.

Je schärfer dies geschieht, desto härter wird die Abstufung vom J (z. B. im italischen pieta) zum j (in jeder) zum G und endlich zum Ch.

§. 631.

Der Laut D entsteht, wenn die Zungenspitze sich der obern Munddecke, den Ausgang des Hauches hemmend, anlegt und von diesem weggestoßen wird. Nach dem Grade der Heftigkeit, mit der dies geschieht, entsteht d, dt, t, th, und tt.

§. 632.

Der Laut S bildet sich, wenn die Zahnreihen ganz, oder fast ganz geschlossen und die Zunge an den Schluß beider angelegt ist.

Legt sich nur die Zungenspitze an, so erscheint der weichere S-Laut; je breiter und fester die Zunge vorliegt, desto schärfer und voller wird der Laut von s, durch ss, sz, ç z, bis sch.

Eine andere und zum Theil noch höhere Steigerung bewirkt die Verbindung des D-Lauts mit dem S-Laute, z. B. im deutschen z (ds) im italischen z (dss) und c (tsch) wo nämlich dieser Buchstabe nicht als k gilt. Auch c (im deutschen und wo es nicht als k gilt) scheint eine Zusammensetzung von T und S zu sein.

§. 633.

Der Laut K (und das g, wo es nicht dem Konsonanten j ähnlich ausgesprochen wird) entsteht, wenn der hintere und mittlere Theil der Zunge sich an die obere Munddecke hebt, um die Mundhöle unmittelbar vor dem Kehlkopf zu sperren.

Das zwischen j und k vermittelnde g (wie im französischen garçon) erscheint, wenn bloß die Mitte der Zunge sich anlegt, das K, wenn der hintere Theil, das CK, wenn die ganze Zunge sich auf das Festeste anlegt.

X ist ist Zusammensetzung von K und S.

§. 634.

Der Laut L entsteht, wenn die Zungenspitze sich hinter den obern Zähnen an den Gaumen legt, mit ihrer Mitte aber nach unten krümmt.

§. 635.

Der Laut M entsteht, wenn bei völlig verschlossenen Lippen der Hauch durch den Nasenkanal ausströmt.

§. 636.

Der Laut N entsteht, wenn die Zungenspitze sich der obern Munddecke und dem Rande der obern Zahnreihe fest anschließt.

§. 637.

Der Laut NG z. B. in Gesang entsteht, wenn der hintere Theil der Zunge sich an den hintern Gaumentheil anlegt und den Hauch über dem Kehlkopfe verschließt.

§. 638.

Der Laut R entsteht, wenn beim Ausströmen des Hauchs die Zunge eine schnelle zitternde Bewegung macht.

§. 639.

H endlich ist nur der bis zur Hörbarkeit verstärkte Hauch, gleichsam nur Mundklang.

§. 640.

Die Artikulation aller Laute in allen Graden und Schattirungen muß zuerst in freier Sprache, dann aber im Gesange auf allen durch die Stimmübungen erlangten Tönen vollkommen ausgebildet werden.

§. 641.

Besondere Aufmerksamkeit fodert die Aussprache des I bei hohen Tönen, weil man da geneigt ist, es zu scharf auszusprechen und fast zum Konsonanten J werden zu lassen.

Ferner das A und E bei sehr starkem Klange, weil bei diesem die Neigung entsteht, den Mund mehr zu öffnen und dadurch das A in O, das E in Oe zu verwandeln.

Zweiter Abschnitt.

Regeln für die Sprache im Gesange.

§. 642.

Durch die im Gesange weit mannigfaltigern Modifikationen des Klanges und Tones, durch rythmische Dehnungen, auch Trennungen und Beschleunigungen, wird die Verständlichkeit der Worte bedeutend erschwert.

Um so nothwendiger ist es, eine genaue und vollkommen bestimmte Artikulation sich anzueignen. Besonders in großen Lokalen, z. B. Kirchen und Theatern, ist die höchste Schärfe hierin nicht genug zu empfehlen und zu erinnern, daß sie im weiten Raume ohnehin durch das Verhallen gemildert wird.

§. 643.

Da durch die Aussprache der Konsonanten der freie Klang der Stimme mehr oder weniger gehemmt wird, so müssen Konsonanten, welche eine Silbe beschließen, erst am Ende des Tones, oder der Tonfigur artikulirt werden, zu denen die Silbe zu sprechen ist.

Man singt daher nicht:

sondern:

§. 644.

Diphtongen, welche der Stimme einen zweideutigen oder schwankenden Klang geben, z. B. ei, au, werden in die einzelnen Vokale aufgelöset, aus denen sie bestehen.

Man singt z. B. nicht:

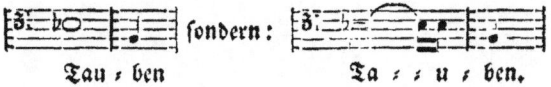

§. 645.

Schlüßlich ist noch vor dem Fehler zu warnen, die Silben im gewöhnlichen Sprachton auszusprechen und den zu singenden Ton dann nachfolgen zu lassen. Die Aussprache muß vielmehr auf dem vorgeschriebenen Tone selbst erfolgen.

Drittes Buch.
Vortragslehre.

Vorbegriffe.

§. 646.

Ein Tonstück vortragen, heißt, es sich oder andern zu Gehör bringen.

§. 647.

Wesentliche Absicht des Vortragenden ist, bei dem Zuhörer denjenigen Eindruck hervorzubringen, welcher durch das Tonstück bezweckt wird.

§. 648.

Hierzu ist aber nothwendig:

1) daß er den Zweck — den Sinn der Komposition vollkommen erfaßt habe,
2) daß er die Mittel kenne, wodurch jener am zuverläßigsten zu erreichen sei und
3) daß er sich in den Besitz derselben gesetzt habe, oder die ihm etwa mangelnden durch solche, welche ihm zu Gebote stehen, möglichst zu ersetzen vermöge.

§. 649.

Neben der wesentlichen Absicht können noch außerwesentliche Zwecke verfolgt werden, z. B. der, die Fähigkeiten des Ausführenden gelegentlich zu zeigen. Eben so kann außer der nothwendigen Kenntniß manche andre Betrachtung, z. B. die Rücksicht auf die Neigung, oder Bildungsstufe der Zuhörer ersprießlich und rathsam sein. Dergleichen Zwecke und Rücksichten haben jedoch mit dem Kunstzwecke keinen Zusammenhang, sondern gelten bloß der Persönlichkeit des Ausführenden, oder des Zuhörers. Sie können also in einer Kunst-Theorie keine Stelle finden, sondern bleiben dem klugen Ermessen eines Jeden überlassen.

§. 650.

Ueber die Absicht des Tonsetzers bei einer Komposition ist die vorzüglichste — in den meisten Fällen die einzige Urkunde — die Komposition selbst, wie sie in der musikalischen Schrift bewahrt worden ist. Auswendiglernen und Fortpflanzen eines Musikstückes nach dem Gehör vertritt nur auf eine meist unsichere und unzulängliche Weise die Stelle schriftlicher Aufbewahrung.

Es ist mithin eine vollkommne Kenntniß der musikalischen Schrift dem Sänger, wie jedem Vortragenden nothwendig. Das erste Buch enthält darüber die erfoderlichen Lehren.

§. 651.

So weit indeß die musikalische Schrift auch ausgebildet ist, so reicht sie doch in keinem einzigen Punkte gänzlich für die Bezeichnung der zartern Abstufungen von Ton zu Ton, von Klang zu Klang, von schnellerer zu langsamerer Bewegung hin.

Werden z. B. zwei Töne zusammengezogen (§. 557.) so durchgeht die Stimme eine größere oder geringere Anzahl von Tonabstufungen, die vernommen, im Vortrage für wirksam erkannt und dennoch nicht genau mit Noten bezeichnet werden können. So giebt es auch zwischen hellem und bedecktem Klange, zwischen Forte und Piano eine so große Anzahl mittlerer Stufen, daß sie durch keine Schrift ausgedrückt werden können; ja, daß die Schrift, wenn man zu sehr nach vollständiger Bezeichnung strebte, ihre Uebersichtlichkeit verlieren würde.

Eben so wenig vermag die Buchstabenschrift alle oder auch nur den größern Theil der Laute, z. B. die verschiedenen Grade, in denen sich ein Laut — a oder b — zu einem andern — o oder p — hinneigt, anzugeben.

§. 652.

Hierzu kommt, daß die musikalische Schrift sehr oft nicht einmal so genau und zweckmäßig benutzt wird, als man wohl vermöchte und daß äußere, nicht zu beseitigende Umstände (z. B. die Unfähigkeit des Sängers, irgend eine Stelle so, wie sie geschrieben, auszuführen) nicht selten unmöglich machen, in der Ausübung der Schrift ganz getreu zu bleiben.

§. 653.

Daher leuchtet ein, daß die bloße Kenntniß der musikalischen Schrift und der Besitz der Mittel zum Vortrage, die nach Anleitung des zweiten Buches zu erlangen sind, für den Vortrag eines Musikstückes durchaus nicht hinreichen, daß vielmehr jeder Vortragende bei der Unzulänglichkeit der Schrift gezwungen ist, sie stets und ohne andern Entscheider, als sein Ermessen, zu ergänzen, ja, von ihr mehr oder weniger abzugehen. Das Gelingen des Vortrags hängt also nicht blos von der Kenntniß der musikalischen Schrift, sondern auch und zumeist von der Art und Weise jener

Ergän-

Ergänzungen und Abweichungen ab; und so hat man mit dem Worte Vortrag im engern Sinne die Weise bezeichnet, wie mittels Ergänzung und Veränderung der unzulänglichen Schrift ein geschriebenes Tonstück zum Gehör gebracht wird.

§. 654.

Diese Ergänzung kann nun auf mehr als eine Weise unternommen, der Vortrag im eigentlichen Sinne dieses Wortes kann nach mehr als einem, bald nach vollkommnerm, bald nach unvollkommnerm Prinzip, er kann endlich mit mehr, oder weniger umfassendem Bewußtsein dessen, was in der Komposition enthalten ist und im Sänger durch sie angeregt wird, gebildet werden.

§. 655.

Hier sind jedoch drei Bildungsstufen mit hinlänglicher Bestimmtheit zu unterscheiden, nach welchen die Intentionen der Sänger und Gesanglehrer karakterisirt werden können. Nehmen wir auch in einer und der andern Anlage und Entwickelung nur einen niedrigern, unbefriedigenden Zustand wahr, so werden wir doch auf jeder von den ihr eigenen Studien besondere Früchte zu hoffen haben. Wie beachtenswerth auch jene niedrigern Stufen sind, möge der Gesangstudierende sofort schon daraus entnehmen, daß die Kunst der Komposition und die musikalische Bildung des Publikums gleiche Perioden durchlebt hat.

Erste Abtheilung.
Unterste Stufe des Vortrags:
Verstandesprinzip.

§. 656.

Die mit der feinern Kultur unter einem nicht vorherrschend musikalischen Volke sich ausbreitende Neigung zur Musik muß nothwendig auch auf unmusikalischere Naturen anziehend wirken und mit der Macht eines allgemeinen Beispiels und den Verheißungen mannigfacher Vortheile viele zur Ausübung des Gesanges und zum Unterrichte darin einladen, deren musikalische Fähigkeit nicht ausreicht, den Sinn der Kompositionen bis in deren innerstes Wesen zu erfassen und darnach in Andern wieder zu erregen.

§. 657.

So groß auch in den Deutschen die Liebe zur Musik und die Kraft für sie von jeher gewesen, so war es doch nach der Aufgabe unseres Volkes: alles Fremde aufzunehmen, sich anzueignen und zu reifen — nothwendig, daß in einer Periode unserer Tonkunst (der von Händel zu Mozart) die Musik eines fremden, dem Gesange zugeneigtern Volkes — der Italiener — als ein Fremdes unter uns aufgenommen und gehegt ward, und daß eine Zeit lang das Bewußtsein des eigenen Musikgeistes von der Neigung zu dem Fremden verdunkelt wurde.

§. 658.

Von da an besonders begann der kunstmäßige Betrieb des Gesanges vor der natürlichen Entwickelung aus dem Volksgesange vorzuherrschen und eben sowohl aus dieser Zeit der Schule, als aus dem Nachwirken der streng gebundenen Schreibart*) unserer ältern Meister bildete sich in einem

---

*) Man würde deren Gebiet zu eng begränzen, wenn man hier nur an die häufigen Anwendungen der Fugenform und des doppelten Kontrapunktes in Chören dächte. Die Nachahmungen der Figuren der Singstimme von dem Orchester waren für den Sänger, wofern er jenes vom Komponisten angelegte Gewebe nicht stören wollte, fast eben so bindend und freiheitraubend.

Theil der Sänger und Gesanglehrer der Grundsatz aus, daß es bei allem Gesange nur darauf ankomme, die Komposition, wie sie geschrieben ist, wiederzugeben. Noch jetzt wird besonders von ältern Gesanglehrern in einer, zum Theil wohlbegründeten Renitenz gegen neueres Wesen, jener Grundsatz festgehalten.

§. 659.

Die Unzulänglichkeit desselben ergiebt sich aber schon aus dem §. 651 — 652 Gesagten. Denn wenn unsere Schriften untauglich sind, Töne, Laute und ihre Verbindungen genau in der Weise, in der sie hörbar werden sollen, vorzuzeichnen: so muß man die Unmöglichkeit erkennen, ein aufgeschriebenes Musikstück lediglich nach der Vorschrift, ohne alles eigene Zuthun, zu Gehör zu bringen. Es spricht sich vielmehr in jenem Grundsatze aus, daß man sich nur jener §. 653 nothwendig befundenen Ergänzung der Schrift nicht bewußt geworden ist und sie außer Acht gelassen hat.

§. 660.

Damit wurde aber jener zartere Theil der Musik der Willkühr des Ausübenden überlassen und die Lehre, wie die Aufmerksamkeit der Lernenden an jene rohern, der Aufzeichnung fähigen Umrisse der Töne und Laute und ihrer Verbindungen (denn das allein giebt die Schrift) gefesselt. Wie man die Kompositionslehre in das Gebiet des mathematischen Kalkuls ziehen und das freie, natürliche, aus der Gesammtheit des menschlichen Geistes hervorgehende Walten, das allein Kunstwerke erschafft, unter Begriff und Verstandesregel bringen wollen, so sollte sich die Gesangkunst auf das, was der Verstand an ihrem Gegenstande zu erfassen vermag, einschränken: auf ein in der That todtes Aussprechen der todten Schrift.

§. 661.

So wenig die auf solchem Prinzip ruhende Lehre vollkommen befriedigen kann, so ist doch darauf Bedacht zu nehmen, daß wir aus ihren Ergebnissen (da ja keine Thätigkeit des menschlichen Geistes ganz unfruchtbar bleiben kann) möglichst Gewinn ziehen. Die nächsten Bestrebungen, die sich aus jener Tendenz ergeben haben, waren aber

        Ausführbarkeit (als unentbehrliches Mittel zu den folgenden)
        Richtigkeit
        Deutlichkeit

— welche beiden letztern Eigenschaften, wir unter dem Namen der Korrektheit zusammenfassen — und logisch richtiger Ausdruck des Gedankens, den der Gesangtext enthält, was wir Deklamation nennen wollen.

Erster Abschnitt.
Von der Korrektheit.

§. 662.

Ueber die Richtigkeit im Gesangvortrage sind keine besondern Vorschriften zu ertheilen; sie fassen sich, nach Vorausschickung dessen, was im ersten und zweiten Buche gesagt worden ist, in dem Gesetze zusammen: von der Komposition und den Ausdrücken, die durch die Schrift bestimmt sind, nicht willkührlich oder irrthümlich abzuweichen.

§. 663.

Auch zur Erlangung der Deutlichkeit bedarf es nur der Erinnerung, daß Alles vollkommen vernehmlich und unterscheidbar vorgetragen werde.

§. 664.

In Bezug auf Intonation und Tonverbindung ist hierüber im zweiten Buche §. 471 u. f. — in Bezug auf Artikulation aber §. 616 u. f. das Nöthige beigebracht.

§. 665.

Die rythmische Anordnung eines Tonstückes zu Gehör zu bringen, haben die Gesanglehrer, deren Prinzip oben ausgesprochen worden ist, fast ausschließlich mit der Festhaltung einer gleichmäßigen Bewegung erlangen wollen*); und es ist dabei der Ausdruck der rythmischen Abschnitte und Theile, und die Auszeichnung der Haupttöne und gewesenen Haupttöne (§. 234 und 235) dem natürlichen Gefühl des Vortragenden, oder dem selbstthätigen Taktgefühle des Zuhörers überlassen worden — so daß man daher auch jenes beschränkte Prinzip nicht zur Reife gebracht hat — wozu denn hier so weit, wie uns nöthig, vorgeschritten werden soll.

§. 666.

Aus dem Begriffe von Abtheilung und von Haupttönen und denen untern Ranges ergiebt sich das Gesetz, welches zur Verdeutlichung des Rythmus zu beobachten ist, schon von selbst. Es müssen alle Töne, die zu einer Abtheilung gehören, zusammenhängend gesungen werden; die verschiedenen Abtheilungen müssen nach Verhältniß der Wichtigkeit der Einschnitte von einander geschieden, die Töne nach ihrer verschiedenen Wichtigkeit vor einander durch Accent ausgezeichnet werden.

---

*) Wie denn noch jetzt vieler Lehrer Bemühung um die Ausbildung des rythmischen (Takt-) Gefühls ihrer Zöglinge darauf beschränkt ist, die Takttheile laut zählen zu lassen, oder ihnen vorzuzählen und dadurch auf gleichförmige Bewegung hinzuarbeiten; oft genug erfolglos — da ja das taktmäßige Zählen schon Taktgefühl erheischt (daher unfähigere Schüler eher nach dem taktlosen Spielen das Zählen richten, oder Takttheile und Taktglieder durcheinander zählen) und fremdes Vorzählen nur nach sehr langer Gewöhnung das eigne Taktgefühl weckt und befestigt.

173

Das nachfolgende Lied z. B.

Der König von Thule, von Göthe und Zelter

theilt sich rythmisch in zwei Abtheilungen von vier Takten — vom ersten zum vierten Takte und von da bis zum achten, von dem der neunte nur eine willkührliche Verlängerung ist; jede dieser Abtheilungen zerfällt wiederum in die über der Singstimme durch Bogen angezeichneten Hälften. Alle zu einer solchen gehörigen Töne müssen wo möglich in ungetrennter Verbindung gesungen, die Hälften (die ersten z. B. zwischen den Worten „Buhle" und „gar") durch einen geringen, die großen Abtheilungen des Liedes aber durch einen fühlbarern Absatz (den die Viertelpause im vierten Takte andeutet) von einander geschieden werden.

Was das rythmische Gewicht der einzelnen Töne anbetrifft, so finden wir in jedem der sechstheiligen Takte (zusammengesetzt aus zwei dreitheiligen) Haupttöne, gewesene Haupttöne und Nebentöne. Die Haupttöne des ersten und fünften Taktes beginnen die beiden Hauptabtheilungen, die Haupttöne des dritten und siebenten Taktes die beiden Unterabtheilungen. Sie stehen also jenen nach, so wie die Haupttöne des zweiten, vierten, sechsten und achten Taktes wiederum ihnen. Daher würde das Gewicht der einzelnen Töne jeder Abtheilung sich so darstellen, wie es hier durch die

Zahl der Striche bestimmt ist; die geringen Abweichungen des ersten vom fünften und des sechsten vom zweiten Takte sind dabei unberücksichtigt gelassen.

Würde einer der Takttheile zergliedert, so müßte dem ersten Gliede vor dem oder den folgenden wiederum ein Nachdruck gegeben werden.

§. 667.

Mit diesem Verfahren würde dem Begriffe rythmischer Ordnung genüget werden. In wie weit es ausführbar, oder nicht, in wie weit es durch höhere oder innigere, dem Wesen der Kunst und namentlich der Tonkunst, auch der besondern Intention jeder einzelnen Komposition entnommene Rücksichten abgeändert, oder ausgeschlossen werden kann, wird späterhin besprochen werden.

§. 668.

Obgleich wir jedoch im Voraus aussprechen müssen, daß solche Berechnung und Abmessung rythmischer Ordnung und rythmischen Gewichtes zu einem vollkommenen Vortrage durchaus ungenügend sein würde, so ist es doch für die Erkenntniß und Aneignung des Rythmus höchlich zu empfehlen, daß Gesangschüler sich solche Auseinandersetzungen der rythmischen Gestaltung geläufig machen, ihre Versinnlichung im Vortrage eine Zeitlang zum Ziel ihres Strebens nehmen und nicht eher zu freierm Vortrage angeleitet werden, bis ihr Gefühl für Rythmus hinlänglich geschärft und befestigt ist, um künftig auch im freiesten Vortrage den Schwung des Rythmus durchtönen zu lassen.

Daß besonders günstige Anlagen, oder eine auf anderm Wege, z. B. bei einem vorangegangenen fruchtbaren Instrumental-Unterrichte, erlangte Bildung für Rythmus jene Uebung mehr oder weniger entbehrlich machen können, versteht sich von selbst.

§. 669.

Der Karakter des Klanges in der Stimme hat auf dem Standpunkte der Gesangbildung, auf den wir uns für jetzt versetzt haben, nicht zu näherer Beachtung kommen können; es genügte, die Stimme zur Reinheit, Deutlichkeit und Festigkeit auszubilden. Anderweite Bestrebungen sind der Mitwirkung eines andern Prinzips zuzuschreiben.

Zweiter Abschnitt.
Von der Deklamation.

§. 670.

Bei einer ungenügenden musikalischen Organisation oder Ausbildung ist für die, welche sich mit Gesang beschäftigten, die Zuflucht zur Sprache stets einladend gewesen. Schon die äußerliche Verbindung des Gedichts mit seiner Komposition, dann das Gewahrwerden der Verwandtschaft von Sprache und Musik ließen in dem komponirten Gedicht eine Erläuterung der Komposition hoffen. Wie es Komponisten gegeben hat, die ein Gedicht musikalisch zu behandeln glaubten, wenn sie die Accente der Sprache in musikalischer Form (durch musikalisch bestimmten Rythmus und durch Steigen und Fallen der Stimme in bestimmten Intervallen) befestigten: so mußte das oben genannte Prinzip seine Anhänger dahin führen, die Worte des Dichters und ihre deklamatorische Bedeutung als Richtschnur für den musikalischen Vortrag, den Gesang, anzunehmen.

§. 671.

Die Unzulänglichkeit solchen Verfahrens leuchtet schon aus dem Entstehen einer Gesangkomposition, sodann aus dem Wesen der Tonkunst und ihrem Verhältnisse zur Dichtkunst ein. Die Gesangkomposition entsteht nicht vor ihrem Gedichte, sondern es muß erst ein Gedicht als Stoff vorhanden sein, aus und auf dem die Gesangkomposition geschaffen und gegründet wird. Die Dichtkunst vermag zwar in ihrer Sprache Ideen und Gedanken mit vollkommner Bestimmtheit darzustellen, aber sie thut dies mit abstrakten Zeichen, den Worten. Die Tonkunst schafft dagegen ihre Werke aus sinnlichen, der natürlichen Empfindung unmittelbar abgewonnenen Mitteln und vermag deßhalb tiefer, als jene, das sinnlich-geistige Leben zu durchdringen. Daher ist das Gedicht dem Gesangkomponisten nur die Aufgabe zu seinem Werke, das Skelett, das er mit lebendigem Fleische umkleidet*) und wie dies geschehen sein wird, kann aus dem Gedicht allein natürlich nicht vollkommen erkannt werden.

§. 672.

Gleichwohl bleibt das Gedicht selbst stets ein wesentlicher Bestandtheil einer Gesangkomposition und so wenig die Regeln, die aus der oben erwähnten unbefriedigenden Tendenz hervorgehen —

1) vollkommen deutliche und gemessene Aussprache,
2) ein sprachrichtiges Zusammenfassen der zusammengehörigen Silben und Worte und ein sinnverdeutlichendes Auseinanderhalten der Redesätze nach den rhetorischen Anfoderungen,

---

*) Womit begreiflicher Weise nicht behauptet sein soll, daß das Gedicht an sich selbst nicht ein vollkommen befriedigendes lebenvolles Werk sein könnte.

3) ein genaues Beobachten der deklamatorischen Accente —

für den vollkommnen Gesangvortrag ausreichend befunden werden können: so genau muß doch auf ihre Beobachtung gehalten und zu derselben der Gesangstudirende geübt werden — so weit ihre Anwendung nicht durch höhere Rücksichten beschränkt, oder ausgeschlossen wird.

Die Anwendbarkeit und Zulänglichkeit dieser Regeln hängt aber allerdings von der Tendenz der vorzutragenden Kompositionen ab.

§. 673.

In einer Reihe von Kompositionen ist aus dem oben entwickelten Prinzip in der That nach nichts anderm gestrebt, als nach einer musikalischen Darstellung des rhetorischen Vortrags. Vollkommen kann dieses Ziel schon deßwegen nicht erreicht werden, weil es der Natur der Sprache zuwider ist, sich in so bestimmten Intervallen und Zeitmaaßen zu bewegen, wie der Gesang und weil dessen genauer fixirte Bestandtheile dem Sinn der Worte schon einen bestimmtern Ausdruck beigeben müssen, als der unbestimmtere Redefall. Indem also in jedem Gesang ein der Rede nicht eigenes Wesen tritt, erscheint das Prinzip der Rede für dieses unzulänglich und es kann nicht ausschließlich herrschen, sondern nur vorwalten.

§. 674.

Wo dies nun der Fall ist, da wird ein möglichstes Anschmiegen der musikalischen Formen an die Natur der Sprache und eine sprachrichtige Deklamation auch als musikalischer Vortrag der Tendenz des Komponisten so ziemlich entsprechen. Die Lehre vom deklamatorischen, oder rhetorischen Vortrage ist ein Theil der Sprachlehre und als solcher hinlänglich theoretisch und praktisch kultivirt, um ihn hier voraussetzen und übergehen zu können.

§. 675.

Den Uebergang reiner Deklamation in musikalische Gestaltung zu zeigen, diene dieses von Reichard komponirte Recitativ aus dem ersten Monolog der Götheschen Iphigenia:

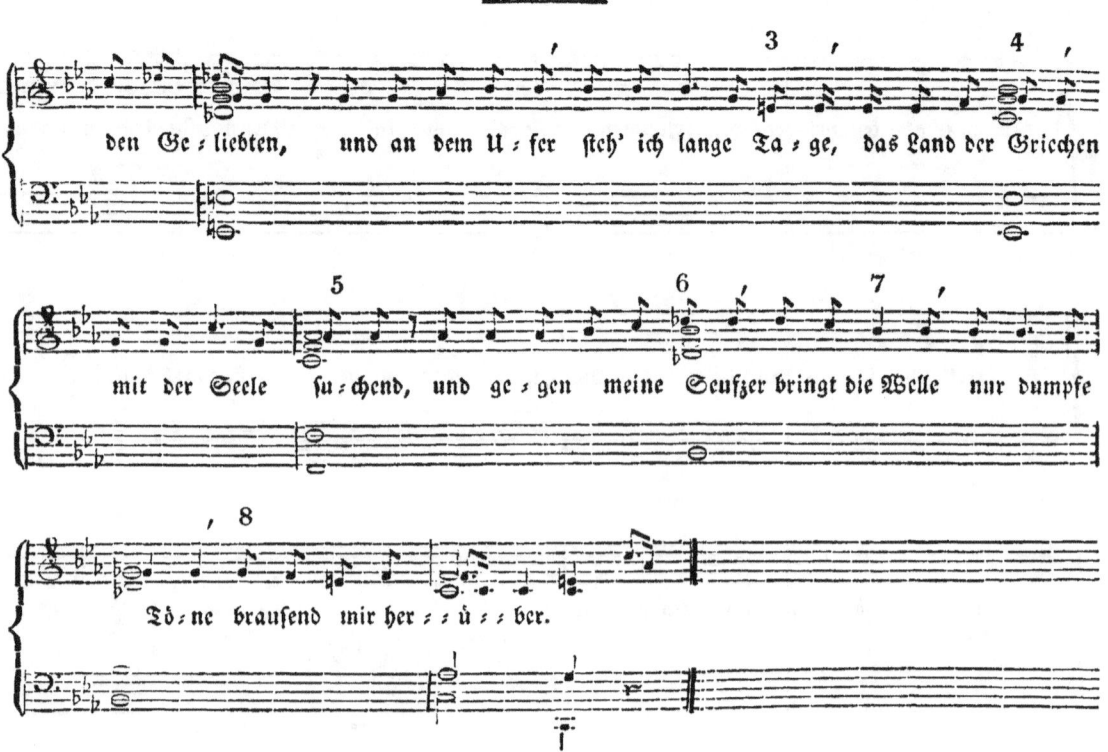

Vor allem fällt das Vorwalten der freien Rede-Bewegung schon in der Taktlosigkeit des größten Theils dieser Komposition in die Augen. Die Pausen, die wenigen längern Noten, z. B.

tret' ich noch jetzt —

denn ach —

steh' ich lange Tage —

die kürzern, z. B.

rege Wipfel

bezeichnen die Quantität und die bekannten gewöhnlichen Accente der Silben in der Rede, und eben so deklamatorisch richtig ist unter andern das längere Verweilen bei dem lange verzögerten Hauptworte:

dichtbelaubten Haines

womit sich der Zug der gehäuft vorausgehenden Beiwörter auflöset, und das deklamatorisch innige Verweilen auf „Seele" —

„das Land der Griechen mit der Seele suchend"

bei welchem Worte Iphigenia die Fessel fühlt, die sie dennoch vom Vaterlande fern hält. Hiermit ist die Intention des Komponisten genug beurkundet, um sich zu überzeugen, daß er auch die Mehrzahl der Worte und ihrer Silben nicht etwa in gleicher Bewegung hergesprochen haben will (obgleich die meisten Noten als Achtel bezeichnet und für das ganze Stück ausdrücklich nur eine Bewegung vorgeschrieben ist) sondern daß in ihnen die freie, keiner genauern Bezeichnung bedürfende Quantität der Sprache beibehalten werden soll.

Diesem Prinzip zufolge würde die Bewegung bei den Worten:

„alten heil'gen dicht"

„wie in der Göttin"

(um das ehrfürchtige Zaudern auszudrücken)

„Wille, dem ich mich ergebe"

(zu dem ähnlichen Ausdrucke demüthiger Fügung) noch etwas angehaltener, im Ganzen aber von Anfang bis zu Ende bei der Belebung des Gefühls durch Unruhe, Sehnsucht, Verlangen, Ungeduld (von „so manches Jahr" und „denn ach") immer mehr beschleunigt werden. Ein Verweilen auf der mit 2 überschriebenen Note würde den Accent des bedeutenden Wortes vermehren und ein Anhalten auf den Noten 6, 7, 8 mit Rücksicht auf die ihnen anvertrauten Worte würde durch Iphigeniens Rede malerisch ihren Zustand durchahnen lassen, wie sie in sehnsuchtsvolle Phantasien verloren durch die Brandung der Wellen nach Antwort auf ihre Seufzer lauscht. Dieses Anhalten würde übrigens auch ein festeres Zeitmaaß, in dem der übrige Theil des Monologs geschrieben ist, vorbereiten und diesem ungezwungenern Theil der Deklamation in unbemerktem Uebergange anschließen.

Nur allgemein ist hier noch darauf aufmerksam zu machen, daß der Gesang in demselben Maaße sich hebt und senkt und namentlich auf derselben Stelle seinen höchsten Gipfel erreicht —

„denn ach, mich trennt das Meer von den Geliebten —"

„das Land der Griechen mit der Seele —"

„und gegen meine Seufzer —"

wie die ausdrucksvolle Rede.

Die Stärke der Stimme im Allgemeinen und den einzelnen Momenten würde nach denselben Gesetzen abzumessen, zu mehren und zu mindern sein. Vor allem bedürften das entscheidende „Nicht"

„Und es gewöhnt sich nicht mein Geist hieher"

und das mit dem Ausdrucke des Unwillens ihm entsprechende „fremd" —

„doch immer bin ich wie im ersten fremd,"

eines Nachdrucks durch Verstärkung der Stimme.

Soviel würde sich über den Vortrag dieses Recitativs aus dem deklamatorischen Prinzip ergeben. Wenn einmal ein Gedicht, in dem die Kraft der Sprache so befriedigend und alles Fremden unbedürftig waltet, gesungen werden sollte, so scheint die Unterordnung des musikalischen Prinzips unter das der Sprache nothwendig und es wird auch für den Vortrag des Sängers nicht viel Nachweisliches mehr, als hier beigebracht ist, zu thun sein.

§. 676.

Ein Vorherrschen des Sprachprinzips vor dem Gesangprinzipe in einer Gesangkomposition ist jedoch nicht jederzeit so völlig entschieden, als in dem eben betrachteten Gesangstücke; und dann wird auch das deklamatorische Prinzip nicht zu einer so befriedigenden Auffassung und Ausführung leiten, als bei Werken jener Gattung.

§. 677.

Wenn bei diesen die musikalische Umgestaltung der Rede willkürlich (unbegründet im Sinne des Ganzen) und deßwegen mehr oder minder störend und benachtheiligend erschien: so muß es zwischen diesem Punkte und dem, wo das musikalische Prinzip in gleichem Rechte mit dem dichterischen, oder vorherrschend steht, einen Vereinigungspunkt geben, wo die musikalische Gestaltung in einem Aufwallen der sinnlich-geistigen Empfindung des Sängers natürlich begründet, diese Empfindung aber noch nicht bestimmt und mächtig genug ist, um nicht von dem ruhevollern Prinzip der Sprache beherrscht zu werden.

§. 678.

In solchen Werken wird aber schon der Klang der Sprache und ihre Betonung von einer so viel innigern Empfindung beseelt sein, daß die dem deklamatorischen Prinzip abgewonnenen Gesetze durchaus nicht hinreichen; überdem wird die musikalische Bedeutsamkeit der Melodie und Harmonie schon so wichtig geworden sein, daß sie sich nicht mehr durchaus nach dem Tonfalle des Gedichtes abmessen läßt.

§. 679.

Als Beispiel solcher Komposition mag das nachfolgende Lied aus der Sammlung einer Kunstfreundin dienen, dessen Dichter und Komponisten wir nicht zu nennen wissen.

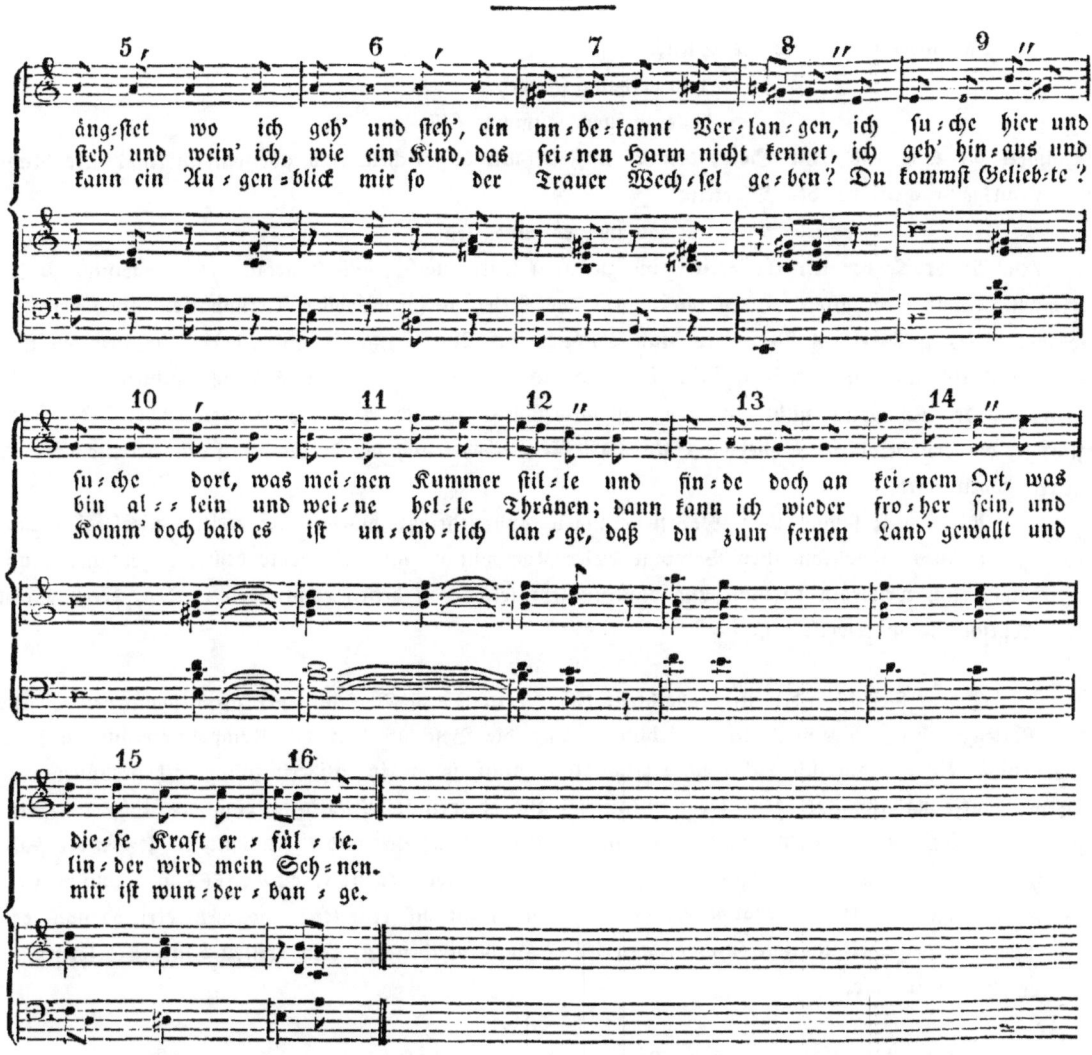

Schon die Eintönigkeit der Melodie und ihre gleichförmige Bewegung im ersten bis dritten, vierten bis siebenten Takte weiset darauf hin, daß der Hauptausdruck hier dem Sprachvortrage anvertraut ist; und wenn sich weiterhin, besonders vom neunten Takte an, mit der erhöhten Bewegung des Gedichts und der voraussetzlich redenden Person die melodische Gestaltung freier und mächtiger über den Sprachton erhebt, so offenbart sich darin das allmählige Erwachen und Erstarken des musikalischen Prinzips, wie es im §. 677 angedeutet ist.

Daß im ersten Verse die Stellen

wunderbang so weh —

was meinen Kummer stille —

besonders die erste und letzte Sylbe der ersten Zeile mit ängstlichem und zweifelndem Ausdrucke langsamer ausgesprochen, bei den Worten:

wo ich geh' und steh'

mit dem Ausdrucke der Unruhe geeilt, im zwölften Takte nach „stille," getäuschte Erwartung zu bezeichnen, etwas angehalten werden muß, giebt das Gesetz ausdrucksvoller Deklamation an die Hand, so wie dieses auch einem Verweilen und Betonen der Worte „hier" und „dort" im neunten und zehnten Takte nicht entgegensteht. So ist auch schon aus dem im §. 675 Beigebrachten zu entnehmen, daß der Komponist nicht ein streng gleichförmiges Beobachten der hingeschriebenen Achtel beabsichtigt, sondern bei dieser bequemen Schreibart die Beibehaltung der deklamatorischen Accente vorausgesetzt haben wird.

Allein diese sämmtlichen Wahrnehmungen und Lehrsätze würden bei weitem nicht alles umfassen, was zu dem vollkommnen Vortrage dieser Komposition und der Lehre desselben gereichen muß. Dies wird sich weiterhin darthun und ohnehin sehr leicht von denen empfunden werden, deren Sinn für Tonkunst schon erweckter ist.

§. 680.

Schon hier ist indeß zu beobachten, daß die aus dem Verstandesprinzip gewonnenen Gesetze des Vortrags bei den einseitigen Beziehungen auf die Beschaffenheit der Komposition und auf die Bedürfnisse einer rednerisch richtigen Deklamation nicht selten in Widerspruch gerathen müssen; in jedem Punkte nämlich, in dem die musikalische und rhetorische Gestaltung einander nicht ganz entsprechen. Dies ist in vorliegenden Kompositionen im neunten, zehnten und elften Takte der letzten der Fall. Nach den für die abstrakte Versinnlichung des Rythmus gewonnenen Regeln (§. 665. u. f.) müßten die ersten Töne dieser Takte als Haupttöne den größten Nachdruck erhalten; wogegen derselbe nach den Anfoderungen der Deklamation (und andern später zu besprechenden) dem dritten Tone in beiden Takten entschieden zukäme.

§. 681.

Daß die bisher angewendeten Vortragsgesetze ganz unbefriedigend und wol gar unanwendbar sind bei Kompositionen, in denen das Sprachelement dem musikalischen untergeordnet, oder wohl gar vernachlässigt und in seinen Ansprüchen verletzt ist (wie in einigen Kompositionen von Mozart und andern) versteht sich von selbst.

§. 682.

Ungeachtet dessen, was über die Unzulänglichkeit der rhetorischen Vortragsgesetze gesagt ist, kann doch ein genaues und ernstliches Studium der Gedichte und ihrer Deklamation vor dem Studium der Komposition und ein fleißiges Zurückgehen auf jene während des letztern nicht genug empfohlen werden, da ein vollendeter Vortrag der gelungensten Kompositionen, in denen Sprache und Musik im völligsten Einklange vereint wirken sollen, ohne solche Vorbereitung schwerlich gelingen könnte und zuletzt, wie schon gesagt, jedes Gedicht die Grundlage seiner Komposition bleibt.

Dritter Abschnitt.
Von der Ausführbarkeit.

§. 683.

Nachdem in den vorstehenden Abschnitten oberflächlich festgestellt worden ist, worauf die Thätigkeit des Sängers sich zu richten hat: kann, bevor wir auf die Gesetze des Vortrags tiefer und weiter eingehen, genügend dargelegt werden, in welcher Weise der Sänger sich ein Gesangstück ausführbar zu machen hat.

A. Allgemein.

§. 684.

Es wird hier nicht nochmals von der Erwerbung aller Kenntniße und Geschicklichkeiten dazu die Rede sein dürfen; auch können die besondern Fälle übergangen werden, in denen ein Sänger, um einzelne ihm unerreichbare oder unausführbare Töne und Stellen zu vermeiden, von der Vorschrift des Komponisten abweicht. Denn da solche Abweichungen nur auf individuellen Rücksichten beruhen, so können sie nicht unter allgemeine Kunstgesetze gebracht werden. Was im ersten Buche über Figurirung und aus der Harmonik beigebracht ist, kann solche Abänderungen leiten und die nachfolgenden höhern Gesetze des Vortrags sind dabei so viel wie möglich zu beachten.

§. 685.

Hiernach ist denn die allgemeine Erinnerung wohl zu erwägen, vom Beginn des Vortrags an das Maaß der eignen Kraft und die Ansprüche, die die vorzutragende Komposition in allen Theilen an sie macht, stets im Auge zu haben, damit eine zu frühe Erschöpfung nicht eine angemessene Ausführung, oder gar überhaupt die Ausführung der folgenden Theile unmöglich mache.

§. 686.

Besonders sind junge, lebhafte Sänger, so wie diejenigen Künstler, die häufig in leidenschaftlichen Partien auftreten, vor einem Uebernehmen der Stimme bei dem Anfange des Gesanges nicht genug zu warnen. Abgesehen davon, daß ihnen dadurch eine Steigerung der Kraft erschwert oder unmöglich gemacht wird, scheint auch nach einer häufig vom Verf. wiederholten Beobachtung das Stimmorgan nie durch übermäßige Anstrengung so verletzbar, als beim Beginnen seiner Funktion. Während in einer allmähligen langsamen Steigerung des Gesanges die höchste Kraft ohne sichtbaren Nachtheil erreicht wird, sieht man bei einem plötzlichen Uebernehmen selbst die gesundesten Organe oft augenblicklich der Klangfähigkeit beraubt, in den Zustand der Heiserkeit versetzt und erst nach längerer, vollkommner Erholung der Intonation wieder fähig. Hiergegen hat der Verf. kein Hülfsmittel wirksam gefunden, als völliges Unterbrechen des Gesanges. *)

Daß aber solches Uebernehmen nicht bloß momentan beschwerliche Folgen hat, sondern auch bei öfterer Wiederholung der Stimme bleibend nachtheilig werden muß, leuchtet ein.

B. In Rücksicht auf Athemholen im Gesange.

§. 687.

Die Beachtung des Maaßes unserer Kräfte nimmt auch eine besondere Richtung auf den Athembedarf für den Gesangvortrag.

Jede Einathmung unterbricht den Gesang (§. 346) und gleichwohl ist das Athemholen im Verfolg eines Tonstücks unvermeidlich, da die Unmöglichkeit einleuchtet, größere Tonsätze in einem Athem zu singen.

§. 688.

Als oberstes Gesetz für das Athemholen im zusammenhängenden Gesange steht fest: daß man sich stets mit hinlänglichem Vorrathe an Athem versehen muß, ohne den Zusammenhang der Komposition zu stören, oder — mehr als unvermeidlich ist, zu unterbrechen.

§. 689.

Wie oft Athem geholt werden muß, läßt sich nicht genauer bestimmen; es hängt dies natürlich von der Beschaffenheit der Komposition, von den Erfordernissen des ihr nothwendigen Vortrags und von dem individuellen Vermögen jedes Sängers ab. Aus diesem letzten Grunde lassen sich auch nicht in einem einzelnen Musikstücke bestimmte Punkte angeben, an denen Athem geholt werden müsse, da natürlich kurzathmige Sänger mehr solcher Einschnitte bedürfen werden, als solche, die sich mit größerer Athemmasse zu versehen vermögen.

§. 690.

---

*) Der Verfasser hat dies unter andern an einer berühmten Opern-Sängerin von schöner und großer Stimme beobachtet. Während sie jede ihrer großen Rollen mit unversiegender Kraft durchführt, übernimmt sie sich in einer höchst leidenschaftlichen gleich in den ersten Zeilen der ersten Scene fast jedesmal so, daß die Stimme augenblicklich Heiserkeit verräth, die erst nach dem langen Zwischenakte nachläßt.

§. 690.

Nicht jederzeit erfodert der Vortrag, daß der Sänger sich vollständig mit neuem Athem versorge; oft reicht ein geringerer Athemzug hin, den Vortrag eines Satzes zu Ende zu bringen.

§. 691.

Man hat daher **vollständiges** (ganzes) und **unvollständiges** (halbes) Athemholen zu unterscheiden. Jenes findet statt, wenn man (auf die §. 364 vorgeschriebene Art) die Lunge ganz mit frischem Athem füllt; es erfodert zu seiner Vollbringung schon eine ziemlich merkbare Zeit und Ruhe der Stimme, wenn es nicht unangenehm hörbar und dabei anstrengend werden soll. Die unvollständige Einathmung bedarf einer geringern Zeit; Genaueres läßt sich darüber nicht festsetzen, da es offenbar mehre Grade unvollständiger Einathmung giebt.

§. 692.

Ohne weitere Rücksicht auf das besondere Maaß der Athemkraft in dem oder jenem Sänger und auf die Anfoderungen dieses oder jenes Stückes läßt sich aus dem obersten Grundsatz (§. 688.) und den im ersten und zweiten Abschnitt gewonnenen oberflächlichen Ansichten von den Bestandtheilen jeder Gesangkomposition das Gesetz ableiten: es müssen zum Athemholen alle Punkte benutzt werden, in denen eine Unterbrechung des Gesanges am wenigsten störend ist.

§. 693.

Als solche bieten sich vor Allem alle, besonders längere Pausen, durch die eine Unterbrechung nicht blos zulässig, sondern auch verlangt wird, dar.

Es ist im Allgemeinen sehr rathsam, vorkommende Pausen selbst dann zum Athemholen — und wo möglich zu vollständigem — zu benutzen, wenn hierzu kein augenblickliches Bedürfniß drängt; denn man vermeidet dadurch die stets ermüdende und beklemmende Athemlosigkeit und die Gefahr, nach der versäumten Pause vielleicht an einer unpassenden Stelle athmen zu müssen.

§. 694.

Hiernächst gewähren alle größern und kleinern rythmischen Abschnitte der Melodie, so wie des Textes die zweckmäßigsten Ruhepunkte zum Athemholen. Je wichtiger solche Abschnitte sind, desto gelegener und vollständiger kann Athem geholt werden.

Es bedarf aber hierbei einer abgesonderten Betrachtung des musikalischen und poetischen Antheiles der Gesangstücke.

Erste Unterabtheilung.
Melodische Abschnitte zum Athemholen.

§. 695.

Die rythmischen Abschnitte einer Melodie lassen Absätze zum Athemholen nicht blos, wie oben gesagt worden, zu, sondern fodern sie auch.

Denn nach den Gesetzen der Zergliederung und Unterordnung, die aus dem ersten Buche (§. 217. u. f.) bekannt sind, werden alle zu derselben rythmischen Abtheilung gehörigen Töne zu einander als ein besonderes Ganze empfunden, welches als solches von allem Uebrigen mehr oder weniger bedeutend getrennt ist. Abgesehen von allen übrigen Mitteln, durch die der Sänger die Auffassung dieser rythmischen Konstruktion eines Tonstückes befördern kann, geschieht dies auch — und sehr wirksam — durch einen nach der Wichtigkeit des Abschnittes abzumessenden Absatz, wäre derselbe auch nicht durch wirkliche Pausen bezeichnet. Z. B. in der Melodie:

 u. s. w.

bilden der erste und zweite, dritte und vierte, fünfte und sechste, siebente und achte Takt leicht empfindbare Abschnitte, die zwar nicht durch niedergeschriebene Pausen geschieden sind, die aber der ordnende Sinn gern von einander durch kleine Absätze nach dem zweiten, vierten, sechsten und achten Takte, etwa so:

 u. s. w.

getrennt vernimmt. Dies sind die für das Athemholen, gleich vorgeschriebenen Pausen, zu benutzenden Ruhepunkte. Jede Unterbrechung obiger Melodie an einem andern Punkte, z. B.

zu Ende des dritten Taktes würde das Gefühl der rythmischen Ordnung stören, statt es erwünscht zu befördern. Hätte also auch ein Sänger hinlängliche Athemkraft, um die drei ersten Takte in einem Athem zu singen, so würde er doch zu Gunsten der rythmischen Ordnung schon das Ende des zweiten Taktes zu neuer Einathmung benutzen müssen. Vermöchte jemand, bis zum Ende des vierten Taktes mit seinem Athem auszureichen, so würde zwar das rythmische Gefühl nicht eben gestört — denn auch mit dem vierten Takte geht ein rythmischer Abschnitt zu Ende; dennoch würde die Athemeintheilung nicht lobenswerth sein, da sie verhinderte, den rythmischen Abschnitt am Ende des zweiten Taktes durch Absetzung zu verdeutlichen und da die Brust zu einer unnöthigen Anstrengung gemißbraucht würde.

§. 696.

Unter der vorstehenden allgemeinen Regel sind auch die im Auftakte beginnenden Stellen begriffen. Bei allen Melodien dieser Gattung fallen zwar die größern rythmische Abschnitten nicht mit den Taktabschnitten zusammen, haben aber, als die wichtigern, vor diesen den Vorzug. In der folgenden Melodie z. B.,

die in zwei rythmische Abschnitte von je zwei Takten zerfällt, beginnt jeder der Abschnitte nicht mit vollem Takte, sondern mit dem letzten Viertel eines vorangegangenen Taktes und schließt nicht mit dem vierten, sondern dem dritten Viertel seines letzten Taktes, wie die beiden die Abschnitte umfassenden Bogen zeigen. So beginnt auch in dieser Melodie:

die in zwei, durch Bogen bezeichnete rythmische Abschnitte zerfällt, der erste mit sieben, der zweite mit fünf Achteln eines vorangegangenen — und schließt der erste mit dem dritten, der zweite mit dem ersten Achtel des letzten Taktes.

Da in solchen Fällen die rythmische Ordnung mit ihren Einschnitten der Taktabtheilung vorgeht, so muß auch der Sänger sich vornehmlich nach jener richten.

§. 697.

In rythmischen Abschnitten von so großer Ausdehnung, daß der Athem nicht bis zum Ende ausreichen kann, bieten diejenigen Melodieschritte und Wendungen Gelegenheit zum Absetzen und Athemholen dar, mit denen sich wenigstens ein Theil des rythmischen Abschnittes abrundet. Solche kleinere Absätze sind bei einer sich wiederholenden Figur nach dem Ende jeder Wiederholung anwendbar, wie wir in nachstehenden Sätzen durch Bindezeichen angedeutet haben. —

[24*]

3.

Sie stimmen aber, wie schon die ersten Beispiele zeigen, keineswegs immer mit den Taktabschnitten überein (sondern tragen die Bildung des Auftaktes, ohne Rücksicht, ob die größere rythmische Gestaltung ebenfalls den Auftakt zeigt, oder nicht) und ihre Abgränzung kann nicht absolut bestimmt, sondern oft auf mehr als eine Weise, z. B. bei obigen Beispielen 1. und 3. auch so:

unternommen werden, ohne daß man der einen oder der andern schlechthin, den Vorzug geben könnte. Je entschiedener die Abschnitte einer Figur von einander getrennt, oder je mehr sie mit der Takteintheilung in Uebereinstimmung gesetzt werden, desto faßlicher sind sie dem Hörer, desto leichter und schneller können und dürfen sie vorgetragen werden. Wie aber auch andre Intentionen, als diese, nur leicht faßlich und fließend zu singen, denkbar und statthaft sind, so erscheinen auch schwerer faßliche Eintheilungen der Figuren zu besonderm Ausdrucke zulässig, ja nothwendig; schon vorläufig ist an den obigen Beispielen wahrzunehmen, daß eine abweichende Eintheilung nicht selten gewöhnlichen Stellen einen neuen Reiz verleiht.

§. 698.

Man erkennt, daß alle Regeln über das Athemholen aus melodischem Prinzipe auf den Grundsätzen der musikalischen Rythmik beruhen. Je genauer die rythmische Eintheilung eines Tonstückes vom größten bis zum kleinsten Theile erkannt ist, desto sicherer müssen die für das Athemholen mehr oder minder günstigen Punkte aufgefunden werden können und es hätte nicht einmal einer solchen Ausführlichkeit bei diesem Gegenstande bedurft, wenn nicht so allgemein das Vorurtheil Wurzel gefaßt hätte, daß es zahlloser Regeln und vieljähriger Erfahrung bedürfe, um der Kunst, Athem zu schöpfen, Herr zu werden.

Doch ist aus Obigem zu ersehen, daß bei der Eintheilung zum Athemholen genug zu bedenken ist, um eine stete Uebung darin und eine Vorübung im Auffinden rythmischer Abschnitte räthlich zu machen.

§. 699.

Bei mehrstimmigem Gesange ist von den einzelnen Sängern darauf Bedacht zu nehmen, daß an Stellen, wo der Gesang zum Athemholen unterbrochen werden muß, nicht alle oder viele Stimmen zugleich absetzen und eine allgemeine Lücke entstehe. Man muß sich gegenseitig so verabreden, oder einander die Gesangeintheilung anpassen, daß das Absetzen einer Stimme stets von den übrigen weiter singenden bedeckt und verborgen werde.

§. 700.

Besondere Rücksicht verdient auch die Stärke der Begleitung, die in höhern Graden wohl geeignet ist, Lücken im Gesange zu bedecken.

Erfahrne Sänger vermeiden sogar, nach einem Absatze im fortissimo des Orchesters zugleich mit demselben wieder einzusetzen, um dabei nicht den kräftig fühlbaren Einsatz der Stimme verloren gehen zu lassen. Doch darf der Eintritt der Singstimme vor oder nach einem fortissimo des Orchesters nicht soweit beeilt oder vorzögert werden, daß man ihn als eine rythmische Abweichung empfände.

Zweite Unterabtheilung.

Deklamatorische Abschnitte zum Athemholen.

§. 701.

Soll durch den Gesang nicht der Sinn des Textes zerstört oder verdunkelt werden, so dürfen keine Trennungen der Worte anders, als dem Inhalte des Textes gemäß, statt finden.

§. 702.

Zu diesem Endzwecke muß auch der Sinn des Textes dem Sänger vollkommen klar vor Augen stehen und im Voraus muß erkannt werden, wo ein Satz vollkommen befriedigend abbricht (Periodenschluß), wo Vor= und Nachsatz, wo in beiden die Zwischensätze sich abschneiden, wie weit und wie merklich abgesetzt und inne gehalten werden dürfe, um den mehr oder weniger wichtigen Ruhepunkt angemessen vernehmen zu lassen und jeden andern, oder übermäßigen Absatz zu vermeiden.

§. 703.

Die Eintheilung des Athems aus deklamatorischem Gesichtspunkte folgt alsdann ganz den Gesetzen des deklamatorischen Vortrags. Man vermeidet so viel wie möglich (ohne gewaltsame Anstrengung) an andern Punkten zum Athemschöpfen abzusetzen, als mit dem Schlusse eines Satzes, vermeidet besonders, Worte, die nothwendig zusammen gehören, z. B. Artikel und Hauptwort, Beiwort und Hauptwort und dergleichen und vor allem die einzelnen Wörter in sich selbst zu zertrennen. Je sinnzerstörender eine solche Trennung sein würde, desto sorgfältiger ist sie zu vermeiden.

§. 704.

Die weitere Ausführung dieser Lehre gehört dem Rede- und Deklamations-Unterrichte. Man muß daher schon aus dieser Veranlassung fest überzeugt sein, daß ohne ausgebildete Deklamation niemand ein vollendeter Sänger werden kann.

Dritte Unterabtheilung.

Kollision der Rücksichten auf melodischen und deklamatorischen Zusammenhang.

§. 705.

Keineswegs treffen aber die melodischen und deklamatorischen Abschnitte jederzeit so zusammen, daß sie beide gleichmäßig beobachtet werden können. Meistens erfodert auch die melodische Behandlung des Gedichts eine Ausdehnung, die es unmöglich macht, jeden zusammengehörigen Satz im unzertrennten Zusammenhange zu singen. Fast in jeder Komposition finden sich solche Fälle. Z. B. in einer, weiterhin besprochenen Arie von Gluck werden die zusammengehörigen Worte (Takt 14 bis 17)

in langsamer, noch dazu durch zwei Ruhezeichen gehemmter Bewegung nicht ohne Absatz zum Athemholen gesungen werden können.

§. 706.

Wo nun die Melodie eine Hintansetzung der deklamatorischen Gesetze erzwingt, da bedarf es nicht erst einer Regel, die das Unvermeidliche vorschreibt; es muß alsdann die Trennung des Redesatzes mindestens an Stellen unternommen werden, wo sie am wenigsten den Sinn stört und am günstigsten die melodische Konstruktion unterstützt. Z. B. die vorstehende Stelle dürfte nicht anders, als so:

„die ihr — so schrecklich — droht"

zergliedert werden.

§. 707.

Nicht immer ist jedoch die Nothwendigkeit, eine Rücksicht auf Ausführbarkeit der Melodie so dringend, daß nicht die Frage entstehen könnte, ob in dem oder jenem Falle die Anfoderungen des musikalischen, oder des deklamatorischen Zusammenhangs — wo beide nicht übereinkommen — den

Vorzug verdienen. Diese Fälle sind auf die Frage zurückzuführen: welcher Bestandtheil des Kunstwerkes nach der Tendenz desselben eben der wirksamste und wichtigste sein möchte. Hierauf zu antworten, ist ein tiefes und erschöpfendes Eingehen in das Kunstwerk erfoderlich, zu dem erst in folgenden Abschnitten angeleitet werden soll. Die in diesen begründeten Studien werden auch diesem Punkte, der hier nicht weiter zu verfolgen ist, zur Aufklärung gereichen.

§. 708.

Will man nun noch die vorstehenden Kompositionen, und zwar erstens das bei §. 666. mitgetheilte Lied nach den obigen Grundsätzen und einer vorausgesetzten mäßigen Athemkraft der Singstimme für das Athemholen eintheilen, so würden die drei rythmischen Einschnitte (im zweiten, vierten und sechsten Takte) als Ruhepunkte zu vollständiger Einathmung zu benutzen sein. Wenn hieran nicht genügte, so könnte am füglichsten nach den Textworten: König — treu — sterbend — Becher — unvollständig eingeathmet werden.

Die bei §. 675. und 679. mitgetheilten Gesänge sind nach denselben Grundsätzen für Athemholen eingetheilt und in ihnen die Ruhepunkte für unvollständige Einathmung mit: ', die für vollständige Einathmung aber mit: ", angezeichnet worden. Daß solche Eintheilung nicht allgemein für alle Stimmen passen kann, ist schon §. 689. gesagt worden.

§. 709.

Eine stets bedachte und richtige Eintheilung der Gesangstücke für den Athem ist aber zum Gelingen des Vortrags, für die Gesundheit und namentlich die Stimme des Sängers so unentbehrlich (§. 264.), daß sie lange unausgesetzt und sorgfältig geübt und der eigentlichen Ausübung der Singstücke so lange vorausgeschickt werden muß, bis man diesen Punkt mit vollkommner Sicherheit der eignen Ueberlegung und dem ausgebildeten Takt des Schülers überlassen kann.

Zweite Abtheilung.
Sinnlichkeitsprinzip.

§. 710.

In der ersten Abtheilung unter dem reinen Verstandeswalten wurde Musik äußerlich betrachtet; die Lehre vom musikalischen Vortrage blieb auf das beschränkt, was der bloße Verstand begreifen kann, und auf die Gesetze, die man von aussen (von der Sprache) als anwendbar entlehnte.

Eine oberflächliche und unbefriedigende, dennoch aber dem Wesen der Musik näher führende Richtung gewinnen wir schon, sobald wir uns des allgemeinen sinnlichen Eindrucks bewußt werden, den Musik auf den Menschen macht, und unser Bestreben auf möglichst befriedigende Hervorbringung dieses Eindrucks gerichtet sein lassen.

§. 711.

Die oberflächlichste Beobachtung zeigt uns schon, daß Musik in allen ihren Bestandtheilen einen sinnlichen Eindruck auf uns macht, den wir, selbst ohne uns seines Wesens und seiner Bestimmung näher bewußt zu werden, als angenehm und wohlthuend, oder als unangenehm und nicht wohlthuend — und zwar beides in verschiedenen Graden — empfinden.

Komponisten und Gesanglehrer, deren Bestrebungen oberflächlich auf möglichst wohlthuenden Sinneneindruck zielen, können keinen Antrieb in sich gefunden haben, sich über ihre Tendenz aufzuklären. Dies ist aber für uns in dem Forschen nach erschöpfenden Vortragsgesetzen die nächste jetzt zu lösende Aufgabe.

Erster

Erster Abschnitt.

Von den Bedingungen des sinnlichen Wohlbehagens im Allgemeinen.

§. 712.

Wohlbehagen beruht überall auf dem Gefühl und Bewußtwerden des Lebens. Das Leben selbst aber ist der Inbegriff aller in uns regsamen Kräfte — aller geistigen und aller körperlichen.

Das Gefühl und Bewußtsein des Lebens kann nun in verschiedenen Graden statt haben.

§. 713.

Erstens können wir das Dasein und die Regung mehrerer oder wenigerer Kräfte zusammen in uns empfinden, unseres Lebens mehr oder minder in seiner Vollständigkeit bewußt werden.

In dieser Beziehung ist die Gesammtregung und das Gesammtbewußtsein alles geistigen und körperlichen Vermögens, wie z. B. Musiker im Momente höchsten Schaffens, Propheten, Hellsehende im Zustande einer ihr ganzes Wesen erfüllenden Auffassung sie empfinden, gewiß der höchste Zustand des Wohlseins — wenn man dieses Wort nicht auf die gewöhnliche engere Bedeutung von sinnlichem Wohlsein beschränkt. Ob Schaffende in andern Künsten, z. B. Dichter und Maler, einen gleichen Zustand in den Momenten des Schaffens durchleben, kann hier ununtersucht bleiben.

Der nächste tiefere Zustand würde sich in einer Gesammtregung aller geistigen Kräfte, z. B. im Philosophen und im Dichter (wenn die obige Frage verneint werden müßte) — so wie in einer Gesammtregung aller sinnlichen Kräfte darstellen. Je vereinzelter aber die Lebenskräfte sich empfinden lassen, desto geringer ist der Zustand des Lebens; wie wir denn auch den Rang der Menschen, Thiere und Pflanzen und ihrer Arten unter einander nach der Summe der ihnen inwohnenden Fähigkeiten zu bestimmen gewohnt sein.

§. 714.

Zweitens können wir eine Kraft, oder einen Inbegriff von Kräften in uns bald mehr, bald weniger lebhaft empfinden; und dieser Grund der Empfindung hängt nicht blos von der augenblicklichen Gewalt, sondern auch von der Dauer des Eindrucks ab, der auf unsere Kraft verübt wird; endlich aber von dem Grade unserer Erregbarkeit und unserer Widerstandskraft.

§. 715.

Das Maaß des Eindrucks und der davon bedingten mindern oder gesteigerten Empfindung unserer Lebenskraft durch alle Abstufungen zu verfolgen, scheint zugleich unmöglich und für unsere Aufgabe unnöthig. Wir können uns aber eine Steigerung des auf uns erfolgenden Eindrucks vorstellen von dem Punkte an, wo wir ihn kaum gewahren, bis allmählig auf den Punkt, wo er zerstörend werden kann. So kann z. B. das Licht so schwach sein, daß es sich nur als geringste Dämmerung von der Finsterniß ablöst, und sich verstärken bis zu dem Punkte, wo es auf die Sehkraft zerstörend wirkt. So kann auch der Schall von dem Punkte, wo er kaum vernehmbar ist, bis zur Zerstörung unsers Gehörs gesteigert werden.

§. 716.

Ohne also auf eine genauere Abmessung einzugehen, stellen wir uns einen Eindruck vor, der zu unbedeutend ist, um die ihm entsprechende Kraft vollkommen zu erregen, und einen andern, der übermächtig und zerstörend zu werden droht. Beide Stufen des Eindrucks erwecken unser Wohlbehagen nicht, oder minder, als eine Erregung, die uns zum vollen Gefühl unserer Kraft und Lebensthätigkeit bringt, ohne gleichwohl durch zu große Heftigkeit oder zu lange Dauer mit deren Erschöpfung und Zerstörung zu drohen.

§. 717.

Hiermit haben wir aber die Bedingung alles sinnlichen Wohlseins und Wohlbehagens aufgefunden: sie beruht in dem Ebenmaaße des Eindrucks (nach seiner Kraft und Dauer) mit unserer Kraft, ihn aufzufassen und zu ertragen. Bei der Verschiedenheit des Auffassungsvermögens in den Menschen kann demnach derselbe Eindruck dem Einen angemessen sein, der es dem Andern nicht ist, oder minder.

§. 718.

Es ergiebt sich hieraus, daß eine allgemein zutreffende Bestimmung, auf welchem Punkte ein Sinneneindruck zu schwach, zu stark, mehr oder minder, oder ganz wohlthuend wirken werde, nicht zu treffen ist.

Der nächste, freilich nicht überall sichere Maaßstab ist uns in unserm eigenen Vermögen gegeben, von dem wir auf das Anderer schließen. Erfahrung muß diese Vergleichung berichtigen und sichern.

Zweiter Abschnitt.

Anwendung auf Gesangvortrag.

A. Allgemeines Gesetz.

§. 719.

Wenn wir uns einstweilen bei dem Gesangvortrage auf die rein sinnliche Tendenz beschränken: so ist an jedem musikalischen Elemente und jeder musikalischen Gestaltung nur zu untersuchen, wiefern sie einem möglichst angenehmen Sinneneindrucke entsprechen. Es wird demnach in Klang der Stimme, Höhe und Tiefe des Tones, Art der Tonverbindung und in der Bewegung des Ganzen und aller Theile vor allem zu vermeiden sein, was einen zu geringen oder zu heftigen Sinneneindruck hervorbringen müßte; und alle die bezeichneten Elemente müßten so unter einander verbunden sein und in ihren Graden in solcher Abwechselung erscheinen, daß die Kräfte des Auffassenden durch diesen Wechsel stets angeregt und beschäftigt, nie aber ermüdet würden, vielmehr überall, wo Abspannung bevorstände, Erholung — und wo Gleichgültigkeit eintreten könnte, neue Anregung fänden.

§. 720.

Diese an sich schon höchst allgemeine Anweisung erscheint aber noch unbestimmter, wenn wir erwägen, daß für die ungleichen Fähigkeiten verschiedener Zuhörer kein allgemein zutreffendes äußeres Maaß besteht und daß Gewöhnung jeden Eindruck, der vielleicht früher zu heftig war, mildert, ja unwirksam, mithin einen stärkern Eindruck nöthig macht.

Auf dem Wege der Gewöhnung sind z. B. Intervalle und Akkorde gemein geworden, die man sonst so befremdend fand, daß man ihre Einführung nur unter der größten Umständlichkeit gestattete und lieber ganz verboten hätte — wie man denn jetzt Nonen und verminderte Septimenakkorde so unbedenklich anwendet, wie vor funfzig Jahren etwa Dominantenakkorde. So ist auch ein häufiges und plötzliches Moduliren in fremde Tonarten jetzt nicht befremdlicher, als früher die wohlabgewogene Ausweichung in die nächst verwandten *) Töne.

Auch die Auffassung und Festhaltung der Melodien ist jetzt, bei der allgemeiner verbreiteten musikalischen Bildung um so viel leichter, daß man sich größere und abwechselndere Tonfolgen gestatten kann, als früher.

B. **Vorbild für sinnliches Streben. Italische Musik.**

§. 721.

Sehen wir uns nun bei dieser Unzulänglichkeit allgemeiner Gesetze nach einem allgemein zu rechtfertigenden Vorbilde um, nach dem wir bei unsern Gestaltungen uns richten könnten: so sei erinnert, daß der Gesang zunächst als Aeußerung des Sängers aufgenommen werden muß. Daher

---

*) Je mehr Töne zwei Tonleitern mit einander gemein haben, desto näher nennt die bisher bestehende Theorie sie verwandt. Z. B. die nächsten Verwandten von C-dur wären: A- und C-moll, G- und F-dur. Zweifelhaft — und für den Zweck der Gesanglehre überflüssig, wie diese Lehre besonders in ihren Folgerungen dem Verfasser erscheint, ist ihrer in der Musiklehre (im ersten Buche) nicht Erwähnung geschehen, da nicht hier der Ort zu ihrer Diskussion ist.

wird er uns sinnlich um so mehr befriedigen, je mehr er der Ausdruck der vollkommensten, gesunden und erregbaren Sinnenorganisation ist.

Die bewegliche, frische, gesundkräftige und dabei zarte Jugend zeigt uns, wo sie nicht Höherm nachstrebt, die schönste Blüte der Sinnenorganisation.

§. 722.

Unter den Völkern, bei denen wir jetzt Musikbildung finden, zeigt das italische (und dort wieder das neapolitanische) die am vollkommensten entwickelte Organisation des Sinnlichen. Auf seiner Stufe sehen wir den Menschen bis zu dem Punkte entwickelt, wo ein höheres, das geistige Prinzip an der Stelle des Sinnlichen herrschend werden würde, und nicht weiter. Wir sehen den Italiener kräftig bis zu dem Punkte, wo die Kraft das Sinnenprinzip beherrschen und einem höhern unterordnen — weich und zart bis zu dem Punkte, wo auch die Sinnenorganisation erschlaffen, oder in Apathie erstarren müßte. Seine Theilnahme für oder wider die ihn berührenden Gegenstände erreicht leicht den Grad, daß sie seine ganze Individualität zur vollen, ja leidenschaftlichen Thätigkeit erweckt, wird sich aber selten zu jenem Punkte erheben, wo man sich selbst vergißt und aufgiebt an dem einmal umfaßten Gegenstande.

Die heißere Sonne, die durchglühtere, darum aber auch leichter sich in sich verzehrende Zone des Südens hat dem Italiener eine leichtere, erregtere, aber auch weniger befestigte und widerhaltige Natur gegeben. Jeder Sinn und jedes Organ hat in ihm erhöhtes Leben, theilt der Seele schnell aufwallendes Gefühl, dem Geist einen schnellen Schwung der Phantasie mit, um dann rascher und entschiedener zur Ruhe, zur Abspannung zurückzukehren. Diese Stimmung der Körper und Geister ist die allgemeine, jedem schon eingeborne und von außen stets neu einströmende; durch sie findet der Südländer in sich selbst und den nächsten persönlichen Beziehungen so volles Genügen, so reichliche Befriedigung, daß ihn nichts einladet, umfassendere Beziehungen zu suchen, eine höhere Idee zur Erhebung und Erwärmung seines Geistes zu erringen, ja, daß ein solches Streben im Einzelnen nur einen schwachen Wiederhall im Volke findet. In allen politischen Beziehungen, in der religiösen Stimmung, in dem — offenen und nicht öffentlichen — Leben der Italiener (wie man es unter andern in Göthe'schen Schriften klar abgespiegelt sieht) bewährt sich obige Auffassung; und die Tonkunst der Italiener giebt dem denkenden Musiker in seinem Fache selbst eine neue Bekräftigung derselben. Alle nationalen Kompositionen behaben sich in subjektiven Beziehungen mit Ausschluß tiefer begründeter und deßhalb umfassenderer Ideen. Der italische Komponist (wenn er nicht, wie Spontini und Cherubini, aufgehört hat, Italiener zu sein) giebt in seinen Werken nichts, als den Ausdruck seiner eigenen Individualität, des schönen sinnlichen Naturells seiner Landsleute. Daher auch die Kompositionen verschiedener italischer oder italisirender Komponisten, ohne daß sie eben von einander abschreiben, so häufig und genau übereinkommen, daß man z. B. in neuester Zeit unter den Werken Rossini's, Merkadante's, Meier Beers und Anderer, keinen erheblichen Unterschied wird nachweisen können, außer daß im Erstgenannten das italische Prinzip zuerst in seiner Reinheit zur Aussprache gekommen ist und er die andern mit dem Glanze der Originalität überstralt.

§. 723.

Das hier bezeichnete italische Prinzip finden wir schon in der Periode der großen italischen Oper angedeutet. Die Helden des Alterthums, die weltbeherrschenden Kaiser, zu deren Geschichten man sich in den Umgebungen der großen Vorzeit, oder durch die epischen Gedichte Tasso's und Ariost's hingezogen fühlte, stellten sich dem italischen Dichter und Komponisten nicht wahrhaft in ihrem geschichtlichen Karakter dar, sondern unter ihren glänzenden Masken sah der subjektiv abgeschlossene, in sinnlichen, persönlichen Beziehungen und Neigungen befangende Italiener hervor; und da denn doch nicht verborgen bleiben konnte, daß man sich unter jenen Alten noch etwas Anderes vorzustellen habe, als das Heutige, so fand man diese oberflächliche Beobachtung mit einer äußerlichen, stehenden Form, einem gewissen großartigen Zuschnitte, den man den großen Styl nannte, ab, ohne das vaterländische Prinzip darum aufzugeben *).

§. 724.

Auch dieser, allerdings wenig Wahrhaftes und für natürlichen Erguß desto mehr Fesselndes mit sich führende Schein einer größern Tendenz ist von den neuern Italienern aufgegeben worden und Rossini ist, wie gesagt, der erste, der sich ganz und unverholen dem reinen Ausdrucke des italischen Prinzips der Sinnlichkeit hingegeben hat. Verlockt es ihn in einzelnen Stellen zu einem bestimmtern und umfassendern Ausdrucke, so führt dieser Abweg sicherlich bald genug und entschieden auf die eigne Bahn zurück. Daß Rossini kein höheres Streben hat, als ihm hier beigemessen ist, darf nach allem über ihn Besprochenen **) unsern Zeitgenossen, die das Wahre erkennen wollen, nicht weiter bewiesen werden; und Rossini dürfte eher vergessen sein, als die Resultate des über ihn Gedachten.

§. 725.

In ihm ist jedoch nach dem eben Gesagten die höchste sinnliche Vollendung der Gesangmusik zu beobachten; dies bewährt sich in dem Antheil, den er sich bei allen den Sängern und unter dem Theile des Publikums erworben hat, wo man von einer höhern geistigen Entwickelung zurücksteht und das Sinnliche vorwalten läßt. Leichte Beweglichkeit, ewige Regsamkeit im Rythmus über-

---

*) Als bloße Tradition ist diese Schreibart in der Zeit, wo die italische Oper in Deutschland vorherrschte, namentlich durch Hasse und später durch Reichard zu uns gewandert, vornehmlich an Hoftheatern herrschend, jedoch auch auf die Kirchenmusik nicht ohne Einfluß geblieben.

**) Vergl. der Berliner allgemeinen musikalischen Zeitung zweiten Jahrgang No. 1 und 3. Seite 4 und 22 und an andern Orten.

haupt und in der Gliederung der Melodie bis in deren kleinste Momente — dort vorherrschender Marsch- oder Walzerrythmus, hier punktirte Noten und Triolen — anmuthiger Wechsel von Höhe und Tiefe, Stoßen und Binden, Stärke und Schwäche, Ruhe und Eile — sanfte Verschmelzung aller dieser Elemente — als launenhafte Würze (das Zeichen eines regen sinnlichen Naturells) unvorbereitet vorgestoßene stärkere oder höhere Töne und ähnliche Reizmittel — ein leichtfertiges Abweisen alles Höhern, aller wahren und tiefen Empfindung, aller Karakteristik*), sogar aller Beachtung des Scenischen: diese Elemente reicher und frischer vorherrschender Sinnlichkeit, die der Italiener stets in seinen Komponisten gesucht, oder sonst in sie hineingetragen hat, finden sich in Rossini's Werken ausdrücklich bestimmt; und das Neue an ihm ist nicht dieses Wesen, sind nicht diese Mittel, sondern ihre bewußte und fest bestimmte Anwendung für einen Zweck, zu dem man sich ungescheut bekennt.

Auch sollen wir nicht vergessen, daß manches, was uns Deutschen an ihm und sonst am italischen Gesange als Ueppigkeit, Ausschweifung, Ueberladung, also als ungesund und ungehörig erscheint, im erregtern und — schwächlichern Süden ganz naturgemäß sein mag. Und wenn wir die menschliche Gesangsprache, wo z. B. Rossini seine Sänger zu Begleitungsstellen (wie diese

aus seiner Elisabeth) mißbraucht, entwürdigt finden: so mag auch hierin der Italiener, der in seinem Sinnentaumel weniger aufzugeben hat, besser befriedigt werden.

Dritter Abschnitt.
Italisches Gesangwesen.

§. 726.

Haben wir im vorigen Abschnitte den wahren Karakter italischer Musik soweit zu enthüllen versucht, daß zu erkennen war, wie unbefriedigend ihre Richtung für jeden aus dem Sinnlichen nach Höherm strebenden Menschen ist: so kann doch dabei der wahrhafte natürliche Inhalt nicht verborgen geblieben sein; und da dieser mehr oder weniger auch allen höhern Kompositionen eigen bleibt, so hat jene Musik sich zur Aneignung jenes sinnlichen Wesens dienbar bewiesen.

---

*) Vergl. der Berl. allg. mus. Ztg. erst. Jahrg. No. 26, S. 225.

Es liegt aber in der Natur der Sache, daß das untere italische Element früher als ein höheres zur Reife und in dieser zur allgemeinern, vorherrschenden Verbreitung hat kommen müssen und so finden wir denn noch jetzt die italische Gesangschule und Gesangmethode überall vorherrschend und auf das Geradewohl gepriesen, obgleich überall, besonders aber in Deutschland an den einer höhern Tendenz geweihten Werken zu erkennen wäre, wie wenig sie für diese, also für das Bessere, ausreichen kann. Von dem aber, was diese Gesangmethode Nutzbares geleistet, versuchen wir, im Folgenden Rechenschaft zu geben.

§. 727.

In der Tendenz der italischen Musik war eine sorgfältige Ausbildung der Stimme und Sprache zu mannigfaltigem Wohlklange, zu schöner und reicher, leichter Bewegung und zum Wohllaut (als den Elementen sinnlichen Wohlgefallens) erste und vornehmste Tendenz. Der Italiener war dazu nicht blos von der Natur mit besonders günstigen Organen ausgestattet, sondern es hat sich auch bei der stetigen Richtung seiner Tonkunst auf Sinneneindruck eine Methode zur Stimmbildung empirisch gebildet und von einem Sänger und Lehrer auf den andern durch Tradition und Ablernen fortgepflanzt, von der wenig mehr, als allgemeine Andeutungen, in Schriften niedergelegt worden.

Aus dem Elemente der Sinnlichkeit und auf dem Wege der Empirie gefunden, ist diese Methode auch den unsichern Händen der ausübenden Techniker anvertraut geblieben und hat namentlich mehr im Vorsingen und Nachsingen-Lassen, als in Lehre bestanden, darüber aber auch alle Nachtheile eines rein empirischen Verfahrens gezeigt und neben dem der wünschenswerthen Hülfe der Physiologen und Aerzte, denen unbekannt blieb, worauf es dem Sänger ankomme, entbehrt.

§. 728.

Was aber die aus der italischen Schule gewonnene Vortragslehre betrifft, so finden wir in ihr und dem Vortrage der nach ihr gebildeten Stimmen nächst dem in §. 727 Erwähnten vornehmlich einen zarten und dabei leicht bewegten Schwung der Melodie, eine Verschmelzung und Abrundung der zusammengehörigen Töne, manchen zarten, oder auch pikanten, stets aber leicht aufgegebenen Accent, ein Vermeiden alles zu heftig Ansprechenden und dafür eine stete Laune und Behäbigkeit, das Leben der Melodie durch Zusätze zu erhöhen, den Gang der Töne durch neu eingeschobene zu bereichern und zu beschleunigen. — Da sich nichts, was im Menschen webt, ganz verleugnen läßt, so regt sich auch im Gesange nach italischer Schule so viel Seelenempfindung, als jene vorherrschenden Intentionen und der Inhalt italischer Kompositionen zulassen.

Zu näherer Erörterung nehmen wir wenigstens eine kurze Komposition von Rossini, aus dessen Tankred*) hier auf, die wol zu seinem Besten gehört und mit der Situation wenigstens nicht

---

*) Im zweiten Akte Nr. 15 S. 118 des Breitkopfschen Klavierauszuges.

grell im Widerspruche steht, wenn sie auch den Ausdruck des Gefühls schmerzlich verrathener und doch ungeschwächter Liebe nicht erreicht.

Es sei nur vorläufig der leicht faßliche, sanft bewegte und in jedem Abschnitte ruhende Rythmus fast überall von zwei und zwei Takten, bemerkt.

Die Takte 6 bis 12 sind in den Takten 18 bis 24 wiederholt und obgleich schon von jenen der elfte durch die eingemischte Sextole belebt ist, so fodert doch die bis zur Ungeduld und Unruhe aufgeregte Sinnlichkeit des Italieners eine höhere Aufregung der Melodie in ihrer Wiederkehr, die denn Rossini im zwanzigsten Takte durch die Ausfüllung der einfachen Serten im achten Takte und durch die Bereicherung des zehnten Taktes im zwei und zwanzigsten selbst gegeben hat. Wie die leicht hinrollenden Sextolen im zwanzigsten Takte zu den Worten:

    che mi tradì

und das tändelnde Auf- und Niederflattern der Stimme im zwei und zwanzigsten Takte zu der Empfindung der Worte:

    l'adoro ancora

passen, darf hier nicht gefragt werden. Im Sinne der italischen Schule würde auch dem achtzehnten Takte, etwa in dieser Weise:

[26]

Ah! che scor - - - - dar non sò   co - - lei

ein frischerer Schwung zu geben sein, so wie man die letzten Takte etwa folgendermaßen

l'ado-ro an - cor l'a - - - - - - doro l'a - - - - do - - - - ro an - cor

bereichern könnte, wobei italische Sänger eher noch über Dürftigkeit als Ueberladung zu klagen haben möchten. — Den drei und zwanzigsten Takt hat Rossini einfacher gestaltet, als selbst seinen Vorgänger, den elften, weil er darauf rechnen kann, daß der Sänger bei dem Ruhepunkte von selbst alle seine Lebhaftigkeiten ausströmen und aussprudeln würde, weßhalb denn solche Fermaten (Ruhepunkte vor dem Schlusse — oder auch überall) in italischen Kompositionen nicht leicht zu missen sind.

Die Faßlichkeit des Rythmus und die sanfte Haltung der ganzen Komposition wird den Sänger von selbst zu einer weichen Verbindung der zusammengehörigen Töne und zu einem sanften Schwunge der rythmischen Bewegung einladen; und bei dem Einflusse sinnlicher Empfindung, geschweige bei ihrem Vorwalten, kann besonders von jenem strengen Abmessen und Herausheben der rythmischen Gliederung, von der §. 666 ein Beispiel enthält, nicht mehr die Rede sein. Vielmehr wird manche Abweichung von jenen allgemeinen Vorschriften den Reiz der Bewegung erhöhen. So vertrügen z. B. die im siebenten und achten Takte mit Sternen bezeichneten Töne wohl eine mäßige, sie vor den rythmischen Haupttönen auszeichnende Verstärkung der Stimme, die jedoch, besonders bei den zusammenzuziehenden Sexten schnell wieder abnehmen müßte. Nach dieser Verstärkung und Tonziehung würden die folgenden Haupttöne durch kurzes, dabei aber sanftes Abstoßen mit bestimmter Artikulation auf eine vermannigfaltigende Weise hervorgehoben. Der Ausdruck des „l'adoro" im neunten und einundzwanzigsten Takte erfoderte eine ähnliche Verstärkung der dort bezeichneten Töne.

Alle schneller bewegte Tonfiguren, namentlich die Sextolen im zwanzigsten Takte werden an Leichtigkeit und Anmuth gewinnen, wenn sie mit leicht und sanft ansprechender Stimme vorgetragen werden; wogegen die von uns unternommenen Veränderungen des achtzehnten Taktes und überhaupt jede in größern Intervallen bewegte Tonfigur (vergl. §. 579. 580.) schon vollern Stimmklang verträge. — Jener Vortheil, schnellere Tonfiguren durch leichtern Stimmklang reizender zu machen, ist so allgemein beobachtet worden, daß man daraus übereilt die Maxime gezogen hat, alle solche Figuren mit leichter, wohl gar mit halber Stimme (§. 539) zu singen.

Können nun bei dieser Vorschrift die ersten Töne der Sextolen nicht füglich, wie man aus dem achten Takte abnehmen möchte, durch Verstärkung hervorgehoben werden, so wird ähnlicher Eindruck durch ein längeres Verweilen auf diesen Tönen, etwa in dieser Weise:

zu erreichen sein. — Die übrigen Vortragsnüancen werden sich nach diesen Winken leicht finden lassen.

Im Ganzen müßte sich die Bewegung erhöhen, besonders vom dreizehnten Takte an, in dem der dritte Ton mit einem kurzen Triller belebt werden könnte.

§. 729.

Diese Umrisse italischen Gesangwesens werden uns kenntlich gemacht haben, worauf es bei ihm abgesehen ist und welche Geschicklichkeiten der Sänger für sie zu erwerben hat. Die Lehre von der Figurirung im ersten Buche und die im zweiten Buche vorgezeichnete Stimmbildung geben die erlernbaren Mittel zu jenem Zweck an die Hand.

§. 730.

Es wird jedoch in jenem, der reinen Subjektivität und der Sinnlichkeit eigenen Gebiete ohne eine reiche, kräftig und wohlthuend gestaltete Sinnenorganisation und ohne eine Vertiefung in das Element der Sinnlichkeit nichts Bedeutendes geleistet werden können und eine von Ursprung, durch Alter oder durch Krankheit dürftige Stimmorganisation wird sich nie als das Gegentheil empfinden lassen.

Ja, für Sängerinnen, die sich öffentlichen Leistungen, zumal auf der Bühne widmen, muß ausgesprochen werden, daß Jugend und äußerliche Schönheit fast unerläßlich sind, wenn der höchste Gipfel italischer Kunstleistung erreicht und der Gesang als eigenste subjektive Aeußerung eines frischen, sinnlich-schönen und reichen Naturells aufgenommen werden soll: womit denn die allgemeine Vorliebe des Publikums für jüngere und schönere Sängerinnen vor musikalisch-fähigern, im Gebiete des italischen Wesens vollkommen gerechtfertigt erscheint. Natürlich leidet diese Bemerkung auf Künstler, die sich einem höhern geistigern Streben weihen, keine Anwendung.

§. 731.

Eine zweite Bedingung vollkommenen Erfolges ist aber die vollkommenste Freiheit der Leistung. Wo man Erlerntes, Vorbedachtes bemerkt, da hört der Gesang schon auf, reiner Ausdruck der Subjektivität, Erguß der unbefangenen, unbewußten sinnlichen Natur zu sein.

Daher sind die oben angewiesenen Studien nicht eher für vollendet anzusehen, als bis sie in einem scheinbar ganz natürlichen Gusse spurlos verschwinden und namentlich muß man den zugefügten Figuren keine Vorbereitung anmerken, sie vielmehr als willkührliche, augenblicklich eingegebene Zusätze aufnehmen können. Vollendet würde in diesem letzten Punkte nur der Sänger genannt werden dürfen, der sich vollkommen geschickt gemacht hätte, alle wünschenswerthen Zusätze wirklich unvorbereitet, aus dem Stegreife, zu machen und auszuführen.

§. 732.

Als drittes Erfoderniß ist endlich die Lust an der Sache, das freudige Leben und die volle Befriedigung in der Sphäre der Sinnlichkeit anzusehen, die bis zur Begeisterung steigen kann, wo der Sänger in ihr sein ganzes Wesen zum höchsten Dasein (§. 713.) erhoben fühlt und höhern geistigen Intentionen ganz entsagt. In dem höchsten Ausdrucke sinnlicher Leidenschaft wird dann das italische Prinzip einer andern und höhern Sphäre nahe gehoben.

Diese Lust aus voller Befriedigung im sinnlichen Elemente ist es, die italische Sänger allen übrigen nach Höherem strebenden in der allgemeinen Meinung den Vorzug abgewinnen läßt, da man sie in ihrer Vollendung erblickt, in höhern Sphären aber weit seltener die Stufe der Vollendung erreicht werden mag.

Vierter Abschnitt.

Ausartung der italischen Schule.

A. Ausartung wegen Unfähigkeit.

§. 733.

Nicht immer mag die vollkommne Erwerbung der im §. 731 besprochenen Fertigkeit in freier Umgestaltung der Melodie den Sängern und Gesanglehrern bequem erreichbar gewesen sein; und dies hat darauf geführt, unter dem Namen von Manieren oder Setzfiguren gewisse Formeln zu bestimmen, die beliebig zu Einschaltungen verwendet werden können. Solcher Setzfiguren finden wir z. B. in Marpurgs Gesanglehre*) folgende aufgezählt:

---

*) F. W. Marpurgs Anleitung zur Musik überhaupt und zur Setzkunst besonders u. s. w. 1763.

1) Tonwiederholung (Tonbebung — §. 316).
2) Rückung oder Synkopation. Wenn Taktglieder verschiedener Takttheile, Takttheile verschiedener Takthälften, Takthälften verschiedener Takte unter einander zusammengezogen werden, z. B.

so heißen die Noten synkopirt.
2) Tonverziehung — Rückung der Melodie gegen die Harmonie (Vorhalt §. 174. oder Vorausnahme §. 176.)
4) Tonverbeißung oder tempo rubato, Zurückhaltung des Toneinsatzes; statt

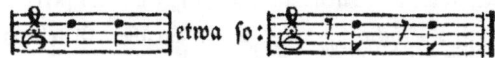

5) Laufer. (Kleine Laufer von vier oder sechs Tönen heißen auch Volaten.)
6) Walze oder Rolle; vier stufenweis einander folgende Töne, von denen der erste und dritte —
7) Halbzirkel; gleiche Tonfolge, wo der zweite und vierte Ton dieselben sind.

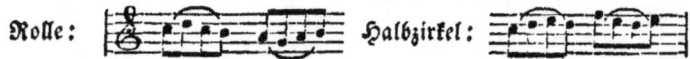

8) Brechung — Zergliederung der Akkorde und Figurirung §. 312 bis 314.
9) 10) Vorschlag (§. 317) und Nachschlag (a).
11) 12) Doppelvorschlag (b) und Schleifer (c).

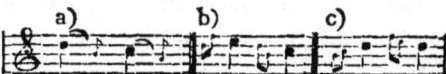

13) 14) 15) Triller, Mordent (Prall-, kurzer Triller und Doppelschlag (§. 326 bis 336).

Wie wenig diese Figuren erschöpfen, und wie unthunlich es wäre, nach größerer Vollständigkeit zu streben, bedarf keines Beweises. Das ganze Verfahren ist eine Vernichtung der Freiheit und Natürlichkeit, die eben der italischen Schule so wesentlich ist.

§. 734.

Eine ähnliche und fast eben so unbefriedigende Aushülfe erscheinen die stehenden Manieren, die sich vom Lehrer auf den Schüler und von einem Sänger auf den andern fortpflanzen und die jede Eigenthümlichkeit verwischen, statt daß der italische Sänger seine Subjektivität so eigenthümlich wie möglich zu erhalten hätte, um durch Neuheit neben und vor andern zu reizen; daher man überall eine neue Sängerin mit neuen Manieren die länger gekannten im Felde italischen Gesangwesens besiegen und unter andern z. B. der Verf. die an sich nicht einmal reizende, aber ungewöhnliche Manier einer talentvollen jungen Sängerin:

von einem zahlreichen Publikum mit Entzücken aufgenommen sah.

§. 735.

Einen Vorrath an Manieren und Figurirungen geben alle Sammlungen von Singübungen, keine jedoch reicher, als die wintersche*) an die Hand. Die nie versiegende und stets das Anpassendste und Eigenthümlichste zusichernde Quelle ist aber eigene Erfindung; und wenn der Schüler durch Ausübung des im ersten Buche §. 303. u. f. darüber Gelehrten dazu geübt und befähigt ist, so möge er nie ermüden, in eigenen Versuchen mit der Stimme sich alles aufzusuchen, was ihr, seiner Neigung und Auffassung und seinem Geschmacke am zusagendsten ist. Dies ist noch ein Weg, auch im Gebiete italischen Gesanges manches, was Natur und Alter vielleicht versagt, zu ersetzen.

B. Ausartung durch Uebermaaß.

§. 736.

Die Schwierigkeit, sich Stimmfertigkeit in bedeutendem Grade eigen zu machen, hat besonders in den Augen derer, die sich keines höhern Ziels bewußt worden sind, zur Ueberschätzung solcher Geschicklichkeit geführt und Gesangkünstler verleitet, das Bestreben sinnlich zu reizen (oder höhere Intentionen) der Absicht, durch hohe und seltene Fertigkeit und andere Geschicklichkeit sich auszuzeichnen unterzuordnen. Das Publikum hat denn wohl, unbewußt und unkundig dessen, was ihm entzogen wird, für einen höhern Genuß an sinnlich schöner Natur mit einem kühlen Bewundern unverständener Künstlichkeit fürlieb nehmen gelernt; die anfängliche Seltenheit und der Preis derselben hat ihre Schätzung noch gesteigert.

§. 737.

Ein dieser Tendenz gewidmeter Gesang ist Bravourgesang genannt worden und öfters haben die besten Komponisten, z. B. Mozart, ihre edlern Intentionen aufgegeben, um diesem Gelüst der Sänger zu genügen. Wo sich in solchen Kompositionen nur ein ungewöhnlich gesteigertes, aber

---

*) Vollständige Singschule in vier Abtheilungen, mit deutschen, italienischen und französischen Vorbemerkungen und Erläuterungen von Peter von Winter. Mainz bei Schotts. Vergl. der Berl. allg. mus. Ztg. zweiter Jahrg. No. 14, 20, 21, 22, 23.

natürlich und wohlthuend bleibendes sinnliches Prinzip ausspricht (wie fast in allen Mozartschen Bravourarien, namentlich in den Scenen der Königin der Nacht in der Zauberflöte) da ist das über italischen Vortrag Gesagte anzuwenden. Natürlich muß aber die Organisation und Ausbildung des Sängers der in Bravourkompositionen übernommenen Aufgabe gewachsen sein und ihre Lösung leicht erscheinen lassen, denn nichts ist lustloser und widriger, als wenn da, wo man mit seltnen Kräften prunken will, Schwäche und Dürftigkeit oder Unbeholfenheit hervortritt.

§. 738.

Die Ausartungen des Bravourgesanges haben sich aber besonders

1) in einer übermäßigen Ausdehnung der Stimme, besonders zu großer Höhe (als Beispiel dienen die vorgenannten Mozartschen Scenen);
2) in einer bedeutungslosen Anwendung überweiter Tonsprünge (von einer zur dreizehnten oder funfzehnten Stufe, z. B. in Righinischen Scenen);
3) in einer Ueberlänge bunter Tonfiguren (z. B. in Winters Bravourarien, in der Bravourarie in Spontini's Nurmahal);
4) in einer Anwendung sehr schwieriger — gleichviel ob angenehmer oder unangenehmer Passagen, (wohin z. B. die neuerdings überhäuft angebrachten chromatischen Laufer gehören);

kund gegeben.

Wie denn der eigentliche Zweck solcher Leistungen stets kein anderer ist, als die dazu nöthigen besondern Anlagen oder Geschicklichkeiten auszulegen: so läßt sich über den Bravourvortrag außer dem Bisherigen nichts Weiteres lehren. Wie weit jener egoistische Zweck, mit Schulkünsten zu prunken, von der Tendenz, sinnlich angenehmen Eindrucks und gar von höhern Intentionen ablenken kann, ist nicht zu bestimmen und es mag sich jeder darin so weit gehen lassen, als Mangel an höherm Interesse ihm gestattet.

Anhang zu beiden Abtheilungen.
Vom Styl.

§. 739.

Schon die Betrachtungen des sinnlichen Eindrucks der Musik haben diese oberflächlich als Ausdruck des menschlichen Naturells (des Sängers, des Komponisten, oder des im Kunstwerke gedachten Karakters) erscheinen lassen; und sobald man sich nur der sinnlichen Eindrücke von Tonstücken einigermaßen deutlicher bewußt zu werden anfing, mußte auch schon eine Verschiedenheit des Eindrucks als Verschiedenheit des Ausdrucks und der Bedeutung aufgenommen werden.

§. 740.

Hieraus hat die ältere Gesanglehre Verstandesgesetze über karakteristischen Vortrag gebildet, die (soweit sie nicht schon im Vorigen mit aufgenommen sind) sich nur auf eine allgemeine und oberflächliche Hinweisung auf den Inhalt und Karakter der Tonstücke — soweit der Verstand sie erfassen, oder aus den Gedichten und der äußern Bestimmung entnehmen kann, ausdehnen.

§. 741.

Zu dem Ende hat man die verschiedenen Musikgattungen nach ihrer äußerlichen Bestimmung vorerst in drei Klassen gebracht:

1) Kirchenmusik,
2) Theatermusik,
3) Konzertmusik,

der sich die Kammermusik (Gesänge für häusliche Gesellschaft, oder eigenen Genuß) als Unterart, oder besser als vierte Klasse anschließen sollte.

Erster Abschnitt.
Von der Kirchenmusik.

§. 742.

Man foderte für Kirchenmusik einen der geweihten Bestimmung angemessenen, ernsten, gehaltenen, frommen Vortrag. Daß sich in der Richtung zur Gottheit die Individualitäten der Menschen, Völker, Konfessionen — eben so bestimmt und unter einander verschieden aussprechen, als in jeder andern wichtigen Richtung; und um so mehr, je inniger der Mensch sich diesem Gegenstande hingiebt, wurde dabei nothwendig übergangen.

§. 743.

Denn es lag außer der Tendenz jener am Aeußerlichen haftenden, auf das Wesen der Sache nicht tiefer eingehenden Schule, weiter zu verfolgen, wie sich die verschiedenen Individualitäten zum Heiligen empfänden und erkennten, in welchem Sinne jede einzelne religiöse Komposition geschrieben und aufzufassen sei. Vielmehr wurde alles Individuelle, dem Heiligen gleichsam unziemlich (als könnte das Heilige einen eigenern Sitz haben, als in der menschlichen Brust) namentlich jede lebhaftere und mannigfaltigere Bewegung — daher auch reichere Figurirung, jeder heißere Ausdruck — gleich als wenn die Glut der Empfindung nur für das Nicht-heilige sich entzünden könnte, jede eigenthümliche Freiheit, z. B. in Zusätzen, Umgestaltung der Melodie und was dem mehr, hinweggewiesen; um unheilige Glut zu vermeiden, fesselte man und kühlte die Empfindung so weit, daß das Heilige mit dem Profanen ertödtet wurde und statt lebendigen Gefühls todte Formel zum Vorschein kam.

§. 744.

Dieses Verstandeswalten (vergl. §. 658, 662 u. f.) machte sich aber hier vorzugsweise in der Zeit geltend, wo die Kirchenmusik mit dem Kirchenthum aufgehört hatte, das ausschließliche Interesse an sich zu fesseln und wo man, das alte Würdige zu erhalten, kein sichereres Mittel sah, als, es durch jene strenge Abgeschlossenheit vor dem Eindringen des Neuen und der Vermischung damit zu zu retten.

§. 745.

Jene allgemeinen Anweisungen für den Vortrag einer Klasse von Kunstwerken, deren jedes von den andern so verschieden ist, wie die Künstler die, und die Stimmungen, in denen sie es schufen, können offenbar nicht ausreichen und eben wegen ihrer Allgemeinheit, wegen ihrer Rücksichtslosigkeit auf den eigentlichen genauen Inhalt jedes Werkes nirgends befriedigen.

Auch wollen wir uns durch die eben so allgemeinen Verbote nicht abhalten lassen, jedes Kunstwerk im Vortrage mit allem zu beleben, was es, seiner eigenen Tendenz gemäß, nach unserer reiflichen und innigen Auffassung fodert. Wo sich namentlich wärmere, selbst die leidenschaftlichste Empfindung der Sache gemäß aussprechen soll, da wollen wir sie nicht aus einer mißverständlichen Furcht vor Profanirung unterdrücken und wo sich Motivirung der niedergeschriebenen Melodie, oder auch Veränderungen und Zusätze sachgemäß zeigen, da sollen sie statt haben; ausserdem aber so wenig in Kirchen- als anderer Musik.

§. 746.

Hierbei können jedoch ein Paar Erinnerungen eingeschaltet werden, zu denen sich am meisten bei Kirchenmusik Veranlassung finden mag.

Erstens wird der Sänger vornehmlich bei Kirchenmusiken genöthigt, auf Eigenheiten des Lokals, in dem gesungen wird, Acht zu haben. Viele, besonders ältere gewölbte Kirchen, haben einen so starken Wieder- und Nachhall, daß bei einer schnellern Tonfolge die Töne in einander klingen, nämlich der folgende sich mit dem Nach- und Wiederhall des erstern vermischt. Gleiche Undeutlichkeit aus gleichem Grunde zeigt sich in solchen Lokalen auch bei Zusammenziehung der Töne; und das Ineinanderfließen verdunkelt dabei den Sinn der Sprache. Es ist daher an solchem Orte eine verhältnißmäßig langsamere Bewegung, ein bestimmteres, ja sogar eckiges und schroffes Abscheiden der Töne und Laute rathsam.

Dieselbe Rücksicht würde aber natürlich in jedem größern Lokale, in hallenden Sälen und Theatern u. s. w., eben so räthlich; und es ist eine, in ihrer Allgemeinheit unrichtige Folgerung aus jener wahren Beobachtung, wenn man schnellere Tonfolge — darum aber auch reichere Zusätze zur Melodie — dem Vortrage der Kirchenmusik überhaupt unangemessen meint.

§. 747.

Zweitens finden sich in den Kirchenkompositionen öfters, als in allen andern, streng zu haltende Tonfolgen, z. B. solche, die von andern Stimmen der ersten nachgesungen werden sollen — in Fugen, Kanons u. s. w. Solche Sätze gestatten selten eine Umgestaltung der Melodie, oder sonst erhebliche Aenderung durch den Vortrag, wofern man nicht sicher ist, daß die andern Stimmen darauf eingehen und an ihrem Orte dieselben Veränderungen wiederkehren lassen werden. Auch hier liegt aber der Grund nicht im Karakter der Kirchenmusik, sondern in der bestimmten Intention der Komponisten, dieselbe Folge von Tönen in verschiedenen Stimmen wiederkehren zu lassen. In welcher Musikgattung auch solche Absicht sichtbar würde, dürfte sie nicht unbeachtet bleiben.

§. 748.

Fruchtbarer wird die oben (§. 742) mitgetheilte Auffassung vom Kirchengesange im Allgemeinen, wenn wir sie fortführen und auf den individuellen Karakter der Komponisten erstrecken.

Solche Kenntniß bereitet wenigstens ein inniges Eingehen auf die Werke selbst vor, wenn sie auch an sich nicht ausreichen kann.

Die vollständige Abhandlung dieses Thema's muß einer Geschichte der Musik vorbehalten bleiben. Hier können nur einige wenige Fingerzeige gegeben werden, weniger um zu befriedigen, als um zu befriedigenderer Behandlung einzuladen.

Erste Unterabtheilung.
Katholische Kirchenmusik.

§. 749.

Im Karakter des Katholicismus liegt es, die Religion als ein dem Menschen von außen, von der Gottheit Gegebenes von allem Menschlichen streng zu scheiden, ihren innern, heiligen Dienst dem Laien zu entziehen und dem Geweihten zu ausschließlicher Verwaltung zu übergeben. Namentlich die Messe ist kein vom Volke selbst, sondern von den Priestern für jenes zu verrichtendes Gebet; die Priester bilden einen vermittelnden Stand zwischen der Gottheit und dem Volke, ihren Mund bald den göttlichen Verkündigungen und Verheißungen (z. B. in der Verwaltung des Abendmahles) bald den Bitten des ungeweihten Volkes (z. B. in den Gebeten der Messe) leihend. In beiden Beziehungen sind nicht ihre persönlichen Angelegenheiten und Empfindungen der eigentliche Gegenstand ihres Gebetes.

§. 750.

So mußte es darauf ankommen, für den heiligen Dienst auch eine heilige, von der profanen ganz geschiedene Sprache zu erhalten; dieses Bedürfniß war es, was der Musik ihren Dienst in der katholischen Kirche anwies. Sie sollte die Sprache sein, in der die Gottheit von den Geweihten angebetet würde, durch sie zum Volke redete — der Träger des heiligen Wortes, das Organ höherer Wesen.

§. 751.
Palästrina.

In solchem Sinne ist die Kirchenmusik im Hauptsitze der katholischen Christenheit durch Palästrina geschaffen und dort, in der Sirtinischen Kapelle, bis auf die neueste Zeit ziemlich in Reinheit erhalten worden. Mehrstimmig, oft in Doppelchören (von acht, neun und mehr Stimmen) werden in den reinsten, leidenschaftlosen und darum erhabensten Akkorden, die heiligen Worte ausgesprochen. Der reinste Klang der schönsten Stimmen (die man zu solchem Zwecke selbst der Natur gewaltsam abzudringen gesucht*) das reinste Zusammensingen, die zarteste, aus dem Hauch hervorgehende Intonation, ein langsames, majestätisches Anschwellen bis zur höchsten Kraft und ein allmähliges Wiederverhallen — dieser schönste Klang, dieser Ausdruck der schönsten sinnlichen Natur, vereinigt mit einer Entziehung von allem individuellen Ausdrucke, schien das geeigneteste Ausdrucksmittel höherer Wesen. Die volle Gewalt dieser Musik kann wol nur der gläubige Katholik empfinden; wer aber auch dieselbe gehört, oder sie sich aus den besten Werken, z. B. den Abendmahlsworten Fratres ego enim**) u. s. w. von Palästrina, lebendig darstellt, wird von der Herrlichkeit menschlich sinnlicher Natur ergriffen.

Daß aber die Töne und der Vortrag der gläubigen Sänger in der Sixtina bei der Vorstellung, daß sie heilige Worte im heiligen Sitze der katholischen Kirche verkünden, von einer höhern Glut beseelt und durchleuchtet werden, glaubt man, wenn man je für irgend eine Sache volle Begeisterung empfunden hat; und so mag es wohl wahr sein, daß keinem andern Sängerchor gelingt, was jenem.

§. 752.

So rein der Grundidee des katholischen Priesterthums geweiht, wie Palästrina und seine nächsten Nachfolger in Rom den musikalischen Kirchendienst geschaffen und verwaltet hatten, konnte er sich nicht überall erhalten. Mehr und mehr bestimmter, individueller Ausdruck floß auf die Werke späterer Tonsetzer und den Vortrag ihrer Sänger ein, so daß sich in spätern katholischen Kirchenmusiken das Prinzip der protestantischen und evangelischen (§. 753. 755. 757) vorahnen läßt, wie wohl in der katholischen Konfession die andern. Dabei aber schob sich dem Streben, das Heilige in reiner Weihe auszusprechen, mehr und mehr die Absicht, es in irdischer Herrlichkeit und Würde darzustellen, unter — wie es denn geschehen mußte, daß die katholische Lehre und Kunst, in dem Bestreben Heiliges vom Profanen, Geistiges vom Sinnlichen zu scheiden, aus dem abstrakten Geistigen zum abstrakten Rein-Sinnlichen (§. 751. 753) hinführte. Großer Sinn, großartige Pracht wurde auf der einen Seite, Wärme und Innigkeit auf der andern das vornehmste Ziel. Wir nennen auf jener Seite *Benedetto Marcello* und *Antonio Lotti* (Venetianer), auf dieser *Franzesco Feo, Leonardo Leo, Sarti*, zuletzt den weichen, oft sentimentalen *Pergolese* (Neapolitaner) und zwar deswegen vor andern, weil ihre Werke den deutschen Musikern noch am bekanntesten und zugänglichsten sein dürften.

In allen diesen Leistungen bleibt der Geist der katholischen Kirche das vorherrschende, nach Absonderung des Heiligen vom Profanen strebende Prinzip.

---

*) Vergl. der Berl. allg. mus. Ztg ersten Jahrg. No. 12 S. 111. Der Gesangl. §. 456.
**) In der bei Peters in Leipzig herausgekommenen Musica sacra.

Zweite Unterabtheilung.

Protestantische Kirchenmusik.

§. 753.

Wie man den Protestantismus die Wiedergewinnung der heiligen Schrift und ihren Triumph im Volke zu nennen hat; so erblicken wir auch in der protestantischen Kirchenmusik die musikalische Belebung derselben. Die Riegel waren zerbrochen, die dem Volke den Blick in die Bibel versperrten; sie wurde in jeder Sprache einheimisch — es war Pflicht, Bedürfniß und Genuß jedem, sie zu lesen. Sie, auf der die Religion ruhte, wurde auch der Stoff jeder Religionsübung; aus ihr wählten die Prediger ihre Themata und die Musiker ihre Texte. Und war das letztere zum Theil auch von den Komponisten der katholischen Seite gethan worden, so geschah es doch hier in einem andern Sinne.

Palästrina und seine Nachfolger hatten bei ihren Kompositionen die Aufgabe, an den Worten der heiligen Schrift den Quell derselben — göttliche Offenbarung, Weihe — zu zeigen, aus dem sie uns zugeflossen. Jene Gesänge sollten nicht das Göttliche, das im Menschen wohnt, zu unserm Bewußtsein bringen, sondern die Ahnung, den Glauben an ein Göttliches ausser uns wecken. Schon durch die fremde Sprache (die lateinische) dem Volk entzogen, sollten diese Ströme der edelsten Klänge, diese wunderbar auseinander tretenden, in einander verschwimmenden, verhallenden und mächtig anschwellenden und wieder versäuselnden Akkorde sich geradezu als göttliche Rede darstellen.

Bei den protestantischen Komponisten war im schroffen Gegensatze das Wort Mensch geworden. Die Schrift, Eigenthum des Volkes, sollte in ihm ausschließlich und frei leben. Die Schrecken des alten Bundes, die den Menschen zum Sclaven eines zornigen Gottes gemacht, die Schleier des Katholicismus, die dem menschlichen Auge das Göttliche gleichsam vor Entweihung verhüllt hatten, schwanden; der Geist war frei und wie jeder die Religion in der Schrift erfassen konnte, so trug er sie in sich, so sang sie der Tonkünstler. Wie die Choräle*) das eben im Volk allgemein Bestehende, von allen Erfaßte: so sprechen die Kirchenmusiken die höhern Ideen aus, das Volk an sie heranreifen zu lassen. Der Chor war das Volk selbst, tonkünstlerisch dargestellt; durch die Solostimmen waren die Einzelnen bedeutet, welchen zuerst eine Idee aufgegangen ist, daß sie sie reifen lassen und allgemein verbreiten. Jede Empfindung, jede Anschauung, jede Idee, die im Menschen lebte, durfte in diesen Kompositionen erscheinen.

---

*) Vergl. der Berl. allg. mus. Ztg. erst. Jahrg. No. 35, S. 301.

§. 754.

Händel.

Diese Gattung der Kirchenmusik hat in Händel ihre höchste Vollendung erreicht, dessen Aufgabe es gewesen — geboren im Schooße des Protestantismus, lebend im selbständigsten Volke — die Religion als reines Eigenthum des Volkes tonkünstlerisch darzustellen. Wahrheit, feste Ueberzeugung, inniges Durchdrungensein, Bestimmtheit, Treue, Tüchtigkeit bis zur gewaltigsten, und doch nie überregten Kraft — alles wie es einem hellen, selbständigen, tüchtigen Volke eigen ist — spricht siegreich eindringlich aus seinen Kompositionen und besonders aus seinen höchsten Werken, den Oratorien, die fast ausschließlich den christlichen Glauben, oder biblische Geschichten zum Gegenstande haben. So ist uns Händel der wahre Repräsentant des Protestantismus, wie Palästrina des Katholicismus, dieser sich vor dem Volke heiligend, jener im Volke erstarkend.

§. 755.

Der abweichende Sinn dieser Händelschen Musik von der römisch-katholischen offenbart sich natürlich in jedem ihrer Theile.

Vor allem durften sich jetzt aus den Chören Solostimmen aussondern, wie ja auch im Volk, in der Gemeine, Einzelne früher von einer Idee ergriffen und getrieben werden, sie zu offenbaren. In den Chören fügten sich nicht mehr alle Stimmen so eng geschlossen in einander, alle nur Ein Mund für die Offenbarung; sondern jede bewegte sich jetzt selbständig, als ein freier Karakter, und deßhalb auch in bedeutungsvollerer Melodie; jede wurde vom Gedanken des Textes durchdrungen und sprach ihn als eigenen (nach ihrer Eigenthümlichkeit ihn belebend) aus; alle gaben die neubelebende geistige Freiheit in beseeltem Rythmus zu erkennen. Endlich durfte nun auch das Orchester eine begleitende Rolle übernehmen. Denn die Stimmen der Sänger sollten nicht mehr überirdische, sondern menschliche Sprache ausdrücken. Wie nun die Erde den Menschen trägt, wie die Landschaft mit ihren Bäumen und Thieren kein unschicklicher Hintergrund für das Bild des Menschen ist: so gesellten sich auch die Stimmen der Instrumente dienend zu den höhern und Hauptstimmen der Menschen.

§. 756.

Dasselbe Prinzip hat in Händels Nachfolgern, besonders im nördlichen Deutschland fortgewirkt. Aber es fehlte die ihm eigene Treue für seinen Gegenstand und damit auch seine Kraft. Wenn es ihm in seinen vollendeten Schöpfungen, z. B. dem Messias, nur am Herzen lag, jedes Wort treu in Musik wiederzugeben, wenn er dann den einmal als wahr erkannten und ergriffenen Tonsatz treu und fest beibehielt und, in verschiedenen Beziehungen, stets aber als denselben darstellte: so gewann bei seinen Nachfolgern (z. B. bei Graun, Hiller, Schulz) mehr als eine Nebenabſicht — z. B. das Wohlgefallen der Zuhörer, oder die Luſt der Sänger an Bravourgeſang, oder eine herkömmlich gewordene Form (namentlich der Soloſtücke) zu befriedigen — ſichtbaren Einfluß; und endlich gewährt uns die engere Schöpfung der ſpätern Meiſter, z. B. Graun's Tod Jeſu, mehr das Bild einer frommen Gemeine, als eines ſtarken, gläubigen Volkes. So artete denn auch die bei Händel ſtets innerlich nothwendige und ſtets bedeutende Fugenform in ein Produkt todter Künſtlichkeit aus, mit dem man ſich in die Reihe der alten Meiſter einzukaufen gedachte, die — auch Fugen geſchrieben.

Dritte Unterabtheilung.
Evangeliſche Kirchenmuſik.
Johann Sebaſtian Bach.

§. 757.

Die Schrift, nicht dem Volke entzogen, aber mit Heiligung angeſehen; ein Geiſt, nicht durch Abſonderung eingeſchränkt und nicht des Widerſpruchs gegen Abſonderung bedürfend, im tiefſten Frieden, in ungeſtörter, unbegränzter, innigſter Hingebung dem wichtigſten Gegenſtande geweiht und ihn rein und vollkommen, in ihm das Heilige und Menſchliche in ſeiner Ganzheit umfaſſend, das Individuelle als ſolches und in ſeiner Beziehung zum Ganzen, in dem heiligen Gedanken an den Einen Geiſt im All in ſich aufnehmend: das iſt der Inhalt, deſſen tonkünſtleriſche Geſtaltung, in Sebaſtian Bach's großen Werken offenbart, wir evangeliſche Muſik genannt haben. Er iſt es, in dem katholiſche und proteſtantiſche Muſik Eins und ein Höheres geworden ſind; in dem die wahrſte und tiefſte Anſchauung des Menſchlichen zu deſſen Heiligung gediehen iſt; er, der das bibliſche Oratorium und die Meſſe in gleicher Heiligung und Vollendung ſang und bei der innigſten und erhabenſten Auffaſſung der chriſtlichen Geſchichte und Religion noch den Gedanken der alles umfaſſenden chriſtlichen Gemeine feſtzuhalten und zu verklären vermochte. Es giebt kein erhabneres Tonwerk, als ſeine, den Erlöſer feiernden Doppelchöre und Doppelorcheſter, über denen Zion den Choral: „o Lamm Gottes unſchuldig" intonirt. Und er allein hat Jeſus mit vollſter Würdigung ſelbſt redend (ſingend) einführen können.

§. 758.

Da eben ſeine größten Werke dem Publikum noch vorenthalten ſind, wir auch keinen Tonſetzer als Nachfolger in ſeinem Geiſte mit gründlicher Ueberzeugung zu nennen wiſſen: ſo kann für jetzt nicht weiter von ihm geredet werden. Das einzige kleine Bruchſtück aus einem jener Werke (der fünf=, ſechs= und achtſtimmigen Meſſe aus H-moll) deſſen Mittheilung uns geſtattet iſt, möge als ein näherer Fingerzeig hier ſtehen, ohne weitere Deutung.

216

(fünf und zwanzig Takte Instrumentenspiel, dann große Fuge:)

§. 759.

Haben die Sänger rein katholischer Kirchenmusik vor allem ihre Sprache und Stimme und deren Anwendung zur reinsten Vollkommenheit zu bilden gehabt, um der geweihten oder heiligen Rede

das

das würdigste Organ darzubieten und hat das begeisternde Bewußtsein von der Heiligung des ihnen anvertrauten Gesanges sie zur höchsten Stufe ihrer Leistung erhoben: so fodert die protestantische und noch mehr die evangelische Musik vom Sänger einen ihrer allgemein gültigen Wahrheit, ihrer Treue und Innigkeit ganz erfüllten und selbstbewußten Geist, der die Ideen und Bildungen des Tondichters in seinem Innern lebendig werden läßt und in dem, was sein ganzes Wesen durchdringt und erhebt, den Ausdruck und Wiederhall Alles umfassender Wahrheiten vernimmt — begeistert einem Gegenstande sich weihend, der dem Ganzen und jedem Einzelnen eigen und befriedigend — der Höchste sein muß.

Vierte Unterabtheilung.
Neuere Kirchenmusik.

§. 760.

Wenn auch in spätern Zeiten die Vorstellung einer heiligen herrschenden Kirche und einer siegreich errungenen Freiheit des Glaubens und der Schrift im Kunstgebiete nicht die herrschende blieb, und mehr und mehr das gesammte menschliche Leben vor dessen einzelner Richtung zur Religion der vornehmere Kunstgegenstand wurde: so hat doch diese Richtung nicht die innig anziehende und erhebende Kraft auch für die Tondichter verlieren können. Mehr und mehr aber sehen wir in ihren Werken den Einfluß ihrer Individualität (§. 752.), mehr und mehr schwindet auch die strenge Scheidung von kirchlicher und weltlicher Musik. Wir haben aber hier noch drei Künstler vorzugsweise zu bezeichnen, nicht als die einzigen nennenswerthen, sondern als die, in deren Schöpfungen sich drei Richtungen bestimmt darthun, aus denen Weiteres zu deuten wäre.

Joseph Haidn.

§. 761.

In ihm sehen wir den jugendfrohen, mit sich und der Welt befriedeten Menschen, wie ihm in der sanften Regung ungetrübter Freude Auge und Herz für alle Umgebungen aufgeht. Nun ahnet, erkennt er den Lebensfunken in jedem Naturgegenstande; alle Geschöpfe, alle Geburten des Pflanzenreiches, die Elemente, die den Erdball gestalten und den Himmel wölben — alles beseelt sich ihm und er fühlt sich, ein glücklich spielendes Kind unter glücklichen Gespielen. Was ihn umgiebt, erfreut ihn, ist ihm lieb, ist ihm wichtig, fodert seinen frohen Dank für den Schöpfer. Jede gewaltsame Leidenschaft schlummert, selbst das Schreckende ist nur der süße Schauer einer spielenden Fantasie und durch die Wetterwolke dringen schon die mild begütigenden Stralen der Abendsonne. Haidn

[28]

sang in seiner Schöpfung das erste Erkennen des Lebensfunken in jeglichem Geschöpfe der Natur, in den Jahreszeiten die Freude des Daseins und alle seine Kirchenkompositionen sind des frohesten kindlichsten Dankes und Entzückens am Leben voll, daß ernstere Geschlechter es kaum mit der Würde der Kirche und dem Text der Messe und ähnlicher Gebete zu einen wissen.

Sein ganzes Wesen ist F r e u d e.

Mozart.
§. 762.

In seiner Individualität trat nach der Freude, die Haidn hervorgerufen, zarte, ja vorzugsweise zärtliche Empfindung hervor. Seine Seele wandte sich in weicher Mitempfindung, in warmer heiliger Liebe dem Menschlichen zu, das er überall lieber im verschönenden Schimmer inniger Zuneigung, als im vollen Lichte der Wahrheit, im Glanze einer über das Individuelle hinaus sich erhebenden Anschauung sehen und darstellen mochte. Neben dem Hochgefühl, für geweihte Stelle Gesänge zu schreiben, spricht aus seinen Kirchenmusiken (und nirgends vernehmlicher, als im Requiem*) dieser ihn bezeichnende Geist der Liebe.

Beethoven.
§. 763.

Wenn wir es wagen, über diesen größten Instrumentalkomponisten hier ein andeutendes Wort auszusprechen, ehe wir seine größte Kirchenkomposition, die große Messe für Solostimmen, Chor und Orchester**) kennen gelernt: so geschieht es in der Meinung, daß in seinen bisher bekannt gewordenen Werken, schon in seiner vorwaltenden Richtung zur Instrumentalkomposition seine Eigenthümlichkeit sich genugsam angedeutet hat, um uns bei der verzögerten Verbreitung jenes großen Werkes keine Lücke zu gestatten. Damit aber unser Ausspruch nicht blind gewagt scheine, müssen wir vorausschicken, daß wir das eigenthümliche Walten jedes Geistes schon in der Wahl seiner Stoffe zu erkennen trachten und es so wenig für zufällig oder unbedeutend ansehen können, daß Beethoven sich vorzugsweise mit Instrumentalkomposition abgegeben, als daß Raphael Geschichtsmaler und ein Anderer Landschaftsmaler geworden ist. Im Gesange scheint sich aber das Menschliche und im Instrumentale die außermenschliche Natur***) darzustellen.

Beethoven hat sich überall, auch im größten Theil seiner bisher bekannten Kirchenkompositionen in die Instrumentenwelt vertieft, daß statt eines bestimmten Menschlichen eine aus Gesammtau-

---

*) Vergl. d. Berl. allg. muf. Ztg zweiten Jahrg. No. 46. 47. 48.
**) Deren Herausgabe bei Schott in Mainz bevorsteht.
***) In den die Menschenstimmen nachahmenden Blasinstrumenten vielleicht das animalische Reich — vergl. der Berl. allg. muf. Ztg dritten Jahrg. No. 10. S. 78.

schauung der Natur hervortretende Ahnung, deren Walten bis zur Mystik reicht, den besondern Inhalt seiner Tongedichte uns auszumachen scheint, so wie sie noch keinem Tonkünstler bisher aufgegangen ist.

§. 764.

Was wir nun über die Tendenz der Kirchen-Musiken bisher andeutungsweise (denn die erschöpfende Behandlung muß einem besondern Werke vorbehalten bleiben) ausgesprochen: kann und darf nicht als eine — ganz außer unserm Kreise liegende — wissenschaftliche Darstellung der verschiedenen Konfessionen und Glaubensmeinungen angesehen werden, sondern als die Anschauung, welche uns die bezielten Kunstwerke gewährt haben.

Und wenn man die obigen Karakterumrisse in der vom Orte gebotenen Unvollständigkeit und Allgemeinheit für den unmittelbaren Zweck des Sängers noch zu unbefriedigend finden muß: so wird sich daran unsere Meinung von der noch unendlich größern Unzulänglichkeit der allgemeinen Bestimmungen, in denen man früher Befriedigung suchte, bestätigen. Nur ausgebreitete Bekanntschaft mit den Tonwerken und inniges Eingehen auf ihr Wesen, kann solche allgemeine Rechenschaft, welche Nahrung unser Geist aus den verschiedenen Werken gesogen, fruchtbar machen. Ohnedem muß sie unfruchtbar, auch wohl unverstanden bleiben.

Zweiter Abschnitt.
Von der Theatermusik.

§. 765.

Daß im Gebiete der dramatischen Musik, bei der man einer Auffassung aller Lebenserscheinungen sich, mehr oder weniger, aber nie ganz entschlagen konnte, mit allgemeinen und oberflächlichen Karakterisirungen der verschiedenen Affekte, die ältere Gesanglehrer mittheilen*), oder mit einer gar nicht streng durchführbaren Unterscheidung des hohen Vortrags (für sogenannte ernste oder große Oper) und des niedrigen (für komische Oper und Operette) daß mit diesen und ähnlichen abstrakten Anweisungen in dem Kreise zahlloser höchst individueller Aufgaben noch weniger gethan ist, als im engern Gebiete der Kirchenmusik, bedarf keines weitläufigen Beweises.

Die Anschauungen des Lebens und die Gesichtspunkte dafür sind so mannigfach, nach Zeit, Volk, Verhältniß und Individualität der Künstler verschieden, die Abstufungen und Abweichungen

---

*) Vergl. z. B. Regeln für den figurirten Gesang von A. Benelli. S. 31. §. 24.

der Karaktere und Situationen, die uns auf der Bühne vorüberschweben, sind so unendlich verschieden motivirt und nüancirt, daß man keine Möglichkeit sieht, sie in bestimmte Klassen zu bringen und deren Ansprüchen auf den Vortrag der Sänger mit allgemeinen Regeln zu genügen.

§. 766.

In den wenigen speziellern Regeln aber, die man auf solchem Wege gewonnen hat, können wir nichts erblicken, als die Resultate einseitiger, nicht allgemein zutreffender Beobachtung.

Dahin rechnen wir die Erinnerung: daß in der ernsten Oper der Ausdruck des Gefühls lebendiger, bestimmter, stärker sein müsse, als in der komischen. Diese Regel beruht auf der Wahrnehmung, daß komische Opern, besonders ältere, ihrer Tendenz nach überhaupt weniger Empfindungen und Leidenschaften anregen, als dies durch die wichtigern Situationen der ernsten Oper zu geschehen pflegt. Wie aber, wenn diese Voraussetzung nicht eintrifft? Da man doch keinen Grund hat, sie für unerläßlich anzusehen und offenbar in sogenannten komischen Opern oder Operetten*) die ernstesten und leidenschaftlichsten Karaktere und Situationen, so wie in ernsten Opern heitere und ruhigere zum Vorschein kommen können.

Dahin ist ferner die noch oberflächlichere Regel zu zählen: man dürfe im ernsten Operngesange weniger Verzierungen und andere Willkührlichkeiten anwenden, als im sogenannten komischen. Der eigentliche Grund dieser Beschränkung ist die Erfahrung, daß die von den Sängern unternommenen Veränderungen und Verzierungen der Komposition oft den Ausdruck derselben schwächen. Ohne Muth, diese Sängerweise, wenn sie es verdienen sollte, allgemein zu verdammen, wollte man wenigstens, indem man die sogenannte niedere Musik Preis gab, die höhere, effektreichere vor ihr bewahren. Wie aber, wenn die Zusätze der Sänger nicht jene fehlerhafte Richtung nehmen? Wenn mancher Theil ernster Opernkomposition Zusätze und Verzierungen foderte und manche Komposition der sogenannten niedern Gattung sie abwies? Wie, wenn besonders in Werken der ernsten Gattung oft vom Komponisten darauf gezählt worden ist? wie §. 772 andeuten wird.

§. 767.

Fast eben so unbefriedigend sind die allgemeinen Bezeichnungen des Vortrags mit wenigen stehend gewordenen italischen Kunstausdrücken, mit deren Anwendung die Komponisten (im Gefühl der Unzulänglichkeit) noch obenein ziemlich nachlässig umgehen und wol nichts, als eine vorbereitende Andeutung des Inhalts ihrer Tonstücke für den Sänger beabsichtigen. In dieser Rücksicht theilen wir einige der gebräuchlichsten mit:

---

*) Wie denn sowol diese Scheidung an sich, als jede im Gebiete freien geistigen Schaffens gar nicht bestimmt durchzuführen ist.

Affettuoso, affektvoll — mit lebhaftem, gesteigerten Gefühl.

Agitato, mit leidenschaftlicher Unruhe.

Amoroso, liebevoll, zärtlich.

Brioso, mit rauschender Freude.

Brillante, glänzend.

Cantabile, singend — nämlich mit sinnlich wohlthuendem Schwung der Melodie.

Commodamente, bequem.

Con anima, animato, mit Seele, beseelt.

Dolce, sanft, dolcissimo, sehr sanft.

Espressivo, con espressione, mit Ausdruck — nämlich sanfter Empfindung, auch wol mit Sentimentalität.

Fastoso, prunkend.

Con fuoco, mit Feuer.

Grazioso, mit Anmuth.

Lusignando, schmeichelnd.

Maestoso, mit Majestät.

Marcato, bestimmt, mit fester Betonung.

Morendo, sterbend, mit abnehmender Kraft.

Pomposo, prachtvoll.

Risoluto, entschlossen.

Scherzando, scherzend.

Smanioso, wahnsinnig, leidenschaftlich bis zum Wahnsinn.

Spirituoso, con spirito, mit Geist und Leben.

Soave, einschmeichelnd, überredsam.

Strascinato, schleppend.

Con tenerezza, teneramente, zart.

Vigoroso, mit Feuer, mit Eifer.

§. 768.

An der Stelle jener allgemeinen Klassifikation der Opern und Vortragsarten, die wir im Obigen (§. 765. 766.) eben so unausführbar als unbefriedigend gefunden haben, würde eine Hinweisung auf den Sinn, in dem bei den verschiedenen Nationen, zu den verschiedenen Zeiten, Opern komponirt worden sind, wenigstens dazu dienen, dem Sänger vor das Auge zu rücken, welche Haupttendenz er in jedem Komponisten und jedem Werke zu gewärtigen, aufzufassen und in seinem Vortrage zu verlebendigen habe.

Obgleich eine erschöpfende Behandlung dieses Thema's nur in einem kunstgeschichtlichen Werke ausführbar ist: so wollen wir doch, um die einmal in das Auge gefaßte Richtung früherer Gesanglehre bis zu einem ergiebigern Punkte zu verfolgen, einige Andeutungen unserer Ansicht von den dramatisch-musikalischen Leistungen hier niederlegen, deren Verfolgung wir für diesmal dem eignen Studium der Gesangfreunde überlassen müssen. Vollständigkeit ist um so weniger hier zu erwarten, da wir über keinen Komponisten anders, als aus eigner lebendiger Auffassung seiner Werke zu reden wagen.

§. 769.

Wir werden aber den klarsten Ueberblick über die große Maße der Opernmusik gewinnen, wenn wir die drei musikalischen Nationen, die italische, französische und deutsche, sondern und erst ihre isolirten, dann ihre gegenseitig in einandergreifenden Leistungen betrachten.

Erste Unterabtheilung.
Italien.

§. 770.

Wie die ganze neue Bildung der Italiener auf dem klassischen Alterthum ruht und in den Denkmalen und der Erinnerung ihrer großen Väter zum Hohen und Großen hingewiesen wurde, bis die nahe kleine Gegenwart sich der großen Vergangenheit vordrängte: so wird auch in der frühern Periode der Opernmusik — nächst dem Gedachten unter unverkennbarem Einflusse der großen italischen Dichterwerke — ein Streben sichtbar, das große Leben der Alten und der Helden des Mittelalters auf die Bühne zurückzuführen.

§. 771.

So frühzeitig sich aber solches Streben offenbart, so scheint doch das Vollbringen — die wahrheitgemäße Auffassung entlegener Nationalität — erst den Zeiten der höchsten Reife und Selbsterkenntniß vorbehalten und den Versuchen früherer Zeit kein anderer Erfolg beschieden, als eine subjektive Auffassung, eine, allerdings treulose Uebertragung des Fremden, Alten in das Eigne, Neue.

So finden wir in den großen italischen Opern unter der Maske jener, die Welt schirmenden, bedräuenden, beherrschenden Helden die neuen in ihren persönlichen Neigungen — Liebe, Haß, Eifersucht, Prunksucht — verfangenen Italiener heraus, obzwar in dem Streben, ihren Karakterbildern den edelsten und großartigsten Typus zu verleihen (§. 723) und auf der Bühne ihren eignen Zustand zu erhöhen, wenn sie ihn auch nicht vertauschen können.

Wo man sich nun von der vollen Wahrhaftigkeit des Neuen, wie des Alten etwas erließ, keines aufzugeben fähig: da mußte nach dem Naturell des Italieners (§. 722.) die Lücke mit subjektivem, unbewußtem, sinnlichem Empfinden ausgefüllt werden.

Wie vielmehr wurde dies herrschend, wo man, bei modernen Stoffen, auch von jenem Einflusse des Alterthums sich lossagte! Ueberall aber tritt uns als Karaktergrundlage des Italieners: **subjektives sinnliches Empfinden** entgegen.

§. 772.

Das Walten des Prinzips subjektiver, sinnlicher Empfindung beurkundet sich noch sichtbarer in der großen Freiheit und in den Eingriffen in die Komposition durch Umgestaltung der Melodie, die die italschen Opernkomponisten den Sängern gestatteten, ja, auf die sie rechneten — ihre Melodie oft nur als die Anlage, als den vom Sänger weiter auszuführenden Umriß ansehend.

Daher denn die größte Aufgabe der italschen Opernsänger in dieser eigenmächtigen Ausführung der Melodie bestand und bei steigender Kultur immer weiter von wahrhafter Karakterdarstellung zum subjektiven Sinnenausdruck verführte, bis Rossini sich als Komponist wieder zum Herrscher machte, indem er den subjektiven sinnlichen Ausdruck als seinen Zweck und Gegenstand anerkannte.

§. 773.

Man muß den eigenen Sinn für die großsinnige Gestaltung des italschen hohen Styles und für die Anmuth des niedern Styles befähigt haben, um die jedem zugehörigen Werke genügend auszuführen und vorzutragen. In diesem Felde ist übrigens die Unterscheidung hohen und niedern Styls entstanden und noch am Besten ausführbar; wenn man in der ersten Klasse diejenigen Werke zusammenfaßt, in denen Darstellungen der größern Vergangenheit unternommen wurden.

Die Anweisungen zum Vortrage nach sinnlichem Prinzip enthalten das Wesentliche für diese Gattung von Kunstwerken.

§. 774.

Daß nun allen bisher angedeuteten Richtungen italscher Komposition die italienische, sinnlich schöne und sinnlich reiche, natürlich dem Naturell des Volkes (§. 722) ganz gemäße Sprache förderlich, ja nothwendig ist, sei noch zuletzt angemerkt.

Kaum wird sich eine Sprache finden, welche eine vollkommen in jener Hinsicht befriedigende Uebertragung italscher Texte gewährt. Es ist daher für den Vortrag jener Musik ein Studium der italschen Sprache in ihrer sinnlichen Schönheit und Eigenthümlichkeit unerläßlich und man möge nur glauben, daß dabei und zu musikalischen Zwecken die Regeln gemeiner Sprachlehre nicht ausreichen.

Zweite Unterabtheilung.
Frankreich.

§. 775.

Nennt man in neuerer Zeit Frankreich, so muß es vor allem als das von Paris aus gebildete und karakterisirte Land angesehen werden und in diesem Sinne können wir wohl aussprechen, daß der Franzose eine von Grund aus unmusikalische Natur ist. Ein lebhafter, nach schneller That' raschem Auffassen und Vollbringen strebender und in diesem Sinne mehr nach Außen dringender, als im innern Leben sich befriedigender Karakter spricht sich in jeder Lebensbeziehung der Franzosen, in ihrem Staats- und Privatleben aus und hat im künstlerischen Walten sie gedrängt, nur überall schnell abzuschließen — damit aber sie bei abstrakter, äußerlicher Form festgehalten; wie es denn wol beispiellos ist, daß ein fortblühendes Volk seine Sprache so abgeschlossen und damit eigentlich dem künstlerischen freien Schaffen und der Neubelebung durch Poesie entzogen hat, wie die Franzosen gethan und ihre neuesten, von ausländischer (besonders deutscher) Litteratur angeregten Dichter schmerzlich empfinden.

§. 776.

Höchst bedeutsam für die Gesangkunst ist dieses Erstarren des Künstlerischen in der französischen Sprache dadurch, daß sie keine bestimmte Quantität (Länge und Kürze der Silben) sondern statt des Versbaues Abzählen der Silben, statt des Rythmus nur rednerischen Accent darbietet.

§. 777.

Jenes rasche Hinausgreifen zum Aeußerlichen ist aber nirgends unzulänglicher, als in der Musik, die in ihrem Ganzen wie in jedem ihrer Elemente der unmittelbare Ausdruck des Innersten ist.

Da hat denn die französische Natur ihre Musik in einem Aeußerlichen, in der Sprache gesucht, in der das musikalische Element unverkennbar waltet, aber am gebundensten, und nur darum am bestimmtesten erfaßbar. So sehen wir nun als Prinzip ihrer eigenthümlichen Musik eine musikalisch motivirte, bestimmte und gekräftigte Deklamation (§. 670) und selbst unter dem Einflusse fremder Tonkunst (wovon später zu reden) hat sich dieses Prinzip der französischen Musik stets rege erhalten. Es zeigt aber ihre Sprache für solche Ausdrucksweise eine, selten in ihr geahnete Kraft*), wenn man das musikalische Element in ihr aufzufinden und hervorzuziehen versteht.

§. 778.

Dieses Festhalten am Aeußerlichen hat aber die Franzosen in der Bildung und Anordnung ihrer Opern bedeutend gefördert und es ist hieraus allein der Einfluß, ja das Uebergewicht zu erklären,

---

*) Belege finden sich in den französischen Texten aller Gluckschen Opern von einer solchen Stärke, daß wir es für unmöglich halten, sie in irgend eine Sprache musikalisch befriedigend

klären, zu dem ihre Opern, z. B. neuerdings die von Auber komponirten, hin und wieder, ihrer musikalischen Dürftigkeit ungeachtet, gelangen.

Kein Volk hat sich bei seinen Operngedichten so an das Vorbild der poetisch-dramatischen Werke gehalten und von den Gegenständen, der Gestaltung, dem geistreichen und sonst werthvollen Inhalte so viel Gewinn gezogen, als das französische; keines hat so ausgebildete, besonders aber so dramatisch wirksame, so von unrichtig oder unklar Gedachtem, von Leerem und Langweiligem freie Sujets aufzuweisen, als die Franzosen. Und mit dieser Leistung vergesellschaftete sich zufolge ihres musikalisch-deklamatorischen Prinzips ein tüchtiges Streben nach dem Ausdrucke des Gedichtes — wenigstens in seinen einzelnen Zügen.

§. 779.

In dieser Weise erscheint uns der Karakter rein französischer Musik vornehmlich in Lúlli ausgeprägt. Wenn wir seine Gesänge oft monoton und leer, ja sogar langweilig finden, so lastet auf ihm kein Vorwurf, als, der der unzulänglichen musikalischen Richtung des ganzen Volkes, dem er seit den Knabenjahren zugehörte, zu machen wäre. Es ist aber für unsern auf den ersten Anblick vielleicht schroff erscheinenden Ausspruch (§. 775) beiläufig eine kleine Bestärkung, daß schon der erste Musiker, in dem die französische Musik eine Stufe der Vollendung erhielt, ein Ausländer (Italiener) war. Diese Erscheinung wird wiederkehren.

§. 780.

In diesem Felde ist es, wo die aus dem Verstandesprinzip (§. 656) gewonnenen Regeln mit vorzugsweiser Berücksichtigung der Sprache (§. 670. 707) daher unter andern mit Unterordnung des musikalischen Accents und Rythmus unter den deklamatorischen, am reichhaltigsten zur Anwendung gebracht werden können und ein Studium der Deklamation, das natürlich über die Gränze dieser Gesanglehre (§. 670 u. f.) hinausgeht, am unentbehrlichsten ist.

§. 781.

Sogar in der Stimme französischer Sänger, die stets scharf bestimmtem, hartem, einschneidendem Klange und starken Kontrasten zugeneigt ist — und in der Ausbildung und Anwendung der Stimme ist der Ausdruck des französisch-musikalischen Naturells wahrzunehmen; wie vielmehr in der bis zum Eckigen markirten und bis zum Gezerrten abgemessenen Sprache ihrer Mienen.

---

zu übersetzen. Als Beispiel stehe hier der Anfang der Orestes-Arie aus Iphigenia in Tauris: Dieux, qui me poursuivéz, Dieux, auteurs de mes crimes: de l'enfér sous mes pas entr'ouvréz les abimes. — Auch das Französische fodert ein musikalisches Sprachstudium und wird nur in solchem vollkommen erkannt. Auch hier, wie bei dem Italienischen (§. 774) müssen wir, soll Vollendetes erreicht werden, auf Beibehaltung der Originalsprache dringen.

Dritte Unterabtheilung.
Deutschland.

§. 782.

Der Deutsche ist weder so leicht erregt, wie der Italiener, noch so thatfertig, wie der Franzose. Die strengere und ärmere Natur weiset ihn mehr in sich zurück. Jene Gluten, die der üppige Süd verschwenderisch über alles ausgießt, muß der Geist des Nordländers in sich selbst entzünden; und indem er in sich tiefer zurückgeht, sich tiefer erkennt und in eigner Kraft erhebt, geht ihm eine reichere und tiefere Ansicht vom Menschen und von der gesammten Natur auf. Er darf nicht leichtsinnig hier und da nippen und dann wegwerfen, neuen Fundes gewiß. Was er aufnimmt, ist ihm werth, und was er hat, hält und hegt er innig. Sein Leben ist kein Spiel, es fodert Ernst. Nicht Schooßkind der Natur, strebt er ihr selbstbewußter Gebieter zu werden. In strenger Schule hat sie ihn gekräftigt und erhoben; und je weniger er an den spärlichen Gaben Genüge finden kann, desto mehr reizt es ihn, aus dem Kreise subjektiver, dürftiger Befriedigung hinaus in das unendliche Reich der Ideen einzuschreiten. Was da ist und war, ringt er in wahrer Gestalt um sich zu versammeln, und eine höhere und reichere Umgebung, als der Südländer besitzt, seinem Geiste zu erwerben. In sich alles aufzunehmen, alles zu einem wahren und vollkommnen Leben wieder zu erschaffen, ist die Tendenz deutscher Kunst.

§. 783.

In der Mitte der andern europäischen Länder liegend, scheint es die Aufgabe Deutschlands, von allem Einflüsse zu empfangen und auf alle wiederum einzuwirken. So sehen wir es auch in der Sphäre der Kunst sich bezeigen. Seiner Eigenthümlichkeit gemäß muß es aber das Empfangene geistig reifen und fördern, um sich selbst Genüge zu thun. Daher in jeder Zeit diejenigen Künstler, die das Ausländische ohne erhöhende und vergeistigende Aneignung hereinbringen wollten (z. B. Hasse, der Nachahmer des alten, Meier Beer, der Nachahmer modernen italischen Opernstyles, so viele Nachtreter Glucks und neufranzösischer Komponisten) ohne alle, oder ohne künstlerisch erhebliche und bleibende Wirkung vorübergehen.

Händel.

§. 784.

Zum zweitenmal haben wir ihn, und zwar jetzt als den Künstler zu nennen, der zuerst Opern in deutscher Eigenthümlichkeit komponirt hat. Anregung und Texte wurden ihm vornehmlich aus Italien. An der Stelle sinnlich bedeutsamer, von subjektiver Empfindung des Komponisten erwärmter und in stets bestimmter Form sinnlich wohlthuender Melodie finden wir in den uns von ihm bekannt gewordenen Opernkompositionen ein tiefes und inniges Eingehen in die einzelnen Situationen, einen geistig höchst ausdrucksvollen und nur diesem Seelenausdrucke, statt abstrakter sinnlicher Wohlgestaltung geweihten Gesang. Die Treue, Wahrhaftigkeit und Tüchtigkeit, die er an seinen religiösen Gegenständen bewiesen, bewährt sich auch hier und es kann kein wahrerer, innigerer, befriedigenderer Ausdruck gewünscht werden, als wir in vielen seiner Opernarien finden. Ob er seinen Opern eine innere, das Ganze geistig zusammenhaltende Einheit verliehen, wissen wir nicht mit Bestimmtheit anzugeben (da uns nicht ganze Opern von ihm zur lebendigen Anschauung gekommen sind) bezweifeln es aber nach dem Standpunkte der damaligen Oper und nach dem Sinne der uns bekannten einzelnen Scenen. Den Karakter seiner Opernkomposition möchten wir demnach (im Gegensatze zu der subjektiven Lyrik der Italiener) objektiv lyrisch nennen: Ausdruck der Empfindung der dargestellten Personen in ihrer bestimmten Situation ohne umfassende Ausführung ihres Karakters zu einem vollen Lebensbilde.

§. 785.

Wenn schon hieraus errathen wird, wie weit Händel über die vornehmlich sinnlich schöne Komposition der Italiener und über den vorherrschend rhetorischen Ausdruck der Franzosen (die wol ohne allen Einfluß auf ihn geblieben sind) hinausgegangen, wie er in Ton und Wort den tief in ihnen liegenden geistigen Ausdruck gesucht und hervorgezogen hat: so erkennt man, daß die bisherigen aus dem Verstandes- und Sinnlichkeitsprinzip gewonnenen Gesetze so wie die Lehre der Deklamation auf die wir hingewiesen haben, hier nicht mehr ausreichen und daß man, wie der Komponist selbst gethan, tiefer in das Seelenleben der Musik eingehen muß, um ihn ganz zu verstehen und seine Kompositionen befriedigend vorzutragen. Wo sich nun auch in den ferner noch zu erwähnenden Komponisten derselbe Fall bemerken läßt, da enthalten wir uns bis zur dritten Abtheilung jeder nähern Andeutung über Ausdruck und Vortrag.

Vierte Unterabtheilung.
Wechselseitige Einflüsse.
Gretry.

§. 786.

Franzose von Geburt, in Italien und italischer Schule gebildet, dann aber der französischen Bühne gewidmet, sehen wir in seinen Werken das erste Ineinanderstreben italischen und französischen Prinzips. Er erscheint uns als der erste Komponist, der, seinem eben bezeichneten Standpunkte nach an die Stelle der geschraubten kalten Schreibart älterer französischer Komponisten und an die Stelle der dem Sinnlichen auf Kosten geistiger Wahrheit ergebenen italischen Musik eine wahrere und natürlichere — dem Gemüth statt einseitig der Sinnlichkeit zusagendere Kompositionsweise zu setzen suchte und damit großen Einfluß auf die, durch italische Tonkünstler schon vorbereiteten Franzosen ausübte. Das Streben nach sprachwahrer Deklamation und angenehmer Melodie, zwei einander fremde Prinzipe, bestehen bei ihm nebeneinander und in einander, so weit er nicht gut fand, eines dem andern nachzusetzen, was denn meist das nationale Sprachprinzip zu Gunsten des neu eingeführten italischen betraf. Dies bringt ihn oft dem von den Deutschen erstrebten musikalisch wahren Ausdrucke nah und hat ihn wol vornehmlich bei den Deutschen, besonders früher, so beliebt gemacht, unter denen Hiller vielleicht mit ihm in gleichem Sinne, auch wol von ihm angeregt, geschrieben hat.

Ein ähnliches Streben glauben wir in Cimarosa, Paesiello und Dittersdorf zu erkennen, nur daß jene beiden dem sinnlich musikalischen Wesen der Italiener, dieser dem deutschen Streben nach Wahrheit treuer geblieben.

Daß aber die beiden heterogenen Elemente in Gretry nie zu einer höhern Einheit verschmolzen sind, bezeugen noch bestimmter, als seine Kompositionen, seine Schriften *), in denen er lehrend und sein Verfahren erklärend von einem Grundsatz zum andern widersprechend schwankt und keine aus höherm Prinzip hervorgehende Erscheinung erkennt **).

Gluck.

§. 787.

Indem Sacchini und Piccini die Franzosen für die italische große Oper zu gewinnen suchten, vertiefte sich der deutsche Gluck mit deutscher Kraft, Treue und Innigkeit in das Wesen der französischen Musik und brachte das musikalische Drama dort zu höherer Reife. Er erfaßte den tiefsten musikalischen Sinn der Sprache und fühlte oder erkannte darin den natürlichen und darum nothwendigen Ausdruck des Menschen als denkenden und zugleich empfindenden Wesens, die bestimmt abscheidende und sicher aufzufassende Bezeichnung seines Zustandes. Er hat in seinen vollendeten Kompositionen nicht die Sprache der Musik geopfert, nicht diese um der Sprache willen getödtet, sondern beide in unzertrennter Einheit angewendet; in der musikalischen Gestaltung nicht weiter gehend, als die Sprache nach ihrer vollen Berechtigung gestattet; diese, wo sie sich abstrakt und unkünstlerisch beweiset, mit musikalischem Leben durchdringend ohne Störung ihrer Natur.

---

*) Gretry's Versuche über die Musik. Im Auszuge ꝛc. von Dr. K. Spazier. Leipzig bei Breitkopf und Härtel. 1800.
**) Vergl. der Berliner allg. mus. Ztg. zweiten Jahrg. No. 37. S. 293.

In diesem Sinne hat er den Klang der französischen Sprache wohl erhalten und musikalisch beseelt, die Unbestimmtheit der Quantität (§. 776.) aber benutzt, um seine Texte durch die mehrsten und bedeutendsten Rythmen zu kräftigen*); und so läßt sich wohl behaupten, daß nur in seinen Werken die französische Sprache in ihrer höchsten künstlerischen Vollendung erblickt wird.

Eine so vollendete, musikalisch-rhetorisch bestimmte Sprache nebst dem Einflusse der stets klaren, scharf bestimmten ja gemeßnen französischen Tragödie brachte Gluck zu der bestimmtesten Karakteristik seiner dramatischen Personen. In sich vollendet, aber nach außen fest abgeschlossen, stehen sie gleich Werken der Bildhauer-Kunst vor uns, ihre Individualität in der vollkommnen Gluck'schen Sprache ganz ausdrückend, aber nicht mehr; so bestimmt gezeichnet, daß man in den vollendeten Karakterbildern sogar die Geberde in der Musik nothwendig und bestimmt vorgezeichnet sieht. Hierin sah sich Gluck am meisten durch die in wenigen großen Individualitäten dargestellten antiken griechischen Fabeln und die dem entsprechende feste klassische Form der französischen Dramen gefördert und hat in diesem Kreise Gebilde hinterlassen, die wol alle Zeiten befriedigen müssen. In der Bestimmtheit und kräftigen Karakteristik dramatischer Personen fand er sich endlich auch zu einer höchst klaren und angemessenen Haltung des Ganzen gefördert und es giebt bis jetzt keine Oper, die einen durchaus würdigen Stoff so ganz in geistiger Einheit, im ungestörten Fortschreiten zum Ziel behandelte, als die vornehmsten Gluck'schen; wie es aber auch keinen Komponisten bis jetzt gegeben hat, der um des einen, unverrückt im Auge behaltenen Zieles dramatischer Wahrheit, Einheit und Vollendung sich so kühn von allem Eingeführten, Hergebrachten, Beliebten und sonst Anlockenden losgesagt hätte. Gleiche Tendenz und gleiches stark gehaltenes Verzichten auf fremde Absichten ist neben einem tiefen Eingehen auf seinen Geist unentbehrlich zum vollendeten Vortrage seiner Kompositionen.

Salieri, Reichard (in einem Theil seiner Werke) und Mehul (in Joseph in Aegypten) nennen wir als seine bekanntesten Nachfolger; doch scheint man mehr das Prinzip seiner Sprache und Formung einseitig mit dem Verstande aufgefaßt, als seinen Geist festgehalten und namentlich auf deutsches Wesen übertragen zu haben.

Mozart.

§. 788.

Deutscher und zwar Süddeutscher von Geburt, aus italischer Schule und in diesen Beziehungen jenem Musikwesen zugewandt, erfaßte er das italische Prinzip sinnlichen Reizes und übertrug es höherstrebend und mit deutscher Innigkeit auf Deutschland, die sinnliche Empfindung zur Seelen-

---

*) Höchst lesenswerth über diesen Gegenstand, wie überhaupt, ist **Hildegard von Hohenthal** von **Heinse** (1804) wo vom Gluck'schen und griechischen Rythmus geredet wird.

empfindung vergeistigend, doch nicht so ganz der Wahrheit getreu, daß er nicht hin und wieder entschieden in jene Sphäre zurückgekehrt wäre. Mehr sich in die Personen seiner Dramen hineinempfindend, als sie in klarem Bewußtsein erkennend, läßt er uns ihre Lagen und Stimmungen mit durch leben und durch empfinden; wir werden uns bewußt, daß jedem Karakter seine innig eigenthümliche, treu gehaltene Seelen-Entwickelung geworden ist, ohne daß wir in jedem einzelnen Zuge jene unbeugsame, stets nothwendige Wahrhaftigkeit nachzuweisen vermöchten, die wir in Gluck erkennen.

Während Gluck seine Karaktere in jedem Punkte mit einleuchtender klar bestimmter Wahrheit und Nothwendigkeit bildet und sie uns gleich plastischen Kunstwerken in den festesten Umrissen abgeschlossen zu schauen hinstellt, läßt Mozart uns mit den seinigen, in ihnen fühlen und so ihr Leben in uns aufnehmen. In dieser über das Ganze ergoßenen Empfindung werden aber die nicht mehr zur Beschauung abgesonderten Figuren in ihren gegenseitigen innern Beziehungen geahnet und erfaßt und es gelangt Dialog und Gesammthandlung mehrer und vieler Personen zu einer für Gluck unerreichbaren, vollbefriedigenden Ausführung. Diese Beziehungen des Menschen zur Welt um ihn her, schränken sich aber nicht auf die übrigen Menschen ein, sondern sie werden immer heller zur umgebenden Natur und zum Geiste, der sich im Ganzen offenbart, geahnet; das Orchester erhält höhere Bedeutung und reichere Anwendung — obgleich es eben so oft in dieser neuen Stellung wieder verkannt und zu sinnlichem Zwecke angewendet wird.

Was Händel am Einzelnen vollbracht, sehen wir Mozart am Ganzen unternehmen — nicht ohne manche Beeinträchtigung des Einzelnen; jener befriedigt in objektiv lyrischer Erfassung des einzelnen Momentes und hat in dieser engern Sphäre die Kraft, mit seinem musikalischen Elemente eine, der Gluckschen fast gleiche Sprachgewalt auszuüben. Dieser steht von der vollständigen Vertiefung Händels in der Empfindung des einzelnen Momentes, von der abschließenden klaren Karakteristik der einzelnen Gluckschen Personen zurück, um mit Einer Kraft, der Empfindung, das Ganze seines Werks zu durchdringen und zu erfüllen.

Wie er aber zu den in der niedern sinnlichen Sphäre verweilenden Italienern gestanden, bezeugen die Mißurtheile seiner ihn nicht verstehenden, an jenes Niedere und Leichtere gewöhnten Zeitgenossen: seine Musik sei schwerfällig, überladen, gelehrt, zu ernst — er habe die Singstimme dem Instrumentale geopfert — er habe mehr Kopf, wie Seele (subjektive Empfindung) bewiesen.

§. 789.

Doch nach allen Seiten hin hat sich die Wirkung seines Schaffens verbreitet und die Mehrzahl der Komponisten auf seine Bahn gelockt. Unter den Deutschen ist vor andern Winter (besonders mit seinem unterbrochenen Opferfest — denn in andern Werken hatte er sich wiederum dem Italischen hingegeben) der karakterschwache Pär, und Weigl, der im Bewußtwerden der Natürlichkeit Mozartscher Musik von den komplizirten konventionellen Verhältnissen zu einfachern und zu idillischer Natur hinstrebte, zu nennen.

§. 790.

Das Mozartsche Element, die Empfindung, abstrakt genommen und zum Zweck erhoben, damit aber sich der Sentimentalität zuneigend und wol auch die feste Haltung verlierend, finden wir in Louis Spohrs Opern; hier aber mit einem, andern achtungswerthen Komponisten (z. B. Fesca, Eberwein) verführerischen Reize begabt und dem Sinne ihres Publikums wohl zusagend.

Jene beziehungsreichen Andeutungen des Orchesters werden in der Oper Beethovens nach seiner schon bezeichneten Tendenz (§. 763.) so wichtig, daß die menschlichen Stimmen mit denen der Instrumente sich untrennbar verschlingen und verschmelzen, wie in der Arabeske Menschen- und thierische Gestalt mit Stauden und andern Gewächsen; daß wir hier erst ganz erkennen, wie dem tiefen Tondichter gleich dem Hindu der Mensch in der allbelebten Natur aufgegangen und der herrschende Gott im Menschen in der durch alles Sein ausgegoßenen Göttlichkeit verschwunden ist.

Mißverstehende Nachfolger.

§. 791.

Nichts als äußerlichen Sinnenreiz und Reichthum aus Mozart vernehmend, im Wesentlichen aber der italischen Schule getreu, bereichert der formelle Righini besonders Harmonie und Orchester am Deutschen und Rossini, dessen Karakter §. 724. 725. angedeutet ist, mißbraucht die unverstandenen Seelenreize zu sinnlicher Wollust. Die Franzosen auch, Boieldieu und andere, gewinnen aus Mozart nicht viel mehr, als die von Zeit zu Zeit nöthige Erfrischung von außen für ihre in sich vertrocknende Musik. Das Gleiche sucht und findet der dürre Auber im Rossinischen Quell.

Spontini.

§. 792.

Schon in Cherubini wurde das französische, durch Gluck ausgebildete musikalische Prinzip mit dem italischen durchdrungen und damit eine Kräftigung aus deutschem Reichthum verbunden. Allein eben dieses Deutsche erscheint bei Cherubini unverstanden in seinem Geiste und erhält als Fremdes eintretend besonders in Harmonie und Instrumentation mysteriöse Tendenz, wogegen im Gesange südlicher Reiz und französische Deklamation um den Platz ringen. Ohne die drei Elemente zu einer höhern Einheit zu bringen, zieht Cherubini die drei Nationen (besonders Franzosen und Deutsche) an, ohne eine zu befriedigen.

Spontini, von Geburt und ganzer Seele Italiener, in italischer Schule gebildet, fand Frankreich unter Napoleon in Waffen, die große Oper in der Bildung, die Gluck ihr gegeben, und widmete sich als Italiener den französischen Tendenzen. Seine italische und in jenen Verhältnissen militärisch, man kann sagen napoleontisch, ausgebildete Subjektivität nicht aufgebend, dringt er mit

Kraft und Eifer auf dramatische Wahrheit und Einheit. Wenn es in seiner Nationalität und der formalen, abstrakten Bildung der französischen Bühne nothwendig begründet war, daß seine Dramen wie die darin handelnden Personen sich vornehmlich (als Ausnahme sei Statyra in Olympia genannt) nach gewissen feststehenden Typen — als militärischer Held — als edle Geliebte (beides im französischen Sinne) — als imposanter Priester oder Priesterin ausbilden, so führt er doch diese Bildungen mit Treue für sie und den Zweck einheitsvoller dramatischer Wirkung und mit voller subjektiver Kraft durch; leicht und oft steigert sich die Kraft zu einer Leidenschaftlichkeit, deren es bei einer objektivern Auffassung nicht bedurft hätte und die auch die ruhigern Theile mit heftiger Gährung durchdringt.

Zu dem Ausspruche der Subjektivität ist ihm aber weder unter den Sängern, noch im Orchester eine bedeutende Zahl individuell ausgebildeter Stimmen nothwendig, vielmehr vereinigt er alles in großen Massen, um die alles vertretende Subjektivität höchlichst zu kräftigen; so daß bei großer dramatischer Kraft seine Opern in dieser Beziehung sich wieder dem episch-lyrischen nähern, und wir alle in einem Werke vereinigten Individuen und Vorgänge gleichsam als seine Person und seine That empfangen.

Eine kräftige Organisation und Anspannung zu nie versiegendem, gewaltigem Ausdruck der Leidenschaften, dabei aber ein festes Halten an der einheitsvollen Durchführung und ununterbrochenes Anschmiegen an jeden Moment der Handlung — Das sind die besondern Erfodernisse zur genügenden Ausführung Spontinischer Musik.

Karl Maria von Weber.

§. 793.

Deutscher, aus deutscher Schule und an der besten deutschen und ausländischen Musik genährt, ringt sein ganzes Wesen mit Selbstbewußtsein nach dramatischem Ausdrucke des Ganzen in jedem einzelnen Momente; und er vertieft sich kräftigst in diese, während Spontini dem unzertrennten Ganzen bereitwillig den einzelnen Moment nachstellt, ja opfert. Andeutsames Instrumentenspiel, musikalisch freie Melodie, Untertauchen in rein sinnliches Tonwesen, Gesangweise unter Herrschaft deklamatorischen Rythmus — jedes muß ihm an seiner Stelle und nach seiner Kraft zur Befriedigung der einzelnen Momente dienen. Weniger diese Elemente zur Einheit verschmelzend, als in ihnen das edle Ziel seines Strebens nach einem wahren einen Ganzen verfolgend, hat er das hohe Verdienst, in seiner Euryanthe zuerst unter allen Komponisten nach Wahrheit und Einheit des Zeit- und Ortkarakters (was Mozart nur in den Chören der Entführung und im Fandango in Figaro angedeutet hatte) mit glücklichstem Erfolg zu streben.

Man muß dem geistreichen Künstler in jede einzelne Situation treu folgen und in jeder seiner Gestaltungen seine wesentliche Intention vor Augen behalten, um seinen Werken zu genügen.

Dritter Abschnitt.

Von der Konzertmusik.

§. 794.

Konzerte scheinen ihren Ursprung in dem Bedürfniße der höhern und höchsten Gesellschaft zu einer besondern, ihrem Range gemäß kostbaren Unterhaltung gefunden und, als musikalische Assemblee, gleich der wirklichen Assemblee nur repräsentirt zu haben den gesellig künstlerischen Genuß unter den Bedingungen der höhern Konvenienz.

§. 795.

Wenn sich diese ursprüngliche Bestimmung noch heute bei alterthümlichen Höfen, z. B. dem Dresdner (an denen Konzerte der größten Virtuosen z. B. zur Mittagstafel angeordnet werden) offen darthut, so hat sich auch überhaupt im Konzertwesen die äußerliche, unkünstlerische Tendenz kostbaren Zeitvertreibs herrschend erhalten und in ihnen besonders ist zu jeder Zeit (was das Gesangfach betrifft) die Heimath des Bravourgesanges (§. 736 u. f.) zu suchen gewesen, mit dem man sich als seltener und kostbarer Künstler am leichtesten und geschwindesten, und vor den Augen der Gesellschaft am sichersten bewähren konnte.

Von hieraus ist das Unwesen auf die Hofopern und Kirchenmusiken und gar auf alle Musik übergegangen.

§. 796.

So hatte denn die Lehre älterer Gesangtheorie wohl ihren Grund: man dürfe in Konzertmusik, um zu glänzen und zu reizen, freier mit dem Inhalte der Kompositionen schalten; und schwerlich ist eine Vorschrift reichlicher angewendet worden, als diese, in und außer dem Konzerte. Denn wo fänden Willkühr und wetteifernde Eitelkeit ihre Begränzung?

Händel.

§. 797.

Zum dritten Male müssen wir ihn nennen, der durch seine Oratorien weltlichen Inhalts eine hohe Bedeutung des Konzertes aussprach. Seine großen Konzerte waren epischen Darstellungen in dramatischer Form (aber ohne verwirklichte Handlung) gewidmet.

Unter seinen Nachfolgern erblicken wir den glücklichen Haidn und manchen Neuern.

§. 798.

In den hierher zu rechnenden würdigen Werken ist ein rein künstlerischer Zweck verfolgt und das Konzert zu diesem geadelt. Es bleibt uns hierbei außer dem über den Karakter der Nationen und der einzelnen Künstler Angedeuteten und dem weiterhin Abzuhandelnden nichts Besonderes zu bemerken.

Vierter Abschnitt.

Von der Kammermusik.

§. 799.

Wenn frühere Gesanglehre über alle Gesanggattungen, die nicht in obigen Klassen begriffen sind, keine besondern Gesetze aussprach, sondern bei ihnen nur auf natürlichen Ausdruck hinwies: so ist damit ausgedrückt, daß sich die bisher berührten allgemeinen Lehren hier sogleich als unzulänglich oder unanwendbar bewiesen, wo sie nicht auf einem allgemeinen äußerlichen Zweck und Begriffe fußen konnten.

Schluß.

§. 800.

Wir selbst haben die bisherigen Hinweisungen auf den Inhalt der verschiedenen Kunstgattungen und Kunstleistungen nur als Vorbereitungen zu einem erschöpfenden Studium, nicht als befriedigende Lehre gegeben und müssen noch ausdrücklich bemerken, daß mit einem bloßen Auf- und Annehmen derselben (wären sie auch noch so weit ausgeführt) noch nichts für den Zweck des Vortrages erreicht ist, als eine Bezeichnung der Erkenntniß, die das allgemeine Resultat unserer Auffassung der Kunstwerke sein wird, die wir uns aber aus eigner Anschauung erst bestätigen, bereichern und beleben müssen. Jede Lehre ist todt, die nicht zu eigener Ueberzeugung wird: und so muß auch die vorausgeschickte durch eignes lebendiges Schauen und Aufnehmen erst beseelt und befruchtet werden.

Dritte Abtheilung.
Höchste Stufe des Vortrags.
Geistesprinzip.

Erster Abschnitt.
Feststellung des Ziels.

§. 801.

Auf welchen Wegen wir auch in den vorigen Abhandlungen die Tonkunst (und namentlich die Gesangmusik) zu erfassen gesucht, überall fanden wir ein Wahres zum Grunde liegend, aber ein Unzulängliches, das Ergänzung, befriedigendere Auffassung gewärtigte.

Schon der äußerlichste Eindruck, den die Tonkunst als ein Sinnliches auf unsern Sinn ausübt, läßt uns wahrnehmen, daß sie nicht ein abstraktes Verstandesgeschöpf und ein rein vom Sinnlichen gesondertes Verstandeswalten ist, obwohl sie dem reflektirenden Verstande mehr als eine Seite zur Auffassung bietet, wie die erste Abtheilung dieses Buches hinlänglich erweiset. Damit ist denn zugleich offenbar, daß Musik auch nicht als blos sinnliche Erscheinung gelten kann.

§. 802.

Eben so evident ist es, daß in ihr die Erscheinungen des Sinnlichen und Nicht-Sinnlichen nicht getrennt und neben einander, sondern in einander offenbar werden; wie die Seele nur im Körper gedacht werden kann, getrennt von ihm leeres Gespenst ohne Inhalt — der Körper getrennt von ihr, Masse ohne Einheit wird.

§. 803.

Eine Erscheinung des Geistigen im Sinnlichen, erkennen wir Musik erst als Kunst: nämlich als selbstbewußte, freiwillige Offenbarung einer Welt- und Lebensanschauung, einer Idee des Künstlers mittels sinnlichen Stoffes. Daher eben kann jede, Sinnliches und Geistiges von einander absondernde Betrachtung nicht zur Befriedigung führen und wir werden nur dann ein Werk der Tonkunst in seinem Wesen erfaßt haben, wenn wir zugleich das Sinnliche empfinden und das Geistige in ihm erkennen. Diese Auffassung soll uns die künstlerische Auffassung heißen.

§. 804.

So werden wir auch nur dann ein Gesangstück befriedigend vortragen, wenn wir dessen geistigen Inhalt in der ihm eigenen sinnlichen Gestaltung offenbaren; und eine Vortrags-Lehre hat keine andere, als die Aufgabe, hierzu zu befähigen.

Je tiefer und erschöpfender wir dieses Geistige, diese Idee des Kunstwerkes aus seiner sinnlichen Gestaltung erkennen, desto sicherer und tiefer werden wir seine Bestimmung und den ihm gebührenden Vortrag ermessen, die ihm wesentliche sinnliche Gestaltung hervorrufen.

§. 805.

Als unzulängliche Versuche erschienen uns im Obigen (§. 739 u. f.) jene allgemeinen Eintheilungen der Kunstwerke in verschiedene Gattungen und die daraus entlehnten eben so allgemeinen Vortragsgesetze. Unerschöpfend nannten wir auch schon im Voraus die Karakteristik der Nationalitäten und der Individualität der Künstler, weil nicht zu verkennen ist, wie abweichend die verschiedenen Leistungen sogar ein und desselben Künstlers sein müssen, wie mannigfache Ideen in wie mannigfacher sinnlicher Gestaltung jeder in den verschiedenen Werken, ja in den verschiedenen Theilen eines und desselben Werkes niederlegt.

Dürften wir wol glauben, jeden Krieger, oder jeden Landmann nach seiner Eigenthümlichkeit zu kennen, wenn man uns allgemeine Züge vorhielt, die sich etwa bei jedem Krieger und bei jedem Landmann ausdrücken? Werden wir aus den allgemeinen Grundzügen der französischen Nationalität den besondern Karakter jedes Franzosen zu bestimmen wagen? Ja, wird selbst die genaue Karakteristik eines Individuums von selbst und ohne Weiteres dazu dienen, uns mit Bestimmtheit jede seiner Handlungen vorzustellen und zu erläutern? Offenbar können alle diese allgemeinen und allgemeinern Belehrungen uns nur unserm Ziele nähern und wir müssen, um zu ihm zu dringen, unsere Betrachtungen auf das Einzelne, das erfaßt werden soll, fortführen.

Der gleiche Fall wird im Fache der Kunst sichtbar. Gewisse allgemeine Züge kehren uns an den gesammten Werken einer Kunstgattung (z. B. an allen Kirchenkompositionen) oder an allen Produktionen einer Nation und eines Zeitalters der Kunst, oder an allen Werken eines bestimmten Künstlers wieder und wir wollen solche Kenntniß ja benutzen. Allein um in dem Vortrage eines bestimmten Werkes zu genügen, müssen wir weiter in dessen eigenstes Wesen eindringen und es in seiner Ganzheit, wie in jedem seiner Theile, in jedem Punkte vollkommen erfassen.

§. 806.

Dieses sinnlich-geistige Durchdringen eines Werkes in seiner Ganzheit und seinem eigensten Wesen nennen wir, wo wir zu seinem Bewußtsein kommen, die geistige Auffassung und die dahin weisende Vortragslehre, in der die früher angenommenen Prinzipe des Sinnlich-Abstrakten und Verständig-Abstrakten zu höherer Einheit zusammenfließen, ruht auf dem Geistesprinzipe, auf dem Prinzipe geistiger Auffassung.

Zweiter Abschnitt.
Nothwendigkeit dieser Vortragslehre.

§. 807.

Daß die künstlerische Auffassung (§. 803.) eines Kunstwerkes die einzig genügende sei, ist wol keinem Streit unterworfen und eben so wohl wird man anerkennen, daß sie nur mit einer vollkommnen Vertiefung in das Werk selbst (§. 805.) nicht mit einem Stehenbleiben bei dem Allgemeinen erreicht wird. Allein nicht sobald werden wir zu einer Einigung über den Weg dahin gelangen. Es scheint nämlich, als könnte man auf zwiefache Weise solche Auffassung erwerben:

1) mit Bewußtwerden dessen, was das Kunstwerk enthält und giebt oder anregt,
2) ohne dieses Bewußtwerden mit einem bloßen Empfinden seines Inhalts und seiner Wirkung auf uns.

§. 808.

Wäre eine bewußtlose Aneignung in der That denkbar, so würde sie wenigstens den Nachtheil haben, daß jede unserer Bestrebungen in solcher Sphäre ohne bewußtes und bestimmtes Resultat, mithin ohne sonderliche Förderung künftiger Bestrebungen bliebe. Unsere Fähigkeit würde zwar im Allgemeinen gestärkt, aber jede Aufgabe müßte als die erste angesehen werden, weil wir keine Weisung oder Lehre zu ihr mitbrächten, wenn gleich reifere Kräfte. So wird das Thier durch Wachsthum und Uebung stärker und geschickter, ohne sich über den Instinkt zu erheben — weil ihm die Kraft zu reflektiren und Grundsätze oder Lehren zu sammeln, abgeht.

§. 809.

Allein es läßt sich geradezu behaupten, daß eine bewußtlose Thätigkeit in vernünftigen Menschen ganz undenkbar ist und im Kunstfach eigentlich nie statt gefunden hat, oder statt finden wird.

Der Mensch als solcher bleibt (wo nicht etwa seine Organisation gestört ist) denkendes Wesen, das jede seiner Handlungen und alles, was ihm geschieht, mit der Denkkraft zu erfassen, zum Bewußtsein zu bringen strebt.

Dieses natürliche und nothwendige Streben läßt sich überall und so auch in allen Richtungen, in denen man Tonkunst und ihre Wissenschaft betrieben hat, inne werden; nur wird man schon im voraus vermuthen, daß es sich hier wie überall bald mehr bald weniger ausgebreitet und gereift erweisen wird.

§. 810.

Zuerst finden wir es in der Elementarlehre überall offenbart. Niemand wird diese, die wir im ersten Buche behandelt, oder doch ihr Allgemeinstes und Anwendbarstes (die ersten Grundlehren des Ton- und Noten- und des Taktsystems) als Entbehrliches und durch unbewußtes Empfinden Ersetzliches darstellen wollen. Die ganze Vortragslehre aus dem Verstandesprinzip, in der wenigstens theilweise und einseitige Wahrheit nicht zu verkennen war, beweiset, daß ihre Anhänger und Bearbeiter durchaus mit Bewußtsein und auf Bewußtsein hingewirkt haben. In diesem ganzen Gebiete erkennen wir ein reines Streben zum Bewußtwerden — aber ein einseitiges.

§. 811.

Auch bei der sinnlichen Auffassung sind die Spuren eines sich hervorarbeitenden Bewußtwerdens unverkennbar. So oberflächlich man auch aus dem Gesichtspunkte der Sinnlichkeit ein Kunstwerk, oder die Elemente, aus denen es geschaffen ist, ansicht, so unterscheidet man doch mindestens schon zwischen Wohlthuendem (Angenehmem) und Uebelthuendem (Mißgefälligem); auch schon zwischen Lebhaftem und Trägem oder Langsamem, zwischen Leichtem und Schwerfälligem oder Stockendem und was dem mehr.

Die bisherige Gesangtheorie, ja, die Theorie der Komposition selbst hat in Lehre und empirischer Ueberlieferung fast gar keinen andern Zweck verfolgt, als zu erkennen und zu erwerben, was angenehm — zu erkennen und zu vermeiden, was nicht angenehm schien. Die ganze Vortragslehre aus dem Sinnlichkeitsprinzipe, wie wir sie in der zweiten Abtheilung entwickelt haben und wie sie sich in dem Verfahren der Lehrer und Sänger auf jener Stufe offenbart, giebt hierzu den Belag; nicht minder in der Kompositionstheorie alle jene Verbote der Tonvorschreitungen und Tonzusammenstellungen, die — oberflächlich betrachtet — keinen wohlthuenden Eindruck auf unsern Sinn machen, und die meisten, (wo nicht alle) übrigen Lehren jener Theorie.

§. 812.

Also gerade im Felde sinnlicher Auffassung, wo man zuerst eine Entbehrlichkeit und Ausschließung des Bewußtseins denkbar meinen könnte, gewahren wir unbestreitbar ein sich emporarbeitendes Bewußtwerden — aber freilich auf einer geringen Stufe der Entwickelung; denn von jener reichen Ideenwelt, die in den Kunstwerken offenbart ist, finden wir nur die eine Beziehung auf unser subjektives Wohlbehagen in der Nacht der Bewußtlosigkeit von einem matten Stral berührt.

§. 813.

Diesem nach kann nun von einer bewußtlosen Auffassung und Ausführung eines Gesangstückes hier nicht weiter die Rede sein; sondern nur von einem mehr oder minder umfassenden und durchdringenden Bewußtsein. Nur aus Mangel dieser Erkenntniß hat der Zweifel entstehen können, ob ein bewußtes Eingehen und Vertiefen in die Tonstücke möglich und räthlich sei. Alle bisher bezielten Leistungen beweisen schon diese Möglichkeit, und daß von allen Punkten aus zum Bewußtsein hingestrebt wird, stellt dieses Streben als ein natürliches, darum aber gewiß nicht entbehrliches oder gar verwerfliches dar.

Die Komponisten auch haben es wohl beachtet und ihrerseits durch Bezeichnungen aller Art, namentlich durch Andeutungen des Karakters, den sie jedem Werke beigemessen (§. 767.) den Ausübenden dahin gewiesen. Ein gleiches haben die Gesanglehrer stets, mehr oder weniger klar und erfolgreich (§. 739. u. f.) beabsichtigt.

§. 814.

Eine andre Frage ist es, ob es gelingen wird, den ganzen Inhalt eines Tonkunstwerkes zum Bewußtsein zu bringen und ob das Streben danach dem Künstler räthlich und nützlich, oder nicht vielmehr nachtheildrohend sei.

Es bedarf keiner vorgreifenden Untersuchung, wie weit ein Vordringen in der Sphäre des Bewußtseins gelingen dürfte. Wir wollen vordringen, soweit jeder vermag; jeder findet von selbst seine Gränze. So weit wir aber der Regungen unserer Seele überhaupt uns bewußt werden (doch auch nur in ihren sinnlichen Aeußerungen) soweit wird es uns wol auch gelingen, dieselben in den der Tonkunst zunächst angehörigen Aeußerungen zu erkennen. Und wie viel, viel weiter die Seelen- und Affektenkunde (auch in allen übrigen Künsten die Lehre von der Darstellung der Affekte) vorgeschritten ist, als die mit ihnen parallele Erkenntniß in der Tonkunst — ist bekannt.

§. 815.

Diejenigen aber, die da vor zu weitem Vordringen auf jener Bahn warnen möchten, werden schon der Frage: wo man denn inne halten sollte? eine begründete Antwort schuldig bleiben. Denn das Denken und Wissen duldet keine Begränzung und wird nur in dem freiesten Walten gedeihlich. In jedem Reiche der Wissenschaft und Kunst sehen wir auch die, welche sich Stillestand, oder Beschränkung setzen, von den frei Fortschreitenden übertroffen und erübrigt. Die stärkste Lehre giebt uns das Geschick der Staaten, die ein freies Denken unterdrückt haben.

§. 816.

Jene Besorgniß beruht aber eigentlich auf einer undeutlichen Vorstellung, daß Denken, Lernen und Erlerntes die im künstlerischen Walten ungetheilte, natürliche und ungestörte Thätigkeit unterbrechen und beeinträchtigen könnte und man hört dabei oft auf frühere Künstler zurückweisen, die das, was wir erlernen mögen, nicht gewußt haben.

Hieran ist nur das wahr, daß Denken, Lernen und Erlerntes als solches nicht das künstlerische Schaffen ist und daß es hemmen kann, so lange wir nämlich das Erworbene nicht uns ganz angeeignet, mit uns verschmolzen, in uns natürlich gemacht haben. Aber dies liegt in der Natur alles Lernens und Erwerbens und wer es scheute, der drückte damit nur aus, daß er daran verzweifelte, sich das Erworbne nun auch zu eigen, es in sich lebendig zu machen. Wo dies freilich nicht gelingt, bleibt das Erlernte eine todte Last. So aber, oder ohne Bemühung um Erwerb bleibt man arm hinter den Strebenden zurück.

§. 817.

Diese und jede Art der Kräftigung ist aber dem im Allgemeinen schwächer begabten ausübenden Künstler noch unentbehrlicher, als dem Schaffenden, wenn er erreichen will, was dieser in höherer Kraft und Begeisterung bestimmt. Wie unglaublich selten selbst bei begabten und berühmten Sängern der Vortrag ganz befriedigend, ganz der Idee des schaffenden Künstlers angemessen ist, könnte man am besten von Komponisten erfahren, wofern sie nicht von der Lust an der Erscheinung ihres Werkes selbst getäuscht, oder von Rücksichten beschwichtigt und geschweigt sind. Wie weit bei der großen Mehrzahl der Gesangübenden der Vortrag an Seelen- und Ideen-Ausdruck hinter ihrem allgemeinen Empfindungs- und Geistesvermögen zurückbleibt, kann jeder beobachten, der sich mit Ernst und Innigkeit mit der Tonkunst bekannt gemacht hat.

Soviel, um bedenken zu machen, daß es räthlich und wohl an der Zeit ist, zu höherm Studium und höherer Kräftigung vorzudringen, in dieser regen, Vorschreitens belebten Zeit, besonders unseres Vaterlandes.

Dritter Abschnitt.

Bezeichnung der Bahn.

§. 818.

Wir sind im Obigen schon darauf hingewiesen, in einem Kunstwerke nichts anders als die sinnliche Darstellung der Idee, die der Künstler (mehr oder minder klar bewußt) in sich trägt, zu sehen. Dies muß von jedem, auch dem kleinsten Theile des Ganzen verstanden werden; eben so wohl könnte man meinen, daß das ganze Kunstwerk, als daß der kleinste Theil desselben zufällig, oder durch fremde Macht in den Künstler hineingekommen und von ihm geschaffen sei. Daher muß auch jeder

Theil der sinnlichen Gestalt eines Kunstwerkes aus der dem Künstler dabei inwohnenden Idee hervorgegangen, erkennbar und nachweislich sein. Vermöchte sich der geringste Theil eines Kunstwerkes unabhängig von der Idee, dem Geiste des Künstlers — zufällig auszubilden, so ist nicht abzusehen, warum nicht auch ein ganzes Werk zufällig im Künstler entstehen sollte. Dies wiese aber eben auf Zufall, oder fremde Macht im Menschen, die beide undenkbar sind. *)

§. 819.

Vollkommne Erkenntniß eines Kunstwerks fodert ein vollständiges Auffassen aller seiner Theile, deren Inbegriff jenes ist. Nichts ist täuschender und für die Lehre unzuverläßiger, als sich mit einer ungefähren, generellen Uebersicht zu begnügen, statt die Idee des Ganzen in den kleinsten Theil zu verfolgen, oder aus der Auffassung der kleinsten Theile aufzuerbauen.

§. 820.

Dies gilt vornehmlich von musikalischen Kunstwerken, die aus so vielfachen, vielfach kombinirten Elementen und Gestaltungen zusammengesetzt sind. Man überschaue nur äußerlich den Inbegriff dessen, was wir mit Ton- und namentlich Gesangstück bezeichnen: den Ton in tausend Abstufungen der Höhe und Tiefe, die unberechneten Kombinationen mehrerer Töne zu Melodien und Harmonien, die unerschöpflichen Verbindungen von Melodien, von Harmonien zu einander, und beider unter einander — dann das räthselhafte Wesen der tausende von Klängen auf allen den verschiedenen Tonwerkzeugen — die karakteristischen Laute und sonst aller Inhalt der Sprache — der Accent der Stärke durch alle Schattirungen — der gestaltreiche Rythmus, in weichster Gefügigkeit, und, sobald man will, mit festester Gemessenheit, unter den zahlreichsten Abstufungen der Bewegung — endlich die unbegränzte Vereinigung und Verschmelzung aller dieser Elemente und Gestaltungen zu Einem Werke! Hier ist so wenig mit einer oberflächlich überhinfahrenden Betrachtung auszurichten, daß man eher fürchten möchte, auch das genaueste Eingehen werde nicht befriedigen, und daß man die Meinung der bei'm Ueberhinschauen Verweilenden — nicht richtig — in ihnen aber erklärlich findet: die Musik sei keines bestimmten und bestimmt erfaßbaren Ausdruckes fähig.

§. 821.

Unbekümmert wo uns etwa eine Gränze gesetzt sein könnte, ist es unser erstes Geschäft, die Idee und Bedeutung jedes Elementes und der einfachsten Bildungen zu erkennen. Nur von hier

---

*) Eine andre Frage ist es, ob die Gestaltung eines Werkes der Absicht entspricht, zu der der Künstler sich bekennt. Oft ist in uns das wonach wir hin streben, nicht klar, nicht reif und erfaßbar, oft unser Streben nicht durchdringend, kräftig und treu genug; und uns kaum bewußt, oder unabänderlich schiebt sich dem Gewollten ein Anderes mehr oder weniger unter. Aber eben das, was solcher Weise hervortritt, ist ja wieder, was wir im Moment des Schaffens — unserer Absicht ungeachtet — in uns getragen, hätten wir uns auch getäuscht und gemeint, unsere Absicht treu verfolgt zu haben.

aus läßt sich zu Größerem und zu wohlbegründeter Erkenntniß des Ganzen fortschreiten; nur diese Erkenntniß befähigt zu einem sichern Erfassen und Ausdrucke des Ganzen in jedem einzelnen Punkte.*)

§. 822.

Was aber hierbei von uns oder andern ausgesprochen wird, darf nicht als ein Erlernbares, im Gedächtniße zu gelegener Folgerung und Anwendung Aufzubewahrendes entgegen genommen, sondern muß als eine Andeutung dessen angesehen werden, was jeder in natürlichen und Kunst-Erscheinungen selbst beobachten und aus ihnen lebendig empfangen soll. Keine Lehre fördert den Künstler in lebendigem Schaffen, die er sich nicht in eigenem lebendigem Schauen und Erfassen wiederholt und selbstthätig angeeignet hat; und alles was hier noch folgt, ist todt für jeden, der es sich nicht zur eigenen lebendigen Empfindung bringt. Die todte Lehre aber, welche es auch sei und welchen Gegenstand sie betreffe, ist Last (§. 816.) und Hemmung statt Förderung und Kraft.

§. 823.

Der sinnliche Stoff des Dichters ist die positive Bezeichnung der Dinge in der Sprache — Zeichen für Sache.

Der Stoff des Bildners ist die äußere Gestaltung der Dinge — Oberfläche für Sache.

Der Stoff des Malers ist die äußere Erscheinung der Dinge — Schein des Aeußern für Leben des Innern.

Der Stoff des Mimen ist lebendige Regung des Innern, im Aeußern selbst erscheinend — sichtbare Aeußerung des Lebens.

Der Stoff des Musikers ist unmittelbare Regung des Innern als solche sinnlich gefühlt — Geistiges in Sinnlichem, gefühlte Aeußerung des Lebens.

Der Sänger vereinigt hierzu die Sprache des Dichters.

§. 824.

So, als unmittelbare Lebensäußerung, als unmittelbaren wirklichen Ausdruck des Innern empfinden wir Musik mit und so erkennen wir sie, indem ihre Erscheinungen uns an die Regungen mahnen, die in unserm Innern sich gleichmäßig äußern würden, indem sie zuletzt diese Regungen in uns selbst in körperlicher und geistiger Sympathie erwecken.

---

*) Daß hierin wie überall Vieles, vielleicht Alles ohne eigentliches Lehren und Lernen bei eminenter Anlage und fleißigem, innig-kräftigem Eingehen auf Lebens- und Kunsterscheinungen erlangt werden kann, soll nicht geleugnet werden. Allein solche Anlage und unbewußte Bildung ist so selten — im Verhältniße zu der Zahl ausübender Musiker und dem Bedürfniße so ihnen zu höchst selten, dabei aber ihr Vorhandensein so wenig sicher vorauszusehen: daß es zu unbesonnen hieße, in Hoffnung auf einzelne glückliche Erscheinungen die allen Uebrigen mehr oder weniger dringend nöthige, unentbehrliche Lehre zu vernachläßigen.

§. 825.

Unstreitig ist Musik fähig, auch außermenschliche Erscheinungen und Beziehungen künstlerisch zu versinnlichen.

Der Gesang aber — als Musik im Menschen, vereinigt mit Sprache des Menschen — muß in ihm allein gegründet sein und bei jeder denkbaren Anwendung seine Erscheinung aus dem Menschen hergeleitet und erfaßt werden.

Somit sind wir denn, mit Beseitigung alles Uebrigen an den Menschen und sein inn'res Leben gewiesen, wo wir uns über Gesangmusik aufklären wollen. In ihm müssen wir die Elemente unserer Kunst und deren Bedeutung aufsuchen.

Erstes Hauptstück.
Höhere Elementarlehre.
Einleitung.

§. 826.

Jeder Bewegung desjenigen Vermögens in uns, was wir Seele nennen, entspricht eine gleichartige Bewegung des Körpers, möge sich diese nun äußerlich durch Regungen des ganzen Körpers oder einzelner Glieder wahrnehmbar machen, oder zunächst nur auf die Verrichtungen innerer Organe, z. B. des Herzens, der Athemwerkzeuge, der Stimm- und Sprachorgane einwirken.

§. 827.

Nur die Einwirkungen der Seelenbewegungen auf die Thätigkeit
1) der Athemwerkzeuge,
2) der Stimm- und
3) der Sprachorgane

können in der Gesanglehre zur Betrachtung gezogen werden.

§. 828.

Eine heftige Bewegung der Seele ist von einer heftigen, eine schwache Seelenbewegung von einer schwachen, eine unsichere, unstäte, unbestimmte Bewegung der Seele, von einer unstäten, unsichern, ungleichen Bewegung in den sinnlich sich wahrnehmbar machenden Organen des Körpers begleitet.

So zeigt z. B. der Zornige heftige Gebehrden, gespannte Muskeln, glühende Wangen, blitzende Augen u. s. w.; der Niedergeschlagene verräth sich in einer schlaffen Haltung u. s. w., der Zweifelnde, der durch Angst in seinem Handeln Gehemmte, in unstäter, stockender Bewegung u. s. w.

§. 829.

Auf die bei dem Gesange thätigen Organe äußert die Bewegung der Seele gleiche Einflüsse. Die Erscheinung derselben ist also das Zeichen der Seelenbewegung, welche sie veranlaßt hat.

§. 830.

Alle im Gesang wahrnehmbaren, als Kunstmittel anwendbaren Erscheinungen, nämlich:

1) der Athem, als Unterbrechung des Gesanges und als hörbarer Hauch,
2) der Klang nach seinem Karakter und dem Grade seiner Stärke,
3) die Tonverhältnisse,
4) der Laut,
5) die allgemeine Bewegung und der Rythmus

sind auf diese Elemente zurückzuführen und ihrer Bedeutung nach aus ihnen zu erklären.

Erster Abschnitt.
Vom Athem.

Erste Unterabtheilung.
Vom Athem als Unterbrechung des Gesanges.

§. 831.

Das Bedürfniß, durch Athemholen das Blut zu erfrischen, tritt um so häufiger ein, je mehr es erhitzt, in Wallung gebracht ist. Jede Gemüthsaufregung*) hat diese Wirkung nach Verhältniß ihres Grades. Jeden aufgeregten Menschen, den Aufgebrachten, den Geängsteten, den von starker Freude oder starkem Schmerz Erschütterten finden wir daher außer Athem, das heißt: in die Nothwendigkeit versetzt, öfters, als gewöhnlich Athem zu holen.

---

*) Der Schreck macht zwar einen Augenblick das Blut und die Athemwerkzeuge stocken, zieht aber das verstärkte Bedürfniß nach Athemschöpfen nach sich; daher athmen wir gewöhnlich nach einem heftigern Schreck durch einen Seufzer.

246

§. 832.

Das Zeichen einer solchen Bewegung ist also oft wiederholte Unterbrechung des Gesanges, um Athem zu schöpfen.

§. 833.

Diese Unterbrechungen stellen sich als unvermeidliche Folgen der Gemüths-Aufregung dar und entbinden daher von der auf einem allgemeinen und darum nicht überall absolut nothwendigen Grunde beruhenden Regel (§. 692), nur bei periodischen Abschnitten Athem zu schöpfen, keinen Zusammenhang — am wenigsten den eines Wortes durch Athemholen zu trennen.

Um des Ausdrucks einer solchen Bewegung Willen ist es daher gestattet, nicht blos zwischen zusammengehörenden Worten, sondern selbst im Worte Athem zu schöpfen.

Ein Beispiel für die Anwendung dieses Ausdrucksmittels ist die Arie aus Cosi fan tutte von Mozart;

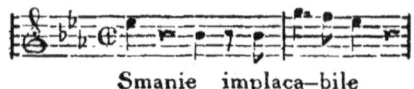

Smanie implaca—bile

in welcher jenes bis zu Ende herrschend bleibt, bald als Sprache der Beängstigung, bald als Seufzer eines weichen, sehnsüchtigen Schmerzes.

Nicht immer ist jedoch diese Vortragsweise, wie in dieser Arie durch Pausen, angedeutet. Oft, besonders bei einzelnen Stellen bleibt ihre Wahl dem Ermessen des Sängers überlassen.

§. 834.

Es ist einleuchtend, daß sie, an unrechter Stelle angebracht, nicht nur dem Zusammenhange Eintrag thut, sondern auch eine innere Unwahrheit enthält, die jene Einbuße um so empfindlicher macht. Sie spiegelt nämlich eine Aufregung vor, die man nirgends begründet und bestätigt findet.

Ein ähnlicher Fehlgriff ist es natürlich zu nennen, wenn die Unterbrechungen häufiger, oder bemerkbarer angewendet werden, als die wirklich statt habende Aufregung erklärlich machen würde.

In der Zauberflöte von Mozart z. B. findet sich eine Anwendung derselben Vortragsweise in dem Gesange der drei Damen (in der Introduktion):

Du Jüngling schön und lie-be-voll.

Allein statt der heftigen Bewegung eines tiefern Schmerzes, der in jener Arie herrschte, ist es hier nur die süße Unruhe einer erwachenden liebenden Theilnahme, die leichte Angst, eilig die Gespielinnen zu entfernen und mit Tamino allein zu sein.

Der leidenschaftlichste Schmerz wird dagegen durch dasselbe Ausdrucksmittel in heftiger Bewegung angewendet in der Introduktion des Don Juan von Mozart in den Worten der Anna:

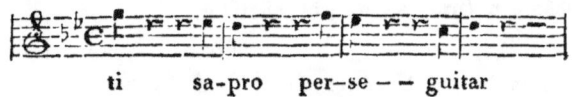
ti   sa-pro   per-se — guitar

und im ersten Duett in derselben Oper im Anfang des Allegro:

Donna Anna:

à   me   la   vi - ta   dié

so wie gegen dessen Schlusse:

tra   cen-ti af — fet — ti   e

§. 835.

Je längere Absätze (also je kürzere Töne oder Tonfolgen) je schroffer die Töne abgebrochen werden, desto heftiger ist der Ausdruck der Aufregung. Milder dagegen wird er, wenn die Dauer der Pausen verkürzt und die End-Töne nicht schroff (im forte) sondern verschmelzender — im Abnehmen, welches unmerklich zur Pause selbst führt — abgesetzt werden.

Zweite Unterabtheilung.
Vom Athem als hörbarer Hauch.

§. 836.

Die Einathmung erfolgt hörbar, (Seufzer) wenn sie ungewöhnlich schnell, oder ungewöhnlich stark geschieht. Beide Fälle treten als nothwendige Folgen einer durch besonders heftige Gemüthsbewegung, oder durch äußerliche Anstrengung veranlaßten Erschöpfung des Körpers, namentlich der Athemwerkzeuge ein.

Ist die Erschöpfung so groß, daß sie durch eine hörbare Einathmung nicht gehoben werden kann, so erfolgt bis zur Wiederherstellung der Kräfte lautes Ein- und Ausathmen (Keuchen).

§. 837.

Laute Einathmung ist daher das Zeichen einer solchen Erschöpfung, lautes Ein- und Ausathmen das Zeichen des höchsten Grades, oft sehr wirksam.

§. 838.

Wo sie dagegen nicht auf die angegebene Weise begründet ist, erscheint sie unwahr und um so widriger, da sie einen an sich nicht wünschenswerthen und wohlthuenden Zustand, nämlich den der Erschöpfung und Schwäche, heuchelt.

Hieraus rechtfertigt sich die allgemeine Erinnerung (§. 688) sich stets mit hinlänglichem Athem zur rechten Zeit zu versehen, damit die Athemwerkzeuge nie erschöpft und im unaufhaltbaren Vortrage eines Gesanges zu lauter Einathmung genöthigt werden.

§. 839.

Die hörbare Ausathmung für sich (nicht in Verbindung mit gleicher Einathmung) ist Folge einer übergewaltigen Anspannung der geistigen und Körperkräfte, also ihr Zeichen und nur bei der Voraussetzung eines solchen Zustandes zulässig.

Sie kommt nur in Verbindung mit der Artikulation (§. 916.) in Betracht.

Zweiter Abschnitt.
Vom Klang der Stimme.

§. 840.

Die Eigenschaft der willführlichen Verstärkung und Schwächung (forte und piano mit ihren verschiedenen Abstufungen) welche jedem Schall inwohnt und in der Klanglehre abgehandelt worden ist, wird an einer andern Stelle (§. 889.) zu näherer Betrachtung gezogen werden.

Hier ist nur von den verschiedenen Klangweisen, die in der menschlichen Stimme wahrgenommen werden, die Rede.

§. 841.

Der Klang der Stimme entspricht der psychischen und physischen Konstitution des Menschen. Die Stimme eines gesunden, geistig und körperlich kräftigen Menschen hat einen vollen, kräftigen aushallenden Klang; die eines muthlosen unentschlossenen, schwachen, einen dünnen, matten; die eines empfindungsvollen einen weichen, schmelzenden Klang u. s. w.

§. 342.

§. 842.

Mit der geistigen und körperlichen Beschaffenheit ändert sich die des Klanges.

Entkräftung durch Krankheit, Lebensart und andre Einwirkungen verwandelt z. B. den hellen metallischen Klang in einen dumpfen — ton- oder farblosen — unkräftigen, undauerhaften. Namentlich sind dies die Folgen einer zerstörenden Lebensweise; so wie die Ausbildung einer niedrigen, kleinlichen, schmutzigen Sinnesart dem Grundklange eine meist widrige, oft lächerliche Beimischung (näselnden, lispelnden Klang u. dergl.) giebt.

§. 843.

Dergleichen Verwandelungen des ursprünglichen Stimmklanges treten nicht allein bleibend, sondern auch in Folge besonderer Gemüthstimmung vorübergehend ein.

So muß die Stimme eines ursprünglich Schwachen und Muthlosen, wenn er zu einer ungewöhnlichen Kraft- und Muth-Anstrengung angeregt ist, einen vollern, hellern Klang, wenn er in den Zustand der Wuth geriethe, einen spitzen, schneidenden Klang gewinnen; so nimmt die Stimme eines harten, weniger fühlenden Menschen einen weichern, schmelzendern Klang an, wenn das Gefühl einmal ungewöhnlich tief erregt wird.

§. 844.

Doch geben sich die vorübergehenden Aenderungen des Stimmklanges als solche und unterschieden von dem Grundklange der Stimme sicher zu erkennen, indem dieser durchklingt und die Stimme stets nach ihm zurückzustreben scheint.

§. 845.

Eine erschöpfende Aufzählung aller Klangverschiedenheiten mit ihren innern Ursachen ist unausführbar und unnöthig. Desto nothwendiger ist für den Sänger, der sich geschickt machen will, verschiedene Karaktere naturgetreu darzustellen, ein unablässiges Studium der Natur; um so mehr, da die verschiedenen Klänge in der musikalischen Schrift sehr selten und nur unbestimmt angezeigt werden.

§. 846.

Daß übrigens denjenigen Komponisten, welche nicht nach einer eingewurzelten Manier, noch viel weniger nach todter Regel geschrieben haben, sondern der von ihrem Genius erkannten Natur treu gefolgt sind, bei den verschiedenen Karakteren auch verschiedne diesen eigenthümliche Klänge der Stimme vorgeschwebt haben, wäre an sich nicht zu bezweifeln; doch wird es auch vom geübten Auge in der Komposition der verschiedenen Rollen wahrgenommen. Bei tieferm Eindringen ist z. B. nicht zu verkennen, daß in Cosi fan tutte von Mozart die Rolle des Alfonso auf einen ganz andern Stimm-Karakter hindeutet, als die des Guglielmo.

§. 847.

So unbestreitbar hiernach zu der vollkommenen Darstellung eines Karakters die Annahme des ihm eigenthümlichen Stimmklanges gehört, so hat doch, wie es scheint, die Natur der künstlerischen Nachbildung in diesem Punkt engere Gränzen gezogen, als in allen übrigen.

Dies folgt schon daraus, daß der Klang der Stimme das Ergebniß der ganzen geistigen und körperlichen Organisation des Menschen (§. 841) ist, daß er vorzüglich von solchen Theilen abhängt, deren Beschaffenheit mehr bleibend, als willkührlich veränderbar scheint, daß es jedem Menschen schwer sein muß, den eignen Stimmklang willkührlich zu ändern — vielleicht unmöglich, dies ganz zu thun.

Daher gehört es auch zu den Seltenheiten, daß Sänger von diesem Mittel bei ihrem Vortrage erheblichen Gebrauch machen. Am meisten geschieht es bei dem Vortrage komischer Rollen, deren Darstellung bisweilen durch bloße Hinzufügung eines Beiklanges (z. B. des sogenannten Nasentones) erreichbar ist. Daß aber die Möglichkeit, den Klang der Stimme nach den Erfodernissen eines darzustellenden Karakters zu ändern, nicht auf diesen geringen Spielraum eingeschränkt ist, kann oft bei solchen Personen wahrgenommen werden, die, mit dem Talente der Nachahmung begabt, die Stimme und namentlich den Stimmklang anderer täuschend wiedergeben.

§. 848.

Bei der Zartheit der Stimmorgane könnte ein zu weit getriebenes Bestreben, fremden Stimmklang anzunehmen, einen nachtheiligen Einfluß auf sie ausüben, da es mehr oder weniger gegen ihre ursprüngliche, mithin gegen die angemessenste Weise ihrer Thätigkeit gerichtet ist. Natürlich ist diese Gefahr um so bedrohlicher, wenn es gilt, den Stimmklang niederer Karaktere anzunehmen.

Daher darf nur der vollkommen ausgebildete, der Festigkeit seiner Organe ganz versicherte Sänger solche Uebungen unternehmen und jedem ohne Ausnahme ist dringend zu rathen, die Darstellung solcher Karaktere, welche dem seinigen zu fremd, oder wol gar zu viel niedriger sind, möglichst zu vermeiden.

Dritter Abschnitt.
Vom Ton und Tonverhältnisse.

Erste Unterabtheilung.
Von Höhe und Tiefe im Allgemeinen.

§. 849.

Der Mensch befindet sich in dem Verhältnisse einer stets möglichen gegenseitigen Einwirkung mit dem, was ihn umgiebt. Er wirkt auf die Welt um sich her mit seinen Kräften ein und empfängt von ihr — unmittelbar und sinnlich, oder durch Vermittlung der Erinnerung und des Vorstellungsvermögens — Eindrücke.

Nie hört die Gegenwirkung anders, als im Tode des Individuums gänzlich auf, denn schon das Leben an sich erkämpft seinen Stoff von der Außenwelt und bewahrt ihn möglichst gegen deren zerstörenden Einfluß.

§. 850.

Jenes Verhältniß kann zwischen einem Menschen und einem bestimmten Gegenstande einen dreifachen Zustand veranlassen.

Entweder wirken beide gegenseitig mit gleicher Kraft auf einander. Dies setzt den Menschen in den Zustand der Gleichgültigkeit.

Oder ein Uebergewicht der Kräfte wohnt dem Menschen, oder endlich es wohnt dem mit ihm in Wechselwirkung gebrachten Gegenstande in. Im erstern Falle erfolgt eine Anspannung, eine Konzentration der Kräfte im Menschen in so hohem Grade, als zur Bewältigung des einwirkenden Gegenstandes nothwendig ist. Im letztern Falle folgt eine Abspannung der zum Widerstand unzulänglichen Kräfte.

Hiernach kann nun der Zustand der Gleichgültigkeit als derjenige bezeichnet werden, in welchem uns weder eine (erhöhte) Anspannung noch eine Abspannung wahrnehmbar und bewußt wird.

§. 851.

Diese hier allgemein bezeichneten Zustände sind in allen Verhältnissen und Beziehungen des Lebens nachweisbar. Wir spannen z. B. unsre Muskeln, um einen schweren Körper zu bewegen, und zwar soviel seine Schwere oder die Bestimmtheit unseres Willens, unser Vermögen auf seine Fortbewegung zu verwenden, erfodert. Die Muskeln entstricken sich, wenn der Widerstand größer ist, als das Vermögen, das wir zu seiner Ueberwindung daran gesetzt haben. Der Muth, der Zorn, der den Gegner überwinden will, spannt und erhöht unsere geistigen und körperlichen Kräfte, die Furcht, der Schreck lähmen und vermindern sie.

Ein gleicher Einfluß der An- oder Abspannung, oder der Gleichgültigkeit zeigt sich auch in der Stimme.

§. 852.

Der gewöhnliche Redeton eines Menschen ist ihm der Ton der Gleichgültigkeit, der Ton der Ruhe, in dem er sich befindet — gleichsam der Grundton seines Wesens. Wodurch die Höhe desselben bei verschiedenen Menschen verschieden bestimmt ist, bedarf hier keiner Auseinandersetzung, da dem Sänger die Tonart — und in dieser der Grundton der Rede — in jeder Komposition gegeben ist.

§. 853.

Jede Anspannung des geistigen Vermögens ist von einer Spannung, sowohl des Körpers im Allgemeinen, als der Stimmorgane besonders begleitet und giebt sich daher (§. 423 u. f.) durch er-

[32*]

höhten Ton der Stimme zu erkennen. Freude, Entzücken, Kampflust (Bewußtsein der zum Obsiegen hinreichenden Kräfte) Zorn u. s. w. geben sich auf diese Weise zu erkennen.

§. 854.

Jede Abspannung des geistigen Vermögens bewirkt die des Körpers im Allgemeinen, die der Stimmorgane besonders, mithin erniedrigten Ton der Stimme.

Daher geben Niedergeschlagenheit, Furcht, Traurigkeit u. s. w. sich auf diese Weise in der Stimme zu erkennen.

§. 855.

Diese Einwirkungen der Seelenzustände sind nicht blos allgemeine (so daß z. B. die ganze Rede des Furchtsamen in eine tiefere Stimmregion sinkt, die Rede des Zornigen in eine höhere steigt) sondern sie äußern sich auch vergesellschaftet jedem einzelnen Ausdrucke eines Affektes im Laufe der Rede oder des Gesanges. In dem Augenblicke, wo ein Affekt, wo also z. B. Niedergeschlagenheit sich der Seele bemächtigt, sinkt der Ton der Stimme; und in dem Augenblicke, wo Muth an die Stelle der Niedergeschlagenheit tritt, erhebt er sich wieder.

Daß die Aeußerungen der Affekte auf den Stimmton nothwendige, nicht zufällige sind, kann man aus jeder Rede, am Besten aus Sätzen, die entgegengesetzte Affekte oder deren Vorstellungen nebeneinander aussprechen, selbst abnehmen. Niemand wird z. B. den Ausruf

Sieg oder Tod!

naturgemäß anders aussprechen, als mit erhöhtem Tone das Wort Sieg, mit erniedrigtem Tone das Wort Tod. Denn mit dem ersten Worte wird die Vorstellung lebendig, daß die Kraft sich spannen muß zum siegreichen Kampfe; im letzten Worte entsteht die Vorstellung, daß die Kraft unzulänglich sein und entstrickt werden könne. Beide Vorstellungen werden zur geistigen Gegenwart; der Redende fühlt sich dort als siegreich Kämpfenden, hier als Ueberwundenen, und sein Redeton drückt dies aus.

§. 856.

Je wechselnder daher die Gemüthsbewegung, desto abwechselnder steigt und sinkt der Ton des Redenden.

§. 857.

Je heftiger eine Gemüthsbewegung, desto bedeutender steigt oder fällt der Ton der Stimme.

Diese und die im vorigen Paragraphen angeführte Aeußerung des Gemüthzustandes ist überall wahrzunehmen. Der empfindungsvollere, den Affekten mehr hingegebene Mensch verräth sich als solchen durch vielfältigeres Steigen und Sinken des Redetones vor dem ruhigern Menschen, dessen Rede sich mehr zur Eintönigkeit neigt. Daher reden z. B. im Allgemeinen Südländer*) und Bergbewohner in einem (wie man zu sagen pflegt) singenden Tone, mehr, als Nordländer oder die Bewohner der Ebene. **) Daher — um zu der Tonkunst selbst zurückzukehren, schreitet der Gesang eines mit großen Kräften begabten und in eine große Bewegung gesetzten Gemüthes in großen Intervallen einher, während sich die kleinlichere Bewegung eines zartern, sanftern, schüchternen Wesens in kleinern Tonfortschreitungen ausspricht. Beispiele der erstern Bewegung sind die Rachearie der Klytemnästra in Glucks Iphigenia in Aulis und die erste Arie der Donna Anna in Mozarts Don Juan. Ein Beispiel der letztern Bewegung geben die Arien der Zerlina in derselben Oper, sogar die zweite der Donna Anna, in der die große Spannung, welche sie während der erstern erhob, aufgehört hat.

§. 858.

Der Ausdruck der Affekte durch Erhöhung oder Erniedrigung des Stimmtones wird jedoch von — wenn auch nicht scharf bestimmbaren Gränzen eingeschränkt. Die äußersten tiefen und hohen Töne, deren eine menschliche, gut organisirte und kunstvoll ausgebildete Stimme fähig ist, z. B. die Töne der Diskantstimme in der dreigestrichenen Oktave — wenigstens die höhern — auch die höchsten Töne in der ein = wol gar zweigestrichenen Oktave in der Tenorstimme — scheinen nicht mehr den Karakter der menschlichen, oder der männlichen Organisation zu haben und daher menschliche Affekte nicht auszudrücken. Dies erkennt man leicht in sogenannten Bravourarien, z. B. in denen der Königin der Nacht in Mozarts Zauberflöte, in der der Elvira in Winters unterbrochenem Opferfeste und andern.

Wie weit der affektausdrückende Umfang einer Stimme sich erstrecke, ist, wie gesagt, nicht allgemein und nie mit voller Genauigkeit zu bestimmen; es richtet sich vielmehr nach der Individualität eines jeden Singenden. Schwerlich möchte jedoch der Umfang von zwei Oktaven eine zu enge Gränze setzen.

§. 859.

Doch haben die darüber hinausgehenden Töne nichts desto weniger künstlerische Bedeutung. Sie sind der Ausdruck einer fremden Organisation, die der Mensch aus freier Willensbestimmung annehmen kann, und selbst in dem Hinaustreten aus den eigentlich menschlichen Beziehungen, die dem

---

*) Die Israeliten bewähren in ihrer singenden Rede, wie in ihrer affektreichern Stimmung, ihren orientalischen Ursprung so deutlich wahrnehmbar, daß diese Eigenheit selbst ungebildetern Menschen nicht entgeht, wie diese durch Nachahmen und Spott bezeigen.

**) Bei den Märkern z. B. beobachtet man eine im Ganzen eintönige Rede, deren Monotonie durch ein bedeutendrs, ziemlich gemessenes Steigen des Stimmtones bei den besonders auszuzeichnenden Silben unterbrochen wird, worauf sofort der erste Ton wiederkehrt; ein Ausdruck vorherrschender Verstandestendenz.

Menschen eigne Selbstständigkeit zu bewähren. Es ist daher weder eine Unrichtigkeit, noch an und für sich ein Tadel, wenn man z. B. jene höchsten Töne der Diskantstimmen Vogeltöne nennt.

§. 860.

Auf der bisher entwickelten Bedeutung der Höhe und Tiefe beruht zunächst die Bedeutung der melodischen Bewegung. Der Punkt der höchsten Steigerung würde sich hiernach durch den höchsten melodischen Punkt zu erkennen geben u. s. f. Jede Komposition von wahrem Ausdrucke giebt hierzu Beläge. Man betrachte z. B. den Anfang einer Arie aus Händels Alexanderfeste (vergl. §. 759.):

Tö-ne sanft du ly-disch Brautlied wieg' ihn ein in sü-ße Wol-lust.

Wie es der allgemeine Inhalt des Satzes ist: der Held solle in wohlige Ruhe gewiegt werden, in süße Ermattung hinsinken, so senkt sich in ihrer allgemeinen Bewegung die Melodie, sobald sie den Karakter des Gesanges „sanft" angegeben und durch den höchsten melodischen Punkt vorgehoben hat. Die sinkende Bewegung wird bei jeder Hauptsilbe des ersten Abschnittes: lydisch Brautlied durch eine kleine Erhebung gehemmt. Eine größere zeichnet das „wieg' ihn ein" aus; denn in diesem Worte wird näher angegeben, was geschehen und durch das ertönende Lied bezweckt werden solle. Nun sinkt die Melodie unaufgehalten von Stufe zu Stufe, um sich in Wollust — im Ausdrucke des höchsten Entzückens aufschauernd — wieder zum höchsten Tone hinaufzuschwingen; eine Erhebung, die um so bedeutender ist, da die Stimme sie von der zehnten tiefern Tonstufe gewinnt, die daher auch das erste Steigen der Stimme bei „sanft" weit überbietet, da das nur durch drei Töne geschah.

§. 861.

Ein zweites Beispiel sei diese Stelle einer Arie

aus Alceste von Gluck — mit dem italienischen Texte, zu dem sie ursprünglich komponirt worden ist.

Vor allem vergleiche man im Allgemeinen die Bewegung dieser Stelle mit der vorigen von Händel. Händels Melodie hat im Ganzen nur eine Richtung vom höchsten Tone zu "sanft" abwärts. Nur der Schluß hebt sich entschieden, alle übrigen Erhebungen können nur als Verzögerungen der Hauptbewegung gelten. So mußte sich die Melodie gestalten, denn die Tendenz und die Vorstellung des Sängers war nur eine: das Einwiegen in wollüstige Ruhe.

In einem ganz andern Zustande befindet sich Admet. Liebender Zorn über das unwillkommene Opfer des eignen Lebens, womit Alceste seine Genesung erkaufen will — Furcht, daß sie ihre Absicht erfüllt sehen werde — leidenschaftliches Widerstreben aus allen Kräften, die ihm zu Gebote stehen — Angst, die geliebte Gattin für sich sterben zu sehen, und, verlassen, sie zu überleben — in diesen widersprechenden Empfindungen schwankt sein Gemüth hin und her. Dies drückt sich in der allgemeinen Bewegung der Melodie aus. Sie sinkt vom ersten bis dritten Takte, hebt sich in diesem, sinkt wieder im vierten, um sich im fünften und sechsten zu heben, sinkt im siebenten und achten, steigt im neunten und sinkt noch einmal.

Und nun betrachte man den Ausdruck im Einzelnen. Das Nein, mit dem er der Absicht der Gattin entgegenzutreten eilt, ist in hohem Tone ausgesprochen. Schmerzvoll sinkt die Stimme in dem zwischen Vorwurf und Bitte schwankenden crudele, noch tiefer und zagend bei dem non posso vivere; demungeachtet wird das posso durch eine kleine Erhebung der Stimme bekräftigt. Fast bitter wird der Vorwurf in den Worten tu lo sai. "Verständest du meine Liebe, fühltest du wie ich" — scheint Admet damit auszudrücken — "hättest du meiner Liebe gedacht, die du kennen mußt: so hättest du gewußt, daß ich nicht ohne dich leben kann. Ist aus diesem Grunde die Stimme bedeutend gestiegen, so wird die Heftigkeit bei den Worten senza di te durch zärtliche Empfindung, durch schonende Rücksicht gemildert. Doch die Vorstellung: non posso vivere ist nun zu dringend geworden, um nicht mit eindringlicher Heftigkeit wiederholt zu werden. Das Du — du weißt es (mit dem Ausdrucke du, du allein, wenn keiner mit mir fühlt, weißt es und du, du vor allen darfst meinem Flehn nicht widerstreben) sinkt, in dem bedeutend gehobenen Du wehmüthig und zaghaft bittend. Noch einmal mit dem stärksten, heftigsten Ausdrucke der Verzweiflung — deßhalb auf dem höchsten Tone — wiederholt Admet das non posso vivere und schließt den Satz erschöpft und zagend in völligem Sinken der Stimme.

§. 862.

Wenn bei den vorigen Beispielen der Sinn des Textes uns auf die Bedeutung der Melodie hinwies, oder wenigstens ihre Deutung erleichterte: so müssen wir die Bedeutung folgender Stelle einer Arie aus Händels Alexanderfest:

> Er sang den Perser groß und gut,
> Der durch des Schicksals Wuth
> Fällt —

aus der Komposition allein nehmen, da der ganze Text hier nur ein Wort, eine Vorstellung enthält.

Hätte der Komponist bei der viermaligen Wiederholung dieses Wortes keinen andern, als den abstrakt verständigen Zweck (§. 675. Seite 179) einer rhetorischen Steigerung vor Augen gehabt, so würden wir die Stimme immer mehr steigen sehn, wie z. B. in dem Recitative der Jessonda*), wo diese ausspricht, es zöge alles sie zu dem Geliebten hin:

Händel, der sich stets ganz in die Seele des Redenden versenkt und mit ihm den Moment ganz durchfühlt, beginnt die Arie im Tone wehmüthiger, aber ruhiger Erzählung und in gleicher Stimmung wird das erste „fällt" hingesagt, ohne lebhafte Empfindung der schweren Bedeutung des Wortes. Diese scheint der Sänger erst inne zu werden, indem er es ausgesprochen hat; darum tritt das zweite „fällt" mit dem Ausdrucke des heftigen Schreckens ein. Resignirt und zuletzt hingegeben mit ersterbender Stimme folgt es zum dritten und vierten Male.

Die bisher entwickelten Grundsätze erschöpfen diese Stelle nicht; doch wird man auch aus ihr jene bestätigt finden.

Zweite

---

*) Jessonda, Oper von Louis Spohr, im Klavierauszuge bei Peters in Leipzig. Erster Akt.

Zweite Unterabtheilung.

Von bestimmten melodischen Tonverhältnissen.

A. Vom einfachen Verhältnisse zweier Töne an sich.

§. 863.

Nicht blos das Steigen und Sinken der Stimme an sich betrachtet, sondern auch alle Intervalle, in denen sie steigt oder fällt, haben jedes seine nothwendige Bedeutung. Die Ursache derselben kann hier nicht einmal soweit nachgewiesen werden, als bei den bisher abgehandelten Gegenständen geschehen ist; denn die dazu nöthigen Vorbereitungen überschreiten den einem Sänger angewiesenen Studienkreis, mithin die Gränzen der Gesanglehre.

Doch wird auch dieser Beweis für den Sänger zur vollkommnen Erfassung seiner Kunst entbehrlich sein; denn das Gefühl eines Jeden erkennt, wenigstens wenn die Aufmerksamkeit erweckt ist, mindestens an einigen Tonverhältnissen verschiedenen Sinn (es ist zum Beispiel aus dieser Wahrnehmung sprachgebräuchlich geworden, die große und kleine Terz mit Andeutung ihres Karakters hart und weich zu nennen) und schon hieraus läßt sich schließen, daß allen Tonverhältnissen eine bestimmte besondere Bedeutung inwohnen möge *).

§. 864.

Diese Ueberzeugung würde auch längst aus den Werken der Künstler und den Urtheilen geistreicher Männer allgemeiner angenommen worden sein, wenn es nicht so sehr schwierig wäre, die Bedeutung der Tonverhältnisse, den ihnen inwohnenden Gedanken, vollkommen genügend zu fassen. Dies veranlaßte, die dabei aufgehenden Ideen sinnbildlich, vergleichungsweise darzustellen und so konnte eine anscheinende Meinungverschiedenheit unter den Anhängern der obigen Ueberzeugung nicht ausbleiben.

Allein weit entfernt, einen Beweis von der Unrichtigkeit der Ueberzeugung zu geben, deuten die verschiedenen und dennoch unter sich stets verwandten Darstellungen auf eine ihnen allen zum Grunde liegende Wahrheit.

---

*) Ein großer Theil der Verbotsgesetze in unsern Theorien der Komposition beruht auf einem dunkeln Gefühl des den Intervallen inwohnenden Sinnes. So hat man z. B. die Folge großer Terzen wegen ihrer Bestimmtheit hart, die Folge großer Quinten nach ihrer später (§. 867.) anzugebenden Bedeutung leer, hohlklingend gefunden; in solchem Maaße, daß man solche Tonfolgen um des allgemeinen sinnlichen Behagens Willen sogar für unzuläßig erklärt hat.

§. 865.

Wie die Haltung und Bewegung der Stimme nach Höhe oder Tiefe das Verhältniß der Kräfte bezeichnen, die sich in unserm Wesen gegen das, was von aussen einwirkt, regen: so spricht das Maas der Tonbewegung — das Intervall, in dem sie geschieht — die besondere Beziehung aus, in der unsre Kraft, unser Leben sich bewegt.

§. 866.

Nehmen wir irgend einen Ton, zum Beispiel — c —, als den Punkt an, von dem ausgegangen wird: als das In sich beruhen, aus dem jede Bewegung hervortreten muß: so findet sich dasselbe Wesen, derselbe Gedanke, aber in einem höhern Zustande, in höherer Potenz in der Oktave des Tones wieder.

Die Oktave giebt demnach dasselbe Wesen — also bestätigend, jedoch erhöht — also bestärkend wieder. Es ist die bestärkende Wiederkehr des Anfanges, hierdurch aber die Gränze aller vor ihr eingetretenen Bewegungen. Sie haben alle zu ihr oder dem Anfangstone hingedeutet und mit ihr beginnt dieselbe Folge von Tonverhältnissen und Bewegungen von neuem, aber in höherm Zustande *).

§. 867.

Von den innerhalb der Oktave liegenden großen Intervallen stellt die Sekunde — c d — die ruhige, sichere Bewegung, die Terz — c e — feste Bestimmung mit dem Bewußtsein des Vollbringens (§. 863 und Anmerkung dazu), die Quarte — c f — das vollbrachte, entscheidende Hinaustreten dar. Das letzte Intervall schließt die Reihe der Intervalle, die zunächst und vorzugsweise auf den Anfangston — c — Bezug hatten, und beginnt das Hinausschreiten aus diesem Gebiete entscheidend.

Die Quinte — c g — verlangt vom Anfangstone nach einem andern, unbestimmten Punkte hin, (vergl. die Anmerk. zu §. 863.) die Serte — c a — spricht das Bedürfniß nach Beruhigung von außen, die Septime — c h — das schmerzlich lebhafte Begehren dieser Befriedigung aus.

§. 868.

Alle kleinen Intervalle haben den Karakter der großen, aus denen sie entstanden sind; aber in einem unvollkommnern, in einem Zustande der Schwäche. So ist die Sekunde — c des —

---

*) Die Harmonielehre betrachtet schon längst die Oktave als identisch (wir haben oben bemerkt, daß sie es nur zum Theil ist) mit dem Grundtone (der Prime) und sieht darum z. B. einen Akkord durch Versetzung in eine andre Oktave oder durch Verdoppelung von Intervallen desselben in andern Oktaven nicht für wesentlich verändert an. Doch hat sie diesen ihren Lehrsatz bisher nur als Resultat todter akustischer Berechnung gehandhabt.

eine ruhige aber unkräftige, matte Bewegung; die Terz — c es — Bestimmung, aber ohne jenes Bewußtsein der Kraft und des Gelingens; die Septime — c b — hat den Karakter kräftig empfundenen, ja schmerzlich dringenden Begehrens mit dem verwandten aber schwächern einer weichen hoffenden Sehnsucht vertauscht u. s. w.

§. 869.

Die verminderte Septime — cis b — wird dagegen zur weichen, aber hoffnungslosen Sehnsucht.

§. 870.

Die übermäßigen Intervalle heben den Karakter der großen, aus denen sie entstanden sind, in den Zustand der Ueberspannung. Daher wird schon die Sekunde — c dis — schmerzlich empfundene Bewegung *), die Quinte — c gis — verlangt so heftig in das Unbestimmte, daß das feste Beruhen auf dem Anfangstone verloren geht.

§. 871.

Wenn jedoch alle bisherigen Intervalle der Ausdruck eines in sich abgeschlossenen, einheitsvollen Wesens sind, so geht diese Einheit unter in den über die Oktave hinausreichenden Intervallen.

Diese beruhen auf denen innerhalb der Oktave, nämlich

die None auf der Sekunde, aus der sie sich gestaltet, wenn der höhere Ton um eine Oktave erhöht, oder der tiefere um eine Oktave erniedrigt wird — u. s. w.

Sie behalten daher die Grundbedeutung derselben bei, mischen dieser aber den Ausdruck, eines in sich gestörten, mit sich zerfallnen, oder überregten Wesens bei.

§. 872.

Beispiele für die obigen Sätze sind in den Kompositionen der besten, oder (bei richtiger Auffassung dessen, was der Komponist geleistet, nicht was er gewollt hat) aller Tonkünstler genügend vorhanden. Mehrere der obigen Erklärungen werden selbst von dem, dessen musikalisches Auffassungs-

---

*) Im Gefühl dessen haben ältere Kompositionslehrer, wiederum aus dem Prinzipe sinnlichen Wohlbehagens und des höhern Wesens der Kunst vergessen, Fortschreitungen der Oberstimme, besonders der Singstimme in solchen Intervallen verboten.

vermögen noch wenig entwickelt ist, ohne weitern Beweis angenommen werden können, z. B. die der großen Sekunde, die der großen und kleinen Terz, der großen Sexte, der Oktave, der Quarte — die unter andern bei jedem festen Abschlusse eines Recitativs gebraucht wird. *)

Mancher Beleg wird sich in der Folge bei der Analyse der mitgetheilten Kompositionen ergeben.

B. **Von der Weise der Darstellung eines einfachen Tonverhältnisses.**

§. 873.

Wenn die Stimme von einem Tone zu einem andern fortschreitet, so übergeht sie alle zwischen beiden befindlichen Tonabstufungen. Soll z. B. die Quinte c–g gesungen werden, so übergeht die Stimme, um sich von c nach g zu erheben,

alle dazwischen geschriebenen Tonabstufungen von cis bis ges einschließlich

§. 874.

Diese dazwischen liegenden Tonabstufungen können nun entweder wirklich übergangen, das heißt: nicht zum Gehör gebracht werden, so daß die Stimme sich mit Bestimmtheit von einem zum andern Tone wendet.

Eine solche Fortschreitung spricht ihren Karakter mit voller Bestimmtheit und Festigkeit aus.

§. 875.

Oder es kann beide Töne eine Tonzusammenziehung (§. 574.) verbinden, welche die dazwischen befindlichen Ton-Abstufungen in so allmählicher Erhebung oder Senkung der Stimme berührt, daß sie ununterscheidbar in einanderfließen (Hinauf- Hinabziehen).

Diese Vortragsweise hat den Karakter der Unbestimmtheit aus Schwäche — denn das Streben nach dem zu erwartenden Tone hat nirgend Festigkeit und Klarheit.

Hieraus erklärt sich beiläufig, warum dieses Ziehen dem Gesang einen weichern, inniger gefühlten, schmachtenden, wehmüthigen Ausdruck giebt und warum es, an unpassender Stelle oder im Uebermaaß angewendet, schwächlich und widerlich erscheint.

§. 876.

Oder es können endlich die beiden Töne, auf deren Zusammenstellung es wesentlich abgesehen ist, durch eine, mit Bestimmtheit und Unterscheidung zum Gehör gebrachte Reihe von Zwischentönen, z. B.

---

*) Auch die Pauken, das mächtigste Instrument für die Grundstimme, werden aus diesem Grunde gewöhnlich in Quarten gestimmt.

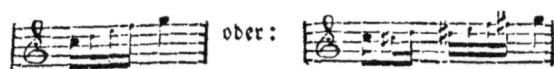 oder:

mit einander verbunden werden.

In dieser Vortragsweise drückt sich ein Ringen nach dem bestimmten Ziele aus, das weit kräftiger nach diesem strebt, als die vorige in keinem Moment bestimmte Bewegung der Tonzusammenziehung. Kräftiger ist diese Vortragsweise, wenn sie durch größere, weniger kräftig, wenn sie durch kleinere Tonabstufungen geht; zu ersterm giebt das erste, zu letzterm das zweite der obigen Beispiele einen Beleg.

Daher füllt man, wo die Bewegung eines Tonstückes erhöht werden soll, die Intervalle durch Zwischentöne aus. Die Lust der italischen Schule an Zusätzen, Bereicherung und sogenannter Verzierung der Melodie (§. 728.) hat hierin ihren Ursprung.

§. 877.

Aus Obigem folgt nun aber, daß im Vortrag einer Komposition die Töne, welche unmittelbare eigne Bedeutung haben sollen, von denen, welche nur die Bedeutung jener wesentlichen Töne unterstützen — oder modifiziren — welche nur zu jenen Bedeutung haben, unterschieden werden müssen.

§. 878.

Als unmittelbar und wesentlich bedeutsame Töne könnten vielleicht im Allgemeinen alle wesentlich zur Harmonie gehörigen — als zufällig mitwirkend alle übrigen (namentlich alle durchgehenden Töne) gerechnet werden. Die Vorhalte, als zurückgebliebene Töne einer wirklich vorausgegangenen, oder vorauszusetzenden Harmonie, gehören zu den wesentlich bedeutsamen Tönen.

Schwerlich wird sich jedoch irgend ein angemessenes Gesetz hier überall bewähren und nur die innige Vertiefung in jede einzelne Komposition wird hier zu sicher befriedigender Auffassung führen.

§. 879.

Nach obigen Grundzügen bedarf die Bedeutung der Figurirung eines einzelnen Tones (Triller u. dgl.) und die Menge der Figuren, welche statt einfacher und ununterbrochener diatonischer oder chromatischer Fortschreitung zwei wesentlich bedeutsamen Tönen zur Verbindung dienen können, (§. 307 u. f.) keiner weitern Auseinandersetzung.

C. Von zusammengesetzten Tonverhältnissen.

§. 880.

Wenn schon die einfachen Tonverhältnisse ihre bestimmte Bedeutung haben, so bedarf es keines Beweises, daß den melodischen oder harmonischen Zusammensetzungen jener ebenfalls bestimmte Bedeutung inwohnen müsse.

§. 881.

Die Tongeschlechter haben jedes seinen eigenthümlichen Karakter; eben so auch

§. 882.

die verschiedenen Tonarten — obwohl diese aus ganz andern Gründen. —

Eine Kenntniß davon wird dem Sänger sehr zuträglich und besonders förderlich in der geistigen Auffassung der Kompositionen sein. Da derselbe aber weder Tonart, noch Tongeschlecht zu wählen hat, sondern ihre Bestimmung lediglich dem Komponisten gebührt, so kann eine ohnehin nicht kurz zu fassende Erörterung dieser Gegenstände hier unterbleiben.

§. 883.

Auch jede harmonische Zusammenfügung von Tönen (Akkord) hat bestimmte Bedeutung, die aus dem Sinne der einzelnen in jener enthaltenen Intervalle, besonders aber des den Akkord von andern am festesten unterscheidenden hervorgeht.

§. 884.

Der wichtigste Ton im großen und kleinen Dreiklange ist die Terz, weil in dieser sich beide — im übermäßigen und verminderten Dreiklange die Quinte, weil in dieser sich der Akkord von jedem andern Dreiklange unterscheidet.

§. 885.

Der wichtigste Ton im Septimenakkorde ist die Septime, im Nonenakkorde die None.

§. 886.

Da der Sänger zunächst seinen Ton im Akkorde zu beachten hat, so genügt es an diesen Regeln und bedarf keiner Bestimmung der Bedeutung der Akkorde.

§. 887.

Die wesentliche und eigenthümliche Bedeutung erhält der Ton in der Melodie des Sängers durch sein Verhältniß in derselben. Sein Verhältniß im Akkorde der Harmonie giebt nur seine Bedeutung zum ganzen harmonischen und melodischen Gewebe.

Vierter Abschnitt.
Vom Rythmus.

§. 888.

Wann die Aeußerungen der Seelenbewegung in der Stimme hervortreten sollen und mit welchem Nachdrucke, dies bestimmt der Wille. Der Rythmus ist also die unmittelbare Aeusserung unseres Wollens zu nennen. Welche Vorstellungen und Empfindungen unsere Seele auch erfüllen mögen — was auch die Absicht einer bevorstehenden Aeusserung sei: der Wille selbst erst entscheidet, in welchem Maaße der Kraft und der Zeit die Aeusserung hervortreten solle.

Dies ist durch die verschiednen Gestaltungen des rythmischen Elementes zu verfolgen.

Erste Unterabtheilung.
Vom Rythmus in gleichgeltenden Tönen.

§. 889.

Von Tönen gleicher Geltung zeichnet der Wille die, welche hervorgehoben werden sollen, durch stärkere Betonung aus.

§. 890.

Dies geschieht entweder, um Abwechselung (Stärke und Schwäche) und dadurch Uebersichtlichkeit in die Tonreihe zu bringen. Dann befolgt die Betonung die rythmischen Ordnungen, indem sie die stärksten, starken und schwachen Töne (§. 236. 665. 666.) durch die stärkste, weniger starke und schwache Betonung auszeichnet und die Aufmerksamkeit dadurch zuerst auf die stärksten, dann auf die schwächern Töne lenkt. Sie wird mit dem Namen: metrischer Accent bezeichnet.

§. 891.

Je mehr schwere Töne in einer rythmischen Ordnung vorkommen, desto gewichtiger ist die Bewegung des Ganzen.

Daher sind im allgemeinen die zweitheiligen Ordnungen schwerer — lastender und die dreitheiligen bewegter; also z. B. Zweivierteltakt, in dem ein Theil um den Andern stark betont wird, schwerer als Dreivierteltakt, in dem zwischen jedem Paar schwerer, zwei leichte Takttheile stehen.

§. 892.

Aus demselben Grunde ist die dreitheilige Gliederung der Takttheile, z. B. die Auflösung eines Viertels in eine Achteltriole beweglicher, als die zweitheilige — eines Viertels in zwei Achtel. Daher ist unter andern Rossini's Vorliebe für Triolen und dreitheilige Takte (§. 725.) zu erklären.

§. 893.

Die zusammengesetzten rythmischen Ordnungen bieten eine mannigfaltigere Bewegung dar, als die einfachen, da in ihnen eine mannigfaltigere Betonung statt findet; die stärkste nämlich bei den wirklichen Anfangstönen, eine weniger starke bei denjenigen Tönen, welche die Abtheilungen der einfachen Ordnung begannen, aus denen jene zusammengesetzt worden.

Sie sind daher stets beweglicher, als die einfachen Ordnungen, aus denen sie entstanden; z. B. der Viervierteltakt beweglicher, als der Zweivierteltakt, der Sechsachteltakt beweglicher, als der

Dreiachteltakt; hiernach auch viertheilige und sechstheilige Figuren beweglicher, als zwei- und dreitheilige von derselben Geltung.

Zweite Unterabtheilung.

Vom Rythmus, durch Töne verschiedner Geltung dargestellt.

§. 894.

Stehen Töne verschiedner Geltung neben einander, z. B.

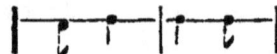

so sind die längern als die wichtigern, bei denen zu tieferer Auffassung verweilt werden soll (§. 236.), anzusehen; die kürzern führen als Nebentöne zu ihnen hin, oder von ihnen weiter. Mit Recht kann man sich daher das Verhältniß als Bewegung und Ruhe vorstellen.

§. 895.

Je schneller der kurze Ton zu dem langen führt (je geringere Geltung er hat) desto bedeutender wird dieser hervorgehoben, desto schwerer wird er.

§. 896.

Je näher schwere Töne einander folgen, desto gewichtiger und schwerer ist die Bewegung des Ganzen.

Ein Beispiel für schwerere Bewegung giebt die Einleitung der Ouvertüre zu Händels Messias:

 u. s. w.

in der sich der Gang der Melodie blos hebt, um gleich wieder zu fallen — und die Stelle der Introduktion zu Mozarts Don Juan:

non spe-rar se non m'ucci-di ch'io tù

§. 897.

Je mehr kurze Töne an einander gereiht sind, desto rascher wird die Bewegung. Als Beispiel dazu diene diese Stelle:

Cal-cas d'un trait mortel percé

aus der Arie des Achilles, im dritten Akte von Glucks Iphigenia in Aulis.

§. 898.

Daher bewirkt jede Figur in kürzern Tönen, z. B. statt der Grundmelodien —

diese:

oder diese:

u. s. w.

eine regere Bewegung und ist besonders da wirkungsreich, wo ein Satz in erhöhter Bewegung wiederholt werden soll — vergl. §. 876.

§. 899.

Je gleichartiger, je ähnlicher, je symmetrischer die rythmische Ordnung in einer Komposition ist, desto übersichtlicher, faßlicher, fließender erscheint sie.

Der gleichartige (d. h. meist aus Tönen gleicher Geltung konstruirte) Satz

der aus ähnlichen (nämlich zweitheiligen oder daraus gebildeten viertheiligen) Rythmen bestehende Satz:

der symmetrisch bewegte Satz (in dem verschiedne Rythmen in gleicher Ordnung wiederkehren)

sind deßhalb faßlicher und fließender, als z. B. folgende nicht gleichartig, in ähnlicher Bewegung, oder in symmetrischer Ordnung abgefaßte:

und unter diesen würde der fortschreitend (also nach bestimmt erkennbarer Ordnung) beschleunigte zweite der faßlichste, der ganz unordentlich gemischte erste der unfaßlichste sein.

§. 900.

Oder (§. 890) die rythmische Auszeichnung gewisser Töne hat nicht die Darstellung einer allgemeinen äußern Ordnung der Tonfolge zur Absicht, sondern soll die Aufmerksamkeit zumeist den einzelnen Punkten zuwenden, welche das der Sache nach Wichtigste enthalten. Dann heißt sie deklamatorischer Accent.

§. 901.

Der deklamatorische Accent kann sowol auf einzelne Töne, als auf ganze Sätze, um sie vor andern hervorzuheben, gelegt und verschiedenen durch ihn auszuzeichnenden Stellen in verschiedenen Graden — den wichtigsten im stärksten, den je unwichtigern in je minderm Grade zuertheilt werden.

§. 902.

Wo der deklamatorische mit dem metrischen Accente nicht zusammentrifft, kann die Frage entstehen, welcher von beiden nachzusetzen ist.

Diese Frage ist nicht allgemein zu beantworten. Ist die Einzelnheit, welche eine Auszeichnung durch deklamatorischen Accent fodert, so wichtig, daß die Ordnung und Bewegung des Ganzen neben ihr nicht in Betrachtung kommt, so wird der metrische Accent, so weit es nur immer nöthig scheint, selbst bis zu seiner gänzlichen Vernichtung, nachgesetzt; sonst aber so viel wie möglich, ohne daß erhebliche Einzelheiten zur Gleichgültigkeit herabsinken, beibehalten.

Dritte Unterabtheilung.

Von der Bewegung.

§. 903.

Die Bewegung im Allgemeinen (das Tempo) bestimmt sich nach dem Bedürfnisse, schneller oder weniger schnell das, was in uns vorgeht und laut werden will, zu offenbaren. Je heftiger die Gemüthsbewegung ist, welche sich äußern will, je dringender die Verhältnisse baldige Mittheilung machen, je weniger Hindernisse sich ihrem Lauf entgegenstellen, desto lebhafter, je weniger dies alles, jemehr es nöthig ist, die einzelnen Punkte im Vortrag eindringlich und gewichtig darzustellen, desto langsamer ist die Bewegung.

§. 904.

Eine besondere Rücksicht ist bei der nähern Bestimmung des Tempo noch auf das Lokale zu nehmen. Je größer dieses ist, desto mehr Zeit bedarf der Schall der Stimme, sich durch den ganzen Raum auszudehnen; je stärker der Wiederhall im Lokale ist, desto langsamer verhallt der Ton und desto langsamer muß in beiden Fällen das Tempo genommen werden. (Vergl. §. 746.)

Fünfter Abschnitt.
Von den Lauten.

§. 905.

Die Anwendung der Laute ist der Hauptsache nach nicht mehr der Wahl des Sängers überlassen, da die Sprache und der Gebrauch der Laute in ihr fast gänzlich festgestellt und überdem der Sänger an den Text gebunden ist, den er musikalisch vorzutragen hat.

§. 906.

Obwohl nun die Laute in soweit vom Sänger unverändert beibehalten werden müssen, als das ihm gegebene Wort nach der Sprachgewohnheit erfodert, so ist doch eine Modifikation der Laute ihm an und für sich so weit gestattet, als sie ohne Entstellung oder Vernichtung der Sprache möglich wird.

§. 907.

Wie die Vokale in der Folge

I. E. A. O. U.

in einander übergehen und überdem der Vokal I sich dem Konsonanten J nähert, ist §. 619 u. f.; wie auch verschiedene Konsonanten unter einander ähnlich und verwandt sind, ist §. 627. u. f. gezeigt.

Jeder kann dem Klange des andern, z. B. A dem des O, E dem des A u. s. w. näher gebracht werden. Dies so weit zu thun, daß man eher einen andern, als den beabsichtigten Vokal, also, um zu den obigen Beispielen zurückzukehren, eher O und A als A und E zu vernehmen glauben müßte, würde die Sprache undeutlich machen und den Sinn der Worte verdunkeln, oder gar verändern. Nur bis dahin, wo diese üblen Folgen nicht eintreten, ist dem Sänger eine Annäherung der Vokale zu den ihnen verwandten Lauten erlaubt. Es frägt sich aber, nach welchen Grundsätzen er innerhalb der Gränzen seiner Befugniß die Aussprache bestimmen soll.

[34 *

§. 908.

Diese Grundsätze können nur aus einer Kenntniß der Bedeutung der Laute entnommen werden. Schwer ist die Bedeutung derselben festzustellen. Denn so gewiß ursprünglich (beim Beginn einer ersten Sprache) die Laute nur nach ihrer wahren natürlichen Bedeutung angewendet worden sind, so hat doch der unberechenbar vielfache und zusammengesetzte Gebrauch, den die Ausbildung der Sprache und die Vermischung vieler Sprachen und Dialekte für die einzelnen Laute herbeiführte, so ziemlich jede Gelegenheit geraubt, die Urbedeutung eines Lautes in einer einfachen und unzweifelhaften Anwendung zu beobachten. Es ist daher nicht zu erwarten, daß für jede über diesen Gegenstand auszusprechende Meinung Beläge aus der Sprache geliefert werden können; wenigstens würde es nicht schwer halten, jeden Laut auch in einer solchen Verbindung zu zeigen, mit der seine anzugebende ursprüngliche Bedeutung geradezu unvereinbar ist. Wie könnte es auch bei einem so vielfach und aus so mannigfachen Prinzipen zusammengesetzten Wesen, als unsere Sprachen jetzt sind, sich anders zutragen!

§. 909.

Doch ist (wie man aus obigem abnehmen möchte) die Beobachtung des Klanges unzusammengesetzter Laute nicht das einzige Mittel zur Erforschung ihrer Grundbedeutung. Erheblichen Aufschluß verspräche die naturphilosophische Kenntniß von den Organen, welche jeglichen Laut hervorbringen.

§. 910.

Aus den obigen Gründen (§. 905) ist eine so tief eingehende Entwickelung innerhalb des Gebiets einer Gesanglehre entbehrlich. Für die Anleitung des Sängers zu angemessen ausdrucksvoller Aussprache genügen folgende Grundsätze, zu deren Erweis sinnliche Beobachtung ziemlich ausreichend ist.

§. 911.

Die Laute sind der unmittelbare Ausdruck unseres sinnlichen Vermögens mittels der Stimme.

§. 912.

So wie wir in der Stimme jedes Menschen einen Ton als den Ausdruck des In sich Beruhen, des Gefühls, daß unsre eigne Kraft mit der ihr von außen entgegenstehenden Gegenkraft sich im Gleichgewichte befindet; wie wir in den höhern Tönen ein Uebergewicht, in den tiefern eine Unzulänglichkeit der eignen Kraft zu dem Aeußern wahrnehmen: so bezeigt sich im Vokal A das ruhige weder durch Anspannung noch Unterdrückung gestaltete Heraustreten der Stimme. Gespannter und zusammengedrängter wird die Stimmäußerung, jemehr sie in E und von E in I übergeht, bis sie im Konsonanten J den freien Durchgang verliert. Unterdrückter wird sie dagegen, jemehr sie sich dem O und von da dem U nähert, bis in den letzten Fortschreitungen der Ton verlöschen zu wollen scheint.

§. 913.

Ruhigen Ausdruck hat daher, wie wir schon sinnlich wahrnehmen können, das A; leicht bewegten, das E; heftig eindringlichen das I; es ist deshalb, wie man bei absichtlosen Aeußerungen am sichersten wahrnehmen kann, der Ausdruck, der schmerzliche Berührung unserer Sinne verräth. O ist aus Gründen, zu denen oben hingewiesen, in allen Sprachen der Ausdruck des Erstaunens*), wird zur unwillführlichen Klage, zum Bedauern, um einen Verlust, um Unzulänglichkeit auszudrücken; U hat sich in der Bedeutung des Schauerlichen festgesetzt. Alles dies sind Fingerzeige für die Wahrheit der obigen Auffassung.

§. 914.

Nach diesen Andeutungen ergeben sich die Anwendungen auf einzelne Fälle von selbst. So schärfen tiefer empfindende Sänger z. B. i in o Dio, addio, Liebe, bitter, um den Sinn dieser Worte inniger, durchdringlicher zu machen. So wird bei dem fein artikulirenden Sänger das o in amore, in dem Ausrufe: mein Sohn, sich, soviel die Deutlichkeit erlaubt, dem Laute u (amöre, Söhn) nähern, wenn diese Worte im schmerzlichen Sinne ausgesprochen werden. Somit rechtfertigt sich auch, daß die Stimme meist auf A geübt werden soll und daß man im Allgemeinen und wo es die Verhältnisse erlauben, dem A vor andern Vokalen den Vorzug giebt.

§. 915.

Da die verschiedenen Konsonantenstämme (§. 627.) nicht, wie die Vokale, in einander überführen, so kann eine Entwickelung der Bedeutung der einzelnen Stämme dem Sänger erspart werden. Die heftigere sinnliche Anregung giebt sich in ihnen allen durch stärkere Artikulation zu erkennen. So wird derselbe Laut in demselben Worte, z. B. das S in Sehnen, Sehnsucht — eine stärkere, eindringlichere Sinnesbewegung ausdrücken, wenn er schärfer, eine sanftere schwächere, wenn er weniger stark artikulirt wird.

§. 916.

Außer dieser Schärfung oder Verstärkung der Konsonanten, welche die innere heißen kann, da sie mittels der Werkzeuge der Artikulation selbst bewirkt wird, giebt es noch eine zweite äußere, nämlich durch Verstärkung des Hauches, bis zu seiner Mithörbarkeit. Diese Verstärkung tritt jeder-

---

*) Wir staunen an, was uns überlegen, unfaßbar, unbegreiflich ist.

zeit als der Ausdruck heftiger Gemüthsbewegung hervor. In einer solchen werden z. B. die Worte o Dio, o Gott, der Tod! wie o D͡io, o G͡ott, der T͡od! ausgesprochen.

Daß die Verstärkung durch Hauch (oder auch des Hauches an sich, wo er als selbstständiger Laut — H — in der Sprache aufgenommen ist) um so heftiger erfolge, je heftiger die Bewegung ist, welche sie veranlaßt, folgt hiernach von selbst.

———

Zweites Hauptstück.
Von der künstlerischen Auffassung.

§. 917.

Im vorigen Hauptstücke haben wir die natürlichen sinnlichen Regungen zu erkennen versucht, in denen der Tonkünstler seine Idee verkörpert. Jetzt erblicken wir sie in seinen Händen als sein Stoff, aus dem das musikalische Kunstwerk entstehen soll.

§. 918.

Das Schaffen des Komponisten kann aber mehr oder weniger vollkommen, befriedigend sein.

Wenn namentlich der Künstler an einen bestimmten Gegenstand (z. B. der Gesangkomponist an den Inhalt seines Textes) gewiesen ist: so kann er diesen mehr oder weniger klar, vollständig, durchdringend anschauen. Er kann sich mit seinem vollen geistig-sinnlichen Gesammtvermögen in ihn versenken, oder ihn mit der und jener vereinzelten Kraft erfassen.

Wir können also und müssen Kunstwerke nach dem höhern, oder geringern Grade ihrer Vollendung unterscheiden.

Ein vollendetes Kunstwerk nennen wir dasjenige, welches seinen Gegenstand nicht einseitig, sondern in seinem vollen, nach allen Kräften entwickelten Leben — mit der Vielseitigkeit und in der Einheit, die er in der Natur hat, darstellt. Wenn z. B. Gluck in der Arie, deren Anfang §. 861. zu anderm Zwecke mitgetheilt ist, den Zustand Admets zu schildern hat, in dem er die Aufopferung seiner Gemahlin für sich hindern möchte, so würde es nicht hinreichend gewesen sein, hätte er dem Gesange blos den Ausdruck der Hoheit und des edlen Sinnes des Herrschers, oder blos den Ausdruck seiner Liebe, oder seiner Furcht, seiner Trauer, seiner Verzweiflung gegeben; es wäre nicht genügend gewesen, hätte er nach einander alle diese Seelenbewegungen — und welche sonst noch darin liegen mögen — dargestellt: sie mußten auch alle mit einander vereinigt, in derjenigen Folge, mit dem Zusammenhange, mit den Uebergängen oder Gegensätzen in den Abstufungen erscheinen, in welchen die Natur selbst sie in einem Admet, in derselben Lage u. s. w. hätte hervortreten lassen. Und wie in der Wirklichkeit eine Seelenbewegung sich in allen Theilen des Menschen gleichmäßig und gleichzeitig wahrnehmbar macht, die zu ihrem Ausdrucke bestimmt sind: so durchdringt auch der geistige Inhalt eines vollendeten Kunstwerkes alle Theile desselben — ruht nicht blos in der Melodie, oder in der Modulation, oder im Rythmus, oder in der Bewegung des Ganzen, oder in der Beachtung des Einzelnen, sondern bildet und bestimmt dies alles, und was sonst noch im Kunstwerke wahrnehmbar wird.

§. 919.

Wir haben uns schon im Vorigen gewöhnt, jeden musikalischen Ausdruck als unmittelbare Regung des Innern zu betrachten. Soll nun im vollendeten Kunstwerke ein menschlicher Zustand in seiner Ganzheit verwirklicht werden, so dürfen wir jede vereinzelte Kraft des Menschen unfähig nennen, ein solches Werk hervorzubringen. Vielmehr ist dazu ein Zusammenströmen und Zusammenwirken aller Kräfte des Menschen nöthig. Wie das vollendete Kunstwerk der Ausdruck einer vollständigen Organisation in ihrer Ganzheit ist, so wird es nur aus der ganzen, gleichsam in einen Punkt zusammenströmenden Organisation des Künstlers geboren,

§. 920.

Gleichwohl ist es einzelnen Kräften des Menschen möglich, ebenfalls Kunstgebilde hervorzubringen. Der Verstand kann Töne nach feststehenden Regeln zusammensetzen; eine allgemeine Gefühlsbewegung kann sich selbst und allein in einer Tonreihe aussprechen — eine bestimmte, in einem Künstler herrschend gewordne Ansichtsweise kann alle seine künstlerischen Produktionen durchdringen und ihr Wesen bestimmen; es kann jemandem die Bedeutung der Sprache für den Verstand aufgegangen sein und zu einer stets wahren Deklamation verhelfen; es kann einem andern eine rege lebendige Thatkraft inwohnen und sich bei seinen Kompositionen in einem belebten Rythmus zu erkennen geben — und was dergleichen einzelne Kräfte und einseitige Intentionen mehr sind.

Beispiele finden sich sowohl in einzelnen Werken, selbst der vorzüglichsten Komponisten, als in den gesammten Bestrebungen solcher, die in ihrem Wesen selbst eine einseitige Richtung genommen haben. So herrscht in sehr vielen französischen und einem großen Theil der deutschen Werke, die der Haidnschen und Mozartschen Musikreform vorangegangen, (§. 777 u. f.) Reflexionstendenz vor. Ein sinnliches Behagen haben wir als Ziel besonders der neuitalischen Schule (§. 724) kennen gelernt. Eine allgemeine sanfte Gefühlsanregung ist der wesentliche Inhalt der schwächern Mozartschen, fast aller Himmelschen und Pärschen Kompositionen. Der Ausdruck einer gewissen Karaktergroßheit war das einseitig erkorne Ziel mehrer älterer italischen Tonsetzer (z. B. des Leo — wenigstens in vielen seiner Kompositionen) so wie in neuerer Zeit des Righini — daher die Fülle, die Sättigung in seinen Kompositionen, daher die vorherrschenden großen Melodie-Schritte und weitgeschweiften Figuren. Daher aber

aber auch die innere Karakterlosigkeit seiner Gesänge (alles hatte nur die Bedeutung der Großheit, ohne eigenthümlichen bestimmten Karakter) daher die Unwahrheit und Unnatürlichkeit in den so häufigen unmäßig großen Fortschreitungen der Singstimmen bei Righini. Eine verständige und geistreiche Erkenntniß der Sprachbewegung ist das, als richtige Deklamation gestaltete vorherrschende Element in vielen Reichardschen und einem nicht geringen Theile der Gluckschen Kompositionen.

§. 921.

Was nun auch der Künstler in seiner Komposition hervorgebracht haben möge, ein vollendetes organisches Wesen oder eine einseitige Schilderung: die Komposition ist der Ausfluß seines ganzen künstlerischen Vermögens, wie es ihm im Augenblicke ihres Entstehens zu Gebote war — ist das lebendige Bild seines Innern. Hat Gluck in jener Arie ein vollendetes Kunstwerk erschaffen, so ist er im Momente des Schaffens — nicht blos so majestätisch wie ein König, so hochsinnig und edel wie Admet, so liebend wie Alcestes Gemahl, so zagend und verzweifelnd wie er, dem der größte Verlust droht, so erfüllt von Mißbilligung wie er, dessen wahres Glück von der Liebenden verkannt wird: er ist der ganze Admet in diesen und allen sonstigen Beziehungen gewesen, oder hat ihn ganz und lebendig vor Augen gehabt. Er hat nicht blos den Ton der Stimme erhoben und gesenkt, nicht blos den Klang der Stimme verstärkt und gemäßigt, nicht blos einzelne Worte und Sätze hervorgehoben, nicht blos seiner Rede die Bewegung gegeben, wie Admet selbst das eine oder das andere in derselben Lage gethan haben müßte: sondern alle Aeußerungen zusammengenommen sind der vollständige Abdruck der Weise gewesen, in der Admet selbst sich naturgemäß hätte ergießen müssen. Hat aber auf der andern Seite z. B. Righini einen Schäfer und einen Helden in gleichmäßiger, großartig — vornehm sich gebehrdender Weise eingeführt: so ist freilich weder ein Schäfer noch ein Held zu sehen; aber wir vernehmen von beiden den Bericht aus dem Munde eines feinen, vornehmen, die Sachen von oben herab überschauenden und in einem gewohnten, vornehmgroßartigen Styl schildernden Mannes.

§. 922.

Nicht immer haben die Komponisten, selbst die Besten, vermocht, ihre Gesammtkraft bis zur Vollendung einer Komposition zusammenzuhalten. Selbst in den Werken der vorzüglichsten Tonsetzer finden sich schwächere Punkte, solche nämlich, in denen das, was dem Künstler (nach dem Ganzen zu urtheilen) offenbar vorgeschwebt haben muß, nicht erreicht worden ist.

§. 923.

Oft haben auch die Tonsetzer aus einer gewissen Nachlässigkeit — oder um einer hergebrachten Abfassungsweise willen ihre musikalischen Ideen nicht genau so niedergeschrieben, als sie eigentlich gedacht waren. Namentlich ist diese nachlässigere Weise in Recitativen und in den Arien älterer, besonders italischer Meister und derer, die nach ihnen sich gebildet (Hasse, Naumann, oft Reichard, Winter u. a.) gewöhnlich.

§. 924.

Das einzige Ziel des Sängers ist: das, was der Komponist in seiner Komposition beabsichtigt hat, wiederzugeben. Je vollständiger und vollkommner er dies ausführt, desto gelungener ist seine Leistung.

Es ist nicht seine Obliegenheit, daß er die vorzutragende Tondichtung selbst und aus eignem Leben erzeuge. Ein Sänger z. B., der jene Arie des Admet vorzutragen hat, ist nicht veranlaßt, den Karakter des Admet in seinem Innern selbst erst zu erschaffen. Aber er muß des Komponisten Werk ganz vollständig und unzertrennt in seinem Innern aufnehmen, muß das von ihm erzeugte Leben empfangen und mit eignen Mitteln lebendig vorstellen. Er muß also nicht von einer beliebigen Vorstellung, z. B. vom Admet, erfüllt, sondern von der, die der Komponist, z. B. Gluck, vom Admet gehabt hat, durchdrungen — mit einem Zuge: der Komponist muß die Seele des Sängers, der Sänger muß der beseelte Organismus des Komponisten sein. — Und wie man bei dem Komponisten die Regung der Schöpferkraft, das Aufleben eines Kunstwerkes den Zustand der Begeisterung nennt: so ist der Moment, in welchem der Sänger die vorzutragende Komposition vollkommen aufgefaßt hat, in welchem sie in ihm lebendig geworden, in welchem er von dem Geiste des Komponisten mit einem eigenthümlichen Leben durchdrungen ist, für ihn der Moment der Begeisterung.

§. 925.

Hat der Sänger sich bis dahin erhoben, daß er die Intention, das Wesen des Tonstückes klar und mit Sicherheit durchschaut: so werden sich ihm die Punkte zeigen, wo der Komponist das offenbar im ganzen Kunstwerke Beabsichtigte auszuschreiben versäumt, oder wegen Unzulänglichkeit der Schrift (§. 651) nicht vermocht hat; und der Sinn, mit dem er das Ganze durchdrungen hat, wird ihm auch die erfoderliche Ergänzung an die Hand geben.

Sicheres Gelingen ist aber nur dann zu erwarten, wenn man die musikalischen Elemente, die man handhabt, genau kennt und das Wesen der Komposition vollkommen sicher und klar erfaßt und durchdrungen hat.

§. 926.

Dagegen wäre es ein vergebliches und schädliches Bestreben, die Intention des Komponisten, das Grundwesen seiner Tondichtung verändern zu wollen; gesetzt auch, man erkennte, daß sie eine unrichtige oder unbefriedigende sei, man überzeugte sich z. B. (§. 921) daß Righini einen Schäfer nicht als solchen und einen Helden nicht heldenthümlich habe singen lassen.

Ohne Gelingen muß ein solches Unternehmen bleiben, da die Mittel, die dem Sänger im Vortrage zu Gebot stehen, stets unzulänglich sein werden. Seine schöpferische Thätigkeit ist auf einzelne Stellen der Melodie, auf den deklamatorischen und nur in geringem Maaße auf den metrischen

Rythmus beschränkt, wogegen die Grundzüge der Melodie, die ganze harmonische Grundlage, die rythmische Anlage in allen Hauptpunkten, der ganze Inhalt der Begleitung unverändert bleiben. Eben deshalb müßten aber Grundveränderungen in der Singstimme diejenige Einheit, welche die Komposition in der Seele des Komponisten gehabt, noch vernichten, die Intention desselben stören, ohne eine andere erfüllen zu können.

Somit wird es nicht einmal der Erinnerung bedürfen, daß eine Veränderung gegen die Absicht des Komponisten offenbar eine Verletzung seines Rechts, der Treue gegen ihn und sein Werk ist.

§. 927.

So wie für das Entstehen eines vollendeten Kunstwerkes ein Zusammenwirken aller künstlerischen Vermögen im Künstler in einem Moment erfoderlich ist (§. 919.) so bedarf es auch für die vollendete Auffassung und Darstellung eines Kunstwerkes einer Konzentration aller künstlerischen Vermögen im Sänger.

§. 928.

Jede einzelne Kraft im Sänger kann das auffassen, was dieselbe Kraft im Komponisten zum Entstehen des Werkes beigetragen hat.

Der Verstand kann die regelfeste Bedeutung der Schrift — also die Worte, Töne, rythmischen Verhältnisse und was überhaupt durch Schrift festgehalten werden mag, erfassen und kann (unter unbewußter Mitwirkung des sinnlichen Vermögens) das Erlesene nach festgehaltenen Regeln zu Gehör bringen. Dies ist es, was man oft unter richtigem Vortrage versteht.

Ein eingeprägtes Gefühl für Ordnung wird zu einer faßlichen Bezeichnung der rythmischen Folge des Tonstückes — ein allgemeines Empfindungsvermögen wird zu einem gefälligen, von allgemeiner Gefühlsbewegung beseelten Vortrage anleiten. Dieser Vortrag ist es, den man oft als wohlthuenden (Ausdruck eines leichten, angenehm empfundenen übrigens nicht wichtigen Wesens) angenehmen Ausdruck, als äußere Schönheit des Gesanges bezeichnet — und mit der letztern Benennung schon andeutet, daß es nicht der vollkommne sei.

Es ist nicht nöthig, die verschiednen einzelnen Vermögen im Sänger und ihren Einfluß auf den Vortrag weiter durchzugehen. Sie schaffen im Sänger (ähnlich wie im Komponisten) gute Einzelheiten, aber kein vollendetes Ganze.

§. 929.

Wer nun seinem Vortrage einer Komposition Vollendung geben will, der muß vor allem seine gesammten künstlerischen Vermögen von ihr zugleich anregen, die Komposition ungehindert und unbefangen auf sein ganzes Wesen einwirken lassen. Dies nennen wir die sinnliche Auffassung. Je kräftiger das künstlerische Vermögen im Sänger, desto genügender wird die sinnliche Auffassung, desto reicher wird der Gewinn aus ihr (wovon sogleich die Rede sein soll) desto gelungener verspricht der Vortrag zu werden.

§. 930.

Da bei dem Sänger nicht die ursprüngliche Begeisterung des Komponisten vorauszusetzen ist, so kann er noch weniger, als dieser, sich an der ersten Auffassung genügen. Es beginnt daher das zweite Geschäft des Sängers: sich über seine Auffassung nach allen Beziehungen aufzuklären, sie zu prüfen, zu berichtigen, zu ergänzen.

§. 931.

Zuerst ist nun der Text zu erwägen und zwar nicht als ein selbstständiges Werk, nicht, um festzustellen, was sich aus ihm hätte musikalisch schöpfen und bilden lassen — sondern um, nach Anleitung der ersten Auffassung, an ihm vorläufig und im Allgemeinen festzustellen, was der Komponist aus ihm gebildet hat, was er in seiner Behandlung hat erreichen wollen; der Text gilt dem Sänger nur als Eigenthum des Komponisten, in dessen Handhabung er diesen nicht stören, wol aber fördernd unterstützen darf.

§. 932.

Aus der allgemeinen Beurtheilung des Textes muß sich der Hauptpunkt, auf den etwa der Eindruck des Ganzen vorzüglich gestellt ist — oder müssen sich die Haupt-Abtheilungen ergeben, in die das Ganze sich etwa zerlegt; beides nach Maaßgabe der Behandlung des Textes durch den Komponisten. So wie der Sinn des Ganzen festgestellt worden, muß jetzt die Bedeutung der einzelnen Theile erforscht und ihre Folge und Verbindung an der Idee des Ganzen geprüft werden.

In einer vollkommnen Komposition wird der Sinn jedes einzelnen Theiles, wie die Folge und Verbindung aller, wahrheits- und naturgemäß aus der Sache selbst, aus der Grundidee hervorgehen. Wo dies auch nicht ist, muß Folge und Zusammenhang aus der Individualität des Komponisten konsequent hervorgetreten sein. Der Sänger kann nicht glauben, sich des Sinnes einer Komposition bemächtigt zu haben, ehe er nicht die Folge ihrer einzelnen Theile aus der Idee des Ganzen oder wenigstens aus der Individualität des Komponisten zu rechtfertigen vermag. Diese Folge, den Zusammenhang zu ändern — wäre auch die Komposition verfehlt — steht dem Sänger nicht zu (§. 925.); wol aber, sie durch jedes Mittel, das der Komponist ihm wissentlich überlassen, oder nur anzudeuten versäumt, das überhaupt mit der Komposition nach ihrem Sinne vereinbar ist, hervorzuheben, zu befestigen, zu verstärken.

Daß bei dieser und den folgenden Operationen jeder bei den vorangegangenen etwa gefaßte und unerkannt gebliebene Irrthum beseitigt werden muß, versteht sich von selbst.

§. 933.

Ein wesentlicher Gewinn dieser Untersuchung ist die Sicherheit, nichts von dem, was der Komponist beabsichtigt, zu versäumen, aber auch nichts zu übereilen, nämlich am unrechten Orte anzuwenden und dadurch den Erfolg am gehörigen Orte zu beeinträchtigen.

§. 934.

Erst nach dieser allgemeinen Auffassung muß auf die Einzelnheiten eingegangen werden. Es ist nun Zeit zu untersuchen, was die erste sinnliche Auffassung im Ganzen und in den einzelnen Theilen in uns eigentlich angeregt, welche Kräfte und welche Vereinigung von Kräften der Komponist zu seinem künstlerischen Zwecke angewendet hat. Diese letzte Prüfung der Komposition muß zugleich den vollständigen Beweis für die Resultate der allgemeinern Betrachtungen geben, oder sie nöthigenfalls berichtigen — und zu den Ergänzungen der Komposition (§. 925.) anleiten. Nur wenn vollkommen klar erkannt ist, welche Bedeutung jeder angewendete Kunststoff an sich und in dem Zusammenhange des Ganzen hat, kann das Maaß seiner Anwendung getroffen und beurtheilt werden, was nach der Grundidee des Ganzen und zu ihrer vollkommnern Erfüllung geändert oder zugefügt werden könne. Die Vorbestimmung dieser Zusätze ist die letzte Vorbereitung zum Vortrage und mit ihr sind die Studien des Sängers für geschlossen anzunehmen.

§. 935.

Ob übrigens ein Sänger das Studium einer Komposition, so wie in den vorigen Paragraphen gezeigt, periodisch zertrennen muß, oder fähig ist, mehrere oder alle zu beurtheilende Punkte auf einmal aufzufassen — ob er sich der Zergliederung der Kompositionen bewußt werde, oder ob diese Operation in ihm so schnell vorgehe, daß er sich ihrer nicht bewußt wird (wie fertig Lesende sich des Buchstabirens nicht mehr bewußt sind): das ändert in der Sache nichts, sondern wird blos durch den, dem Sänger inwohnenden Grad der Fähigkeit und Fertigkeit bedingt. Doch wird es selbst dem fähigsten und geübtesten Sänger ersprießlich sein, sich von Zeit zu Zeit über sein Verfahren nach obiger Anleitung erschöpfende Rechenschaft zu geben.

§. 936.

Das Resultat des bisher Gesagten ist das Grundgesetz: daß eine vollkommne Erkenntniß der Kunst überhaupt in allen ihren Tendenzen und Vermögen und eine vollkommen durchdringende Erkenntniß des vorzutragenden Kunstwerkes in allen seinen Bestandtheilen dazu gehöre, um zu einem vollendeten Vortrag zu gelangen. Da aber die Erkenntniß nur durch Zergliederung zu erlangen ist, das Wesen und eigentliche Leben eines Kunstwerkes aber, gleich dem eines jeden organischen Wesens, in seiner (unzertrennten) Ganzheit besteht: so ist jene Erkenntniß nicht ausreichend zu einem vollkommnen, das heißt lebendigen Vortrage. Sie hat nur dazu dienen können, die einzelnen Kräfte des Sängers zu stärken. Jetzt muß er aber noch die Kraft haben, die vorher zerlegte Komposition wieder zu einem Ganzen in sich zu verschmelzen und aus seiner Gesammtkraft lebendig hervorgehen zu lassen. Diese Gesammtauffassung nennen wir zum Gegensatze von der ersten (vergl. §. 803) die **künstlerische Auffassung**. Zu ihr gelangt nur der, welcher künstlerisches Vermögen zur vollkommen genügenden sinnlichen Auffassung besitzt und sich durch alle bisher aufgezählten Studien (gleichviel übrigens, auf welchem Wege und in welcher Folge) in allen Beziehungen gekräftigt und gesichert hat.

§. 937.

Es bliebe nun noch wesentlich übrig, die bisher vorgetragenen Grundsätze in einzelnen Anwendungen zu erproben. Da die verschiedenen Kunstformen über den Inhalt der in ihnen abgefaßten Kompositionen wenigstens eine allgemeine Andeutung geben: so ist ihre Kenntniß dem Sänger — wenn auch nicht nothwendig (denn jede seiner Obliegenheiten und jeder Schritt in seinem Verfahren muß aus den allgemeinen Gesetzen zu bestimmen sein) doch aber förderlich. Daher sollen die Beläge zu den Grundregeln sich an eine Uebersicht der Kunstformen reihen und nach ihr ordnen.

Drittes Hauptstück.
Von den Kunstformen.

Erste Unterabtheilung.
Vom einstimmigen Gesange.

§. 938.

Einstimmig heißt hier — ohne Rücksicht auf etwaige Begleitung durch Instrumente jede zum Vortrage durch eine einzelne Singstimme bestimmte Komposition.

Erster Abschnitt.
Vom Liede.

§. 939.

Der wesentliche Karakter der Liedesform beruht darauf, daß die Komposition die Grundidee des Gedichtes, gleichsam dessen geistige Quintessenz, zu ihrem Gegenstande hat, daß gewissermaßen Komposition und Text in dem Verhältnisse von Thema (erstere) und Ausführung (letzterer) zu einander stehen. Daher werden die verschiedenen Verse, die ein als Lied komponirtes Gedicht etwa hat, nach einer und derselben Weise gesungen.

§. 940.

Da jedoch die ungleich bestimmtere Wortsprache den Gedanken weit schneller ausdrückt, und deßhalb weit schneller sich von Gedanken zu Gedanken bewegen kann: so wird nur ein solches Gedicht zum liedermäßigen Vortrage geeignet sein, das in allen Versen, mögen deren noch so viele sein und mag ihr Inhalt noch so weit von dem der ersten abführen, eine Grundidee bewahren, die in der Komposition festzuhalten ist.

§. 941.

Der richtige Vortrag eines Liedes kann daher nur aus einer vollkommnen Auffassung dieser Grundidee gewonnen werden. Aus ihr ist die Komposition allgemein aufzufassen und zu deuten.

§. 942.

Nach dem etwaigen Bedürfnisse der verschiedenen Verse können Veränderungen mit dem Vortrage und der Komposition selbst vorgenommen werden. Je sparsamer dies geschieht, desto mehr wird der musikalische Ausdruck der Grundidee erhalten, desto gelungener ist daher der Vortrag des Ganzen. Aber freilich gehört hierzu auch eine gelungene Auffassung des Gedichts von Seiten des Komponisten und vor Allem ein Gedicht, das sich auf eine Grundidee zurückführen — das sich als Lied komponiren läßt.

Dessen unfähig ist z. B. ein Lied von Gellert: „Gottes Macht und Vorsehung", komponirt von Beethoven.*) Der großartige, kräftige Gesang entspricht dem ersten Verse:

> Gott ist mein Lied! Er ist der Gott der Stärke.
> Hehr ist sein Nam' und groß sind seine Werke
> Und alle Himmel sein Gebiet.

vollkommen. Die beiden folgenden Verse schließen sich gut an, weniger der Anfang des vierten:

> Unendlich reich, ein Meer von Seligkeiten ꝛc.

noch weniger der sechste, siebente und achte:

> Er ist um mich, schafft, daß ich sicher ruhe ꝛc.
> Er ist dir nah', du sitzest oder gehest ꝛc.
> Er kennt mein Fleh'n und allen Rath der Seele ꝛc.

Kleinlich ist der Beginn des zwölften Verses nach so großem Anfange:

> Der kleinste Halm ist deiner Weisheit Spiegel ꝛc.

und fast lächerlich würde sich zu der großartigen Melodie der Anfang des vierzehnten Verses:

> Kein Sperling fällt, Herr, ohne deinen Willen;

ausnehmen.

§. 943.

---

*) Sechs Lieder von Gellert, am Klavier zu singen ꝛc. von L. v. Beethoven, in Bonn bei Simrock — jedem Sänger dringend zu empfehlen.

§. 943.

Als das erste Muster stehe hier das einfache Lied von Göthe, komponirt von Reichard:

Das Veilchen.

Ein Veilchen auf der Wiese stand, ge=bückt in sich und un=be=kannt; es
Ach! denkt das Veilchen, wär' ich nur die schönste Blume der Natur ach
Ach! a=ber ach! das Mädchen kam, und nicht in Acht das Veilchen nahm, er=

war ein herzigs Veilchen. Da kam eine junge Schäferin mit leichtem Schritt und
nur ein kleines Weilchen; bis mich das Liebchen abgepflückt, und an dem Busen
trat das arme Veilchen. Es sank und starb und freut' sich noch und sterb' ich denn, so

leichtem Sinn, daher, daher, die Wiese her und sang.
matt gedrückt! ach nur, ach nur ein Viertelstündchen lang!
sterb' ich doch durch sie, durch sie, zu ih=ren Füßen doch.

Der natürliche, herzige, freudiger Liebe warme Ton des Gedichts ist in der Komposition glücklich getroffen und durchdringt jeden ihrer Bestandtheile. Die Stimme ist in einem Tonschwunge, der sanfte Anregung, ohne Leidenschaft, ausdrückt; besonders wird diese Bedeutung durch das Ab= und Aufwiegen der Melodie vom ersten zum vierten und vom vierten zum siebenten Takte (§. 857.) festgestellt. Auch die rythmische Ordnung, Anfangs von zweimal drei, (vom zweiten zum vierten, vom fünften zum siebenten Takte) dann von dreimal zwei und zuletzt (vom vierzehnten Takte an) wieder von drei Takten, in den kleinern stets zweitheiligen Zergliederungen leicht übersichtlich, ist beseelt, frisch belebt, ohne leidenschaftlich, ist sanft und gleichförmig, ohne matt und gedehnt zu werden.

Die Melodie schreitet sanft durch die Stufen der Tonleiter, von der Quinte — mit dem Ausdrucke „daß die Brust sich erschließt der herzigen Weise" — beginnend, bis zur Tonika ruhig und beruhigend herabsinkend und sich sanft wieder hebend. Im Tone einfacher, herzlicher Zusicherung — in Terzen — werden die Worte:

es war ein herzigs Veilchen.

zugefügt. Der nun folgende Inhalt des Gedichts bringt eine größere Bewegung in die Melodie und sie schwingt sich im funfzehnten Takte mit dem Ausdrucke gesunden, kräftig-hochanschwellenden Wohlgefühls zum hohen B. auf. Doch haben die einzelnen Melodieschritte keine besondere Bedeutung in den Worten, die zu ihnen gehören, z. B. die Septime vom neunten zum zehnten und vom elften zum zwölften Takte ist aus den dazu gehörigen Worten der ersten Verse nicht, aus den des letzten wenigstens nicht ganz genügend zu erklären, giebt sogar im zweiten Verse den Worten „mich" und „an" einen nicht zu rechtfertigenden Nachdruck. Allein die Bewegung und der Karakter des Gedichts ist von der Komposition im Ganzen so getroffen, daß man über diese kleinen Unwahrheiten gern hinweggleitet.

Der Vortrag dieses Liedes wird vor allem das treu und klar wiederzugeben haben, was die Komposition selbst an die Hand giebt. Die einzelnen rythmischen Abschnitte werden in sich klar zusammen gehalten und von einander deutlich, aber nicht hart getrennt werden müssen, damit die Ordnung und die Leichtigkeit der rythmischen Bewegung nebeneinander erhalten werden. Die Accentuation wird nur gelind erfolgen, wie der Komponist sie durch die sanfte Melodiebewegung bedingt hat; nirgends wird Stärke und Schwäche einander schroff gegenüber treten, sondern wellenmäßig in einander überfließen, wie das Wiegen der Melodie z. B. im Anfange

andeutet; so daß also nach dem in kurzer wenig merkbarer Verstärkung anhebenden ersten Tone der erste rythmisch accentuirte Ton (die bedeutungsvolle Quinte) den stärksten Nachdruck erhält, die Stimme bis zum tiefsten Tone allmählig zum piano sinkt und bis zur Wiederkehr jenes Tones sich eben so allmählig wieder zu derselben Stärke hebt.

Da die Tendenz der Komposition nur auf den Ausdruck des allgemeinen im Gedichte lebenden Sinnes geht und genügend erfüllt ist, so wird eine Nachhülfe des Sängers im Einzelnen nicht eben nothwendig sein. Doch giebt der zweite Vers zwei Veranlassungen. Die Worte:

ach wär' ich nur die schönste Blume u. s. w.

sind im vierten Takte zu stark getrennt

1) durch die Pause, welche den rythmischen Abschnitt besonders fühlbar macht,

2) durch den in einer stets stufenweisen Folge von Tönen schon bedeutenden Melodieschritt von d nach f — in einer Terz.

Enger verbände sich der unrichtig getrennte Satz z. B. auf diese Weise:

wär' ich nur die schönste Blume

vorausgesetzt, daß nach „nur" unmerklich oder gar nicht Athem geholt würde. Ein Nebengewinn dieser Veränderung wäre der leichte und doch nicht unbedeutende Nachdruck, den das Wort "schönste" erhielte.

Die Worte desselben Verses

ach nur ein kleines Weilchen

erheben sich über dieselbe Stelle des ersten Verses durch den Ausdruck herzlichen, sehnsüchtigen Wunsches und warmer Hoffnung. Ohne Störung des allgemeinen Melodienganges würde dieser Sinn der Worte schon durch die Aenderung der ersten Note, etwa in dieser Weise:

der Na-tur, ach nur u. s. w.

hervorgehoben werden. Dieselbe Stelle soll im dritten Verse wehmüthiges — doch vorübergehendes — Bedauern ausdrücken. Schon diese Aenderung;

er - trat das ar - me

würde jene Empfindung wenigstens andeuten. — Die im ersten Verse recht angemessen leicht dahin gleitende Melodie:

da-her da-her die u. s. w.

erscheint im dritten Verse zu den Worten

so sterb ich doch durch sie, durch sie

zu leichtfertig. Schon eine vergrößerte Geltung der Noten —

durch sie durch sie zu

würde wenigstens das Unrichtige im Sinne der Melodie wegschaffen, wenn auch dadurch dem Ausdrucke des Entzückens, durch die Geliebte, als ihr Opfer zu sterben — das im Gedichte lebt — keineswegs genügt ist. Durch diese Ausdehnung des einen Taktes in zwei wird übrigens der letzte rythmische Abschnitt von drei Takten in einen von vier verwandelt und dadurch dem Schlusse des letzten Verses ein größerer Nachdruck gegeben.

Größere Abänderungen würden auf den Gang und Ausdruck der ganzen Komposition zu störend einwirken.

§. 944.

Als Beispiel eines durchaus vollendeten Liedes stehe hier dieses von Beethoven.*)

Das Bäschen in unser'm Sträßchen.

*) Schottische Lieder mit englischem und deutschen Texte, für eine Singstimme und kleines Chor, mit Begleitung des Pianoforte, der Violine und des Violoncells von Beethoven u. s. w. 3 Hefte, bei Schlesinger in Berlin — eine reiche, unschätzbarer Gesänge volle Sammlung, die überhaupt keinem Künstler, geschweige dem Sänger fremd bleiben darf.

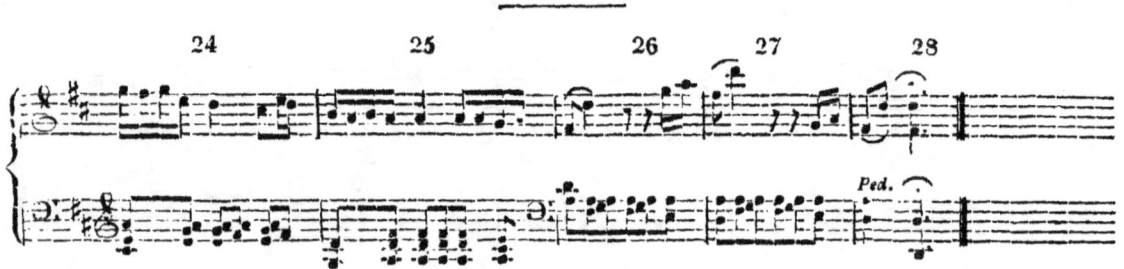

Das einfache Gedicht ist die Sprache eines natürlichen, frohsinnigen, von der ersten glücklichen Liebe gehobenen Jünglings. Die übrigen Verse schließen stets mit dem Refrain

Sie ist mein liebster Herzensschatz
Und wohnt in unserm Sträßchen.

Einer Berücksichtigung ihres weitern Inhalts bedarf es hier nicht.

Die ganze Komposition athmet den fröhlichen, leichten Sinn, der den Grundzug im Karakter des glücklichen Sängers macht. Die dreitheiligen, leicht bewegten Takte gruppiren sich in ruhiger Anmuth vier zu vier (erster bis neunter, zehnter bis dreizehnter, vierzehnter bis siebzehnter, achtzehnter bis einundzwanzigster Takt) und diese Abschnitte wiederum zwei zu zwei (sechster bis dreizehnter vierzehnter bis einundzwanzigster Takt) und die vorherrschende Bewegung,

lebhaft stets beginnend und dann wieder unerwartet ruhend, leiht dem Ganzen einen Zug von Schalkhaftigkeit, der das Karakterbild vollendet. Neben der Sprache jugendlichen Frohsinnes läßt sich aber in so zärtlichen Accenten Liebe vernehmen, daß man fühlen muß, sie durchglühe zum ersten Mal dieses einfache, natürliche Gemüth und beseele es so mächtig und entzückenvoll, wie je ein ernster oder höher gestimmtes. Schalkhaft zugleich (durch die rythmische Figur) und zärtlich schmeichelnd (als Sexte §. 867) ist im neunten Takte das

Sträßchen

das sich im dreizehnten Takte genau, im siebzehnten und einundzwanzigsten ähnlich wiederholt. Fein und launig hebt sich schon früher aus dem sanften Flusse der Melodie im siebenten Takte das glatt und schön; doch erst die Wiederkehr im elften Takte giebt dieser Quarte zu der Versicherung

volle Geltung. Der kleine Stolz des Liebenden, der sich im vierzehnten Takte ausspricht, könnte gehoben werden, wenn man die Melodie so

bildete; mancher möchte sich dazu versucht fühlen, um des kräftigern Aufschwungs willen. Aber wäre der Zug in dieser Stärke nicht zu grob für den leichten, gutherzigen Sinn des liebenden Sängers? — Die Krone des Ganzen ist der Aufschwung der Melodie vom achtzehnten zum neunzehnten Takte, vom Grundton in die Oktave der Quarte bei der Wiederholung des

Sie ist mein liebster Herzensschatz,

nachdem die Melodie im achtzehnten Takte voll Rührung sich gesenkt hatte. Das höchste unaufhaltsam alles Maaß übersteigende (vergl. §. 867. 870) Entzücken drückt sich hier mächtig und wahr aus — und es ist nichts, als die Steigerung desselben Gedankens (vom zehnten zum elften Takte) darum eben aber als natürlich und als nicht übertrieben empfunden.

Der Vortrag dieses Liedes ergiebt sich aus Obigem von selbst. Leicht und zart muß er durchgängig sein; der vorherrschende Rythmus wird am zweckmäßigsten durch diese hier angedeutete Art des Vortrags hervorgehoben.

Daß die Quarte zu Anfange des siebenten, noch mehr des elften, weniger des zwanzigsten Taktes einen Nachdruck erhält

nachdem die Stimme wieder zu dem sanftern Ausdrucke zurückkehrt, daß diese Betonung bei dem wichtigsten Punkte (dem Anfange des neunzehnten Taktes bis zum höchsten Ausdrucke des Entzückens gesteigert wird, versteht sich; doch giebt der Inhalt des Liedes an die Hand, alle diese Accente durch zartes Portament vom untern Tone aus

zu mildern und weicher zu machen. Allein die überall so wichtige Quarte ist in ihrem harmonischen Verhältnisse die kleine Septime und dies giebt neben dem bestimmten Hinauftreten allen diesen Stellen einen Nebenzug von Innigkeit und sehnsüchtiger Zärtlichkeit, die natürlich in der Hauptstelle am meisten empfunden werden muß. Dies macht rathsam, bei ihr das Portament vom Grundtone des Akkordes (d ist aus dem vorigen Akkorde liegen geblieben, §. 175) zu beginnen; nämlich

Uebrigens darf nach dem zarten Karakter des Ganzen auch das Portament und namentlich die Berührung des Vortones nur sehr leicht und zart erfolgen. Hier ist auch Gelegenheit, den Accent durch den Vortrag der ihn umgebenden Stellen zu erhöhen. Wie (im achtzehnten Takte) die Melodie sinkt, so muß auch die Stärke der Stimme gemildert werden, um den Accent auf g dann ergreifend und doch nicht hart zu gewinnen. Die nachfolgenden Töne bis zu e mit dem Ruhezeichen erfodern alle ein zögerndes Verweilen.

Für das schelmisch zärtliche

wäre jede Betonung des d zu roh, würde übrigens das Lied neben den obigen Stellen mit Accenten überladen; angemessener ist diesem Tone ein Verweilen und diminuendo.

§. 945.

Zuletzt finde hier noch ein Lied aus derselben Sammlung zur Uebung humoristischer Auffassung Platz. Ein alter Invalide erwartet eine Schaar Bergschotten, die von Waterloo zurückkehrend unter dem lustigen bäurisch lieblichen Spiel des Dudelsacks nahen. Der alte Krieger ist verjüngt in der Erinnerung an seine Feldzüge, in den Jünglingen dort kehrt seine eigne Jugend wieder, stolz fühlt er sich ihres Gleichen, freundlich verlegen (der Alte neben den kräftigen Jungen — ob sie ihn auch als ihres Gleichen gelten lassen?) unbehülflich schmunzelnd und sie mit der zitternden alten Stimme anlachend, spricht er die Vorüberziehenden an.

Frische

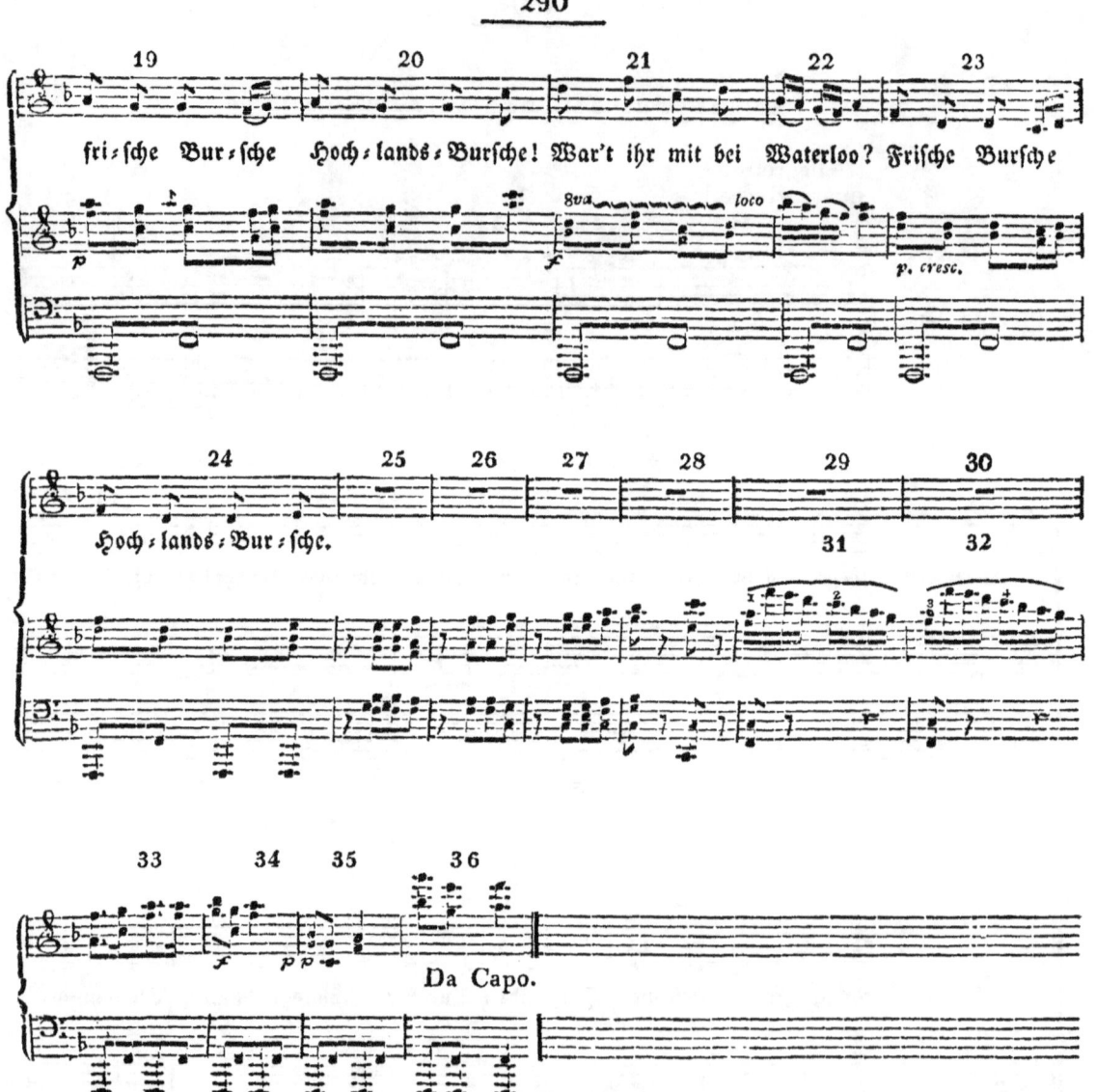

Der müßte noch nie einen grauköpfigen Krieger unter jungen Soldaten sich verjüngen gesehn haben, dem nicht der ganze Sinn dieses musikalischen Karakterbildes aufginge, der nicht bei der Anrede im elften und zwölften Takte die matten Augen noch einmal glänzen sähe, die steifen Arme sich unbeholfen heben, des Alten Kopf nach dem Takte des Marsches tänzelnd drehen — der nicht in der sinkenden und im letzten Tone — auf leichter Silbe und leichtem Taktgliede wieder aufschnappenden Melodie der zweiten Anrede (funfzehnter und sechszehnter Takt) den wohlgefälligen, halb freundlichen, halb verlegnen Lachton hörte und im siebzehnten Takte die Freude, die sich gern stärker ausdrückte. Die Singstimme schließt nicht — man merkt wohl, die Jungen sind eher vorübergezogen, als der geschwätzige Alte fertig werden können.

  Nur der, dem der graue Sänger ganz lebendig vor Augen steht, kann den Vortrag dieses Liedes treffen. Daß ihm der Takt des Marsches in allen Gliedern zuckt, daß daher jeder Takteintritt vorgehoben wird, liegt nahe; unbefriedigend würde es aber sein, wollte man es nur durch Verstärkung des Tones thun. Gleich im Beginnen (im neunten Takte) bewirkt es der Komponist selbst durch Verlängerung, im folgenden Takte kann es durch Absetzen, im folgenden durch den Lachvorschlag, nämlich so:

geschehen. Noch wirkungsreicher kann dieser Lachvorschlag im funfzehnten und zwanzigsten Takte, in letzterem auch wol so:

benutzt werden und es könnte nicht schaden, wenn der Lachton im sechszehnten Takte etwas übereilt abbräche.

Diese Einzelnheiten werden jedoch nur dann volle Wirkung erlangen, wenn im Ganzen der Ton und Karakter des Alten getroffen ist. Der siebzehnte und einundzwanzigste Takt geben besonders Gelegenheit, den Stimmklang des Alters nachzuahmen. Der Kehlkopf muß bei diesen Stellen hinaufgezogen werden. (§. 410) damit die hohen Töne gepreßt, schwerer ansprechend und ja nicht volltönend und kräftig, oder gar metallisch hervortreten.

§. 946.

  Schließlich werfen wir noch einen Blick auf das im §. 679 mitgetheilte Lied. Die eintönige Melodie der ersten drei Takte, die zu der unstäten Harmonie erst als Oktave (oder Grundton), dann als Terz, Quarte, kleine Quinte steht, bezeichnet unschlüssiges Verweilen, wie die Stimmung des Sängers wohl rechtfertigt. Daß die Stimme mit dem vierten Takte eine große Terz hinauftritt, diese Terz aber Sexte im harmonischen Zusammenhang ist, erfrischt den Gesang und erhält ihn dabei so zart, als nur immer zu wünschen. Dieser Ton würde durch sanft verstärkten Einsatz, durch zartes Ausgehenlassen der Stimme und um deßwillen durch ein mäßiges Verweilen eindringlicher und bedeutsamer zu machen sein.

Der zweite Schluß (im siebenten und achten Takte) zieht sich weich und in mattem Schritt durch halbe Töne hinab und will gezögert und mit erlöschender Stimme gesungen sein.

Den gesteigertsten Ausdruck erhält die Komposition von da bis an den zwölften Takt. Die Melodie ruht hier auf dem Dominantenakkorde — mit kleiner Septime (§. 883 u. f.) und die Stimme schreitet vom Grundtone in einer großen, dann zweimal in kleinen Quinten, aufwärts, dazwischen in kleinen Terzen zurücktretend. In dieser unschlüssig und zaghaft verlangenden Bewegung (§. 868) erreicht sie die kleine None und erfüllt damit den Ausdruck schmerzlich gespannter Sehnsucht*). Daß die Töne h, d, f, in steigendem Maaße durch Verweilen und Stimm-Verstärkung hervorgehoben werden müssen, bedarf hiernach keiner Erinnerung.

Noch ist die wehmüthige und doch bestimmte Versicherung, die sich in den Tönen vom dreizehnten zum vierzehnten Takte ausdrückt (kleine Septime in der Melodie, Terz in der Harmonie) zu beobachten.

Zweiter Abschnitt.

Von der Kanzone der Italiener und Spanier und der französischen Chanson und Romanze.

§. 947.

Sie alle gehören meist zur Gattung der Lieder, begnügen sich aber mehr mit einem allgemeinern und oft unbestimmtern Ausdrucke und machen daher Veränderungen und Zusätze zulässiger, ja meist nothwendig.

§. 948.

Nach dem Karakter der Italiener athmen ihre Gesänge eine leicht bewegte, sinnliche, jeder gefühlvollen Subjektivität sich leicht erschließende Empfindung, erwarten aber vom Sänger höhere und,

---

*) Es ist bemerkenswerth, wie dieses Intervall, das man seiner Bedeutung nach wohl die Ueberspannung der kleinen Septime nennen könnte, bei einigen neuern Komponisten in Ermangelung einer frischkräftigen Vertiefung in ihren Gegenstand herrschend geworden ist.

wo es nöthig ist, leidenschaftlichere Beseelung, jedoch nie auf Kosten der allgemein herrschenden Zartheit, Weiche und Anmuth und stets mit dem Ausdrucke der freiesten, eben vom Moment angeregten Bewegung. Nur der wird sie gelungen vortragen, der von ihrer rythmischen und melodischen Abrundung vollkommen durchdrungen ist, der durch Anlage und Uebung in der Figurirung vollkommen tüchtig ist, im Momente der Ausführung die Melodie neu zu schmücken und zu beleben, und der fähig ist, die Komposition aus eigner Empfindung zu beseelen. Vergl. §. 719 u. f.

§. 949.

Die spanischen Gesänge, so viel Verf. ihrer kennt, unterscheiden sich von den italischen nur hin und wieder durch einen höhern Ernst und großartigern Schwung.

§. 950.

Die französischen Chansons und Romanzen, in der Regel weniger empfindungsvoll, als die italischen Gesänge, aber fein und zierlich, fodern vor allem geistreiche Deklamation, delikate Behandlung der Melodie, mögen gern einen geschärftern, wenn auch etwas auf die Spitze getriebenen Accent und von diesem aus um so zartere Senkung der Stimme. Kleine, leicht hingeworfene Verzierungen stehen ihnen in der Regel besser, als größere Abschweifungen der Stimme von der vorgeschriebenen Melodie. Vergl. §. 775 u. f.

§. 951.

Besonderer Regeln und Beispiele bedarf es bei der ganzen Gattung nicht.

Dritter Abschnitt.

Von der Arie.

§. 952.

Bei der Arie stehen Gedicht und Komposition in umgekehrten Verhältnisse, wie beim Liede; jenem gehört die Grundidee, diesem die Ausführung; jeder Satz des Gedichts wird vom Komponisten weiter, als der Dichter selbst eigen gewollt oder gekonnt, ausgeführt.

§. 953.

Daher giebt das Gedicht in seinem Gesammtinhalte dem Vortragenden nur eine allgemeine Andeutung des Inhalts und die erschöpfende Beurtheilung der Arie beruht auf der Untersuchung, wie der Komponist jeden einzelnen Abschnitt im Texte aufgefaßt und ausgeführt und wie sich in ihm ein Abschnitt an den andern gereiht und mit einander verbunden hat. Auf diesem Wege dem Komponisten folgen, seine Schriftzeichen ins Leben rufen und, wo es nöthig ist, ergänzen, ist die Obliegenheit des Sängers.

§. 954.

Nach dem Inhalte verschiedener Texte und der Verschiedenheit der Auffassung ist dem Komponisten bald eine weitere, bald eine mindere Ausführung der Arie, bald ein Beharren in einem Tempo und einer Taktart, bald ein Wechsel in einem, oder beiden nöthig. Dies hat zu verschiedenen Eintheilungs-Versuchen Anlaß gegeben. Man hat kleinere, weniger ausgeführte — auch wol weniger auf tiefen und ernsten Eindruck berechnete Arien, zum Unterschiede von größern und ernstern, Arietten und Kavatinen genannt.

Wie sich aber die Zahl aller der mannigfaltigen Gemüthszustände, die musikalisch in Arienform dargestellt werden sollen, unmöglich auf zwei oder drei und hiermit auf zwei oder drei bestimmte Formen zurückführen lassen kann: so erscheint jene Eintheilung unfähig einer genauern Bestimmung; also schwankend, unsicher und damit unnütz. Dasselbe Urtheil würde den Versuch treffen, auf sie Vortragslehren zu gründen — als da sind: die Ariette und Kavatine gestatte weniger Zusätze, fodre leichtern Vortrag und dergleichen mehr.

§. 955.

Nicht beim Liede, wohl aber bei der Arie ist die Musik im Besitze der ihr nothwendigen Freiheit, sich auszudehnen, um den Text ganz — in allen Theilen zu durchdringen und weiter, als es des Dichters Sache war, auszuführen. Schon deshalb wird auch der Sänger mehr Freiheit, mehr Gelegenheit haben, die Komposition nach der voraussetzlichen Intention des Komponisten auszustatten, wo dieser es versäumt haben sollte. Daß ein unnöthiger Zusatz, oder eine unnöthige Aenderung auch hier unstatthaft, versteht sich. Auch hier also, wie überall, ist eine vollkommene künstlerische Auffassung die einzig genügende Grundlage für die Ausführung.

§. 956.

Das erste Beispiel gebe eine kurze, aber tief und groß gefühlte Arie von Händel, aus Tamerlan.

deren Inhalt schwere Erwägung:

folle sei, se lo consenti

zwei dem Geiste andringende Vorstellungen —
> il tiranno poi vivra —
> e moran' quest' innocenti.

Diese drei Sätze des Gedichts bilden den Kern der Komposition. Der erste beschäftigt bis in den dritten Takt; die beiden folgenden reichen bis zum neunten und wiederholen sich vom zehnten Takte bis zum funfzehnten. Dies, so wie der Sinn, der voraussetzlich mit jedem der Sätze, besonders den letzten beiden, verbunden sein wird, giebt schon die Ansicht des Textes und eine Uebersicht der Komposition. Daß beide jedoch zur Erfassung der letztern nicht hinreichen, möge ein für allemal an diesem Falle geprobt werden. Man könnte erwarten — und die meisten Komponisten würden die Erwartung gerechtfertigt haben — daß der Abscheu, der Haß gegen den Tirannen, die Theilnahme an der Unschuld in der Wiederholung stärker, entschiedener — kampffertiger aufträten. Händel hat dem Texte eine feinere und tiefer gefühlte Bedeutung abgewonnen.

Das erste „folle sei" hat den ruhigen Schritt der Ueberlegung und sinkt nieder, wie Kopf und Stimme beim Nachdenken — die Begleitung setzt die stumme Ueberlegung wie Miene und Geberde fort. Mit unwilliger Scheu, abweisend den verwerflichen Entschluß zur Einwilligung, wiederholt sich zum Ausdrucke dieses Wegweisens das folle sei in einer Quinte abwärts. Heftig accentuirt folgt der zweite Satz, langgedehnt, mit dem Ausdrucke tiefen Leids der letzte, in der Serte des herrschenden Akkordes (im sechsten Takte) einsetzend das „e moran" und gleich im folgenden Takte es auf der kleinen Terz, mit trauervoller Bestimmtheit und in dieser Höhe leidenschaftlich wiederholend. Von hier sinkt die Melodie klagenvoll durch zehn Stufen zum Schlusse des ersten Theils auf der Dominante.

Jetzt (im zehnten und elften Takte) kehrt der zweite Satz mit mächtig erhöhter Heftigkeit wieder. So stark wie vorher accentuirt, bewegt sich die Stimme in größern Melodieschritten auf und ab und besonders steigert im elften Takte zu dem „il" (§. 912.) der Aufschritt in die Oktave der Quarte (§. 870) den Gesang bis zum Ausdrucke des Ingrimms. Wenn aber die obige Voraussetzung bis hierher gerechtfertigt erschienen ist, so wendet sich nun Händel von dem vorausgesetzten Wege. Der dritte Satz hebt in der Wiederkehr im zwölften Takte mit dem Ausdrucke wehmüthiger Gewißheit (in die Quarte steigt die Stimme, aber diese Quarte ist die Serte im herrschenden Akkorde) das „e moran" an, wiederholt es im dreizehnten Takte gesteigert, aber in dem ängstlichen Schritt durch einen halben Ton (auch hier ist der Hauptton f die Serte im herrschenden Akkorde) und nun beschließt das quest innocenti mit dem Ausdrucke weichherziger Liebe — in der Serte des Akkordes anhebend, zur sicher beruhigenden Terz sinkend, in der Serte aufsteigend und von hier sanft herabschwebend zum Schlusse. Da dieser der einzige Punkt ist, der eine Aenderung erlaubt — man könnte nämlich den vierzehnten Takt, **um die Zärtlichkeit des Ausdrucks zu vermehren, so:**

enden laſſen — ſo ſei dies hier gleich mit beſeitigt. Soviel, um zu erkennen, was die Kompoſition aus dem Gedichte gemacht, was ſie jedem einzelnen Satze deſſelben abgewonnen hat — das e moran z. B. wird viermal mit verſchiedenem Ausdrucke wiederholt.

Der Vortrag ergiebt ſich hieraus von ſelbſt. Das erſte ſolle ſei muß ohne Accent und Stimmaufwand, wie verloren im Nachſinnen hingeſprochen werden, um heftiger abweiſend wiederzukehren. Bei dieſer Wiederkehr iſt das f der wichtigſte Ton. Der Ausdruck dieſes f, der Quinte zum nächſtfolgenden Tone, deren eigentliche Bedeutung die Nebenvorſtellung der Beſtimmtheit erhält, da das f zugleich Terz im herrſchenden Akkorde iſt, fodert einen heftigen Einſatz (Hervorſtoßen, nicht Anwachſen des Tones) um auszudrücken, daß nach dem erſten unbewegten „ſolle ſei" die Vorſtellung, die der Sänger von ſich weiſen will, mit ihrem verabſcheuten Inhalte ihn überraſcht hat.

Bei dem Vortrage des zweiten Satzes iſt nichts Neues zu bemerken, als daß die heftige und zuletzt ingrimmige Stimmung Gelegenheit zu einer Schärfung des i im il (§. 914) beſonders im vierten und elften Takte giebt.

Bei der erſten Durchführung des dritten Satzes fodert zum Ausdrucke des ſtaunenden Bedauerns das c im ſechſten und das as im ſiebenten Takte langſames Anſchwellen und Abnehmen; daß das as länger und ſtärker anſchwelle und im ganzen Stücke der gewichtigſte Ton werde, giebt ſich von ſelbſt; es darf ohne Uebertreibung bis zur ſchneidenden Stärke der Stimme geſteigert werden, und um ſo wirkungsreicher wird von da das Sinken der Stimme mit der niederſteigenden Melodie ſein. Um dieſe letzte Bewegung im Sinne des Komponiſten zu unterſtützen, könnte wohl der letzte Ton der erſten Abtheilung, f, (im neunten Takte) und der letzte der zweiten Abtheilung (im funfzehnten Takte) verlängert — etwa um ein Viertel und bis zum völligen Erlöſchen gehalten werden.

Bei der Wiederholung des dritten Satzes würde das Gewicht des „moran" vermehrt, wenn man durch Verweilen bei dem Vorworte (zwölfter und dreizehnter Takt)

und Verkürzung der Silbe „mo" den Fall auf Hauptſilbe und Hauptton beſchleunigte und eindringlicher machte. Die Quarte im zwölften Takte würde durch langſames Portament

einen empfindungsvolleren, den Schluß gut vorbereitenden Ausdruck erhalten. Daß von dieser Stelle an der Klang der Stimme immer weicher und inniger werden muß, daß bei dem „moran'," statt zu bedeutender Stärke des Klanges, Verstärkung durch Hauch (mora^h n) sachgemäßer und erfolgreicher wäre (§. 916), daß die letzten Töne in den obigen Takten wie Seufzer (von der Stärke schnell abnehmend) erlöschen müssen, daß das letzte quest' innocenti den zartesten, weichsten Vortrag verlangt, — bedarf keines Beweises mehr.

§. 957.

Das zweite Beispiel gebe eine eben so vollendete Arie aus Alceste von Gluck. Alceste hat sich zum Opfer für die Genesung des Gemahls dargeboten, die Götter haben das Opfer angenommen; er ist gerettet, ihr Tod entschieden — das hat ihr der Oberpriester im Namen der Gottheit verkündet und sie bricht in diesen Triumphgesang aus:

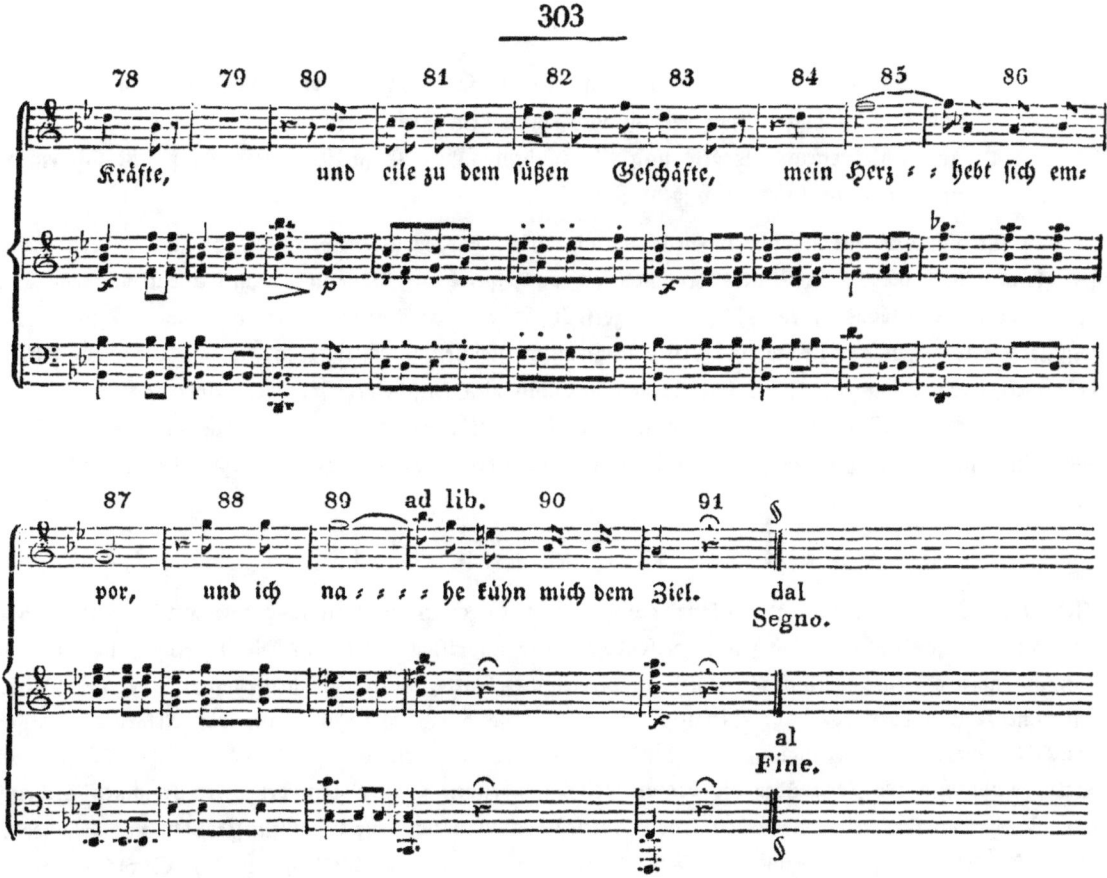

indem sie, die Helfende, sich selbst Opfernde, sich außer der Macht der Götter, über diese Götter erhaben fühlt, die nur schaden können*) und deren böser Wille selbst zur Verherrlichung der Liebe dienen muß. Ob das Gedicht

1. Ihr Götter ew'ger Nacht, die ihr so schrecklich droht: ihr hört mich jetzt nicht mehr von euch Erbarmung flehen.
2. Ich rette den Gemahl von seinem frühen Tod. Gern will ich seine Qual überstehen; süß ist es, für den Gatten in den Tod hinzugehen.

---

*) Vergl. der Berl. allg. muf. Ztg. erſt. Jahrg. No. 5 Seite 45.

3. Der Tod für den Geliebten, er ist ein süß Gefühl; er weiß das Herz neu zu beleben und hebt es hoch empor — ich nah' mich dem Ziel.

4. Ich fühle erneuete Kräfte und eile zu dem süßem Geschäfte, mein Herz hebt sich empor und ich nahe kühn mich dem Ziel.

an und für sich aus einem andern Gesichtspunkte hätte dargestellt werden können, gilt für den Sänger gleich. Die obige, in Glucks Komposition ausgesprochene Grundidee kann allein die erste Bestimmung des Vortrags geben. Der Text zerfällt in vier Abschnitte (sie sind oben mit Ziffern bezeichnet) von denen der zweite und dritte so ziemlich gleichen Inhalt haben, mithin als einer hätten behandelt werden können; Gluck hat sie getrennt und dies entscheidet über den Vortrag.

Der erste Satz, der herausfodernde Anruf der Götter, ist schon durch das majestätische Vorspiel, in dem die Blechinstrumente mächtig rufen, vorbereitet. Die mächtigen rythmischen Accente

(so langes Ruhen auf dem Hauptone nach so viel kurzen Noten) in langsamerer Bewegung, das melodische Hinauftreten in die fest ergreifende Quarte im elften Takte, das Hinaufdringen in die scheu hinauslangende kleine Quinte (§. 868) im dreizehnten Takte, dazu die wiederholten Rufe der Blechinstrumente und das großartige Hinaufsteigen der Bässe durch alle Intervalle des Akkordes — alles drückt die gewaltige Vereinigung und Erhöhung aller Kräfte Alcestens aus. Es kämpft in ihr das Selbstgefühl und der Zorn über die böswilligen, schadenden Götter mit der alten frommen Scheu; das ist es, was ihre Stimme neben jenen Ausbrüchen monoton fesselt, im funfzehnten und sechszehnten Takte die Bewegung (selbst auf der letzten Silbe in „schrecklich" gegen den Sprachgebrauch) noch mehr hemmt und den begleitenden Instrumenten (die oben erwähnten ausgenommen) die schwankende Bewegung

giebt. In der vollen errungenen Kraft sagt sich nun, nachdem diese Scheu überwunden ist, Alceste von jenen Göttern los, mit Entschiedenheit und Bestimmtheit — darum überall (achtzehnter, neunzehnter, einundzwanzigster, zweiundzwanzigster Takt) die Quarte herrschend, mit leidenschaftlicher Heftigkeit — darum in demselben Intervall der Schritt bis zum hohen B (sechsundzwanzigster Takt). Und damit das bedeutende Intervall sich dem Gefühl recht einpräge, tritt die Stimme zum Schlusse wieder in die Quarte (nicht in die Oktave, wie man oberflächlich hätte erwarten können) zurück. Man bemerke noch, wie dieses Intervall, das in der ganzen Stelle herrscht, vorbereitet wird. Unmöglich konnte Alceste sich in Einem Momente in eigner Kraft gegen die Götter erheben, unmöglich

im

im ersten Momente mit voller Sicherheit ihnen bestimmt entgegen treten. Darum herrscht zwar schon im achtzehnten Takte die Quarte, aber sie tritt nicht frei ein, sondern muß erst durch die Zwischenstufen

erstrebt werden. So beginnt selbst der Widerspruch zagend und wächst erst am Schlusse zur Leidenschaft. — Der eine vom zwanzigsten bis zum vierundzwanzigsten Takte herrschende Akkord zeigt die Einheit der Vorstellung in Alcestens Gemüth und läßt den drei- und vierundzwanzigsten Takt als Steigerung der beiden vorangegangenen erscheinen und der ganze Satz wird durch die triumphirend wehende Begleitung der Violinen im sechs-, sieben- und neunundzwanzigsten und dreißigsten Takte besiegelt.

Was Alceste im zweiten Satze erfüllt, ist blos der Entschluß, der ihr als Gattenpflicht erscheint. Von kräftiger Erhebung keine Spur; vielmehr stärkt sich Alceste noch an der Vorstellung: für den Gatten in den Tod zu gehen. Daher die langsamere Bewegung vom vierzigsten Takte an, daher die so rührende, weich mitleidige kleine Quinte (§. 868) im einundvierzigsten Takte, daher vorherrschend kleine Melodieschritte. Ihr Herz hat sich von den beschädigenden Göttern abgewendet zum leidenden, geliebten Gemahl, der aufrührische Zorn ist dem Mitleid und der Liebe gewichen. Daher kehrt nun (vom vierundvierzigsten Takte an) selbst der erste Satz mit mildem Ausdrucke wieder; statt zorniger Auflehnung liebevoller Vorwurf, durch den fast der Ton der Bitte durchklingt: daher zwar dieselben rythmischen Accente und dieselbe Begleitung; in der Melodie der Singstimme aber die Sexte

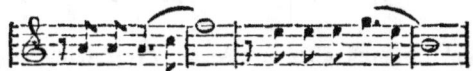

vorherrschend — denn zuerst hat sich das a als Haupton eingeprägt und c wird blos durchgangen; dann aber hat g durch Hinauftreten sich vor e geltend gemacht — noch milder erscheint neben dem der letzte Sextenfall (im siebenundvierzigsten Takte) da b die kleine Septime (§. 868) im Akkorde ist.

Erst von hier an ist Alceste in sich einig und abgeschlossen. Die Liebe, die das Opfer gebot, erfüllt — im dritten Satze — sie ganz, sie vernimmt nur die Stimme des Herzens, ihr Gefühl hebt sie hoch empor.

Das Vorspiel des vierten Satzes, erst aus der Quinte in die Terz, dann vermittels der Quarte auf die Oktave in drängendem Rythmus

schlagend, ruft und treibt; die Singstimme zeigt den Flug des Geistes höher und höher — und nun kehrt mit Triumph über die Götter der erste Satz wieder.

Dieser erscheint sonach dreimal (das zweitemal unvollständig) und jedesmal mit anders motivirter Bedeutung. Das erstemal waltet die Scheu vor den Göttern vor, die Kräfte müssen zusammengerafft werden, die gegen jene sich auflehnen sollen. Daher muß (besonders bis zum siebzehnten Takte) der Affekt mehr durch Verstärkung der Artikulation durch Hauch (§. 916) ausgedrückt und nur einzelne Punkte dürfen mit voller Kraft und leidenschaftlicher Heftigkeit aus dem Ganzen heraustreten, müssen schroff aus der im Allgemeinen unterdrückten Rede hervorspringen, als die unwillkührlichen Ausbrüche einer Leidenschaft, die sich noch nicht verrathen sollte. Solche Punkte sind der elfte und dreizehnte Takt, es im achtzehnten, das erste f im neunzehnten, b im zweiundzwanzigsten Takte und andre.

Bei seinem zweiten Erscheinen fodert derselbe Satz weichern und zur Kraft anstrebenden Vortrag, also:

und der letzte Melodiefall könnte wohl noch gemildert werden —

ew' - ger Nacht,

Bei der letzten Wiederholung endlich muß alles gediegene Kraft sein, nicht bloßes Ringen der innern Bewegung, laut zu werden — im Hauche — nicht bloßes unwillkührliches Sich-Herausreißen einzelner verrätherischer Ausbrüche der Leidenschaft, sondern ein gleicher, überall gesättigter, vollkräftiger Strom.

Im Uebrigen giebt sich der Vortrag aus dem früher Gelehrten von selbst und es ist nur noch folgendes Einzelne anzumerken.

Im achtunddreißigsten und vierzigsten, so wie im zweiundfunfzigsten und siebenundfunfzigsten Takte sind die deklamatorischen Accente des deutschen Textes in der Melodie nicht begünstigt. Mit geringer Veränderung:

gern will ich   süß ist es   der Tod für den Ge-   Herz neu zu beist diesem Mißstande abgeholfen. Außerdem ist in der ganzen Arie kaum eine passende Stelle zu einigermaßen wesentlichen Veränderungen oder Zusätzen, denn die verschiedenen Klang- und Artikulationsweisen neben der überall so sprechenden Komposition genügen zum vollendeten Vortrage.

§. 958.

Wenn in den bisher betrachteten Arien der Ausdruck der Melodie fast in jedem Tone dem Sinn der Worte anschließend war: so wenden wir uns nun zu einer Arie aus Händels Alexanderfest, die bei wahrhaft hinreißender Schönheit, Wahrheit und Innigkeit mehr auf den Ausdruck des Ganzen, als jedes einzelnen Wortes gerichtet ist.

Drydens (des Dichters vom Alexanderfest) und Händels Aufgabe war es in diesem Werke, die verschiedenartigsten Stimmungen und Zustände, die Musik hervorzurufen vermag, ihren Hörern vorüberzuführen. Geistreich knüpfte Dryden dieses Thema an die Feste Alexanders im eroberten Persepolis. Nach mancher rauschendern Feier soll der Besieger Persiens von weichen (lydischen) Weisen in den Schlaf der Wollust gewiegt, um dann zur Zerstörung von Persepolis wieder erweckt werden. Aus den Worten des Dichters:

  Töne sanft du lydisch Brautlied
  Wieg' ihn ein in süße Wollust.

hat Händel diese Arie geschaffen,

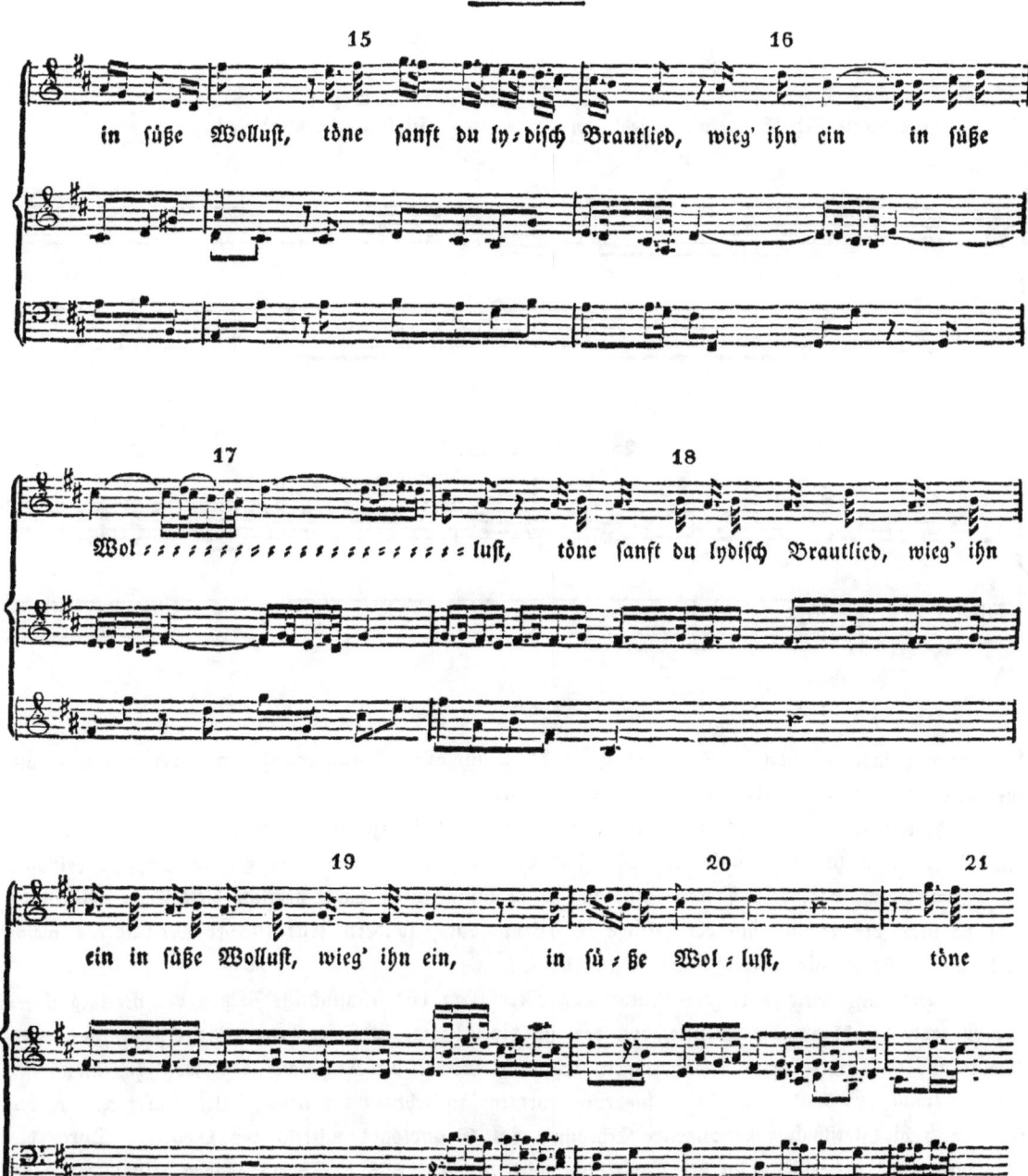

über deren Hauptsatz schon §. 860 gesprochen ist. Nach allem Vorangegangenen haben wir nur noch auf einzelnes Hervorstechende aufmerksam zu machen.

Zuerst von dem Dezimenschritt in dem achten und funfzehnten Takte, der §. 860 nur nach seiner Weite betrachtet werden konnte. Er hat das klar Bestimmende der großen Terz, dabei aber das Hinaustreten in einen erhöhten Zustand. Auch im neunten Takte herrscht diese Terz. Allein sie ruht da nicht als Decime auf der Oktave des Grundtones, sondern tritt in der Melodie als weich verlangende Sexte mit milderer Bestärkung hervor.

Der ganze elfte Takt (der Naturfreunde wohl an das sehnsüchtige Ziehen der Nachtigall erinnern könnte) ruht auf der Quinte, von der sich die Stimme in süßer Ermattung erheben zu wollen scheint und nach jeder kurzen und geringen Erhebung wieder zur Ruhe auf dem wohl zu empfindenden Intervall zurücksinkt. Derselbe Ausdruck kehrt im achtzehnten bis neunzehnten Takte wieder, beseelt durch die zweimalige verlangende Erhebung des Grundtones mittels der Quarte. Durch die Auslassung des Grundtones in der Begleitung wird der Ausdruck des verlangenden Hinaufschwebens und Aufschauerns vollendet.

311

Zuletzt ist noch der aus dem einundzwanzigsten in den zweiundzwanzigsten Takt übergehenden kleinen Septime (g) zu gedenken, deren Ausdruck durch Ruhen darauf zwischen der sanft fortgleitenden Begleitung eindringlicher wird.

Wir finden in dieser Arie den der italischen Musik eigenen Stoff, sinnliche Erregung und Erweichung — aber vom Geiste des Komponisten frei dargestellt, nicht den Komponisten in ihr aufgelöset; und so hat dieser nicht nur selbst ein Höheres vollbracht, sondern auch seinem Sänger höhere, geistige Leistung auferlegt. Mit einer willkührlichen, angenehm geordneten Anwendung sinnlicher Reizmittel würde dieser Gesang nicht anders als verfehlt werden; in jedem Punkte hat derselbe bestimmte und stets so genügende Bedeutung, daß sich wol schwerlich eine Aenderung ohne Nachtheil unternehmen ließe — außer daß man vielleicht im vierzehnten und auch im siebenten Takte das mit dem verlängerten Anfangstone früher, gleichsam vorgreifend eintreten ließe

Sonach würde der Vortrag vor allem eine zarte, schmelzende, nicht aber weichliche oder zu süße Stimmhaltung, sanftes Erheben und Senken der Klangstärke, aber dabei ein bestimmtes, nach Maaßgabe des Inhalts kräftiges Herausheben wichtigerer Momente (namentlich der schon besprochenen Dezime) erfodern. In den bereits oben erläuterten elften und achtzehnten bis neunzehnten Takten müßte der Sinn der Töne durch diesen Vortrag:

bestärkt werden; eben so wären die sanft hinschleichenden Sexten im funfzehnten Takte zu singen.

§. 959.

Nach dem zur Karakteristik neuerer Komponisten, namentlich Mozarts (§. 788) Vorausgeschickten und dem bisher Entwickelten bedarf es keiner weitern Ausführung, um zu erkennen, daß sie nicht, wie Händel und Gluck, bestimmten Ausdruck der vollen Wahrheit in jedem Momente als herrschender Tendenz vor Augen hatten, daß bei ihnen viel mehr der allgemeine Ausdruck der Stimmung, des ganzen Zustandes, als eine durchaus befriedigende Erfassung jedes einzelnen Momentes im Ganzen anzutreffen ist. Sehen wir dadurch den musikalischen Dialog, die Darstellung des Ganzen in größern Massen, befördert und besonders durch Instrumentation und Modulation einen Reichthum von Beziehungen gewonnen, der vorher kaum geahnet werden konnte: so findet der Sänger für den uns jetzt beschäftigenden Zweck einer Erkenntniß der Gesangelemente in treffenden Anwendungen eine weniger reiche Ausbeute. Es möge daher nicht auffallen, daß wir an der Stelle so vieler herrlichen Kunstwerke uns an den bisher betrachteten genügen lassen. Wir gewannen damit nebenbei auch Veranlassung, an Werke zu erinnern, die, des ewigen Andenkens werth und zum Studium schlechthin unentbehrlich, dem heutigen Publikum einigermaßen aus den Augen gerückt scheinen.

§. 960.

Daß die italischen Kompositionen, besonders der jetzigen Periode, noch unendlich weiter von einer in jedem Moment erschöpfenden Auffassung entfernt und für unser Studium noch weniger ergiebig sind, versteht sich aus dem über Italien (§. 721 u. f.) Gesagten von selbst. Ueberall werden sich dieselben Elemente der Ton- und namentlich der Gesangkunst in gleicher Wirkung und Bedeutung bewähren; aber nicht überall ist diese Wirkung bestimmtes Ziel des Komponisten und oft soll ein zweites und sollen mehrere verbundene Mittel ersetzen, vollenden, berichtigen, was dem ersten Zuge mangelt. Dies gelingt auch mehr oder weniger, wenngleich man oft erinnert wird, daß zwischen zwei Punkten nur eine gerade Linie möglich ist, wohl aber unzählige mehr und weniger ihr angenäherte, mehr oder weniger zierlich, anmuthig, frei, kräftig u. s. w. gebogene.

Vierter Abschnitt.
Vom Recitative.

§. 961.

Das Wesen des Recitativs wird am gründlichsten aus seinem Standpunkte zwischen der Sprache und dem ausgebildeten Gesange erkannt.

§. 962.

Es ist schon oben (§. 670) bemerkt worden, daß in der gewöhnlichen Rede dieselben Elemente bestehen, aus denen der Gesang geschaffen ist. Namentlich steigt und fällt der Redeton aus denselben Beweggründen, wie die Gesangmelodie, beschleunigt und zögert und accentuirt stärker oder schwächer der Redner, wie es der Sänger thun muß.

§. 963.

Der Unterschied der Rede und des Gesanges beruhet aber darauf, daß in der Sprache die Fähigkeit, Begriffe auszudrücken errungen und zu der wichtigsten Tendenz des Redenden erhoben,

dadurch

dadurch aber das Streben nach dem unmittelbaren Ausdrucke der Empfindung u. s. w. durch die entsprechende Bewegung in den Athem=, Stimm= und Sprach=Organen als eine Neben= und un= wesentliche Bestrebung hintenangesetzt worden ist.

§. 964.

Daher zeigen sich in der Sprache alle Elemente, aus denen Gesang wird, aber unbestimmt und mangelhaft. Die Stimme steigt und fällt nicht in bestimmten, sondern nur in ungefähr be= zielten Intervallen; die Silben folgen einander in eben so unbestimmter Länge und Kürze, die ganze Rede zeigt eine dem Ideengange sich anpassende, aber nicht gleichmäßig bestimmt gehaltene Bewegung.

§. 965.

Wenn das musikalische Element in der Rede mächtiger wird, so erhalten zuerst Höhe und Tiefe mehr Bestimmtheit — die Stimme bewegt sich in bestimmten Intervallen — und die deklama= torische Accentuation wird verstärkt. Noch fehlt aber der vollkommen zur Herrschaft erhobene Melo= diengang und der vollkommen geordnete und befestigte Rythmus.

Auf dieser Stufe nun ist der Gesang Recitativ. Es verbindet die freie Bewegung in Melodie und Rythmus, welche der Rede eigen, mit der Bestimmtheit der Intervalle und der größern Kraft der rythmischen Accente, welche in der Musik nothwendig ist.

§. 966.

Das Ziel des Vortragenden ist mithin Erhöhung der Rede durch Anwendung jener musika= lischen Elemente, ohne Störung der freiern Bewegung des Redenden.

§. 967.

Da aber nicht der Melodiengang und der musikalische Rythmus (wie in Arie und Lied) sondern die Sprache vorherrscht, so hat der Vortragende im Recitativ ungleich größere Freiheit, den Melodiengang zu ändern, und Tempo und Accent zu bestimmen und zu verändern, als bei allen übri= gen Gesangkompositionen, in denen die musikalischen Elemente so weit ausgebildet sind, daß sie feste Gestalt gewonnen haben.

§. 968.

Was die Melodie anbetrifft, so wird ihr Gang — nach Höhe oder Tiefe, gleichmäßig oder ungleich, in größern oder kleinern Schritten u. s. w. — ganz ungehindert der Bedeutung des Textes angepaßt und die Thätigkeit des Sängers hat hierin keine andere Schranke, als die vom Komponisten angegebene Modulation heischt.

§. 969.

Die Selbstthätigkeit des Sängers ist für die Melodie des Recitativs um so nöthiger, da die Komponisten oft nicht mehr, als ungefähre Andeutungen derselben geben und die genauere Ausbildung dem Sänger überlassen. Dieser hat also die Obliegenheit, allen Anfoderungen an richtig gedachte und empfundene Deklamation, so weit die unveränderliche Modulation erlaubt, zu genügen.

[40]

§. 970.

Die Thätigkeit des Sängers muß natürlich das ganze Recitativ in allen Theilen und den Inhalt desselben in allen seinen Beziehungen umfassen und würde ungenügend sein, wenn sie nur einzelne Accente verstärken, oder die Melodie des Recitativs nur fließender machen wollte — worauf sich bei untergeordneten Sängern der Vortrag des Recitativs beschränkt.

§. 971.

Was den Rythmus betrifft, so ist er ebenfalls der selbstschöpferischen Thätigkeit des Sängers überlassen, soweit nicht Zwischenspiel oder an einzelnen Stellen Begleitung sie hemmen.

Die Recitative pflegen um der Uebersichtlichkeit willen in der Form des Vierviertel-Takts niedergeschrieben und wohl oder übel durch längere und kürzere Noten, durch mehr oder weniger Pausen in dieser Ordnung erhalten zu werden. Aus Obigem folgt aber, daß weder Eintheilung noch Geltung der Noten und Pausen, sondern blos die Erfodernisse der Deklamation in Betracht kommen.

§. 972.

Je reißender die Bewegung, desto mehr muß der Gesang sich selbst in die Zwischenspiele hineindrängen, dergestalt, daß die Redeperiode auf oder vor dem Schlusse des vorangehenden Zwischenspiels beginnt.

§. 973.

Begleitung tritt dann ein, wenn das musikalische Element sich bestimmter ausgebildet hat. Dann ist die Bewegung nur innerhalb der Gränzen der Modulation frei. Alle Töne, die zu einem Akkorde gesungen werden sollen, bewegen sich unter einander willkührlich, müssen aber mit dem Eintritte des nächsten Akkordes zu Ende vorgetragen sein.

§. 974.

Wenn bei einer solchen Stelle auch die Melodie eine feste Gestalt erhält, nennt man sie Arioso.

§. 975.

Das Tempo muß nicht blos die Zwischenspiele, sondern nach den Ansprüchen des Textes auch den Gesang beherrschen; es ist eine ungenügende Weise, ein ganzes Recitativ und alle Recitative ohne Rücksicht auf den verschiedenen Inhalt in derselben mäßigen oder gar langsamen Bewegung vorzutragen.

§. 976.

Hier folgt nun ein Muster des Recitativs, das sich aus dem ruhigen Redeton der Erzählung zu dem Ausdrucke schauerlicher Ahnung der Nähe höherer Wesen erhebt.

Dieses Recitativ aus Händels Messias*) beginnt nach dem erhabenen ersten Theile, der Verkündigung, und nach einer einleitenden Hirtensymphonie die Erzählung von der Geburt des Heilandes mit denselben einfachen Worten und derselben Einfalt des Glaubens, wie wir sie in der Bibel lesen:

Es waren Hirten daselbst auf dem Felde, die hüteten ihre Heerden des Nachts.

---

*) Vergl. über dieses Werk der Berl. allg. muf. Ztg. erften Jahrg. No. 51. S. 435.

Ohne Affekt und ohne sich wichtig zu machen, beginnt die Rede demüthig und einfach, hebt erzählend an (g—c im ersten Takte) tritt noch eine Stufe tiefer und hebt sich — um einen Nachdruck dem Schlusse zu verschaffen — nur eine Stufe (dritter Takt) über den Redeton (c). Die einzige Aenderung, die man ohne Störung des Karakters, um den zweiten Satz abzusondern, treffen könnte, wäre, sein erstes Wort „die" eine Terz tiefer (g) zu singen.

Keiner Silbe wird ein größerer Nachdruck, ein längeres Verweilen, eine schnellere Bewegung, als ein einfach Redender ihr gegeben haben würde. Die Begleitung ist nichts als ruhende Grundlage.

Nun tritt zu den Hirten der Engel des Herrn und die Erzählung wird von dem Gefühl ehrfürchtiger Scheu, Schauers vor dem Uebermenschlichen, Himmlischen durchdrungen und beherrscht. Daher regt sich nun das musikalische Element mächtiger; die hohen Saiteninstrumte wehen, wie in den Wipfeln der Bäume ein leiser Nachtwind; der Klang der Stimme erhöht sich; mit Erstaunen und Schauer hebt das „und siehe" in der Quinte an, mit Majestät folgt das „des Herrn" in der Quarte, sanft beugt sich in der Sexte die Melodie hernieder, zusammenschauernd ob der Nähe des Wunderbaren tritt sie bei den Worten „trat zu ihnen" eine Quinte zurück und in sanftem Lichte strahlt „die Klarheit des Herrn." Nur das „umleuchtete sie" (im neunten Takte) dürfte verändert und könnte etwa so:

zu dem Ausdrucke scheuer Bewunderung erhoben werden.

Die Bewegung ist durch die Modulation eingeschränkt, bedarf auch nirgend einer erheblichen Motivirung.

§. 977.

Ein zweites Beispiel giebt dieses Tenor-Recitativ:

aus demselben Werke. Voran ist ihm der leidenschaftliche, stürmische Chor
auf zerreißet ihre Bande
gegangen, ihm folgt die gewaltige, von Prophetenzorn glühende Arie
Du zerschlägst sie mit dem eisernen Zepter
und das ewige Halleluja! —

An diesem Punkte scheint die Sprache des Recitativs, wie es niedergeschrieben ist, nicht mächtig genug; der erste Takt ruht zu lange auf cis, statt immer höher zu treiben, das Verlachen ist nicht stark genug, um die Nichtigkeit der Feinde ganz blos zu stellen, der Accent auf „ihre" im zweiten Takte durch höhern Ton schwächt den Nachdruck, den das Hauptwort „Wuth" verlangt, durch die Eintönigkeit des letzten Wortes im vierten Takte wird der Quartenfall und damit der Schluß des Recitativs entkräftet. Zur Prüfung für jeden Sänger stehe hier eine Veränderung des Recitativs:

Aus dieser Darstellung des Recitativs folgt nun, daß der Sänger die ihm verstattete Freiheit im melodischen und rythmischen Theile nach allen Erfodernissen einer richtig empfundenen Deklamation zur vollkommnen Erreichung des wahren Ausdrucks zu benutzen hat. Die Kenntniß der Sprache und der musikalischen Elemente und Formen giebt ihm dazu die Mittel, eine richtige Auffassung des Textes und der Komposition in allen Theilen die Anleitung.

§. 978.

Nirgends, als im Recitativ, wo der Sänger die größte Freiheit hat, ist die Warnung nöthiger, daß um des Ausdrucks der Einzelheiten willen, nicht die Harmonie des Ganzen, der Ausdruck der allgemeinen Gemüthsbewegung vernachlässigt oder gestört werden darf. Dies ist jedesmal zu besorgen, wenn der Vortrag nicht, wie oben gelehrt, von der Uebersicht des Ganzen, sondern von der Beachtung von Einzelheiten ausgeht.

§. 979.

Folgende Stelle eines Recitativs aus Don Juan von Mozart giebt Gelegenheit, die Umgestaltung eines solchen im Ganzen zu beobachten.

Donna Anna hat unerwartet in Don Juan den Mörder ihres Vaters erkannt, sie ist außer sich, kaum vermag sie den dringenden Fragen Ottavio's zu begegnen, schwer sammelt sie sich zu der Erzählung des Frevels, tief aufathmend beginnt sie sie — dies ist der Anfang des vorstehenden Fragments. Durch die Vergegenwärtigung der Unthat immer mehr zur Leidenschaft entzündet, wird das Recitativ in eine großartige Arie übergehen, in der sie den Ottavio glühend zur Rache beschwört.

Daß in solcher Lage die Erzählung nicht gleichgültig und ruhig — eintönig — gesprochen werden kann, ist einleuchtend. Gleichwohl ruht der dritte Takt mit zwölf Silben auf einem Tone, der zweite mit sechs auf der tiefern kleinen Terz, der vierte (die enharmonische Tonwechselung bei Seite gesetzt) mit zwölf Silben auf der höhern großen Terz. Einzelne Accente würden zwar diese Eintönigkeit beseitigen, aber auf eine unangemessene Weise. Denn jener heftige Sturm der Leidenschaft, der im Anfange des Recitativs die Stimme auf und abschleuderte, ist bezwungen und hat nur noch eine große Bewegung in der Erzählenden hinterlassen, die den Fortgang der Erzählung nicht stören darf. Hierdurch ist die weit erstreckte Steigerung in der Umänderung dieser Stelle (vom zweiten bis fünften Takte) gerechtfertigt. Höher hinauf durfte die Melodie nicht geführt werden, um den vorangegangenen und spätern Accenten, deren Gewalt in der Höhe der Töne liegt, nicht Eintrag zu thun und die Erzählung nicht im Beginn schon zu einer Heftigkeit zu steigern, die erst später als begründet hervortritt. Der tiefere Anfang der Melodie entspricht zugleich der Bangigkeit, welche durch die Rückerinnerung in Anna's Brust zurückkehrt.

Dieser letztere Grund rechtfertigt auch den tiefern Anfang der Melodie in der Abänderung des neunten und zehnten Taktes.

Von hier an eilt die Erzählung Schlag auf Schlag bis zu der Gewaltthat. Von hier an also (elfter bis dreizehnter Takt) müssen Gesang und Begleitung beschleunigt in einandergreifen — jedes anfangen, ehe das andere geendet hat.

Im Uebrigen kann nach allem Vorangegangenen die Beurtheilung des Recitativs und der Abänderungen jedem überlassen bleiben.

Anhang.

§. 980.

Aus Recitativ und Arienform sind 1) die Scene, 2) die Ballade, 3) das durchkomponirte Lied (lyrisches Gedicht, in dem jedem Verse eine besondere, oder doch nach seinem Inhalte besonders abgeänderte Melodie zuertheilt ist), 4) die Kantate (für eine Stimme) zusammengesetzt und — wie alle übrigen Sologesänge zu verstehen. Besonderer Regeln bedarf es für alle diese Gattungen nicht; nur verlangen sie, daß die Einheit ihrer verschiedenen und verschiedenartigen Theile beobachtet und erhalten werde.

Um dies wenigstens an einem Beispiele darzustellen, theilen wir diese Scene aus Semele von Händel mit.

Semele, geliebt von Zeus und ihm in ihrem ganzen Wesen — wie die Liebende im Geliebten ihr Glück und ihren Gott sieht — mit ganzer Liebe und Ehrfurcht geweiht, wird von ihren Eltern gedrängt, sich einem andern Freier zu vermählen und wendet sich rathlos zagend zu dem Herrlichen, dem allein sie eigen sein kann. Entsetzt bei dem Gedanken, wie der Mächtige sich rächen könnte, will sie eher fest beharrend den väterlichen Fluch auf sich nehmen. — Dies ist der Inhalt des Recitativs. — Allein das zarte weibliche Wesen hat nicht eigene Kraft genug für die Ausführung dieses Entschlusses und so sinkt sie, als sie ihn kaum ausgesprochen, in den Zustand des Schwankens zurück, mit verdoppelter Heftigkeit und der höchsten Inbrunst sich zu dem um Hülfe wendend, der ihre Stärke ist. Dies macht den Inhalt der Arie aus. —

Nach allem bisher Vorgetragenen bedarf es keiner durchgehenden Betrachtung des Recitativs. Es sei aber neben dem zarten, innigen Ausdrucke auf den Karakter der Jugendlichkeit und des Weiblich-Schmelzenden, das sich jenem vermischt, hingedeutet. Neben dem Wechsel bedeutender und stets empfindungswahrer Harmonieen, neben den, die Stimmung und den Inhalt des Einzelnen so wahr und innig ausdrückenden Intervallen, die sich stets edel und doch zart der Harmonie anschmiegen (vornehmlich im siebenten bis achten Takte das schmelzende „Theurer hilf" mit dem unvorbereitet eintretenden F-dur) neben alle dem ist es die hohe Lage der Singstimme, das schüchterne, weiblich-zaghafte und weiblich-schwächere stete Sinken derselben, so oft sie sich zu affektvollen Ausdrucke erhoben: was jenen jugendlichen und weiblich-schmelzenden — wir möchten sagen: weiblich-feuchten — Ausdruck hervorbringt; und hier finden wir von der höchsten Bedeutung, wie die Stimme sich oft (vornehmlich im zweiten und achten Takte) über die Begleitung und aus ihr heraus erhebt. Ja, daß diese Erhebung so oft (im zweiten, dritten, fünften, achten Takte) nach g führt, möchte sich auch — obwohl hier nicht der Ort dazu ist — als bedeutsam erweisen.

So fest der Entschluß in den letzten Worten des Recitativs ausgesprochen ist, so führt schon die Begleitung der Arie mit ihrem unstäten Grundbasse zum Ausdrucke der oben bezeichneten Stimmung. Hier ist der Punkt, wo die Sängerin zu beweisen hat, daß sie den innern Zusammenhang von Arie und Recitativ gefaßt. Wenn nach so fest und stark ausgesprochenen Entschlusse doch unmittelbar wieder Schwanken und Angst sichtbar wird, so muß sie für Semele, wie sie den Komponisten vorgeschwebt hat, überwältigend gewesen sein und den leidenschaftlichsten Ausdruck der Hülfsbedürftigkeit nach sich ziehen. Händel hat ihn vollkommen erreicht. Der Aufschwung von der Quinte des kleinen Dreiklangs in einer kleinen None (vom zwanzigsten zum einundzwanzigsten Takte) zeigt uns in erschütterndem Ausdrucke die Geängstete und Bedrängte, die in ihrem Leid und ihrer Schwäche nur in dem Hülferuf zum Geliebten Erhaltung sieht und deren ganze Seele, Bewußtsein und Empfindung in diesen einen Hülferuf zusammengedrängt ist. Das ist der Ausdruck des „Geliebter," wie Händels Semele es ausspricht. Die kleine Sekunde

Ge-lieb-ter!

würde wehmüthige aber ruhige Anrede gewesen sein. Die Erhöhung zur None (§. 870) ist es, die den Ausdruck so gewaltig steigert.

Auch die Arie bedarf keiner durchgehenden Besprechung; wir berühren statt dessen nur folgende einzelne Züge.

Der Anfang kehrt im dreißigsten bis zweiunddreißigsten Takte wieder mit erhöhtem Ausdrucke — blos dadurch, daß das verlängerte „ach" zu einem lang ausgehauchten Seufzer wird.

Das Vorgreifen der Singstimme im vierzigsten Takte hat den Ausdruck der Ungeduld und in gleichem Sinne könnte die ganze Stelle fortgesetzt werden:

wenn es nicht wahrer und inniger schiene, daß nach dem „was mein Herz begehrt," durch die vorgeschriebene Eintheilung ein Verweilen, gleich Nachsinnen, einträte, aus dem sich der Hülferuf erneut. Nur im funfzigsten Takte könnte die vorgeschlagene Steigerung unbedenklich sein und würde um so bedeutender, je schärfer das vorausgenommene e gegen den kleinen Dreiklang auf F anträte.

Nach dem klagevollen „daß ich entsagen kann" (vom sechsundfunfzigsten Takte an) erneut die Begleitung — stille Empfindung der Bedrängten verrathend — jenes gewaltige „komm Geliebter" und nach einem Ruhepunkte schließt die Singstimme langsam, im Sinne trauervoller Erwägung — und die Begleitung setzt darauf die alte Bewegung zum Ende fort.

Zweite Unterabtheilung.
Vom mehrstimmigen Gesange.

§. 982.

Mehrstimmig heißt uns hier jedes Gesangstück, in dem zwei oder mehre einzelne und unter einander verschiedene Stimmen beschäftigt sind.

§. 983.

Sobald zwei Singstimmen (im Duett), drei (im Terzett), vier (im Quartett), fünf (im Quintett), sechs (im Sextett) oder mehr einzelne Stimmen (im sogenannten Ensemble) in einer Komposition vereinigt werden, tritt zu allen Rücksichten, die sich dem Sänger aus dem bisher Abgehandelten ergaben, noch die auf die Mitsänger.

§. 984.

In jedem Ensemble kann jede Stimme im Verhältniß zu den übrigen bald wichtiger, bald weniger wichtig erscheinen.

§. 985.

Je wichtiger der Inhalt einer Stimme oder einer einzelnen Note vom Dichter und Komponisten gebildet ist, desto mehr muß sie auch vom Sänger durch alle ihm zu Gebote stehenden Mittel hervorgehoben werden und desto mehr müssen die übrigen Sänger dies durch Unterordnung ihrer Thätigkeit unter die des erstern begünstigen.

§. 986.

Nur durch eine Beachtung aller Stimmen wird daher dem Sänger der Vortrag einer Partie in einer mehrstimmigen Komposition gelingen.

§. 987.

Namentlich werden Veränderungen der Melodie und des Rythmus genaue Erwägung fodern, um nicht mit andern Singstimmen störend zusammen zu treffen.

§. 988.

Die letzte Entscheidung über den Vortrag jedes Einzelnen hat der Direktor.

Dritte Unterabtheilung.
Vom Chor.

§. 989.

Ein Gesangstück, welches die Vorstellungen einer Menschenmenge verlautbaren soll, heißt Chor.

§. 990.

Das Chor unterscheidet sich von jeder andern Gattung von Gesangstücken dadurch, daß jede Stimme in ihm von mehrern Sängern vorgetragen wird. Hieraus folgt, daß kein einzelner Sänger selbständig erscheinen kann, sondern daß alle Individuen, welche zusammen eine Stimme im Chor vorzutragen haben, sich dergestalt in einander fügen und nach einander richten müssen, daß ihr Gesammtgesang einheitsvoll, wie die Stimme eines einzelnen Sängers vernommen werde.

§. 991.

Deßhalb muß jeder Chorsänger sich genau an die Schrift der Komposition, oder, wenn eine besondere mündliche Verabredung oder Anordnung getroffen ist, genau an diese binden, da er nicht darauf rechnen kann, daß bei willkührlichen Abweichungen davon die andern Sänger an seiner Stimme sofort seiner Vortragsweise folgen würden. Einsatz, Geltung und Absatz der einzelnen Töne müssen streng und pünktlich nach der Vorschrift, die die Komposition enthält, oder der Anführer ertheilt, erfolgen. Die Verbindung der Töne darf nie auf eine unbestimmte Art — durch künstliches Portament geschehen. Keine Abweichung von der Melodie, keine Verzierung, sie wäre denn besonders angeordnet, ist erlaubt. Die Aussprache des Textes muß vorzüglich bestimmt, die Vertheilung der Silben auf die Noten muß übereinstimmend getroffen sein; dasselbe gilt von der Anwendung der verschiedenen Grade von Stärke und Schwäche.

§. 992.

Obwohl die Vortragsweise eines Chores im Ganzen vom Anführer bestimmt und, soweit dies möglich, durch die Schrift der Komposition vorgezeichnet ist: so muß doch ein guter Chorsänger sich schon für sich selbst über die Erfodernisse seiner Stimme aufgeklärt haben.

§. 993.

Es ist hier noch einer Kompositionsform besonders zu gedenken, die in der Regel nur für den Chor (von Instrumentalkomposition abgesehen) angewendet wird. Das ist die **Fuge**.

§. 994.

Wenn sich eine Idee nach und nach in einer Menschenmasse (vorgestellt durch den Chor) verbreitet, so muß der musikalische Satz, der sie ausspricht, eben so nach und nach in den verschiedenen Chorstimmen hervortreten. Er ist als Hauptgedanke — das, was die übrigen Stimmen entgegensetzen, oder zufügen, ist als Nebengedanke, um jenen zu verdeutlichen, zu unterstützen, zu heben, anzusehen. Demnach ist er also vor den Nebengedanken auch durch den Vortrag auszuzeichnen.

§. 995.

Der Hauptgedanke einer Fuge heißt **Thema** oder auch **Führer**.

§. 996.

Der Führer wird im Allgemeinen mit denselben Tonfolgen, nicht aber stets in derselben Tonhöhe, nicht in derselben Tonart und demselben Tongeschlechte von einer Stimme nach der andern vorgetragen.

§. 997.

Nicht immer wird seine Tonfolge genau so, wie er in der ersten Stimme erschien, von den folgenden nachgesungen. Namentlich bedarf es oft einer kleinen Abänderung, wenn die zweite Stimme ihn eine Quinte tiefer oder höher wiederholen soll. Diese ähnliche Wiederholung des Führers heißt **Gefährte**.

§. 998.

Nicht immer wird das Fugenthema ganz, sondern bisweilen nur ein und der andere Abschnitt desselben wiederholt. Diese Anwendung des Thema nennt man **Zergliederung**.

§. 999.

Bisweilen wird der erste Abschnitt, wenn auch nur in der ersten Note verkürzt, um dem **Thema** in einer engeren Folge der Komposition gleichsam durch Hineindrängen Raum zu schaffen. Dies heißt **Verkürzung**.

§. 1000.

Bisweilen wird der erste Abschnitt, wenn auch nur in der ersten Note, verlängert, um auf den Eintritt des Thema aufmerksamer zu machen. Dies heißt Verlängerung.

§. 1001.

Bisweilen wird das Thema noch einmal so langsam — so daß z. B. jedes Viertel eine halbe Note wird u. s. w.;

§. 1002.

bisweilen noch einmal so schnell — so daß z. B. jedes Viertel ein Achtel wird u. s. w. — vorgetragen. Jenes nennt man Vergrößerung, dieses Verkleinerung.

§. 1003.

Bisweilen wird das Thema umgekehrt; das heißt: jeder Tonschritt geschieht um soviel in die Höhe, als er vorher in die Tiefe und um soviel abwärts, als er vorher aufwärts gethan wurde. Dies heißt Umkehrung.

§. 1004.

Wenn das Thema von allen Chorstimmen nacheinander vorgetragen ist, so nennt man dies eine Durchführung.

§. 1005.

Eng heißt die Durchführung, wenn die folgenden Stimmen das Thema früher,

§. 1006.

weit dagegen heißt sie, wenn sie es später folgen lassen.

§. 1007.

Je enger die Durchführung ist — das heißt, je schneller der Hauptgedanke von den Stimmen nach einander wiederholt wird, desto dringender ist der Karakter der Komposition.

§. 1008.

Alle Stimmen, welche dem Thema entgegengesetzt sind, bilden die Gegenharmonie.

§. 1009.

Die Fortsetzung der Gegenharmonie, da, wo das Thema in keiner Stimme erscheint, heißt Zwischenharmonie.

§. 1010.

Die Vergleichung des Thema mit seiner ersten Wiederholung in der nächst beginnenden Stimme zeigt seine Gränzen. Wo die Wiederholung nicht mehr dem Thema folgt, da beginnt in der Stimme, die das Thema beendet, die Gegenharmonie.

§. 1011.

Alle diese Sätze sind an dem Fragment einer Fuge von Reichard (aus der Hymne: Miltons Morgengesang) zu erhellen.

Wenn wir, um zuvörderst das Thema der Fuge festzusetzen (§. 1010) den Anfang der Tenorstimme mit dem der vorangegangenen Baßstimme vergleichen, so finden wir, daß der im fünften Takte beginnende Tenor bis zur ersten Note des zehnten Taktes, mit dem Basse bis zur ersten Note des sechsten Taktes mit der Baßstimme in gleichen Intervallen fortschreitet. Die Baßstimme bis zur ersten Note des sechsten Taktes zeigt also das Thema. Alles was außer diesem Thema vorkommt, gehört zur Gegen- oder Zwischenharmonie.

Das Thema spricht den Text nachdrücklich und steigernd aus, zuerst ruhend auf „Anbeginn" dann das „jetzt" durch die Absätze (Pausen) vorher und nachher absondernd und dadurch hebend. Das Zurücktreten von der bestimmenden Terz in den Grundton giebt dem „jetzt" den festen ruhigen Ausdruck. Durch Höherschreiten, durch rythmischen Accent und besonders durch den Karakter der Quarte wird das „künftig" zusichernd und fest bestimmend gehoben. Noch höher und zwar in die Quinte des Grundtones und durch noch schwerern Accent verstärkt, beschließt das Immerdar und bezeichnet das Weithinausschweifen des begeisterten Gedankens, der alle Zeiten zusammenfassen will.

Hiernach bestimmt sich der Vortrag des Thema, namentlich die allgemeine Steigerung bis zum Immerdar. Von der ersten Note dieses letzten Theils des Thema tritt die Stimme zurück und wird in der Gegenharmonie Nebenstimme (§. 993) zu derjenigen Stimme, welche, als nunmehrige Hauptstimme, das Thema vorträgt.

Vom ersten bis sechsten Takte hat der Baß, vom fünften bis zehnten Takte der Tenor, vom zehnten bis vierzehnten Takte der Alt, und vom vierzehnten bis neunzehnten Takte der Diskant das Thema vorzutragen. Hier endet die erste Durchführung. Unter der Zwischenharmonie nimmt im zwanzigsten Takte der Tenor das Thema, aber in Moll, wieder auf. Ist er nun vom zehnten Takte nur als Nebenstimme mit der Gegenharmonie beschäftigt gewesen, so tritt er hier wieder als Hauptstimme hervor und muß dies um so bedeutender im Vortrage zu erkennen geben, da er Mittelstimme ist und das Thema nicht ganz unverändert (in anderm Tongeschlechte) erscheint. Der Vortrag der übrigen Stimmen ergiebt sich hiernach von selbst und es bedarf nicht einer weitern Zergliederung der Fuge; wohl aber noch der Betrachtung folgendes Satzes daraus.

Ihm geht ein freier (nicht fugirter) Zwischensatz voraus und dann hebt der Sopran (erster bis sechster Takt) mit dem Thema an, begleitet von dem Tenor (erster bis vierter Takt) mit dem Thema in der Umkehrung. In enger Folge — zwei Viertel später — schließt sich der Baß (zweiter bis fünfter Takt) mit dem Thema in der Umkehrung — die hier frei, das heißt: nicht genau erfolgt ist — an.

Schon die Wiederkehr der Fuge an sich, nachdem sie eine Zeit lang von einem fremden Satze verdrängt worden, die Verdoppelung des Thema im Sopran durch seine Umkehrung im Tenor, die enge Nachfolge des Basses — alles vereinigt sich, die Kraft und das Feuer des Ganzen zu steigern: am energischsten muß der Baß einsetzen, um sich, nachdem das Thema bereits aus seiner Umkehrung vorangegangen, daneben bemerkbar zu machen. Hiernach bestimmt sich der Vortrag aller Stimmen bis zum siebzehnten Takte.

In diesem und den folgenden Takten bis zum dreiundzwanzigsten sind alle Stimmen von dem letzten Abschnitte des Thema, dem Immerdar (zuletzt, im dreiundzwanzigsten Takte giebt es der Tenor in der Umkehrung) erfüllt. Der Vortrag desselben ist schon oben mit dem des ganzen Thema dahin:

bestimmt; da aber die stete Wiederholung in allen Stimmen zeigt, wie wichtig der Gedanke geworden, so muß der Vortrag — der Accent auf der ersten Note — verstärkt werden.

Vom dreiundzwanzigsten bis dreißigsten Takte giebt der Baß das Thema in der Vergrößerung. Ihm gegenüber tritt der Sopran vom achtundzwanzigsten bis einunddreißigsten Takte mit dem Thema in ursprünglicher Größe auf und nebendem erscheint der erste Theil des Thema im Tenor (im neunundzwanzigsten bis einunddreißigsten Takte) in der Verkleinerung und im Alte (im dreißigsten Takte) verkleinert und umgekehrt.

Hauptstimme ist in diesem ganzen Satze der Baß und hieraus folgt schon, daß er hervorgehoben — ja, mehr als in der ganzen Fuge hervorgehoben werden muß, denn noch nirgends ist das Thema so groß und gewichtig erschienen. Allein die nähere Bestimmung seines Vortrags und des Vortrags der andern Stimmen, zumal, wo sie ebenfalls sich aus der Gegenharmonie zum Thema erheben, ergiebt sich erst aus der Vergleichung aller unter einander. Die drei Oberstimmen bewegen sich in schnellern Noten, als der Baß, sind also zu lebhafterer Accentuation geeigneter. Diesem kann der Baß nur gediegene, ruhende Kraft entgegensetzen. Seine Töne müssen also — nicht hervorgestoßen und dann abnehmend, sondern — in voller Stärke jeder eingesetzt und mit unverminderter Kraft gesungen werden. Ihm gegenüber kann der Sopran sich nur durch verstärkte Accentuation hervorheben —

ein gleicher Vortrag würde dem Tenor und Alt, wo sie mit dem ersten Gliede des Thema eintreten, zufallen, wenn der Inhalt dieser Stimmen nicht neben den andern zu unbedeutend erschiene; der Komponist selbst hat nichts gethan, sie wichtiger zu machen.

Soviel über die Fuge. Noch werde schließlich auf das g des Tenors, im vier und fünfundzwanzigsten Takte aufmerksam gemacht, an dem der Ausdruck des Weit = hinaus = hinauf = Verlangens wahrnehmbar ist, durch den der Sinn des „Immerdar" noch erhoben wird.

§. 1012.

Fugen, in denen zwei und mehr Themata gegen einander ausgeführt werden, heißen Doppelfugen.*) Für sie gelten alle bei der einfachen Fuge festgestellten Grundsätze. Wie aber bei dieser das eine Thema, so müssen bei der Doppelfuge die beiden Themata, jedes nach seiner eigenthümlichen Bedeutung und nach dem Verhältnisse zum andern geprüft werden.

---

*) Vergl. über diese Benennung der Berl. all. mus. Ztg ersten Jahrgang No. 18 S. 158.

Ein Beispiel einer solchen Doppelfuge findet sich in Mozarts Requiem:

Daß das erste Thema (Kyrie) das gewichtigere, nachdrücklichere ist, zeigt sich an den längern Noten und an den durch Punkte geschärften und häufigern Accenten; die Noten 1 bis 5 haben alle durch Punkte verlängerte Geltung und erhalten durch das schnellere Vorübergehen der Zwischennoten noch größeres Gewicht. Hiernach muß es mit starkem Accent vorgetragen werden. Dagegen zeigt das zweite Thema (Christe) schon durch die Reihe gleicher und zwar geringgeltender Noten (Sechszehntheile) aus denen es größtentheils besteht, und durch die Folge seiner Töne in lauter kleinen Tonschritten, daß es fließend, gleichsam in einem Gusse, ohne Unterbrechung durch stärkere Accentuation gesungen sein will. Nur seine drei ersten Töne könnte man durch Abstoßen dem gehaltenen Tone des ersten Thema entgegensetzen.

A. Rücksichten des Chorsängers auf seine Mitsänger.

§. 1013.

Ausser dem, was der Sinn der Komposition für den Vortrag im Chore nothwendig macht, legen die, bei der Besetzung der Chöre gewöhnlichen, ja kaum vermeidlichen Verhältnisse dem guten Chorsänger noch mancherlei Rücksichten zur Beobachtung auf, deren Grundlage die Erwägung ist, daß der Vortrag seiner Chorstimme nicht von ihm allein, sondern von der Gesammtthätigkeit aller in ihr vereinigten Individuen ausgeht.

§. 1014.

Selten wird eine Chorstimme mit völlig gleichbegabten und ganz genügenden Sängern besetzt werden können. Stets wird z. B. ein Theil eine kräftigere Tiefe, ein anderer eine größere Fähigkeit hoch zu singen besitzen. Wollte jeder seine Stimme ohne Rücksicht auf die Leistung der Uebrigen gebrauchen, so würde aus den ungleichen Stimmfähigkeiten ungleicher Vortrag hervorgehen. Namentlich würden tiefe Stellen zu schwach erklingen, wenn der Theil der Sänger, die in der Tiefe keine kräftige Stimme haben, ausser Stande wäre, hinlänglich stark zu singen und der andere Theil demungeachtet nicht mehr Kraft aufwendete, als an sich erfoderlich wäre, wenn jeder Sänger gleiches leistete. In diesem Fall ist es Obliegenheit der tiefstimmigen Sänger, die Tiefe soweit zu verstärken, daß der Mangel in den schwächern Stimmen von ihrer Kraft möglichst ersetzt werde.

So werden die Stimmen, welche weniger hoch reichen, zu hohe Töne durch Verstärkung zu erzwingen suchen; dies würde eine übertriebene Verstärkung der höhern Stellen verursachen, wenn diejenigen Sänger, welche ihre hohen Töne leichter und sicherer beherrschen, sie nicht verhältnißmäßig mäßigten.

§. 1015.

Da sich nicht immer günstige Absätze zum Athemholen darbieten, so wird es hin und wieder auch den Chorsängern nöthig, einen zusammengehörigen Satz, um Athem zu schöpfen, zu unterbrechen. Geschähe dies von allen Sängern an einer Stimme zu gleicher Zeit, so würde eine zu auffallende Lücke entstehen. Jeder Sänger muß sich daher bestreben, da Unterbrechungen des Gesanges zu vermeiden, wo andere an derselben Stimme dazu genöthigt sind. Da im Chorgesange eine Stimme die andere deckt, so ist diese Rücksicht auf die Mitsänger so wichtig, daß ihr jede andere Rücksicht und jede Regel, die allgemein über das Athemholen gegeben ist, z. B. die Regel, nicht mitten im Worte Athem zu schöpfen, nachsteht.

§. 1016.

Um diese und ähnliche Obliegenheiten zu erfüllen, ist aber erfoderlich, daß jeder Sänger eine stete Aufmerksamkeit auf seine Mitsänger beobachte und dies wird ihm nur dann möglich sein, wenn er seiner Partie in jeder Beziehung mächtig ist; kurz

§. 1017.

nur derjenige Sänger ist ein guter Chorist, der seiner Stimme im Chor allein vollkommen gewachsen ist, und dabei in dem steten Bewußtsein, daß er nur Theil eines größern Ganzen sei, sich stets mit diesem Ganzen in harmonischer Einigung erhält.

Ein solcher Sänger wird namentlich auch von dem Fehler, sich selbst vorhören zu wollen — der das Gelingen des Vortrags leiser Stellen bedroht — frei sein. Besonders bei starker Besetzung darf kein Sänger darauf ausgehen, seine Stimme unter den vielen andern im Piano deutlich zu vernehmen. Denn sobald dies der Fall ist, wird er schon vor den andern gehört und das Gleichmaaß unter den einzelnen Stimmen ist gestört. Auch führt ein solcher Fehler in mißverstandenem Eifer dahin, daß die Sänger unter einander wetteifern, jeder sich vorhören zu lassen; ein Verfahren, bei dem natürlich kein guter Vortrag denkbar ist.

B. Rücksichten des Chorsängers auf seinen Direktor.

§. 1018.

In jeder Chor= wie in jeder Ensembleausführung ist der Direktor diejenige Person, von der das Ganze geistig belebt wird und alle Ausführenden sind nur seine untergeordneten Gehülfen. Selbst der geschickteste Sänger muß sich der Nothwendigkeit eines, das Ganze einenden, bestimmen=

ten, erhaltenden Oberhaupts fügen; möge der Beschluß, das Verfahren desselben ihm richtig dünken, oder nicht.

§. 1019.

Der Direktor leitet die Ausführung auf doppelte Weise. Er giebt nöthigenfalls den Sängern das Zeichen, zu beginnen; er taktirt schwierige Stellen oder das ganze vorzutragende Stück. Dies ist die untere Hälfte seiner Thätigkeit. Aber er strebt ferner, die Art und Weise des Vortrags an den einzelnen Stellen zu lenken und hierzu sind keine äußerlich allgemein und leicht sichtbare Zeichen anwendbar; ein Blick, die Art seiner Bewegung beim Taktiren und dergleichen verstohlne Winke müssen ohne Abrede gegeben und verstanden werden.

§. 1020.

Der Sänger muß den Direktor in jedem seiner Winke verstehen lernen, muß unausgesetzt auf ihn aufmerksam und jedem seiner Winke sofort folgsam sein. Dies ist nur dann ausführbar, wenn er mit seiner Partie wenigstens soweit bekannt, oder im Notenauffassen soweit geübt ist, daß er nicht nöthig hat, die Noten ununterbrochen nachzulesen. Erleichtert wird diese Pflicht dem Sänger sein, der seine Partie bereits vor der Ausführung studirt und vorher genau überlegt hat, an welchen Stellen es eines veränderten Vortrages, mithin einer neuen Anleitung durch den Direktor bedürfen könne.

Andeutungen über Gesanglehrmethode.

Erster Abschnitt.

Ueber Zweck und Ziel des Musik-Unterrichts im Allgemeinen.

Wer Gelegenheit genommen hat, sich vom Zustande des heutigen Musikwesens im Volke zu unterrichten, dem kann nicht entgehen, daß die Früchte des Musiktreibens und Musiklernens mit der aufgewendeten Zeit, Mühe und Ausgabe in grellem Mißverhältniße stehen. Fast Alles will jetzt Musik ausüben, man betrachtet die Unterweisung in ihr als einen unerläßlichen Theil guter Erziehung; die Schul- und Studien-Behörden widmen ihr vorzügliche Aufmerksamkeit und Sorgfalt — und nun beobachte man, in Gesellschaften und im häuslichen Leben (ohne natürlich sich durch gesellschaftliche Artigkeiten und trügerische Versicherungen irre führen zu lassen) wie Wenige in sich selbst von ihrem Musiktreiben Befriedigung, für ihre Anstrengungen Belohnung finden, wie Wenige vollends dahin gelangen, durch ihre Musik Andern einen Genuß an derselben zu gewähren, der den kostspieligen und mühevollen Vorbereitungen einigermaßen entspräche.

Unsere musikalischen Gesellschaften sind (mit sparsamen Ausnahmen) für die Theilnehmer selbst freudlos und recht eigentlich nichts, als eine andere Art von Langeweile. Nicht Freude an der Musik, sondern die Aussicht, eine zerstreuende Gesellschaft mit irgend etwas, was es auch sei, insgesammt zu beschäftigen oder zu beschwichtigen, allenfalls der Wunsch, mit eignen oder seiner Kinder Geschicklichkeiten zu glänzen, ist es, der die meisten jener Zusammenkünfte veranstaltet. Und gleichwohl sind diese gesellschaftlichen Produktionen noch das vornehmste Ziel, das gewiß der Mehrzahl der Eltern, Lehrer und Ausübenden vorschwebt.

Noch unbelebter dürfte es sich in den meisten musikalischen Häusern ausser der Gesellschaftszeit zeigen. Mag, weil einmal begonnen ist, Musik zu lernen und weil man sich zu neuen Gesellschaften zu rüsten hat, hin und wieder viel geübt werden; desto weniger wird aus eigner Lust musizirt; und das Bewußtsein, daß Musik zunächst für unsere eigne Freude daran da ist, scheint so weit entschwunden, daß wenige Eltern und Erzieher sich nicht eher berufen fühlten, ihre Zöglinge vom Musiciren aus freier Lust und nach freiem Behagen zur Uebung nach ihrer Pflicht zu verweisen, als die Pflicht in Neigung zu verwandeln, oder doch an sie zu knüpfen.

Eine Folge dieser Richtung ist es denn auch, daß die meisten Musiklernenden so bald aufhören, sich mit Musik zu beschäftigen. Es ist unwahr, daß die vermehrten Geschäfte späterer Jahre, die Pflichten der Hausfrau und Mutter, der Beruf des Mannes im öffentlichen und Privatleben, die Uebung der Tonkunst abschneiden. Die Pflichtmäßigsten behalten, wie wir überall beobachten können, Stunden genug übrig, die sie den Berufsarbeiten entziehen müssen, die sie gern und froh mit Musik ausfüllen würden, wäre ihnen die nur geworden, was sie kann. Unter den Musikern selbst finden wir eine nur zu große Zahl, denen die Lust an der Sache erstorben und die traurige Nothwendigkeit und Pflicht allein, als lastende Fessel, zurück geblieben ist.

Wenn wir — und es ist gewiß der Mühe werth und an der Zeit — uns nach dem Ursprung dieser verfehlten Richtung umschauen: so finden wir ihn darin, daß man nur zu häufig die Sache selbst um einiger erwünschten äußerlichen Folgen aus ihr aus den Augen gelassen hat. Es kann wünschenswerth sein, zur Unterhaltung der Gesellschaft beizutragen, sich durch Geschicklichkeit auch in der Musik auszuzeichnen — und was dergleichen mehr. Aber der Zweck bei dem Musikunterrichte ist ein höherer; in ihm werden jene Nebenabsichten erreicht, aber nicht in diesen er selbst; er ist kein anderer, als

das musikalische Vermögen im Menschen zu erhöhen.

Es entfaltet sich in und mittels der Musik in uns eine Gefühls- und Ideenreihe, die sich nirgends sonst erschließt. Ohne uns in eine Untersuchung zu verlieren, was alles die Tonkunst im Menschen wirke, sehen wir sie als ein Gebiet, als einen Theil seines geistigen Lebens an, dem er ohne Beschränkung und Entbehrung nicht entsagen kann; die Musik ist eine von seinen geistigen Kräften, in denen er der Welt und seiner selbst, seines Lebens bewußt und froh und Herr wird. Dem Menschen ohne Musik schlummert ein Theil seines Lebens und entgeht eine Anschauung der Welt und wir können seinen Zustand geradehin mangelhaft nennen; ihm fehlt (wie an unmusikalischen Naturen zu beobachten) eine Fähigkeit, die sich auch in mancher andern Beziehung vermissen läßt und deren Mangel wir geradehin, wie den Mangel einer andern geistigen Fähigkeit, ein geistiges Gebrechen nennen dürfen.

Diese Vorstellung, daß Musiksinn zur vollständigen geistigen Organisation und seine Ausbildung zur vollkommnen geistigen Entwickelung des Menschen gehört, ist es, welche in unserer Zeit mehr oder weniger hell erkannt, oder geahndet wird und den Musikunterricht anempfiehlt; nur hat man sich die richtige Vorstellung nicht immer hinlänglich aufgeklärt und ihr darum jene unwesentlichen und nicht genugsam wichtigen Absichten, deren wir oben berührten, untergeschoben. Nicht einmal die Ausübung der Musik selbst ist als *letzter Zweck* derer anzusehen, die sich nicht etwa der Ansübung der Kunst widmen; sie ist nur das kräftigste und allein ausreichende Mittel, das Musikvermögen in uns zu reifen. Denn nichts eignen wir uns ohne Selbstthätigkeit, durch bloßes Empfangen an; alles Musikhören kann nicht so weit fördern, als Musikmachen.

Diesen Gesichtspunkt, scheint uns, müssen Eltern und Lehrer festhalten, wenn der Musikunterricht für ihre Zöglinge wahrhaft fruchtbar werden, wenn er ihnen das gewähren soll, was nirgend anders zu erlangen ist, als im Gebiete der Tonkunst. Die Beschäftigung mit Musik bietet mehrere Seiten. Es kommt bei ihr einmal darauf an, sich gewisse Lehrsätze, das Ton- und Notensystem, das Harmoniesystem, die Rythmik u. s. w. bekannt und geläufig zu machen — eine unentbehrliche Vorbereitung zur Ausübung der Musik, aber offenbar nicht Zweck, nur Mittel; als solches Verstandes- und Gedächtnißübung und abgesehen von jenem Zwecke, wohl zu missen. Es kommt für die Ausübung der Musik zweitens darauf an, sich gewisse technische Fertigkeiten der Kehle, der Finger u. s. w. zu erwerben; Geschicklichkeiten, die wiederum nur um des Zweckes willen annehmlich und beachtenswerth sind.

Allein — Musik ist der Ausdruck der Gefühle und Ideen, die den Komponisten eines Tonstückes erfüllt haben; *Musik empfinden und verstehen* heißt: die Gefühle des Tondichters aus seinen Werken in sich nachzuempfinden, die Ideen, die in jenem niedergelegt sind, sich aus ihnen zur Anschauung und zum Bewußtsein zu bringen; und *Musik vortragen* heißt: Tonstücke, die man so empfunden und verstanden hat, auf eine Weise zu Gehör bringen, daß sie bei fähigen Zuhörern gleichen Eindruck bewirken. Nur dieses Musikverstehen und Musikmachen ist fruchtbar, eine wahrhafte Bereicherung unseres geistigen Lebens. Wie weit es über jene Verstandeskenntnisse hinausliegt — oder vielmehr, wie es ein ganz Andres ist, als sie — und wie weit diese lebendige Ausübung der Musik, in der der Geist des schaffenden Künstlers auf den unsern wirkt und wir in inniger Verschmelzung mit ihm die Gemüther der Zuhörer erwecken — wie weit diese Ausübung über jene technischen Fertigkeiten hinausgehe: das bedarf nun keiner weitern Ausführung.

Allerdings gehört zu dem Musikverstehen eine natürliche Anlage und sie kann in größerm oder geringerm Grade vorhanden sein; unleugbar bedarf aber diese, wie jede andere Anlage, der Entwickelung und ist ihrer fast in allen Menschen in weit höherm Grade fähig, als man meistens glaubt. Hier können wir nun die Aufgabe bei allem Musikunterricht genauer aussprechen: sie besteht der Hauptsache nach darin:

jene natürliche Anlage, die Empfänglichkeit für Musik, zur möglichsten Kräftigung und Reife zu bringen.

Und gerade dies ist es, was so oft bei dem Musikunterrichte versäumt wird. Man läßt die Anlage, dieses wahre Lebensprinzip der Kunstthätigkeit, auf sich beruhen, erwartet, daß sie sich ohne weiteres Zuthun von selbst entwickele und hat nichts im Auge, als den Schüler nur möglichst schnell in den Besitz jener zuerst erwähnten Kenntnisse und Fertigkeiten zu setzen; jener gewissenlosen Lehrer nicht zu gedenken, die nicht einmal diesen Zweck treu erfüllen, sondern — allein ihren äußerlichen Vortheil und die Unkunde der meisten Eltern berücksichtigend — den Schüler nur geschwind zur Ausführung einiger Modesachen abrichten, damit es scheine, er habe überhaupt zur Ausführung von Tonstücken sich fähig gemacht.

Daher haben wir denn so häufig Gelegenheit, das sonderbare Mißverhältniß zwischen dem, was Musikliebhaber ausführen, und dem, was sie eigentlich vermögen, zu beobachten. Indem alle Sorgfalt auf jene äußerlichen Geschicklichkeiten gewendet wird, greift man ohne Berücksichtigung des geistigen Inhaltes zu jedem Tonstücke, das äußerlich mit Hülfe jener ausführbar ist; und da eine blos technische Fertigkeit in der That keinen andern Genuß, als den der Eitelkeit an dem persönlichen Geschick darbietet, so lenkt sich die Wahl gern zu dem Größten und Schwersten. Da endlich auch ein Eindringen in den Geist der verschiedenen Künstler und Kunstgattungen ausser diesem Wege liegt, so fehlt es auch in dieser Beziehung an Planmäßigkeit und Auswahl und so geschieht es nur zu oft, daß wir z. B. Klavierspieler mit den tiefsten Kompositionen von Beethoven beschäftigt finden, die lange noch nicht fähig sind, die kleinen Mozartschen Sonaten zu verstehen und in ihrem Geiste vorzutragen — daß wir die größten Weberschen und Spontinischen Scenen hören, wo man in der That noch nicht einem kleinen Liede gewachsen ist. Unbedenklich werden denn diesen Werken Czernische und Kalkbrennersche, oder Rossinische und Merkadante'sche Kompositionen angereiht; und mit Recht: denn sie fodern nicht mehr und nicht weniger technisches Geschick und sind — gleichfalls Mode. —

Daß die geistige Entwickelung nicht diesen verworrenen und zerrissenen Lauf nehmen kann, ist einleuchtend und so bleibt denn sie, die Hauptsache, um so weiter zurück, je rascher auf jener Bahn, in dem, was bloße Nebensache ist, vorgeschritten wird. Daher finden wir aber unter so vielen zur Musik Abgerichteten so wenige für sie Gebildete und nehmen oft an den Ununterrichteten ein reineres und innigeres Gefühl und eine fruchtbarere Empfänglichkeit wahr, als an den so Verbildeten.

Allerdings finden wir die Absicht der Eltern und Erzieher häufig genug auf nichts Anderes, als dieses äußerliche Wesen gestellt, folglich auch ganz damit befriedigt. Es mag sogar der Fall nicht selten sein, daß dem Lehrer äußerliche Absichten und Wünsche, z. B. den Schüler möglichst schnell zur Ausführung fertig zu machen, oder ihn mit dem und jenem zufällig Beliebten zu beschäftigen, aufgedrungen werden sollen. Allein es gehört zu der Pflicht und Ehre eines Lehrers freier Kunst, sich nicht zum Handlanger fremder Unkunde und fremden Irrens zu machen, sondern nach seiner Ueberzeugung das Rechte zu thun, oder zurückzutreten.

Zweiter Abschnitt.

Allgemeine Bedingungen zum Gelingen musikalischen Unterrichts und besonders des Gesangunterrichts.

Ehe wir der Andeutung des Hauptzweckes bei Musikunterricht unsre Meinung über die Art ihn zu erreichen, folgen lassen, sind vorher die Bedingungen zu besprechen, ohne die schwerlich Gelingen zu hoffen ist. Wir wollen unsre Betrachtungen an die Personen knüpfen, die bei dem Unterrichte empfangend, gebend oder aufsehend beschäftigt sind.

Der Schüler.

Sinn für Musik und Lust an ihr sind Bedingungen, ohne die sich unmöglich ein befriedigender Erfolg vom Musikunterricht erwarten läßt. Musik ist keine todte Verrichtung, sie ist Ausfluß und Ausdruck des Lebens; sie will mit dem Ohre genossen, mit der Seele empfunden, vom Geist als sinnlich belebte Idee aufgenommen sein. Wer nicht Empfänglichkeit dafür hat, dem bleibt sie ein todtes Verstandeswesen, ein Regelgebäude ohne Anwendung und Nutzen, dem gewährt sie eine Fertigkeit, die an sich unnützer ist, als die meisten andern mechanischen Geschicklichkeiten. Die Lust der Eitelkeit an Künsten, die man selbst als unfruchtbar empfindet, ist der einzige, bald schwindende Lohn für Anstrengungen, die bei jedem andern Gegenstande besser angewendet und belohnt gewesen wären. Alle Bemühungen der geschicktesten Lehrer und aller Fleiß des Schülers können den Mangel der Anlage nicht ersetzen; der Unterricht muß zur Dressur werden und die Thätigkeit des Schülers zu schädlicher Gedankenlosigkeit führen. Auch auf Andrs kann die geistestodte Ausübung der Musik nicht belebend und erfreund wirken. Selbst das todte Errungene wird aufgegeben, sobald der Zwang, oder die eitle Lust an der Geschicklichkeit aufhören — und so geht Aufwand, Zeit und Mühe an ein Nichts verloren.

Hiermit wollen wir jedoch keiner Trägheit der Lehrer und Schüler das Wort reden. Ein gänzlicher Mangel an Musiksinn scheint zu den höchst seltenen Fällen zu gehören und weit öfter ist die Berufung auf Mangel an Anlage nur eine Beschönigung der Trägheit oder der unzweckmäßigen Anleitung. Hierhin scheint uns besonders die Klage der Lehrer zu gehören, daß es dem Schüler an Taktgefühl mangele. Taktgefühl ist nichts anderes, als der Sinn für Ordnung, die Fähigkeit, Länge und Kürze, Stärke und Schwäche zu unterscheiden und gleiche Länge und Stärke zu erkennen. Und diese scheint keinem vernünftigen Wesen versagt zu sein. Wir sehen ja auch, daß die **unbegabtesten** und rohesten Menschen in den militärischen Uebungen zu den genauesten taktgemäßen Bewegungen und Handgriffen gewöhnt werden. Wenn der Lehrer sich nicht auf ein todtes Vorrechnen und Vorzählen des Taktes beschränkt, sondern dem Schüler die Darstellung des Maaßes auf mannigfachere Weise verlebendigt und im Lernenden Vorstellungen aufzufinden weiß, an die sich jene knüpfen, so wird diese Klage höchst selten werden.

Es giebt nur zwei sichere Zeichen der Unfähigkeit zur Musik: gänzlicher Mangel an Tonsinn — an der Fähigkeit, den Unterschied der Höhe und Tiefe aufzufassen; und gänzliche Unlust am Musikhören. Unter Tausenden, die der Verfasser beobachtet, hat er nur Einen gefunden, der durchaus unfähig war, irgend ein Tonverhältniß nur einigermaßen bestimmt anzugeben, obwohl er den Rythmus zahlreicher ihm bekannter Gesänge wohl festhielt — und nur Einen, dem das Musikhören wirklich ängstigend und peinigend wurde. —

Für das Gesangfach ist allerdings noch ein drittes Hinderniß zu erwägen: der Mangel an Stimme. Allein, die wenigen Fälle ausgenommen, wo die Organe der Stimme durch Beschädigung, Krankheit oder Lebens-Art bis zur Untauglichkeit für Gesang verderbt sind, scheint dem Verfasser — und er hat es in vieljährigen Beobachtungen ohne eine einzige Ausnahme bestätigt gesehen — als hätte jedermann von Natur eine im Verhältniß seiner geistigen Anlage hinreichende Stimmanlage, so wie er noch nie eine bedeutende Stimmanlage ohne gleiche, wenn auch oft unausgebildete Musikanlage gefunden hat — so daß er eine gute Stimmanlage als eines der Zeichen für Musikanlage anzusehen wagt. Der Gesang ist ja des Menschen eigenste Musik, zu der der erfindende oder nacherfindende, der ausübende Mensch und das Instrument Eins sind. Hat sich doch der Geist überall angemessene Organe geschaffen und sollte gerade hier sich verlassen haben? Die Stimmbildung kann, während die musikalische Anlage an andern Stoffen entwickelt wird, vernachläßigt, sie kann so lange versäumt werden, daß ihre völlige Ausbildung nicht mehr nachzuholen ist; aber die verhältnißmäßige Stimmanlage wird von Natur jedem vorhanden sein, der Musikanlage besitzt. —

Woran aber erkennen wir diese wenigstens so weit, daß wir uns um ihre Ausbildung bemühen sollen? —

Wer gewissenhaft dem Hauptzwecke der Musikbildung: das musikalische Vermögen im Menschen zu erhöhen, allein nachgeht; wer nicht die eitle Absicht hat, die ihm Anvertrauten zum Musikunterricht zu bestimmen, etwa weil es der Ton so erfodert, oder weil man die Unterlassung ihm übel auslegen könnte, oder damit sie mit einer Geschicklichkeit mehr glänzen; wer sich gern begnügt, das zu hegen, was Natur verliehen und gestattet — wie viel oder wie wenig es sei: dem dürfen wir hierauf ohne Weiteres antworten:

daß Musikanlage bei allen Menschen, wo nicht das Gegentheil erhellt, vorauszusetzen ist. Sie offenbart sich aber auch dem Beobachtenden von der frühesten Jugend, und vielleicht in dieser Zeit der Unbefangenheit am unzweideutigen. In dieser Periode ist es, wo die Eltern ihrer Kinder Anlage erkennen und für die spätere Zeit ihren Beschluß fassen müssen. Sie vermögen hier weit
sicherer

sicherer zu urtheilen, als späterhin der Lehrer, dem gegenüber, besonders im Anfange des Unterrichts, die meisten Schüler entweder durch aufgeregte Laune, durch Verheißungen, Drohungen und andere Vorspiegelungen, oder durch Blödigkeit und Scheu vor bevorstehenden Anstrengungen befangen, versteckt und in sich selbst unklar sind. Weßhalb es denn auch eine unbillige Foderung an den Lehrer scheint, er solle sogleich in den ersten Lektionen über die Fähigkeiten des Schülers bestimmt urtheilen.

Das erste und sicherste Zeichen der Anlage ist aber die Lust an der Musik; Lust ist ohne Empfänglichkeit nicht denkbar und Empfänglichkeit ist schon Anlage, ja sie ist der Boden der höchsten Fähigkeit, der schöpferischen Kraft. Kinder, die ihnen angemessene Musik mit unverstellter Freude hören, die in ihren Spielen Musik machen, gehörte Musik nachzusingen vermögen, bezeigen in alle dem musikalische Anlage; schon die Lust an rythmischer Bewegung (Marschiren, Tanzen) deutet dahin. So zeigt sich vom Beginn bis zur höchsten Stufe Empfänglichkeit und Lust als Zeuge und Erzeuger der Anlage; so weit man jene ausbilden und steigern kann, so weit und nicht weiter wird auch die Fähigkeit, das musikalische Vermögen, entwickelt und erhöht werden.

Der Lehrer.

Wir sind schon gewöhnt, den Musikunterricht nicht als eine todte Uebertragung von Kenntnissen und Fertigkeiten, sondern als eine Erweckung, Belebung und Steigerung des musikalischen Vermögens im Schüler zu betrachten. Hierauf gründen sich unsere Foderungen an den Lehrer.

Es genügt nicht, daß er selbst verstehe, was der Schüler von ihm lernen soll. Er muß die Fähigkeit und die Lust haben,

> die Anlagen und Neigungen seines Schülers aufzusuchen und alles, was er ihm lehren will, an diese zu knüpfen und lebendig zu machen.

Ein Lehrer, der nicht die Anlagen des Schülers zu gebrauchen und zu kräftigen, seine Lust und Neigung zu beobachten, zu nähren und zu benutzen weiß, ist selbst bei der größten eignen Kenntniß und Geschicklichkeit unbrauchbar. Jede Anlage ist von Natur beschränkt und einseitig, und gleichwohl ist sie der Punkt, von dem aus allein vorgeschritten werden kann. Wer diesen Punkt nicht aufzufinden und alles Uebrige an ihn zu knüpfen, von ihm gleichsam herzuleiten weiß, der entzieht dem Schüler und sich die fruchtbare, die unentbehrliche Wirkung der Naturanlage.

Die stete Rücksicht auf natürliche Gabe und Neigung ist die höchste Pflicht des Lehrers. Geschicklichkeiten und Kenntnisse können in jedem Moment erworben, oder ihre Erlangung nachgeholt werden. Die Entwickelungen des geistigen Vermögens, die wahren, fördernden Fortschritte scheinen aber nur in einzelnen Momenten zu erfolgen, in denen der Lehrer die rechte Weise, und im Schüler die rechte Empfänglichkeit getroffen hat, ihm etwas zur lebendigen Anschauung oder Empfindung zu bringen. Der Verf. (und jeder aufmerksam Beobachtende wird sich gleicher Fälle erinnerlich sein) hat oft in einem günstigen Augenblicke erreicht und von Schülern erreichen sehn, was bis dahin hundertfältigen Bemühungen versagt blieb. Die lebendige Erkenntniß des Rythmus, das sichere Gefühl dafür — die Auffassung des Tonsystems in seinen Verhältnissen — die bewußte Empfindung des verschiedenen und bestimmten Karakters musikalischer Gestaltungen — die Verständniß eines Tonstückes, oder des Wesens eines Künstlers: alles dies springt in Momenten hervor, wenn auch die Reife und Ausbildung nachher Monate und Jahre foderte; und vor diesem befruchtenden Momente würde alle Mittheilung todte Gabe sein.

Für die Wahrnehmung dieser Momente ist dem Lehrer ununterbrochene Aufmerksamkeit, stetes Eingehen auf den Schüler die höchste Pflicht. Um sie aber zu benutzen und zu befördern, bedarf es der Fähigkeit, Menschen zu beobachten und in ihrem Innern zu lesen, dann aber der Geschicklichkeit, seinen Gegenstand nach Erfodern von jeder Seite stets neu darzustellen, bis man die rechte, das heißt dem Schüler zugängliche, gefunden hat. Es ist pedantischer Eigensinn oder schadenbringende Bequemlichkeit, wenn der Lehrer glaubt, mit Einer Erklärungs- oder Darstellungsart genuggethan zu haben, gleichviel, ob der Schüler darauf eingegangen ist, oder nicht. Verstandes- und Gedächtnißsachen und Handwerksunterricht läßt sich vielleicht so behandeln. In der Tonkunst aber ist die allerschönste und bündigste und tiefste Lehre todt und unfruchtbar, die nicht einen lebendigen Anklang im Schüler hervorgelockt hat. Gerade das sind die unfähigen Schüler, die sich bei jedem Ausspruche beruhigen, den sie äußerlich mit dem Verstande begriffen haben; die bessern Schüler, die sich nicht eher zufrieden geben, bis sie die Lehre in ihr eignes Leben übergehen fühlen, soll der Lehrer ja nicht durch Eigensinn oder Kargheit stören.

Wer nun diesen Ansprüchen genügen will, dem muß vor allem die Tonkunst keine todte Geschicklichkeit oder Kenntniß sein, sondern ein lebendig und belebend Erfaßtes. Wie will man ohne Leben Leben erzeugen? — Der Lehrende muß aber nicht blos Empfindung für Musik haben, er muß sich auch ihrer bewußt sein, damit er dem Schüler stets das Rechte zuweisen, ihn, wo es nöthig ist, mit Sicherheit über seine Empfindung oder deren Gegenstand aufklären, und wo das nicht geschehen soll, ihm unvermerkt aber zuversichtlich leiten könne. Es erfodert große Sicherheit in der Sache und Aufmerksamkeit auf den Schüler, hier das Rechte zu treffen. Eine Aufklärung zur rechten Zeit leuchtet oft einen weiten und unsichern Weg, eine unrichtige und unzeitige kann eben so stark blenden und irren. Die Mittel sind eben so mannigfaltig, als sorglich abzuwägen. Ein Ausspruch, eine Hinweisung, eine vorgespielte oder vorgesungene Zeile bewirken im rechten Moment und in der rechten Weise oft mehr, als die längsten Vorträge. Daß aber neben der Kenntniß und Empfindung der Musik der Lehrer zu jenen Mittheilungen der Rede und des musikalischen Vortrags hinreichend mächtig sein muß, leuchtet von selbst ein. Alles dies erlangt sich schon nicht ohne eine ausgebreitete Litteratur in dem Fache, in dem man unterrichten will und so fodern wir mit Recht vom Gesanglehrer eine ausgebreitete Kenntniß der vorzüglichsten Kunstwerke, besonders der Gesangkompositionen aller

Zeiten und Länder, damit er an ihnen gereift sei und seine Schüler stets zu dem führen könne, was ihnen eben frommt.

Die Vorgesetzten der Schüler.

Niemandem, der unterrichtet, oder nur als Zuschauer seine Aufmerksamkeit Kindern und ihrer Behandlung zugewendet hat, kann verborgen geblieben sein, wie oft der Erfolg des Musikunterrichts durch die Aufseher und Eltern der Kinder geschmälert, ja ganz zerstört wird. Ein kräftiger Karakter und eine große Anlage entwindet sich dem Drucke unrichtiger und hemmender Behandlung und geht wohl auch aus dieser Prüfung gekräftigt hervor. Schwächere Naturen — und ihrer ist die Mehrzahl, gehen daran unter.

Die Pflicht der Eltern für die Musikausbildung ihrer Kinder beginnt lange vor dem Musikunterrichte in der frühesten Jugend. Was die Mutter den Kindern vorsingt oder vorspielt, wird die erste und fruchtbarste Nahrung, wenn jene es verstanden, sich zu der Fähigkeit des Kindes herabzulassen. Helle, schöne, besonders hohe Klänge, in fühlbarem Abstande mit tiefen und dumpfen, verfehlen nicht, oft die sichtbarsten Eindrücke von Lust und Furcht selbst in den ersten Jahren der Kindheit hervorzubringen. Ein bestimmt ausgeprägter wiederkehrender Rythmus bei einer einfachen und wohllautenden Melodie regen das Kind, sobald es nur der Sprache mächtig wird, zum Nachsingen an; und jene Kreise, wo die Kinder aus freier Lust mit der Mutter singen und zum Gesange tanzen, sind die frohesten und ergiebigsten Musikgesellschaften für lange Zeit — oft für immer. Es ist nicht genug zu empfehlen, daß die Kinder so früh und so fleißig wie möglich, aber stets ohne Zwang und ohne ihnen Absicht zu verrathen, zur Musik angereizt und angeführt werden. In etwas vorgerückterm Alter hat eine bis dahin unerhörte Musikart, z. B. das Spiel der vollen Orgel, besonders in leerer Kirche, eine oft wunderähnliche, auf das ganze Leben einfließende Wirkung. Man sollte in jeder Hinsicht solche fruchtbare Momente mehr aufsuchen und befördern, statt sie zu verschleudern, wie durch zu frühes und unvorbereitetes Einführen in die Kirche und dergleichen nur zu häufig geschieht. Selbst das Versagen des Zutritts fruchtet an sich; es erzeugt Ehrfurcht und den Wunsch nach der Zeit, wo man des Zutritts würdig befunden wird.

Verderblich ist es dagegen, Kinder in Musikgesellschaften und überhaupt zu der Aufführung von Musik zu lassen, die ihnen nach ihrem Alter unverständlich sein muß. Dies ist der Quell der alles verderbenden Unachtsamkeit, Gedanken- und Gefühlsleerheit, und nur zu leicht überredet sich das Kind an der Gleichgültigkeit gegen diese Musik, daß es überhaupt von Musik keinen Genuß zu erwarten habe; eine Vorstellung, die im Beginn des Unterrichts bei der ersten Schwierigkeit leicht verstärkt und störend wird. Denn mit dem Unglauben an die Wirkungen der Tonkunst ist Hingebung an sie und die wahre Lust nicht vereinbar und es kann nur der Eifer noch übrig bleiben, den ein geschickter Lehrer mit guter Lehrart zu wecken versteht. Damit verwandelt sich aber Musik gar zu leicht aus einer Lust der Seele in ein Geschäft des Verstandes oder technischer Geschicklichkeit.

Hat der musikalische Unterricht begonnen, so sollen die Vorgesetzten der Kinder nicht glauben, ihre Pflicht schon mit der Anstellung des Lehrers gethan zu haben. Keine Beschäftigung drängt so zur Mittheilung, als Musik. Man wird ihrer erst ganz bewußt, ganz mächtig und froh, wenn man auf andre mit ihr wirkt. Der Antheil, den man der Musik der Kinder schenkt, die Bezeigung des Eindrucks, den ihre Musik gemacht, oder den sie von ihr haben erwarten dürfen, ist die belohnendste und fruchtbarste Gabe. Ermahnung oder gar Drohung kann sie zwingen, Lob ihren Eifer spornen, aber der Anblick des Eindruckes, den sie mit ihrer Musik auf die Seele der Zuhörer gemacht, wird ihre Seele mit Lust, mit erhöhtem Gefühl und gesteigerter Fähigkeit durchdringen. Gleichgültigkeit der Eltern gegen die Leistungen der Kinder hat manche in ihrer Entwickelung für immer gehemmt.

Die Eltern mögen in der Wahl der Musiklehrer ja sorgsam sein; der Musiklehrer unterweiset nicht blos, er wirkt auf den ganzen Menschen und hat großen Antheil an der Seelenbildung. Ist aber gut gewählt, so muß die Autorität des Lehrers und sein Einfluß auf jede Weise gefördert werden. Der Lehrer wirkt um so mehr, je mehr er vor den Augen der Kinder den Eltern gilt und er verliert seinen Einfluß, sobald die Eltern durch Besserwissen, Bessermachenwollen, durch Ableitung von seinem Wege und dergleichen die Kinder im Glauben an den Lehrer irre machen. — Aus gleichem Grunde taugt es nicht, mehrere Lehrer für Musik, besonders für ein Fach, zugleich zu halten; denn hier sind Abweichungen und Widersprüche selten zu vermeiden.

Dritter Abschnitt.

Lehrverfahren.

Uebernahme der Schüler.

Wir haben uns schon über die Nutzlosigkeit des Musikunterrichts bei mangelnder Anlage ausgesprochen, auch die Schwierigkeit erwähnt, gleich zu Anfange des Unterrichts über die Anlage des Schülers zu entscheiden. In der That kann sich der umsichtigste Lehrer täuschen, zumal da es bedenklich ist, jemandem ohne die festeste Ueberzeugung eine so wichtige Fähigkeit abzusprechen. Mit dieser Ueberzeugung aber von der Unfähigkeit wird es Pflicht des Lehrers, dem Unterrichte zu entsagen. Sein eigner Vortheil sogar heischt, sich nicht auf erfolglosen Unterricht einzulassen und damit Mißdeutungen zu erregen; denn man ist gewohnt, den ungünstigen Erfolg eher dem Lehrer, als Schülern und Eltern, so wie den günstigen Erfolg den Anlagen des Schülers zuzuschreiben. Dies ist eine Folge von jener so verbreiteten abstrakten Lehrweise, die die Naturanlage des Schülers unberührt läßt, und dann freilich für geringern Inhalts erkannt werden muß.

Für den Gesangunterricht bedarf es noch besonders der Erinnerung, daß man denselben zu einer Zeit anfange, wo der Schüler volle Gesundheit, Kraft und hinlängliche Muße für ein energisches Beginnen hat. Ein unkräftig angehobener Unterricht lähmt Lehrer und Schüler und läßt sich späterhin nicht leicht beleben.

Auch die Zeit des Unterrichts werde so viel wie möglich auf die frischesten, die Vormittagsstunden, bestimmt; und es muß die Einrichtung getroffen werden, daß der Schüler unermüdet durch andere Arbeit zu den Lehrstunden komme. Soll der Unterricht mit Nachdruck betrieben werden, so würden zwei wöchentliche Unterrichtsstunden kaum hinreichen, mehr als vier aber vom Lehrer nicht reichhaltig auszufüllen sein, zu bloßen Uebungsstunden herabsinken und die überflüssige Gegenwart des Lehrers dem Schüler gleichgültig, wo nicht lästig machen. — Daß der Lehrer stets auf das Wohlbefinden und die Kräfte des Schülers zu achten hat, versteht sich.

Gränzen der Unterweisung.

Irrig und höchst verderblich ist die Meinung vieler Gesanglehrer und Eltern: es sei bei dem Unterricht ein Unterschied zu machen zwischen denen, die sich der Musik widmen und denen, die sie nur zu ihrem Vergnügen — wie man es nennt — aus Liebhaberei, lernen; jene müßten gründlich unterrichtet, diese dürften weniger genau, wohl gar so leicht es gehen will, behandelt werden.

Entweder ist ein Theil unserer Lehre für jedermann überflüssig, also auch für den künftigen Musiker, oder er ist auch dem Liebhaber nothwendig, wenn dieser nicht in Lückenhaftigkeit, Unvollkommenheit und Unbefriedigung gerathen soll. Je leichter und seichter man aber eine Sache nimmt, desto weniger hat sie uns und Andern Werth und wer die Musik — gleichviel ob als Liebhaber oder als Musiker — oberflächlich und unzulänglich übt, der kann sicher überzeugt sein, daß in gleichem Verhältnisse für ihn und Andere der Erfolg um so unbefriedigender und unerfreulicher wird und daß ein frühes Aufgeben der ganzen Sache das verdiente Ende ist. Nicht der Lehrer oder der Schüler soll eigenmächtig eine Gränze ziehen; die Unzulänglichkeit der Fähigkeit zu weiterm Fortschreiten und der Andrang der vorgezogenen Beschäftigungen werden schon demjenigen Stillstand gebieten, der nicht zum Musiker bestimmt ist.

Man ist demnach befugt, in jenem Vorgeben der Lehrer nur eine Beschönigung von Nachlässigkeit oder Unfähigkeit zu sehen; um so mehr, da in der That ein gründlicher Unterricht nicht einmal mehr, sondern wahrscheinlich weniger Zeit wegnimmt, als ein ungründlicher. Bei einer lückenhaften Unterweisung kann der geschickteste Lehrer von seinem Schüler nicht Ungewißheiten, Irrthümer und Hülflosigkeit abwenden ohne stetes Nachholen und Berichtigen; was aber hier stückweis nachgetragen und zugesetzt, oder mit Schaden verabsäumt wird, erschöpft der gründliche Vortrag ein für allemal. Auch ist, wie hoffentlich das erste Buch der Gesanglehre zeigt, die Musiklehre jetzt so systematisch vollständig und klar entwickelt, daß ihr Begreifen keine zu fürchtende Schwierigkeit mehr hat.

Ganz so verhält es sich mit der Ausbildung der Stimme, des Vortrags u. s. w. Hat denn der Gesang der Nichtmusiker eine andere Wirkung zum Zweck, als die Leistung der Musiker? Klingt uns nicht bei ihnen dasselbe wohl oder übel, ansprechend oder nicht, rührend, erfreuend u. s. w., was uns, von Musikern ausgeführt, denselben Eindruck macht? Wie kann man sie also abhalten wollen, sich ebenfalls dazu möglichst geschickt zu machen? Die Geschäfte ihres anderweiten Berufs werden schon ein Ziel setzen: der Lehrer darf es nicht.

Unterrichtsplan.

Damit der Lehrer die musikalische Fähigkeit im Schüler erhöhe und ihm jederzeit die eben zweckmäßige Nahrung an Kenntnissen und Fertigkeiten zuführe, ist es nothwendig, daß er vom ersten Augenblick an seinen Schüler förmlich studire, stets beobachte und immer genauer kennen zu lernen suche. Wer nicht diese Gabe und die Lust dazu hat, dem ist der Lehrberuf geradehin abzusprechen, wäre er auch im Uebrigen noch so geschickt. Die Klagen, daß der Schüler das und jenes nicht gefaßt habe, daß er es wohl gar nicht fassen könne, fallen zum größten Theil auf den Lehrer zurück und man wird sie in der Regel nur von denen hören, die darauf ausgehen, ihre Lehren, ihr System bei jedem Schüler abzuwinden, ihm und einer stehenden Methode nachzuhangen, statt sich nach den Eigenschaften und dem Zustande des Schülers zu richten — die da vergessen, daß man ihren Unterricht begehrt zum Frommen des Schülers, nicht ihres Systems.

Obgleich hiernach ein feststehender, bei allen Schülern anwendbarer Unterrichtsplan nicht zu denken ist: so darf doch die Rücksicht auf den Schüler den Lehrer nie zu Planlosigkeit und unsicherm Umherschweifen verleiten; dies führt zu Wiederholungen, zu Lücken, zu Zeitverschwendung, Verwirrung und Ermüdung des Schülers. Dem Verf. hat es erfolgreich geschienen, jede einer besondern musikalischen Gestaltung gewidmete Lehre unzertrennt und vollständig vorzutragen, so daß der Schüler eine zwar einseitige, aber in dieser Einseitigkeit vollständige Anschauung von seinem Gegenstande erhält und durch Zurückkehren auf dieselbe Sache nicht ermüdet wird. Sonach würde z. B. nicht vom Rythmus, oder vom Tonsystem anzufangen sein, ohne daß man die Rythmik, oder die Tonlehre sogleich erschöpfte.

Sehr wichtig schien ihm aber die Anordnung der Folge dieser Gegenstände mit Rücksicht auf die Individualität des Schülers und seinen gegenwärtigen Zustand. So hat er es z. B. stets ersprießlich gefunden, bei weniger musikalisch begabten, mehr verstandesfähigen Naturen, wie auch bei solchen, die durch oberflächlichen Unterricht zur Ungründlichkeit und zum Ueberhinfahren gewöhnt worden, mit dem Vortrag und der Uebung der Rythmik beginnen, um ihnen vorerst etwas ihnen Erfaßbares und das bisher oberflächlich Erlernte ohne völlige Wiederholung Regelndes zu bieten. Musikalisch Begabtere wurden früher und länger mit der reinen Tonlehre beschäftigt, festere und starre Naturen länger bei der Melodik durch Figurirung der Tonleitern aufgehalten, weichere, phantasievollere, leicht abschweifende schneller zu der Harmonik geführt und was dergleichen mehr.

Hieraus ersieht man schon, daß die Anordnung der Materien in unserer Gesanglehre (die blos durch die Rücksicht auf möglichst vollständige und gedrängte Darstellung geleitet worden ist) nicht zu einem absoluten Wegweiser des Unterrichts dienen soll und kann. Auch bei einzelnen Materien wird sich für den lebendigen Unterricht manche anschaulichere Darstellung an die Hand geben. Da es für Lehrer und Schüler am fördernsten ist, wenn dergleichen sofort im Laufe der Unterweisung erfunden und angewendet wird, so stehe hier nur ein Beispiel, wie der Verf. die Lehre von der Umgestaltung der Akkorde (Seite 39 §. 139 u. f.) einzuleiten pflegt. —

„Frage: was ist dies

für ein Akkord?

Antwort: Der große Dreiklang auf C.

Frage: Und was ist dies

für ein Akkord?

Antwort: Derselbe.

Also es ist gleichviel, in welcher Oktave der Akkord angegeben wird? — So könnte man auch diese Tonzusammenstellung

für keinen andern Akkord ansehen? — Nein. — Allein eine Veränderung ist gleichwohl hier vorgenommen. Wir haben jedes Intervall des ursprünglichen Akkordes in einer höhern Oktave noch einmal genommen, es verdoppelt. Dieses Verfahren nennt man Verdoppelung. (§. 165). Allein müssen stets alle Intervalle verdoppelt werden? Wir könnten z. B. von der obigen Zusammenstellung e ausstreichen, dann bliebe nur c und g verdoppelt. Wir dürften ferner das nächste c, endlich nach Belieben auch das oberste g wegnehmen, ohne einen der Akkordtöne c, e, g einzubüßen. Allein diese Töne ständen dann nicht mehr, wie ursprünglich, terzenweise, sondern so

---

*) Es ist nützlich, den Grundton durch größere Notenschrift auszuzeichnen.

Eine solche Umgestaltung nennt man aber Versetzung. (§. 140). Sie kann auf viele Weise erfolgen" u. s. w.

Daß übrigens auch die Anordnung der Materien in soweit beschränkt ist, als man die eine ohne Vorausschickung der andern nicht verstehen kann — daß z. B. die Harmonik nicht vor der Lehre von den Tonleitern und die Figurirung nicht vor jenen beiden Lehren abgehandelt werden kann — leuchtet ein.

Eine besondere Ueberlegung erfodert es, wie zu Anfange des Gesangunterrichts die Stunden nützlich ausgefüllt werden, ohne die Kraft, oder die Aufmerksamkeit des Schülers zu erschöpfen. Man muß wohl im Auge behalten, welch einen Aufwand von Aufmerksamkeit eben die ersten Stimmübungen bei der nachlässigen Gewöhnung der meisten Menschen, in Hinsicht auf Körperhaltung, Athemholen, Tongebung, Artikulation in Anspruch nehmen. Die Beachtung so vieler anscheinenden Kleinigkeiten hat schon an sich Ermüdendes und eine zu lange hinter einander fortgesetzte Uebung würde auch den besten Willen und Eifer erschöpfen. Dabei aber sind dies Gegenstände, auf deren Beobachtung der Lehrer unerläßlich halten muß und deren Aneignung er nicht verschieben darf, wenn nicht alle künftigen Studien um jener Willen gestört, oder die wichtige Grundlage alles guten Gesanges vernachlässigt werden soll.

Allein eben diese Umstände schaffen Raum für gründliche theoretische Vorträge und Bearbeitungen aller dem Sänger nützlichen Gegenstände. Mit den ersten Stimmübungen, neben ihnen mit der Berichtigung der Artikulation und dem Beginn der theoretischen Vorträge werden die Lektionen reichlich ausgefüllt werden und ehe noch die letztern Gegenstände erschöpft sind, wird die Stimmbildung so weit gediehen sein, daß der Schüler anhaltendern Uebungen gewachsen ist. Späterhin treten an die Stelle der Vorträge und Sprachübungen neben die Stimmübungen die Erörterungen über vorzutragende Kompositionen und die Ausführung dieser selbst; die Lust hieran wird schon die Ermüdung — wofern man nicht das Maaß der Kräfte überschreitet — ausschließen.

So streng man auf einer tüchtigen Grundlage, besonders in Ton- und Sprachbildung bestehen muß, so darf doch auch hier nicht mit Eigensinn verfahren werden; auch der regste Eifer kann erschöpft und in Unlust verkehrt werden. Dies verpflichtet den Lehrer zu den lebhaftesten Bemühungen, seine Schüler besonders über den ermüdenden Anfang möglichst rasch, obwohl natürlich ohne Flüchtigkeit, hinwegzubringen. — Doch bietet sich neben den am meisten ermüdenden Scalaübungen und den Vorübungen dazu eine zweite Reihe von Uebungen dar, die bald nach der ersten Tonbildung beginnen kann und für den Schüler schon mehr Anziehendes hat — dies sind die Treffübungen. Sobald die Durtonleiter erläutert und gefaßt ist, muß das Gehör in der Erkennung und die Stimme

in der

in der Angabe der darin enthaltenen Intervalle — erst nach der Reihe vor- und rückwärts, dann ausser der Reihe geübt werden. Die Treffübungen über die Molltonleiter folgen und die Treffübungen über Akkorde werden diese Fertigkeit befestigen. Bei alle diesen Uebungen dürfen die Töne nur kurz und ohne Anstrengung angegeben und können am nützlichsten mit ihren Notennamen c, d, e benannt werden. Denn mit diesem Namen knüpft sich Ton- und Notensystem an einander, was bei dem Intoniren auf A, oder bei der Benennung mit Intervallnamen (Sekunde u. s. w.) nicht der Fall ist. — Je mehr es übrigens dem Lehrer gelingt, in diese Treffübungen einen gewissen Zusammenhang zu bringen, desto eher werden sie den Schüler zu der Auffassung von Tonfolgen befähigen. So hat es der Verf. z. B. sehr fördernd gefunden, die Dreiklänge in dieser verbindenden Folge

großer   Dreiklang: c, e, g.
übermäßiger   -   c, e, gis*)
großer   -   c, e, g.
kleiner   -   c, es, g,
verminderter   -   c, es, ges.

üben zu lassen.

Unterrichtsweise.

Der Gesangunterricht hat so manche Geschicklichkeit zum Gegenstande, die nur langsam erworben werden kann (dahin gehört vor allem Tonbildung) daß man um so mehr darauf denken muß, alles, was Beschleunigung zuläßt, so schnell wie möglich zu beseitigen. Allein dieses schnelle Fortschreiten darf nicht auf Kosten der Gründlichkeit, ja es kann nicht ohne Gründlichkeit bestehen; und es ist namentlich darauf zu halten,

daß jeder Lehrsatz dem Schüler zur vollkommnen Anschaulichkeit und Anwendbarkeit komme.

Das abstrakte Auffassen der Aussprüche des Lehrers ist ein todtes Wesen; es genügt durchaus nicht, dem Schüler gute Lehren gegeben zu haben, man muß sie auch in ihm zu lebendiger Wirkung bringen. — Hierzu ist aber mannigfache Darstellung und Versinnlichung desselben Gegenstandes unentbehrlich.

Was vor allem den **theoretischen Theil** betrifft, so hat es dem Verf. am fruchtbarsten geschienen, alle ihm angehörigen Bestimmungen vor dem Schüler gleichsam von neuem aufzufinden, oder mit ihm zu erfinden; ein so aufgefaßter Satz bleibt unvergeßlich. Unser Ton- und Noten- so wie auch das rythmische System begünstigen in ihrer hohen Konsequenz und Uebereinstimmung unter

---

*) Fällt dies schwer, so wird c, e, g, gis gesungen, (vergl. §. 544).

einander diese Darstellungsweise ungemein und man hat die offene Erwähnung der Irregularitäten nicht zu scheuen.

Z. B. das ganze Notensystem wird leicht anschaulich und mit allen Schlüsseln zugänglich, sobald man die Untertasten des Klaviers in ihrer Folge auf- und abwärts als eine auf- und absteigende Folge, als eine hinauf und hinabführende Leiter ansehen läßt. Man sucht mit dem Schüler ein ähnliches Bild zur Notenschrift, z. B. eine Leiter, auf deren Sprossen die Töne mit ihrem Namen, oder mit Punkten vorgezeichnet werden.

Daß auf diese Weise ein zu großer Raum erfodert würde, kann nicht verkannt werden. Man schlägt also vor, die Zwischenräume zwischen den Linien mit zu benutzen. — Leicht erkennt der Schüler, daß eine zu große Anzahl Linien das Auge verwirrt und ermüdet; man kürzt die überflüssigen ab und nimmt als Ueberbleibsel von ihnen nur Nebenlinien für die höchsten und tiefsten Töne. — Allein eine solche Notentabulatur ist unverständlich, sobald man nicht von irgend einem Tone bestimmt die Stelle weiß, um von ihm aus die übrigen Noten, wie die Tasten, abzuzählen. Zu dem Behufe stellt man denn das mittelste c auf dem Klaviere (das eingestrichene) in die Mitte der Notentabulatur

und zählt von ihm aus alle Noten ab. Da findet sich wieder die Beschwerde einer zu großen Menge von Linien. Man erleichtert die Uebersicht, indem man auf der dritten Linie nach oben das eingestrichene g, auf der dritten Linie nach unten das kleine f mit den dazu gleichsam neu erfundenen oder erwählten Schlüsseln markirt:

Sehr bald sieht man ein, daß für die höhern Töne die tiefern Linien, und umgekehrt für die tiefern Töne die höhern Linien, entbehrlich sind und nun sondert man

die Linien 1 bis 5 für den Baßschlüssel, die Linien 3 bis 7 für den Tenor-, 4 bis 8 für den Alt-, 6 bis 10 für den Diskant-, 7 bis 11 für den Violinschlüssel aus. Ein solches Verfahren ist vielleicht nicht so schnell fördernd als das meist beliebte Auswendiglernen; aber es ist für den Scharfsinn übend, überzeugend (und darum den Schüler befriedigend) und umfassend — es bedarf künftig keines nochmaligen Lernens der Noten nach andern Schlüsseln.

Bei dem, was reine Gedächtnißsache ist, sind Erinnerungsmittel, besonders umfassende Versinnlichungen sehr förderlich, dürfen aber — wofern man nicht zur Gedankenlosigkeit verleiten will — nicht eher angewendet werden, als bis die Sache begriffen ist. So läßt sich z. B. die Vorzeichnung der Durtonarten nach dieser Tabelle

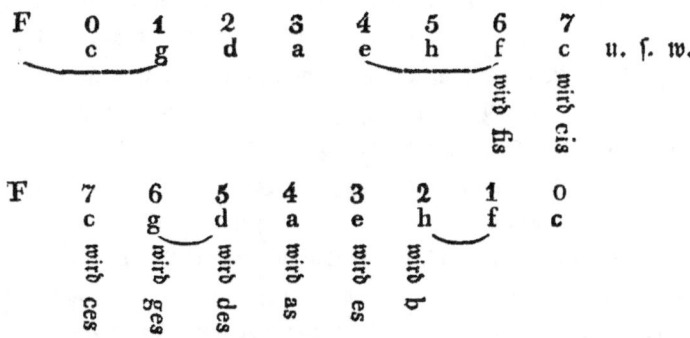

leicht faßlich machen und einprägen. Man schreibt, von F an, die Quinten ohne Versetzungszeichen. C hat keines. Aufwärts bekommt von c an jede genannte Tonart ein Kreuz mehr und jedes einmal eingetretene Kreuz bleibt. Den neu zu erhöhenden Ton findet man aber, wenn man rückwärts einen Ton überschlägt. Z. B. in G-dur ist ein Kreuz vorgezeichnet, und zwar (wie der Bogen zeigt) vor fis. Da fis bleibt, so folgt nach H-dur nicht die Tonart F, sondern Fis-dur. Der neu erhöhte Ton in Fis-dur ist e, das zu eïs wird. Da aber die frühern Erhöhungen beibehalten werden, so ist in Fis-dur fis, cis, gis, dis, aïs, eïs vorgezeichnet u. s. w. Geht man durch dieselben Stufen von c rückwärts, so findet man auf gleiche Weise die Vorzeichnung der Durtonarten mit Erniedrigungszeichen. Hier aber wird nicht zurück, sondern um einen Schritt vorgeschlagen. Z. B. in F-dur ist ein b vorgezeichnet und zwar (wie der Bogen andeutet) vor h. Da dieses b beibehalten wird, so heißt die nächste Tonart nicht H- sondern B-dur. In Des-dur sind 6 Bee vorgezeichnet; das neu hinzukommende ist (wie der Bogen zeigt) ges — die Vorzeichnung heißt also b, es, as, des und ges u. s. w.

In Hinsicht der Stimm- und Sprachbildung muß durchaus jedes Erleichterungsmittel angewendet, vornehmlich aber darauf hingearbeitet werden, daß der Schüler sich selbst beobachten, an seiner eignen Stimme und Sprache das Richtige und Fehlerhafte wahrnehmen und so weit wie möglich erkennen lerne, durch welche Verrichtung er das eine und das andere hervorbringe. Der Verf. betrachtet die Stimmbildung eines Schülers erst dann für gesichert vor Verwöhnung und Rückschritten, wenn dieser die verschiedenen Arten der Tongebung an sich selber fühlt und hört. Das Nöthige hierüber und über die Berichtigung der Artikulation ist in der Gesanglehre mitgetheilt. Neue Mittel werden sich dem willigen Lehrer stets an die Hand geben. So hat der Verf. erst neuerdings die zu platte Aussprache des E (wie ä) mit Hülfe des I verbessern gelernt; es wird i ausgesprochen und zwar geschärft (§. 630) dann e—i, dann zusammengezogen eï, zuletzt mit schnellstem Uebergang und Verschmelzung beider Vokale, hierauf tritt e von selbst scharf hervor.

Was die Bildung des Vortrags betrifft, so scheint nichts verderblicher, als Vorsingen des Lehrers zur Nachahmung. Dies ist nicht Lehre, sondern Abrichtung, und führt nothwendig zu todter Manier, selbst in dem, was bei dem Lehrer reine Natur und Erkenntniß ist. Unfruchtbar und trügerisch ist aber auch ein Lehrvortrag in diesem Fache, der, ohne Gefühl und Leben zu berühren, nur Verstand und Gedächtniß des Schülers beschäftigt. Was z. B. im dritten Buche der Gesanglehre, namentlich §. 739 bis 798, §. 831 bis 916 mitgetheilt ist, läßt sich leicht begreifen und memoriren. Wer sich aber darauf beschränkt, wird seine Schüler zu Kunstschwätzern und nicht zu Musikern machen. Der Unterrichtende muß die Gabe haben, durch Beispiel und Rede das Gefühl des Lernenden zu wecken, allseitig zu beschäftigen und vorsichtig, ohne Störung, ohne Erkaltung, zum Bewußtsein zu bringen; denn indem wir eines unserer Gefühle durch Bewußtwerden mächtig werden, befähigen wir uns zu höherm und umfassenderm. Wann man aber zu dem letztern schreiten, wie weit man darin gehen soll, hängt von der Individualität, dem Alter und der Disposition jedes Schülers ab. Unzeitige Mittheilung kann hier sehr schädlich — verwirrend und störend werden. Man thut sehr wohl, den Schüler seinem unbewußten Gefühl so lange ungestört zu überlassen, bis in ihm selbst eine Ahnung der darin verborgenen Idee erwacht. Dann kann eine zweckmäßige Eröffnung ein wohlthätiges Licht in weitem Umkreise verbreiten. Unstreitig giebt es Naturen, denen es besser zusagt, nie aus dem Leben des unbewußten Gefühls zur Idee geweckt zu werden. Auch hier und besonders hier, bedarf es also der Umsicht, Menschenkenntniß und des Studiums jedes Schülers.

Beschäftigung des Schülers.

Wir übergehen, was sich von selbst versteht: die unerläßlichen Rücksichten auf Gesundheit, Kräfte, Stimmanlage der Schüler u. s. w. und beschränken uns nur auf zwei Punkte.

Der Lehrer muß bei allen Gegenständen die Uebungen so vielseitig und vielfältig machen, daß die Schüler sie sich vollkommen und bis zur gewandten Anwendung aneignen können. Dem Lehrvortrag und Beispiel muß mündliche Wiederholung, dieser schriftliche Ausarbeitung und Bearbeitung von Beispielen folgen. Besonders die Selbsterfindung muß auf jede Weise geweckt und gefördert und die dahin zielenden Aufgaben müssen deßhalb möglichst zergliedert und vermannigfacht werden. Was aber der Schüler ausgedacht und geschrieben hat, muß er auch selbst spielen und, wo es angeht, singen, dann endlich sich und dem Lehrer Rechenschaft geben. Was er selbst dabei nicht als ungut oder falsch empfindet, soll ihm der Lehrer nicht versagen; denn das würde ohne lebendige Frucht die Selbständigkeit und Eigenthümlichkeit stören. Ueberhaupt darf kein Lehrer den Schüler nach sich modeln wollen, statt ihn nach eigner Natur zu entwickeln.

Die Auswahl der Kompositionen, die der Schüler studiren soll, ist in jeder Hinsicht von der größten Wichtigkeit. Vor allem muß nichts Schlechtes genommen werden; man findet ja kaum Zeit zu allem Besten. — Dann muß nichts voreilig gegeben werden; eine gute Komposition einem ihrer nicht gewachsenen Schüler geben, heißt sie verunglimpfen und ihn zu leerem Treiben verleiten. Es ist nichts kläglicher, als unsre Musikliebhaber zu den größten Scenen angeführt zu sehen, ehe sie eines Liedchens mächtig sind. Opernsachen vor allem sollten nie eher studirt werden, als bis der Schüler fähig ist, ganze Rollen in ihrer Einheit und in ihrem Zusammenhang mit dem Ganzen aufzufassen. — Endlich muß bei der Auswahl der Kompositionen darauf gesehen werden, daß man zu jedem abzuhandelnden Gegenstande diejenigen wähle, an denen er am besten erkannt werden kann. Das dritte Buch der Gesanglehre §. 656 bis 797 ertheilt darüber manchen Wink, so auch viele Abhandlungen über Komponisten und ihre Werke in der Berliner allgemeinen musikalischen Zeitung. —

Der befriedigende und krönende Schluß eines vollkommnen Unterrichts ist die Leitung des Schülers durch die wichtigen Werke aller großen Komponisten in ihrer geschichtlichen Folge und Entwickelung. Nur sie macht zum freien Herrn im Gebiete der Tonkunst, vorausgesetzt, daß man nicht bei den äußerlichen Daten stehen bleibt, sondern dem fortlebenden und fortbildenden Geiste der Kunst durch die Ideen der Werke aller Perioden und Länder nachgeht. Auch hierzu giebt das dritte Buch §. 749 bis 793 Andeutungen.

Wer aber dieser Aufgabe gewachsen ist, bedarf keines weitern Winkes.

Ende.

Inhaltsanzeige.

Dedifation . . . . Seite III.
Vorrede . . . . — V.

Gesanglehre.

Einleitung. Vorbegriffe . . . . — 3.
 Schall §. 1.
 Ton (Höhe und Tiefe) Klang §. 2—7.
 Bewegung §. 8.
 Rythmus §. 9.
 Tonkunst, Musik §. 10.
 Musiklehre §. 11. 12.
 Laut, Artikulation §. 13.
 Sprache §. 14.
 Gesang §. 15.
 Gesanglehre §. 16. 17.

Erstes Buch.

Vorkenntnisse aus der Musiklehre . . . — 7.

Erste Abtheilung.

Tonlehre

Erster Abschnitt.

Vom Ton= und Notensystem.
 Tonsystem §. 18—20.
 Grundnamen der Töne §. 21. 22.
 Eintheilung in Oktaven §. 23. 24.
 Eintheilung in Baß und Diskant §. 25.
 Noten. Notensystem §. 26.
 Notenleiter §. 27—30.
 Festsetzung der Notenstellen §. 31—35.
 Schlüssel §. 36—38.
 Notenverzeichniß §. 39.
 Erhöhung, doppelte Erhöhung der Töne und Benennung §. 40—45.
 Erniedrigung, doppelte Erniedrigung der Töne und Benennung §. 46—51. Seite
 Tonstufen §. 52. 53.
 Enharmonische Töne §. 54.
 Widerruf der Erhöhungen und Erniedrigungen §. 55—58.

Zweiter Abschnitt.

Von den Tonverhältnissen . . . . — 17
 Begriff des Intervalls §. 59.
 Einklang §. 60.
 Intervalle §. 61—62.
 Zifferschrift für sie §. 63. 64.
 Genauere Bestimmung der Tonverhältnisse §. 65.
 Komma §. 66.
 Ganzer, großer u. kleiner halber Ton §. 67. 68.
 Messung der Tonverhältnisse §. 69. 70.
 Große, übermäßige, kleine, verminderte Intervalle §. 71—80.

Dritter Abschnitt.

Von der Tonzusammensetzung . . . . . — 25.
Vorbegriffe.
 Melodie und Harmonie §. 81—83.

Erste Unterabtheilung.

Von der melodischen Tonverbindung . — 26.
A. Hauptarten derselben.
 Schrittweise und sprungweise Tonfolge §. 84.
 Diatonische, chromatische, enharmonische Tonfolge §. 85—88.
B. Von den Tongeschlechtern und Tonarten.
 Zwei Tongeschlechter, das harte und weiche §. 89—93.
 Tonarten §. 94. 95.
 Ihre Bildung §. 96—98.

Quintenzirkel §. 99—105. Seite
Vorzeichnung, Paralleltonarten und Erhöhung und Erniedrigung von Tönen außer der Vorzeichnung §. 106—118.

Zweite Unterabtheilung.
Von der harmonischen Tonverbindung. — 36.
A. Grundgestaltung.
Mit einander zusammentreffende Stimmen, Mehrstimmigkeit §. 119—121.
Wesen harmonischer Tonverbindung §. 122. 123.
Grundton §. 124.
Akkord §. 125.
Dreiklang. Septimenakkord. Nonenakkord und deren verschiedene Arten. Großer, kleiner, verminderter, übermäßiger Dreiklang. Dominanten=, verminderter Septimenakkord §. 126—137.
Natürliche Lage des Akkordes §. 138.
B. Umgestaltungen der Akkorde.
a) Verlegung der Töne des Akkordes mit Beibehaltung des Grundtones, Versetzung des Grundtones, Verbindung beider Gestaltungen §. 139—142.
Sertenakkord, Benennung der Umgestaltung, Quartsertenakkord. Quintsertenakkord. Terzquartenakk. Sekundenakk. §. 143—149.
Zifferschrift für harmonische Gestaltungen. §. 150—160.
b) Akkordgestaltungen anderer Art. Auslassung und Ergänzung §. 161—164.
Verdoppelung §. 165.
Auflösung in melodische Form §. 166.

Dritte Unterabtheilung.
Von der außerordentlichen Tonverbindung — 45.
Was darunter begriffen §. 167.
A. Von melodischen außerordentlichen Tonverbindungen.
Leitereigne Töne §. 168. 169.
Leiterfremde Töne, durchgehende und Wechseltöne §. 170. 171.
B. Von harmonischen außerordentlichen Tonverbindungen.
Harmonieeigne und harmoniefremde Töne §. 172. 173.
Vorhalt §. 174.
Orgelpunkt §. 175.
Antizipation §. 176.
Anweisung des Schülers §. 177.

Vierter Abschnitt.
Von der Modulation §. 178. — 47.
A. Von der Ausweichung.
Begriff der Ausweichung §. 179. 180.
Leitton aus einem Tongeschlechte in das Andere. Leitton aus einer Paralleltonart in die andere. Leittöne aus einer Durtonart in die andere §. 181—187.
B. Von der Einrichtung der Modulation ganzer Tonstücke.
Haupttonart §. 190.

Deren Erkennung, Vorzeichnung, Dominantenakkord, nächstfolgender Dreiklang, letzter Akkord §. 191—198. Seite
Anhang.
Uebungsbeispiele zum Vorigen §. 199—204.

Zweite Abtheilung. — 55.
Erster Abschnitt.
Aus der allgemeinen Klanglehre §. 205.
Stärke und Schwäche des Schalles §. 206.
Bezeichnungen desselben §. 207.
Fülle und Schärfe des Klanges, Klarheit und Bedecktheit §. 208—210.
Metallklang §. 211.
Haupt= und Beiklang §. 212.

Zweiter Abschnitt. — 57.
Uebersicht der Klangwerkzeuge.
Uebersicht der Schrift für alle Instrumente §. 213.
Partitur §. 214.
Anweisung für den Sänger §. 215. 216.

Dritte Abtheilung. — 62.
Rythmik.
Vorbegriffe. Rythmus §. 217.
Rythmik §. 218.
Folge gleichgeltender und nicht gleichgeltender Töne §. 219—221.

Erster Abschnitt. — 63.
Rythmik der gleichgeltenden Töne.
A. Einfache Ordnungen.
Zwei= und dreitheilige Taktordnung §. 222 bis 226.
B. Zusammengesetzte Ordnungen.
Begriff §. 227.
Vier= und achttheilige, sechs=, neun= und zwölftheilige Ordnung. §. 228—233.
Rangordnung der Töne (Theile) §. 234. 235.
Tattgefühl §. 236.

Zweiter Abschnitt. — 66.
Rythmik der nicht gleichgeltenden Töne.
Eintheilungsarten, Werth, Geltung §. 237 bis 239.
A. Zweitheilige Zerlegung.
Ganzer, halber, Viertelton, Achtel, Sechszehntheil, Zweiunddreißigtheil, Vierundsechzigtheil, Hundertachtundzwanzigtheil, ihr Verhältniß und ihre Bezeichnung. Maxima, longa, brevis §. 240—249.
B. Dreitheilige Zerlegung.
Triole §. 250. 251.
Punkt hinter der Note §. 252.
C. Außerordentliche Eintheilungs= und Zerlegungsarten.
Quintolen, Sextolen ꝛc., zwei Punkte hintereinander, Bindung §. 253—257.
Unbestimmte Verlängerung und Verkürzung §. 258. 259.

Dritter Abschnitt. — 71.
Von den Unterbrechungen der Tonfolge.
Pausen von allen Geltungen der Noten §. 260—264.

Vierter

Vierter Abschnitt. — Seite 72.
Unterbrechungen der rythmischen Folge.
 Ruhezeichen §. 265.
 Senza tempo, à tempo §. 266. 267.

Fünfter Abschnitt. — 73.
Von der rythmischen Eintheilung ganzer Tonsätze.
 A. Vom Takte und den Taktarten.
  Taktart §. 268. 269.
  Takt, Taktstrich §. 270. 271.
  Takttheil §. 272. 273.
  Schwere und leichte Takttheile, Auftakt §. 274.
  Vorzeichnung der Taktart §. 275. 276.
  Taktglieder, schwere und leichte §. 277–279.
  Gemischte Takteintheilungen §. 280.
 B. Von größern rythmischen Abschnitten.
  Abschnitt, Periode, Abtheilung, Theil. Anhang (coda) §. 281–287.
  Bezeichnung, Endzeichen, Wiederholungszeichen §. 288. 289.

Sechster Abschnitt. — 77.
Von der Schnelligkeit der Bewegung (dem Tempo) §. 290.
 Bezeichnung durch Ueberschrift §. 291–299.
 Abweichung und Wiederkehr zu der gewählten Bewegung §. 300. 301.
 Taktmesser §. 302.

Vierte Abtheilung. — 81.
Von der Figurirung.
 Rythmische, melodische, harmonische Tongestaltung §. 303–309.
 A. Von der rythmischen Figurirung §. 309.
 B. Von der melodischen Figurirung §. 310.
  a) Mit melodischer Grundlage §. 311.
  b) mit harmonischer Grundlage §. 312–314.
 C. Anhang.
  Bebung §. 315. 316.
  Vorschlag, langer und kurzer §. 317–325.
  Doppelschlag §. 326–329.
  Triller §. 330–333.
  Nachschlag §. 334.
  Triller mit ganzem und halben Tone §. 335.
  Trillerkette §. 336.

Zweites Buch.

Stimmbildung — 89.
 Vorbegriffe. Gesang. Gesanglehre §. 337 bis 342.
 Organe für den Gesang §. 343. 344.

Erste Abtheilung.
Lehre vom Athem für den Gesang — 92.

Erster Abschnitt.
Aus der Organenlehre
 Lunge und mitwirkende Theile §. 345.

 Fähigkeit zu lange angehaltenem, in voller Masse, gleichförmig auszustoßendem Athem §. 346–349.
 Beschaffenheit dazu §. 350–352.
 Verhalten dafür. Anzeichen der Anstrengung oder Krankhaftigkeit §. 353–362.

Zweiter Abschnitt.
Organen-Ausbildung. — Seite 95.
 Durch Uebung §. 363–367.

Zweite Abtheilung.
Klangfähigkeit der Stimme — 98.

Erster Abschnitt.
Aus der Organenlehre.
 Organe des Stimmklanges (und Tones), Luftröhre, Kehlkopf, Stimmritze §. 368 bis 372.
 Deren Beschaffenheit und Einfluß. Verhalten dazu, schädliches Verhalten und Einflüsse §. 373–390.
 Anzeichen der Krankhaftigkeit und leichte Mittel §. 391–397.

Zweiter Abschnitt. — 102.
Organen-Ausbildung.
 Fähigkeit der Stimme zu verschiedenen Klangarten §. 398. 399.
 Verbesserung und Ausbildung des Klanges §. 400. 401.
 Hören — Vor- und Mitsingen und Spielen des Lehrers §. 402–404.
 Fähigkeiten zu verschiedenen Graden der Stärke des Klanges. Hindernisse. Uebung §. 405–409.
 Falsche Hervorbringung des Stimmklanges, Kehltöne, Gurgeltöne §. 410. 411.

Dritter Abschnitt. — 105.
Modifikation des Klanges im Munde
 Bestimmung des Mundes zum Schallgewölbe §. 412–414.
 Beschaffenheit und Haltung §. 415–422.

Vierter Abschnitt. — 108.
Von den Stimmregistern
 A. Entstehung und Beschaffenheit.
  Klang und Tonbildung in der Stimmritze §. 428. 429.
  Zwei Arten der Verengerung der Stimmritze §. 430. 431.
  Stimmregister, Kopfstimme, Falsett, Bruststimme §. 430. 431.
  Klang und Natur der Kopfstimme §. 432 bis 434.
  — der Bruststimme §. 435.
  Scheidepunkt beider Register §. 436–438.
 B. Ausbildung für den Gesang.
  Zweck §. 439.
  Ausbildung der Bruststimme §. 440–442.
  — der Kopfstimme §. 443. 444.
  Verbindung beider Register §. 446.

[46]

Dritte Abtheilung.

Tonfähigkeit der Stimme ..... Seite 112.

Erster Abschnitt.
Eintheilung der Stimmen.
  Stimmanlage und Stimmumfang §. 446 bis 450.
  A. Stimmgeschlechter. Männliches, weibliches (wohin Knaben- und Kastratenstimmen) §. 451—457.
  B. Stimmklassen. Tiefe und hohe Stimmen §. 458.
    Baß-, Tenor-, Alt-, Sopranstimme §. 459.
    Mezzo-Sopran, Kontra-Alt, Bariton §. 460 bis 464.

Zweiter Abschnitt.
Stimmbildung für Darstellung der Tonverhältnisse ..... — 118.
  Zweck im Allgemeinen. Intonation, Treffen, Portament, Fertigkeit §. 465—470.

Erste Unterabtheilung.
Von der Intonation §. 471.
  A. Gehörbildung
    Natürliche Anlage §. 472.
    Uebung. Anwendung des Monochords. §. 473—475.
    Verwöhnung des Gehörs und Mittel zur Verbesserung §. 476—482.
  B. Stimmorganbildung
    Zweck §. 483.
    Uebung. Alter, wann sie beginnen darf §. 484—486.
    Zeit der Geschlechtsentwickelung §. 487.
    Dauer der Entwickelungsfähigkeit §. 487 bis 490.
    Scalaübung. Ihr Zweck §. 491—493.
      1) Bereich der Scalaübung. Beginn beim Sprachton. Ausdehnung §. 494—498. Anschließung der Kopftöne, Verbindung mit den Brusttönen §. 499—505.
      2) Begleitung der Scalaübung. Zweck §. 506.
        Mitspielen und Mitsingen §. 507.
        Erste Begleitung §. 508—509.
        Zweite Begleitung. Nach der Durtonleiter §. 510.
        Spätere Begleitungen §. 511.
        Uebung zur Intonation zweier Stimmen §. 512.
        Begleitung nach der Moll- und chromatischen Tonleiter §. 513. 514.
      3) Scalagesang. Einsatz §. 515—517.
        Haltung. Zu- und Abnehmen §. 518. bis 523.
        Wiederholung §. 524.
        Ausgleichung der Stimme §. 525.
        Messa di voce §. 526.
        Erfolg. Erinnerung §. 527—531.
  C. Ausserordentliche Arten der Tongebung §. 532.
    Glockentöne §. 533.
    Freier Einsatz in jedem Grade der Stärke und gleichmäßiges Aushalten §. 534.
    Intonation mit halber Stimme §. 535—539.

Zweite Unterabtheilung.
Treffen §. 540. 541.
  1) Gegenstände der Treffübungen.
    A. Erste Klasse der Treffübungen auf melodischem Wege §. 542—544.
    B. Zweite Klasse der Treffübungen, auf melodischem Wege §. 545.
    C. Dritte Klasse der Treffübungen auf harmonischem Wege. Aufgelöste Akkorde. Harmonische ausserwesentliche Töne §. 546 bis 551.
  2) Verfahren bei den Treffübungen §. 552 bis 555.

Dritte Unterabtheilung.
Portament.
  Grundregel §. 556.
  Tonverbindung — Tonzusammenziehung §. 557. 558.
  A. Tonverbindung. Athemvertheilung §. 559. Art der Verbindung §. 560—564. Raum der Uebung. Gegenstände §. 565 bis 573.
  B. Zusammenziehung der Töne und deren Arten §. 574—576.

Vierte Unterabtheilung.
Stimmfertigkeit §. 577.
  Anlage dazu §. 578—581.
  Ausbildung §. 582—584.
  Uebung in piano mit halber Stimme und voller Kraft §. 585.
  Stakkato §. 586—588.
  A. Lauferübungen in Dur und Moll und chromatisch §. 589—592.
  B. Zusammengesetzte Figuren §. 593. 594.
  C. Vom Triller. Anlage dazu §. 595. 596.
    Beschaffenheit §. 597—599.
    Uebung §. 600—605.
  D. Trillerkette §. 606. 607.
  E. Tonbebung §. 608. 609.
  F. Laufer mit Tonbebung §. 610. 611.

Vierte Abtheilung.

Aus der Sprachlehre. ..... Seite 158.
Vorbegriffe.
  Laut §. 612.
  Artikulation §. 613.
  Stimminstinkt §. 614. 615.

Erster Abschnitt.
Mechanismus der Artikulation. ..... — 159.
  Organe §. 616—618.
  A. Bildung der Vokale und Doppellaute §. 619 bis 626.
  B. Bildung der Konsonanten §. 627—639.
    Uebung §. 640. 641.

    Zweiter Abschnitt.
Regeln für die Sprache im Gesange §. 642
 bis 645.

Drittes Buch.

Vortragslehre.   Seite 167.
 Vorbegriffe §. 646—655.

    Erste Abtheilung.
Unterste Stufe des Vortrags. Verstandesprinzip. — 170.
 Herleitung §. 656—658.
 Unzulänglichkeit §. 659. 660.
 Näher bezeichnete Tendenz §. 661.

    Erster Abschnitt.
Von der Korrektheit   — 172.
 Richtigkeit §. 662
 Deutlichkeit §. 663. 664.
 Deutlichkeit des Rythmus §. 665—668.
 Stimmbildung aus jenem Gesichtpunkte
  §. 669.

    Zweiter Abschnitt.
Von der Deklamation.   — 175.
 Ursprung der Tendenz und Würdigung §. 670.
  bis 671.
 Benutzung §. 672—682.

    Dritter Abschnitt.
Von der Ausführbarkeit   — 183.
 A. Allgemeine §. 683—686.
 B. In Rücksicht auf Athemholen im Ge=
  sange §. 687—690.
 Vollständiges und unvollständiges Athemho=
  len §. 691.
 Gelegenheit zum Athemholen §. 692—694.

    Erste Unterabtheilung.
Melodische Abschnitte zum Athemholen
 Streng bestimmte §. 695. 696.
 Mehrfach bestimmbare §. 697. 698.
 Rücksicht auf Mitsänger und Begleitung
  §. 699. 700.

    Zweite Unterabtheilung.
Deklamatorische Abschnitte zum Athemholen.
 Beachtung des Textes §. 701—704.

    Dritte Unterabtheilung.
Kollision der Rücksichten auf melodischen und
 deklamatorischen Zusammenhang
 Entscheidung für Eines aus Nothwendigkeit.
  §. 705. 706.
 Entscheidung nach der Wichtigkeit §. 707.
 Beispiel und Uebung §. 708. 709.

    Zweite Abtheilung.
Zweite Stufe des Vortrags. Sinnlichkeits=
 prinzip
 Erklärung §. 710. 711.   — 192.

    Erster Abschnitt.
Von den Bedingungen des sinnlichen Wohlbe=
 hagens im Allgemeinen   Seite 193.
 Erklärung und Grade §. 712—714.
 Maaßstab §. 715—718.

    Zweiter Abschnitt.
Anwendung auf Gesangvortrag   — 194.
 A. Allgemeines Gesetz §. 719. 720.
 B. Vorbild für sinnliches Streben. Ita=
  lische Musik
 Karakter solchen Vorbildes §. 721.
 Karakteristik des italischen Volkes §. 722.
 Angedeutet in seiner ältern Musik §. 723.
 Ausgesprochen in der neuern — Rossini
  §. 724. 725.

    Dritter Abschnitt.
Italisches Gesangwesen   — 198.
 Umrisse §. 726. 727.
 Erprobung an einem Beispiele §. 728.
 Erfordernisse dazu — Geschicklichkeiten §. 729.
 Sinnenorganisation §. 730.
 Freiheit §. 731.
 Lust §. 732.

    Vierter Abschnitt.
Ausartung der italischen Schule   — 204.
 A. Ausartung wegen Unfähigkeit.
 Setzfiguren §. 733.
 Uebertragene Manieren §. 734. 735.
 B. Ausartung durch Uebermaaß
 Bravourgesang §. 736—738.

    Anhang zu beiden Abtheilungen.
Vom Styl   — 208.
 Allgemeines §. 739—741.

    Erster Abschnitt.
Von der Kirchenmusik   — 209.
 Allgemeine Regeln der ältern Lehre §. 742—44.
 Unzulänglichkeit §. 745.
 Benutzung und Erweiterung §. 746—748.

    Erste Unterabtheilung.
Katholische Kirchenmusik
 Bestimmung derselben §. 749. 750.
 Palästrina §. 751.
 Spätere. Marcello. Antonio Lotti.
  Francesco Feo. Leonardo Leo.
  Sarti. Pergolese §. 752.

    Zweite Unterabtheilung.
Protestantische Kirchenmusik
 Karakter derselben §. 753.
 Händel §. 754. 755.
 Nachfolger — Graun, Hiller, Schulz
  §. 756.

    Dritte Unterabtheilung.
Evangelische Kirchenmusik
 Johann Sebastian Bach §. 757. 758.
 Andeutung für Sänger §. 759.

    Vierte Unterabtheilung.
Neuere Kirchenmusik
 Zusammenfluß kirchlichen und weltlichen
  Schaffens §. 760.

Joseph Haidn (Freude) §. 761.
Mozart (Liebe) §. 762.
Beethoven (Ahnung) §. 763.
Schluß §. 764.

Zweiter Abschnitt.
Von der Theatermusik   Seite 219.
  Unzulänglichkeit der alten allgemeinen Regeln §. 765. 766.
  Karakterbezeichnungen §. 767.
  Erweiterung der alten Theorie §. 768. 769.
Erste Unterabtheilung.
Italien
  Ausdruck des italischen Prinzips §. 770–772.
  Ansprüche an den Sänger §. 773.
  Italische Sprache §. 774.
Zweite Unterabtheilung.
Frankreich
  Ausdruck des französischen Prinzips §. 775 bis 778.
  Lülli §. 779.
  Anweisung für den Vortrag §. 780.
  Wirkung d. französischen Prinzips auf Stimme und Sprache §. 781.
Dritte Unterabtheilung.
Deutschland
  Ausdruck des französischen Prinzips §. 782, 783.
  Händel §. 784.
  Ansprüche an den Sänger §. 785.
Vierte Unterabtheilung.
Wechselseitige Einflüsse
  Gretry. Hiller. Cimarosa. Paesiello. Dittersdorf §. 786.
  Gluck. Salieri. Reichard. Mehûl §. 787.
  Mozart §. 788.
  Winter. Par. Weigl §. 789.
  Spohr. Festa. Eberwein. Beethoven §. 790.
  Righini. Rossini. Boieldieu. Auber §. 791.
  Cherubini. Spontini §. 792.
  Karl Maria von Weber §. 793.

Dritter Abschnitt. — 233.
Von der Konzertmusik
  Ursprung §. 794. 795.
  Lehre daraus §. 796.
  Höheres Konzertwesen. Händel. Haidn §. 797. 798.

Vierter Abschnitt. — 234.
Von der Kammermusik §. 799.
  Schluß §. 800.

Dritte Abtheilung.
Höchste Stufe des Vortrages. Geistesprinzip   — 235.

Erster Abschnitt.
Feststellung des Zieles.
  Unzulänglichkeit des bisher Abgehandelten. §. 801. 802.
  Künstlerische Auffassung §. 803–805.
  Geistige Auffassung §. 806.

Zweiter Abschnitt.   Seite 237.
Nothwendigkeit dieser Lehre
  Nachweis des Strebens dahin in aller frühern Lehre §. 807–813.
  Gränze dieses Strebens §. 814. 815.
  Ungegründete Besorgniß §. 816. 817.

Dritter Abschnitt.
Bezeichnung der Bahn   — 240.
  Aufgabe des Sängers, im Wesen des Kunstwerks nachgewiesen §. 818–820.
  Ziel der Lehre §. 821.
  Weisung des Lernenden §. 822.
  Sinnlicher Stoff der Künste, jeder in seiner Bedeutung §. 823.
  Stoff der Musik und Gesangmusik im Menschen §. 824. 825.

Erstes Hauptstück.
Höhere Elementarlehre   — 244.
  Einleitung §. 826–30.

Erster Abschnitt. — 245.
Vom Athem
Erste Unterabtheilung.
Vom Athem als Unterbrechung des Gesanges
  Grund und Bedeutung §. 831. 832.
  Anwendung §. 833–835.
Zweite Unterabtheilung.
Vom Athem als hörbarer Hauch
  Grund und Bedeutung §. 836. 837.
  Falsche Anwendung §. 838.
  Hörbare Ausathmung §. 839.

Zweiter Abschnitt. — 248.
Vom Klang der Stimme
  Stärke und Schwäche §. 840.
  Bedeutung und Modifikationen §. 841–45.
  Anwendung §. 846–848.

Dritter Abschnitt. — 250.
Vom Ton und Tonverhältniße
Erste Unterabtheilung.
Von Höhe und Tiefe im Allgemeinen.
  Herleitung und Bedeutung §. 849–857.
  Einschränkung §. 858. 859.
  Beispiele §. 860–862.
Zweite Unterabtheilung.
Von bestimmten melodischen Tonverhältnißen
A. Vom einfachen Verhältniße zweier Töne an sich
  Vorwort §. 863. 864.
  Bedeutung, allgemein §. 865.
  = = der Prime und Oktave §. 866. ⎫
  = = der großen Intervalle §. 867. ⎬ innerhalb
  = = der kleinen Intervalle §. 868. ⎪ der
  = = der verminderten Septime §. 869. ⎪ Oktave.
  = = der übermäßigen Interv. §. 870. ⎭
  = = der überoctavigen Interv. §. 871.

Nachweis §. 872.
B. Von der Weise der Darstellung eines einfachen Tonverhältnißes
    Stimmbewegung allgemein §. 873.
    Tonverbindung §. 874.
    Tonzusammenziehung §. 875.
    Figurirung §. 876.
    Unmittelbar und mittelbar bedeutsame Töne §. 877. 878.
    Figurirung eines Tones §. 879.
C. Von zusammengesetzten Tonverhältnissen
    Tongeschlechter, Tonarten §. 880—882.
    Akkorde §. 883—886.
    Harmonie und Melodie §. 887.

Vierter Abschnitt.
Vom Rythmus   Seite 262.
    Bedeutung §. 888.

Erste Unterabtheilung.
Vom Rythmus gleichgeltender Töne
    Metrischer Accent §. 889. 890.
    Metrischer Accente Bedeutung §. 891—893.

Zweite Unterabtheilung.
Vom Rythmus durch Töne verschiedener Geltung dargestellt.
    Schwerer und leichter Töne Bedeutung §. 894.
    Deren Folge und Ordnung §. 895—899.
    Deklamatorischer Accent §. 900—902.

Dritte Unterabtheilung.
Von der Bewegung
    Bedeutung §. 903. 904.

Fünfter Abschnitt.
Von den Lauten   — 267.
    Vorwort §. 905—910.
    Bedeutung der Accente §. 911.
    Bedeutung der Vokale §. 912. 914.
    Modifikation und Bedeutung der Konsonanten §. 915.
    Durch den Hauch §. 916.

Zweites Hauptstück.
Von der künstlerischen Auffassung   — 271.
    Künstlerisches Schaffen §. 917—920.
    Geschäft des Sängers §. 921—928.
    Sinnliche Auffassung §. 929.
    Studium §. 930—935.
    Künstlerische Auffassung §. 936.
    Schluß §. 937.

Drittes Hauptstück.
Von den Kunstformen   — 279.

Erste Unterabtheilung.
Vom einstimmigen Gesange
    Begriff §. 838.

Erster Abschnitt.
Vom Liede
    Wesen desselben §. 939. 940.
    Vortrag §. 941. 942.
    Anwendung in Beispielen §. 943—946.

Zweiter Abschnitt.
Von der Kanzone der Italiener und Spanier und der französischen Chanson und Romanze   Seite 292.
    Allgemein §. 947.
    Italiener §. 948.
    Spanier §. 949.
    Franzosen §. 950. 951.

Dritter Abschnitt.
Von der Arie.   — 293.
    Wesen §. 952—955.
    Vortragslehre in Beispielen §. 955—959.

Vierter Abschnitt.
Vom Recitative.   — 312.
    Wesen §. 960—972.
    Arioso §. 973.
    Tempo im Recitativ §. 974.
    Vortragslehre in Beispielen §. 975—978.
Anhang. Scene, Ballade, durchkomponirtes Lied. Kantate   — 320.
    Allgemein §. 979.
    Ein Beispiel §. 980.

Zweite Unterabtheilung.
Vom mehrstimmigen Gesange   — 325.
    Begriff §. 981.
    Allgemeine Anleitung §. 982—987.

Dritte Unterabtheilung.
Vom Chor   — 326.
    Begriff §. 988.
    Allgemeine Anweisung §. 989—991.
    Von der Fuge §. 992—1009.
    Beispiel §. 1010.
    Von der Doppelfuge §. 1011.
A. Rücksichten des Chorsängers auf seine Mitsänger §. 1012—1016.
B. Rücksichten des Chorsängers auf den Chor §. 1017—1019.

Andeutungen über Gesangmethode.

Erster Abschnitt.
Ueber Zweck und Ziel des Musikunterrichts im Allgemeinen   — 339.
Unfruchtbarkeit des heutigen Musikwesens und Ursach.
Höchster Zweck bei der Beschäftigung mit Musik   — 340.
Höchste Aufgabe für Musikunterricht — 341.
Verirrung davon   — 342.

Zweiter Abschnitt.
Allgemeine Bedingungen zum Gelingen musikalischen Unterrichts und besonders des Gesangunterrichts.   — 343.
Der Schüler.
    Sinn und Lust — erste Bedingungen.
    Fälschliches Verleugnen oder Verkennen des erstern   — 344.
    Anlage im Allgemeinen vorauszusetzen.

Lust als Zeichen der Anlage   Seite 345.
Der Lehrer.
   Erste Pflicht: Aufsuchung, Hegung, Benutzung
      der Anlage
      Beobachtung der Entwicklungsmomente
      Fähigkeiten des Lehrers   —   346.
Die Vorgesetzten der Schüler.
   Elternpflicht in früher Kindheit.
   Musik der Mutter mit den Kindern.
   Verderblichkeit der Musikgesellschaften für
      Kinder.
   Verhalten gegen den Lehrer   —   348.
   Unterstützung desselben bei den Kindern.
   Nachtheil mehrerer gleichzeitigen Lehrer.

Dritter Abschnitt.
Lehrverfahren.
Uebernahme der Schüler.
   Unfähige sind nicht anzunehmen.
   Rücksicht auf Gesundheit und Muße beim
      Beginn des Unterrichts   —   349.
   Zeit des Unterrichts.
Gränzen der Unterweisung.
   Nichtige und verderbliche Unterscheidung zwi-
      schen künftigen Musikern und Liebhabern.

Fähigkeit und Beruf allein bestimmen Grän-
   zen und Stillstand.
Unterrichtsplan.
   Muß sich nach den Bedürfnissen jedes Schü-
      lers richten.
   Warnung vor Planlosigkeit.
   Anordnung der Lehrgegenstände mit Rücksicht
      auf den Schüler. — Beispiele.
   Anordnung einzelner Materien. — Beispiel. Seite 351.
   Ausfüllung der ersten Lektionen   —   352.
   Warnung vor Ermüdung des Schülers
Unterrichtsweise.   —   353.
   Allgemeiner Grundsatz.
   Besonders für den theoretischen Theil.
   Beispiel am Notensystem   —   354.
   Bei Gedächtnißsachen   —   355.
   Beispiel an den Vorzeichnungen.
   Für Stimme und Sprachbildung.
   Beispiel zur Artikulation   —   356.
   Vortragsbildung.
Beschäftigung des Schülers.
   Unterweisender und beweisender und geschicht-
      licher Kursus   —   357.

Berichtigungen.

Seite 12, §. 38 Zeile 5 statt §. 240 lies §. 241.
= 28, = 92 = 1 statt goße lies große.
= 32, = 104 Figur 1 muß neben disis statt cis, eis stehen.
= 39 und 40 statt Verlegung ist Versetzung und statt Versetzung, Umkehrung zu lesen.
= 40, = 142 dem Notenbeispiele ist der G-Schlüssel vorzusetzen.
= 40, = 147 Zeile 1 statt kleine lies: gleiche.
= 40, = 147 ist die Anmerkung zuzufügen:

Diese Benennungen sind gefunden worden, indem man vom jedesmaligen tiefsten Tone zu den beiden wichtigsten Tönen des Akkordes hingezählt hat.

Der wichtigste Ton im Dreiklang ist der Grundton, der wichtigste nach ihm ist in den Hauptdreiklängen (dem großen und kleinen) die Terz, welche Moll und Dur unterscheidet. Bei der ersten Umkehrung (§. 143) ist die Terz (e) der tiefste Ton; es ist daher nur nach dem Grundton (c) hinzuzählen. E—c ist eine Sexte; darum heißt der Akkord Sextenakkord. Bei der zweiten Umkehrung (§. 144) wird vom tiefsten Tone (g) nach dem Grundtone (c) und der Terz (e) hingezählt. Ersteres giebt eine Quarte, letzteres eine Sexte; darum heißt der Akkord Quartsextenakkord.

Der wichtigste Ton im Septimenakkorde ist der Grundton, nach ihm die Septime, da sie den Akkord vom bloßen Dreiklang unterscheidet. Bei der ersten Umkehrung (§. 145) wird vom tiefsten Ton (h) zunächst nach der Septime (f) und dann nach dem Grundtone (g) gezählt; man erhält Quinte und Sexte und benennt den Akkord Quintsextenakkord. Bei der zweiten Umkehrung (§. 146) ist vom tiefsten Tone (d) zur Septime (f) eine Terz und zum Grundtone (g) eine Quarte; daher heißt der Akkord Terzquartenakkord. Bei der dritten Umkehrung endlich (§. 147) ist die Septime der tiefste Ton und bildet mit dem Grundtone eine Sekunde; daher der Name Sekundenakkord.

= 46, = 171 muß so berichtigt werden:

Die drei ersten mit * bezeichneten Noten und h im ersten Takte in dem Beispiele zu §. 170 sind daher durchgehende. — die beiden letzten mit * bezeichneten Noten, f und e im vierten Takte daselbst sind Wechselnoten.

= 46, = 174 die zweite Harmonie im Notenbeispiele muß heißen c, f, g, c.
= 56, = 208 Zeile 4 statt und lies: uns.
= 58, II. A. Rohrinstrumente ist anzumerken: daß man mit diesem Namen in der Regel nur die hölzernen Blasinstrumente bezeichnet, deren Klang mittels eines im Mundstücke befindlichen, oder dasselbe bildenden Blattes von Rohr hervorgebracht wird. Dennach würden die Flöten nicht zu den Rohrinstrumenten zu rechnen sein, wohl aber zu der Klasse von Blasinstrumenten, die wir bezeichnet und nach der Mehrzahl der darunter begriffenen Arten benannt haben.
= 59, No 6 eine Art des Fagotts, Quartfagott genannt, erklingt eine Quarte tiefer, wird aber selten angewendet.
= 59, Nach No. 7 ist statt No. 3 No. 8 zu lesen.
= 65, §. 235. Am Schluß ist zuzusetzen: die Töne ersten Ranges nennen wir Haupttöne, die vom zweiten Range: gewesene Haupttöne, die vom dritten Range: Nebentöne.
= 71, Zeile 1 statt Punkte lies: Striche.
= 71, = 1 = Striche = Punkte.

Seite 105, §. 410 ist zuzufügen:

Auf ein Verfahren, das diesem Fehler am sichersten und gefahrlosesten, ohne alle Gewaltsamkeit entgegen tritt und bei beharrlicher Ausübung zu der guten Tongebung führt, ist der Verf. erst während des Druckes dieser Schrift gerathen und hat es schon an mehrern Schülern sich bewähren sehn.

Man gebe vor dem eigentlichen Scalaton (§. 515 u. f.) den Ton mit leichter Stimme bequem und ohne alle Anstrengung ganz kurz an und wiederhole ihn mehrmals unter stetem Absetzen und allmäliger Verlängerung, etwa in dieser Weise:

 Scalaton.

Es bedarf bei dieser Art der Tongebung kaum einer Erinnerung, um die Stimme frei heraustreten zu machen.

Seite 118. Ueberschrift statt der lies: d e r.
    119. Anmerkung statt zunächst lies: z u n ä c h s t.
    120, letzte Notenzeile, zweites Viertel muß heißen

Gedruckt bei L. W. Krause, Adlerstraße No. 6., in Berlin.

Music and Books published by Travis & Emery Music Bookshop:

Anon.: Hymnarium Sarisburense, cum Rubris et Notis Musicus
Agricola, Johann Friedrich from Tosi: Anleitung zur Singkunst. (Faksimile 1757)
Bach, C.P.E.: edited W. Emery: Nekrolog or Obituary Notice of J.S. Bach.
Bateson, Naomi Judith: Alcock of Salisbury
Bathe, William: A Briefe Introduction to the Skill of Song
Bax, Arnold: Symphony #5, Arranged for Piano Four Hands by Walter Emery
Burney, Charles: The Present State of Music in France and Italy
Burney, Charles: The Present State of Music in Germany, The Netherlands ...
Burney, Charles: An Account of the Musical Performances ... Handel
Burney, Karl: Nachricht von Georg Friedrich Handel's Lebensumstanden.
Cobbett, W.W.: Cobbett's Cyclopedic Survey of Chamber Music. (2 vols.)
Corrette, Michel: Le Maitre de Clavecin
Crimp, Bryan: Dear Mr. Rosenthal ... Dear Mr. Gaisberg ...
Crimp, Bryan: Solo: The Biography of Solomon
d'Indy, Vincent: Beethoven: Biographie Critique
d'Indy, Vincent: Beethoven: A Critical Biography
d'Indy, Vincent: César Franck (in French)
Frescobaldi, Girolamo: D'Arie Musicali per Cantarsi. Primo Libro & Secondo Libro.
Geminiani, Francesco: The Art of Playing the Violin.
Handel; Purcell; Boyce; Geene et al: Calliope or English Harmony: Volume First.
Hawkins, John: A General History of the Science and Practice of Music (5 vols.)
Herbert-Caesari, Edgar: The Science and Sensations of Vocal Tone
Herbert-Caesari, Edgar: Vocal Truth
Hopkins and Rimboult: The Organ. Its History and Construction.
Hunt, John: Adam to Webern: the recordings of von Karajan
Isaacs, Lewis: Hänsel and Gretel. A Guide to Humperdinck's Opera.
Isaacs, Lewis: Königskinder (Royal Children) A Guide to Humperdinck's Opera.
Lacassagne, M. l'Abbé Joseph : Traité Général des élémens du Chant.
Lascelles (née Catley), Anne: The Life of Miss Anne Catley.
Mainwaring, John: Memoirs of the Life of the Late George Frederic Handel
Malcolm, Alexander: A Treaty of Music: Speculative, Practical and Historical
Marx, Adolph Bernhard: Die Kunst des Gesanges, Theoretisch-Practisch
May, Florence: The Life of Brahms
Mellers, Wilfrid: Angels of the Night: Popular Female Singers of Our Time
Mellers, Wilfrid: Bach and the Dance of God
Mellers, Wilfrid: Beethoven and the Voice of God
Mellers, Wilfrid: Caliban Reborn - Renewal in Twentieth Century Music
Mellers, Wilfrid: François Couperin and the French Classical Tradition

Travis & Emery Music Bookshop
17 Cecil Court, London, WC2N 4EZ, United Kingdom.
Tel. (+44) 20 7240 2129

Music and Books published by Travis & Emery Music Bookshop:

Mellers, Wilfrid: Harmonious Meeting
Mellers, Wilfrid: Le Jardin Retrouvé, The Music of Frederic Mompou
Mellers, Wilfrid: Music and Society, England and the European Tradition
Mellers, Wilfrid: Music in a New Found Land: … ... American Music
Mellers, Wilfrid: Romanticism and the Twentieth Century (from 1800)
Mellers, Wilfrid: The Masks of Orpheus: …… the Story of European Music.
Mellers, Wilfrid: The Sonata Principle (from c. 1750)
Mellers, Wilfrid: Vaughan Williams and the Vision of Albion
Panchianio, Cattuffio: Rutzvanscad Il Giovine
Pearce, Charles: Sims Reeves, Fifty Years of Music in England.
Pettitt, Stephen: Philharmonia Orchestra: complete discography
Playford, John: An Introduction to the Skill of Musick.
Purcell, Henry et al: Harmonia Sacra … The First Book, (1726)
Purcell, Henry et al: Harmonia Sacra … Book II (1726)
Quantz, Johann: Versuch einer Anweisung die Flöte traversiere zu spielen.
Rameau, Jean-Philippe: Code de Musique Pratique, ou Methodes.
Rastall, Richard: The Notation of Western Music.
Rimbault, Edward: The Pianoforte, Its Origins, Progress, and Construction.
Rousseau, Jean Jacques: Dictionnaire de Musique
Rubinstein, Anton : Guide to the proper use of the Pianoforte Pedals.
Sainsbury, John S.: Dictionary of Musicians. Vol. 1. (1825). 2 vols.
Simpson, Christopher: A Compendium of Practical Musick in Five Parts
Spohr, Louis: Autobiography
Spohr, Louis: Grand Violin School
Tans'ur, William: A New Musical Grammar; or The Harmonical Spectator
Terry, Charles Sanford: Four-Part Chorals of J.S. Bach. (German & English)
Terry, Charles Sanford: Joh. Seb. Bach, Cantata Texts, Sacred and Secular.
Terry, Charles Sanford: The Origins of the Family of Bach Musicians.
Tosi, Pierfrancesco: Opinioni de' Cantori Antichi, e Moderni
Van der Straeten, Edmund: History of the Violoncello, The Viol da Gamba …
Van der Straeten, Edmund: History of the Violin, Its Ancestors... (2 vols.)
Walther, J. G.: Musicalisches Lexikon ober Musicalische Bibliothec (1732)

Travis & Emery Music Bookshop
17 Cecil Court, London, WC2N 4EZ, United Kingdom.
Tel. (+44) 20 7240 2129

© Travis & Emery 2009

www.ingramcontent.com/pod-product-compliance
Lightning Source LLC
Chambersburg PA
CBHW082105230426
43671CB00015B/2612